미래와 통하는 책

동양북스 외국어
베스트 도서

700만 독자의 선택!

새로운 도서, 다양한 자료 동양북스 홈페이지에서 만나보세요!

www.dongyangbooks.com
m.dongyangbooks.com

※ 학습자료 및 MP3 제공 여부는 도서마다 상이하므로 확인 후 이용 바랍니다.

홈페이지 도서 자료실에서 학습자료 및 MP3 무료 다운로드

PC

❶ 홈페이지 접속 후 도서 자료실 클릭
❷ 하단 검색 창에 검색어 입력
❸ MP3, 정답과 해설, 부가자료 등 첨부파일 다운로드
  * 원하는 자료가 없는 경우 '요청하기' 클릭!

MOBILE

* 반드시 '인터넷, Safari, Chrome' App을 이용하여 홈페이지에 접속해주세요. (네이버, 다음 App 이용 시 첨부파일의 확장자명이 변경되어 저장되는 오류가 발생할 수 있습니다.)

❶ 홈페이지 접속 후 ≡ 터치

❷ 도서 자료실 터치

❸ 하단 검색창에 검색어 입력
❹ MP3, 정답과 해설, 부가자료 등 첨부파일 다운로드
  * 압축 해제 방법은 '다운로드 Tip' 참고

일단 합격하고 오겠습니다

JLPT
일본어 능력시험

N5

동양북스

초판 7쇄 | 2024년 5월 10일

지은이 | 이선옥, 이재은
발행인 | 김태웅
책임 편집 | 길혜진, 이서인
디자인 | 남은혜, 김지혜
마케팅 총괄 | 김철영
온라인 마케팅 | 김은진
제　작 | 현대순

발행처 | (주)동양북스
등　록 | 제 2014-000055호
주　소 | 서울시 마포구 동교로22길 14 (04030)
구입 문의 | 전화 (02)337-1737　팩스 (02)334-6624
내용 문의 | 전화 (02)337-1762　dybooks2@gmail.com

ISBN 979-11-5768-385-7 18730
ISBN 979-11-5768-336-9 (세트)

ⓒ 2018, 이선옥, 이재은

▶ 본 책은 저작권법에 의해 보호를 받는 저작물이므로 무단 전재와 복제를 금합니다.
▶ 잘못된 책은 구입처에서 교환해드립니다.
▶ 도서출판 동양북스에서는 소중한 원고, 새로운 기획을 기다리고 있습니다.
　　http://www.dongyangbooks.com

이 도서의 국립중앙도서관 출판예정도서목록(CIP)은 서지정보유통지원시스템 홈페이지(http://seoji.nl.go.kr)와
국가자료공동목록시스템(http://www.nl.go.kr/kolisnet)에서 이용하실 수 있습니다.
(CIP제어번호:CIP2018012199)

머리말

모든 일본어 학습자 여러분 정말 반갑습니다.

그리고 여러분의 첫 도전! 일본어 능력시험(JLPT) N5에 돌입하신 모든 분들의 만족스럽고 성공적인 결과를 진심으로 응원합니다.

일본어 능력시험은 국제교류기금(国際交流基金) 및 일본국제교육지원협회(日本国際教育支援協会)에서 주최하고 있는 시험으로, 일본어를 모국어로 하지 않는 사람을 대상으로 일본어능력을 측정하고 인정함을 목적으로 실시하고 있습니다. 이는 일본 정부가 공인하는 일본어 능력테스트이니만큼, 일본 대학과 기업체는 물론, 국내 대학, 공기업, 사기업 등 매우 많은 분야에서 특차전형과 인사에 평가 척도로 이용되고 있으며, 급수 소지자에 가산점을 부여하고 있습니다.

이러한 시험 도전의 첫 발걸음인 N5 시험은, 비록 가장 낮은 레벨의 시험이지만 [문자어휘 / 문법 / 독해 / 청해]의 형태로, 일본어를 구사하는 데에 있어서 가장 핵심적이고 중요한 '기본 지식'을 갖추고 있는지를 묻고 있습니다. 기초가 흔들리면 전체가 무너지듯 N5의 시험을 성공적으로 이루어 낸다면 앞으로 N4, N3, N2, N1까지의 탄탄하고 순조로운 성공을 거두실 수 있을 것입니다.

知之者 不如 好之者, 好之者 不如 樂之者 – 논어
"단순히 머리로 아는 사람은, 온 마음으로 좋아하는 사람에 미치지 못하고, 온 마음으로 좋아해도, 그것을 즐기며 실천하는 사람을 따라잡을 수 없다"

일본어를 처음 시작했을 때의 설렘, 그리고 성취해 나가면서 느꼈던 즐거움을 늘 기억하시길 바랍니다. 시험이라는 제도 안에서 헷갈리는 문제를 풀어나간다는 것은 힘든 싸움일지도 모릅니다. 하지만 지난 16년 동안의 강의 속에 함께했던 수많은 학습자들 중 오로지 '즐거움'만으로 끝내 만족스러운 성공을 거두신 분들을 많이 만나 왔습니다. 정신 없이 몰두하게 되는 고된 시험 준비는 결국 여러분의 빛나는 일본어 능력을 완성해 줄 아름다운 과정입니다.

끝으로 이 책의 출판에 도움을 주신 동양북스와 원고를 좋은 책으로 완성해 주신 편집자 분들, 또 자료 수집과 분석은 물론, 앞에서 늘 이끌어 주시는 김성곤 선생님께 감사의 말씀을 드립니다.

저자 올림

이 책의 구성과 활용법

이 책은 2010년부터 시행된 JLPT N5에 대비할 수 있도록 구성된 종합 학습서입니다. 각 과목별로 문제 유형과 최신 출제 유형을 분석하였으며, 각각의 유형마다 학습 팁과 실전 팁을 제시하였습니다. 또한 그동안의 기출 어휘·문법 정리와 더불어 충분한 문제 풀이를 통해 실전에 철저히 대비할 수 있도록 구성하였습니다. 이 책은 크게 세 부분으로 이루어집니다. 〈본책〉에서는 시험에 대비해 실력을 쌓고 문제를 풀어 봅니다. 〈별책〉에서는 〈본책〉에 나왔던 각 문제를 상세히 풀이합니다. 또한 〈실전 모의고사〉로 실전에 대비해 실력 점검을 할 수 있습니다.

PART 1 워밍업

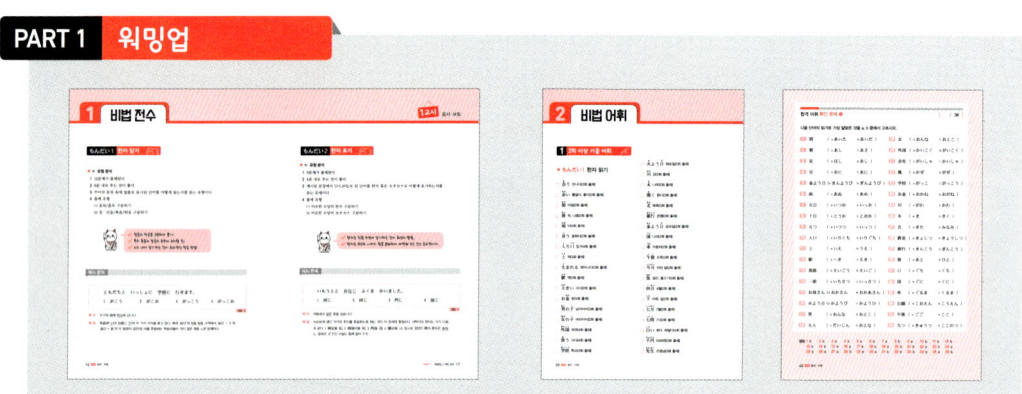

JLPT 각 영역마다 문제별로 유형을 분석하고 신 출제 경향을 정리하였습니다. 또한 예시 문제를 제시하여 처음 JLPT를 접하는 학습자도 시험 유형에 쉽게 적응할 수 있도록 구성하였으며, 평소 학습하는 데 도움이 될 수 있는 팁을 함께 정리하여 취약한 영역을 극복하고, JLPT에 철저히 대비할 수 있도록 하였습니다.

PART 2 유형별 집중 공략

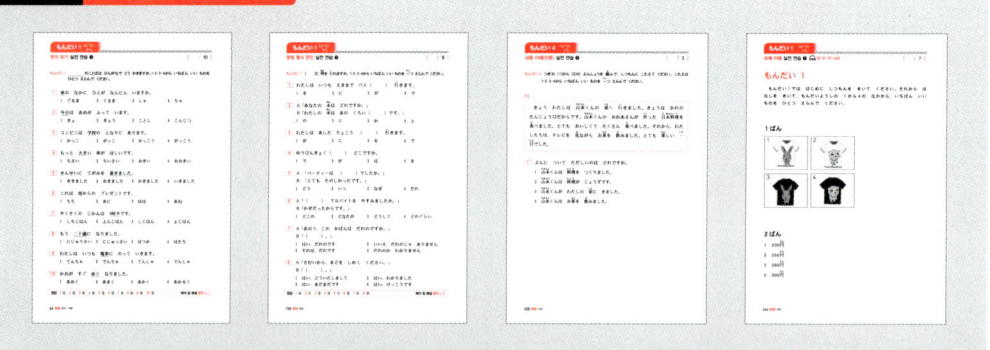

실제 JLPT N5와 동일한 형식의 문제를 풀어보며 실전 감각을 키울 수 있습니다. 앞에서 제시되었던 학습 팁과 문제 풀이 팁을 활용하며 문제를 풀이합니다. 문제 아래에 정답 번호가 제시되어 있어 정답을 확인하는 시간을 절약할 수 있으며, 보다 상세한 해설은 별책 해설서를 통해 확인할 수 있습니다.

각 영역별 구성

문자 · 어휘

기출 한자 및 어휘를 제시하고, 앞으로 출제 가능성이 높은 단어를 추가로 제시하였습니다. N5에서 꼭 익혀야 할 어휘만을 엄선하여 '합격 어휘'로 제시하였고, 만점 획득을 위해서 꼭 필요한 어휘를 선별하여 '고득점 어휘'로 제시하여 효율적으로 학습할 수 있도록 하였습니다. 또한 각 어휘 학습을 마친 후에는 '확인 문제'를 통해 성취도를 확인할 수 있습니다.

문법

기출 문법을 정리하고 출제 가능성이 높은 문법 항목을 상세히 설명하였습니다. N5에서 꼭 익혀야 할 사항만을 엄선하여 '합격 문법'으로, 만점 획득을 위해서 꼭 필요한 사항을 선별하여 '고득점 문법'으로 분류하였습니다. 또한 '확인 문제'를 통해 성취도를 확인할 수 있습니다.

독해

각 문제별로 상세하게 유형을 분석하고 주로 출제되는 지문의 종류도 함께 정리하여 어렵게 느낄 수 있는 [독해]에 쉽게 적응할 수 있도록 하였습니다. 또한 각 유형마다 [독해] 문제 풀이 시간을 단축할 수 있는 팁과 고득점 팁을 제시하였으며 각 품사별로 주로 나오는 어휘들을 별도로 정리하여 문제 풀이에 도움이 될 수 있도록 하였습니다.

청해

각 문제별로 상세하게 유형을 분석하고 주로 출제되는 대화의 유형을 정리하였습니다. 시험에 자주 나오는 어휘와 축약·구어체 표현을 주제별로 정리하여 실전에 대비할 수 있도록 하였으며, 워밍업에서 제시되었던 풀이 요령을 실제 문제 풀이에 적용하면서 자신만의 청해 학습 전략을 세워 볼 수 있습니다.

실전 모의고사 (2회분)

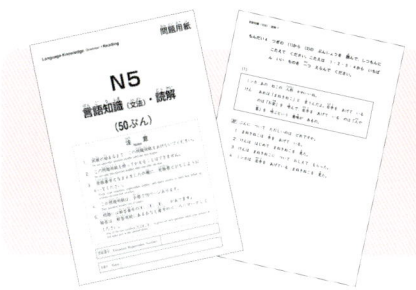

실제 시험과 같은 형식의 모의고사를 2회분 수록하였습니다. 시간을 재면서 실제 시험과 같은 환경에서 풀어 봅니다. 본책에서 학습한 내용을 최종 확인하고, 해설서를 참고하여 틀린 문제를 스스로 점검하도록 합니다.

JLPT(일본어 능력시험)란?

❶ JLPT에 대해서

JLPT(Japanese-Language Proficiency Test)는 일본어를 모국어로 하지 않는 사람의 일본어 능력을 측정하고 인정하는 시험으로, 국제교류기금과 재단법인 일본국제교육지원협회가 주최하고 있습니다. 1984년부터 실시되고 있으며 다양화된 수험자와 수험 목적의 변화에 발맞춰 2010년부터 새로워진 일본어 능력시험이 연 2회(7월, 12월) 실시되고 있습니다.

❷ JLPT 레벨과 인정 기준

레벨	과목별 시간		인정 기준
	유형별	시간	
N1	언어지식(문자·어휘·문법) 독해	110분	**기존 시험 1급보다 다소 높은 레벨까지 측정** [읽기] 논리적으로 약간 복잡하고 추상도가 높은 문장 등을 읽고, 문장의 구성과 내용을 이해할 수 있으며 다양한 화제의 글을 읽고, 이야기의 흐름이나 상세한 표현 의도를 이해할 수 있다. [듣기] 자연스러운 속도의 체계적 내용의 회화나 뉴스, 강의를 듣고, 내용의 흐름 및 등장인물의 관계나 내용의 논리 구성 등을 상세히 이해하거나 요지를 파악할 수 있다.
	청해	60분	
	계	170분	
N2	언어지식(문자·어휘·문법) 독해	105분	**기존 시험의 2급과 거의 같은 레벨** [읽기] 신문이나 잡지의 기사나 해설, 평이한 평론 등, 논지가 명쾌한 문장을 읽고 문장의 내용을 이해할 수 있으며, 일반적인 화제에 관한 글을 읽고, 이야기의 흐름이나 표현 의도를 이해할 수 있다. [듣기] 자연스러운 속도의 체계적 내용의 회화나 뉴스를 듣고, 내용의 흐름 및 등장인물의 관계를 이해하거나 요지를 파악할 수 있다.
	청해	55분	
	계	160분	
N3	언어지식(문자·어휘)	100분	**기존 시험의 2급과 3급 사이에 해당하는 레벨(신설)** [읽기] 일상적인 화제에 구체적인 내용을 나타내는 문장을 읽고 이해할 수 있으며, 신문의 기사 제목 등에서 정보의 개요를 파악할 수 있다. 일상적인 장면에서 난이도가 약간 높은 문장을 바꿔 제시하며 요지를 이해할 수 있다. [듣기] 자연스러운 속도의 체계적 내용의 회화를 듣고, 이야기의 구체적인 내용을 등장인물의 관계 등과 함께 거의 이해할 수 있다.
	언어지식(문법)·독해		
	청해	45분	
	계	145분	
N4	언어지식(문자·어휘)	80분	**기존 시험 3급과 거의 같은 레벨** [읽기] 기본적인 어휘나 한자로 쓰인, 일상생활에서 흔하게 일어나는 화제의 문장을 읽고 이해할 수 있다. [듣기] 일상적인 장면에서 다소 느린 속도의 회화라면 거의 내용을 이해할 수 있다.
	언어지식(문법)·독해		
	청해	40분	
	계	120분	
N5	언어지식(문자·어휘)	60분	**기존 시험 4급과 거의 같은 레벨** [읽기] 히라가나와 가타카나, 일상생활에서 사용되는 기본적인 한자로 쓰인 정형화된 어구나 문장을 읽고 이해할 수 있다. [듣기] 일상생활에서 자주 접하는 장면에서 느리고 짧은 회화로부터 필요한 정보를 얻어낼 수 있다.
	언어지식(문법)·독해		
	청해	35분	
	계	95분	

❸ 시험 결과의 표시

레벨	득점 구분	인정 기준
N1	언어지식(문자·어휘·문법)	0~60
	독해	0~60
	청해	0~60
	종합득점	0~180
N2	언어지식(문자·어휘·문법)	0~60
	독해	0~60
	청해	0~60
	종합득점	0~180
N3	언어지식(문자·어휘·문법)	0~60
	독해	0~60
	청해	0~60
	종합득점	0~180
N4	언어지식(문자·어휘·문법)·독해	0~120
	청해	0~60
	종합득점	0~180
N5	언어지식(문자·어휘·문법)·독해	0~120
	청해	0~60
	종합득점	0~180

❹ 시험 결과 통지의 예

다음 예와 같이 ① '득점구분별 득점'과 득점구분별 득점을 합계한 ② '종합득점', 앞으로의 일본어 학습을 위한 ③ '참고정보'를 통지합니다. ③ '참고정보'는 합격/불합격 판정 대상이 아닙니다.

※ 예 N3을 수험한 Y씨의 '합격/불합격 통지서'의 일부 성적 정보(실제 서식은 변경될 수 있습니다.)

① 득점 구분별 득점			② 종합 득점
언어지식 (문자·어휘·문법)	독해	청해	
50/60	30/60	40/60	120/180

③ 참고 정보	
문자·어휘	문법
A	C

A 매우 잘했음 (정답률 67% 이상)
B 잘했음 (정답률 34%이상 67% 미만)
C 그다지 잘하지 못했음 (정답률 34% 미만)

목 차

머리말 ··· 3
이 책의 구성과 활용법 ·· 4
JLPT(일본어 능력시험)란? ·· 6

1교시 언어지식(문자・어휘)

●● 문자 어휘 ·· 12

PART 1 워밍업 ·· 14
비법 전수 ··· 16
비법 어휘 – 기출 어휘 ·· 20
비법 어휘 – 합격 어휘 ·· 32
[합격 어휘 확인 문제] ··· 40
비법 어휘 – 고득점 어휘 ·· 48
[고득점 어휘 확인 문제] ··· 56

PART 2 유형별 집중 공략 ·· 64
한자 읽기 실전 연습 ·· 66
한자 표기 실전 연습 ·· 71
문맥 규정 실전 연습 ·· 76
유의어 실전 연습 ·· 80

1교시 언어지식(문법) / 독해

●● 문법 ··· 92

PART 1 워밍업 ·· 94
비법 전수 ··· 96
비법 문법 – 기출 문법 ·· 101
비법 문법 – 합격 문법 ·· 107
[합격 문법 확인 문제] ··· 130
비법 문법 – 고득점 문법 ·· 135
[고득점 문법 확인 문제] ··· 151

PART 2 유형별 집중 공략 ········· 156
문법 형식 판단 실전 연습 ········· 158
문장 완성 실전 연습 ········· 168
문맥 이해 실전 연습 ········· 174

●● 독해 ········· 180

PART 1 워밍업 ········· 182
비법 전수 ········· 184
비법 어휘- 품사별 독해 필수 어휘 ········· 192
[독해 어휘 확인 문제] ········· 201

PART 2 유형별 집중 공략 ········· 206
내용 이해(단문) 실전 연습 ········· 208
내용 이해(중문) 실전 연습 ········· 218
정보 검색 실전 연습 ········· 226

2교시 청해

●● 청해 ········· 236

PART 1 워밍업 ········· 238
비법 전수 ········· 240
비법 어휘- 주제별 청해 필수 어휘 ········· 249
[청해 유형 확인 문제] ········· 260

PART 2 유형별 집중 공략 ········· 262
과제 이해 실전 연습 ········· 264
포인트 이해 실전 연습 ········· 270
발화 표현 실전 연습 ········· 276
즉시 응답 실전 연습 ········· 280

부록 실전 모의고사(2회분)

1교시

1교시 시험시간 13:30 ~ 13:50

언어지식 (문자·어휘)

1교시

문자·어휘

もんだい 1 한자 읽기
もんだい 2 한자 표기
もんだい 3 문맥 규정
もんだい 4 유의어

문자·어휘 완전 정복을 위한 꿀팁!

문자·어휘 파트에서 성공의 열쇠는 무엇보다도 어휘력 확보에 있습니다. 단기간의 암기보다는 짧은 시간이라도 매일매일 꾸준히 정리하고 반복하는 것이 최고의 학습법입니다.

● もんだい 1 한자 읽기
한자의 훈독과 음독을 구별하여 정리하는 것이 중요합니다. 주로 동사와 い형용사에 훈독 발음이, 명사에 음독 발음이 집중됩니다. 또 장음, 촉음, 탁음, 반탁음에 혼동되지 않으려면, 큰 소리로 읽으며 학습합니다.

● もんだい 2 한자 표기
한자와 가타카나의 비슷한 글자를 혼동하지 않기 위해서는 반복하여 직접 써 가면서 암기하는 것이 중요합니다. 특히 가타카나 암기는 한 글자 한 글자의 단위를 외우기보다는 어휘 단위로 외우는 것이 효과적입니다.

● もんだい 3 문맥 규정
단어의 단편적인 의미만을 단어장에 정리하기보다는, 다양한 문장 안에서 전체적인 흐름에 맞도록 해석되는 의미를 익히는 것이 좋습니다. 또, 특정의 물건을 세는 조수사의 종류를 정리하는 것도 큰 도움이 됩니다.

● もんだい 4 유의어
제시된 문장과 같은 상황의 글을 고르기 위해서는 비슷한 의미를 가지는 어휘들을 함께 정리하는 것이 효과적입니다. 또, 긍정문, 부정문 관련 문법 활용을 통해, 반대 의미의 어휘도 함께 학습해 두면 폭넓은 표현에 익숙해질 수 있습니다.

1교시
문자 · 어휘

PART 1

워밍업

1. 비법 전수
2. 비법 어휘

1 비법 전수

もんだい1 한자 읽기

●● 유형 분석

1 12문제가 출제된다.
2 6분 내로 푸는 것이 좋다.
3 주어진 문장 속에 밑줄로 표시된 단어를 어떻게 읽는지를 묻는 유형이다.
4 출제 유형
   (1) 음독/훈독 구분하기
   (2) 장·단음/촉음/탁음 구분하기

✓ 청음과 탁음을 구분하여 풀기!
✓ 특히 촉음과 장음의 유무에 주의할 것!
✓ 소리 내어 암기하는 것이 효과적인 학습 방법!

예시 문제

> ともだちと いっしょに 学校に 行きます。
> 1 がこう   2 がこお   3 がっこう   4 がっこお

정답 3

해 석 친구와 함께 학교에 갑니다.

해 설 촉음(がっ)과 장음(こう)의 두 가지 지식을 묻고 있다. 특히 'お단'의 장음 발음 규칙에서 'お단 + う'와 'お단 + お'의 두 발음이 같은데, 이를 혼동하는 학습자들이 적지 않은 점을 노린 문제이다.

| 1교시 | 문자·어휘 |

もんだい2 한자 표기

● ● 유형 분석

1 8문제가 출제된다.
2 4분 내로 푸는 것이 좋다.
3 제시된 문장에서 ひらがな로 된 단어를 한자 혹은 カタカナ로 어떻게 표기하는지를 묻는 문제이다.
4 출제 유형
　(1) 비슷한 모양의 한자 구분하기
　(2) 비슷한 모양의 カタカナ 구분하기

✓ 한자는 직접 쓰면서 암기하는 것이 최선의 방법.
✓ 한자는 부수와 나머지 획을 분해하여 파악해 보는 것도 효과적이다.

예시 문제

　　いもうとと　おなじ　ふくを　かいました。
　　1　同じ　　　2　回じ　　　3　同じ　　　4　固じ

정답 1

해 석　여동생과 같은 옷을 샀습니다.

해 설　비슷하게 생긴 각각의 한자를 혼동하도록 하는 것이 이 문제의 함정이다. 선택지의 한자는 각각 다음과 같다. 1. 同(같을 동), 2. 回(돌아올 회), 3. 冋(들 경), 4. 固(굳을 고). 참고로 정답인 同의 훈독은 おなじ, 음독은 どう인 사실도 함께 알아 두자.

もんだい3 문맥 규정

● ● **유형 분석**

1 10문제가 출제된다.
2 5분 내로 푸는 것이 좋다.
3 제시된 문장에 가장 적절한 의미를 나타내는 어휘를 선택하여, 문장을 완성시키는 유형이다.
4 출제 유형
　(1) 술어(동사, い형용사, な형용사)와 명사, 부사, 외래어, 조수사 등
　　다양한 품사에 걸쳐 출제.
　(2) 특정 물건을 세는 단위(조수사)가 반드시 출제.
　(3) 숙어, 즉 상황별 관용적인 어휘의 쓰임에 주의.

✓ 서로 호응 관계에 있거나 숙어처럼 사용되는 표현을 익혀 두자!
✓ 한 단어에 뜻이 여럿 있는 다의어를 중점적으로 정리해 두자.

예시 문제

めがねが　つくえの　(　　　)に　あります。
1　そば　　　　2　よこ　　　　3　した　　　　4　うえ

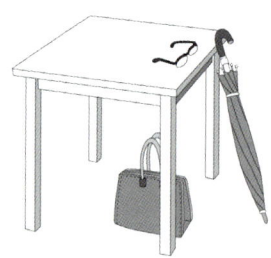

정답 4

해 석　안경이 책상 위에 있습니다.

해 설　가장 중요한 것은 기본 명사, 즉 그림에 제시된 안경(めがね)을 비롯해 책상(つくえ), 가방(かばん), 우산(かさ) 등의 명사를 알고 있는지가 중요하다. 또 위치 명사인 옆(そば・よこ), 아래(した), 위(うえ) 등의 어휘 지식을 동시에 요구하는 난이도 높은 문제이다.

もんだい4 유의어

●● 유형 분석

1 5문제가 출제된다.
2 5분 내로 푸는 것이 좋다.
3 제시된 문장과 의미나 상황이 가장 가까운 것을 선택하는 유형이다.
4 출제 유형
   (1) 유의어 및 반대어 찾기
   (2) 날짜 및 시간과 관련된 시제 파악하기
5 선택지에 반대어로 제시된 문장의 경우, 그 반대어의 부정 표현을 활용하는 경우도 있다.

✓ 단어 뜻의 단순 암기가 아니라, 전체적인 이미지를 생각하며 익히자.
✓ '날씨가 좋다 = 비가 그쳤다 또는 쾌적하다' 식의 이미지 학습도 중요.

예시 문제

> ここは　でぐちです。いりぐちは　あちらです。
> 1　あちらから　でて　ください。
> 2　あちらから　おりて　ください。
> 3　あちらから　はいって　ください。
> 4　あちらから　わたって　ください。

정답 3

해 석 여기는 출구입니다. 입구는 저쪽입니다.
　　　1. 저쪽에서 나가 주세요.
　　　2. 저쪽에서 내려 주세요.
　　　3. 저쪽에서 들어가 주세요.
　　　4. 저쪽에서 건너 주세요.

해 설 でぐち(출구)와 いりぐち(입구)라는 명사와 관련된 동사를 찾는 문제이다. でぐち(출구)와 관련된 동사는 でる(나가다, 나오다)이고, いりぐち(입구)와 관련된 동사는 はいる(들어가다, 들어오다)이므로 정답은 3번이다. 한편 はいる는 예외 1그룹동사이므로 촉음편을 하는 점에도 주의하자.

2 비법 어휘

1 2회 이상 기출 어휘

● もんだい1 한자 읽기

- ☐ 会う 만나다(2회 출제)
- ☐ 赤い 빨갛다, 붉다(2회 출제)
- ☐ 朝 아침(2회 출제)
- ☐ 後 뒤, 나중(2회 출제)
- ☐ 雨 비(3회 출제)
- ☐ 言う 말하다(2회 출제)
- ☐ 入り口 입구(4회 출제)
- ☐ 上 위(3회 출제)
- ☐ 生まれる 태어나다(3회 출제)
- ☐ 駅 역(2회 출제)
- ☐ 大きい 크다(2회 출제)
- ☐ お金 돈(5회 출제)
- ☐ 男の子 남자아이(3회 출제)
- ☐ 女の子 여자아이(2회 출제)
- ☐ 外国 외국(4회 출제)
- ☐ 買う 사다(4회 출제)
- ☐ 学校 학교(3회 출제)

- ☐ 火よう日 화요일(2회 출제)
- ☐ 川 강(3회 출제)
- ☐ 木 나무(2회 출제)
- ☐ 聞く 듣다(2회 출제)
- ☐ 北 북쪽(3회 출제)
- ☐ 銀行 은행(2회 출제)
- ☐ 金よう日 금요일(2회 출제)
- ☐ 国 나라(2회 출제)
- ☐ 車 자동차(2회 출제)
- ☐ 午後 오후(3회 출제)
- ☐ 今月 이번 달(2회 출제)
- ☐ 魚 생선, 물고기(3회 출제)
- ☐ 四月 4월(2회 출제)
- ☐ 下 아래, 밑(2회 출제)
- ☐ 七月 7월(2회 출제)
- ☐ 七時 7시(3회 출제)
- ☐ 白い 희다, 하얗다(4회 출제)
- ☐ 千円 1000엔(3회 출제)
- ☐ 先生 선생님(3회 출제)

- ☐ 外（そと） 밖(2회 출제)
- ☐ 空（そら） 하늘(3회 출제)
- ☐ 大学（だいがく） 대학(3회 출제)
- ☐ 高い（たかい） (키가) 크다, (값이) 비싸다, 높다(3회 출제)
- ☐ 出す（だす） 내다, 제출하다(2회 출제)
- ☐ 食べる（たべる） 먹다(2회 출제)
- ☐ 小さい（ちいさい） (크기가) 작다(3회 출제)
- ☐ 父（ちち） 아빠, 아버지(4회 출제)
- ☐ 手（て） 손(2회 출제)
- ☐ 手紙（てがみ） 편지(2회 출제)
- ☐ 出る（でる） 나가(오)다(3회 출제)
- ☐ 天気（てんき） 날씨(3회 출제)
- ☐ 電気（でんき） 전기(2회 출제)
- ☐ 電話（でんわ） 전화(5회 출제)
- ☐ 十日（とおか） 10일(2회 출제)
- ☐ 友だち（ともだち） 친구(4회 출제)
- ☐ 土よう日（どようび） 토요일(3회 출제)
- ☐ 中（なか） 안, 속(3회 출제)
- ☐ 長い（ながい） 길다(3회 출제)
- ☐ 何人（なんにん） 몇 명(2회 출제)
- ☐ 西（にし） 서쪽(4회 출제)
- ☐ 飲む（のむ） 마시다, 삼키다(2회 출제)
- ☐ 入る（はいる） 들어가(오)다(4회 출제)
- ☐ 花（はな） 꽃(2회 출제)
- ☐ 母（はは） 엄마(3회 출제)
- ☐ 半分（はんぶん） 반, 절반(3회 출제)
- ☐ 左（ひだり） 왼쪽(2회 출제)
- ☐ 人（ひと） 사람(2회 출제)
- ☐ 古い（ふるい） 오래되다, 낡다(4회 출제)
- ☐ 本（ほん） 책(2회 출제)
- ☐ 毎日（まいにち） 매일(3회 출제)
- ☐ 前（まえ） 앞(2회 출제)
- ☐ 右（みぎ） 오른쪽(3회 출제)
- ☐ 水（みず） 물(4회 출제)
- ☐ 店（みせ） 가게(2회 출제)
- ☐ 見せる（みせる） 보이다, 보여 주다(2회 출제)
- ☐ 道（みち） 길(2회 출제)
- ☐ 耳（みみ） 귀(3회 출제)
- ☐ 見る（みる） 보다(2회 출제)
- ☐ 木よう日（もくようび） 목요일(2회 출제)
- ☐ 安い（やすい） (값이) 싸다(2회 출제)
- ☐ 休む（やすむ） 쉬다(3회 출제)
- ☐ 山（やま） 산(2회 출제)
- ☐ 有名（ゆうめい） 유명함(2회 출제)
- ☐ 読む（よむ） 읽다(3회 출제)
- ☐ 来週（らいしゅう） 다음 주(2회 출제)

● もんだい2 한자 표기

- ☐ <ruby>足<rt>あし</rt></ruby> 발, 다리(2회 출제)
- ☐ <ruby>新<rt>あたら</rt></ruby>しい 새롭다(2회 출제)
- ☐ <ruby>雨<rt>あめ</rt></ruby> 비(4회 출제)
- ☐ <ruby>行<rt>い</rt></ruby>く 가다(4회 출제)
- ☐ <ruby>上<rt>うえ</rt></ruby> 위(2회 출제)
- ☐ <ruby>多<rt>おお</rt></ruby>い 많다(2회 출제)
- ☐ <ruby>男<rt>おとこ</rt></ruby> 남자(2회 출제)
- ☐ <ruby>会社<rt>かいしゃ</rt></ruby> 회사(2회 출제)
- ☐ <ruby>買<rt>か</rt></ruby>う 사다, 구입하다(2회 출제)
- ☐ <ruby>書<rt>か</rt></ruby>く 쓰다, 적다(3회 출제)
- ☐ <ruby>学校<rt>がっこう</rt></ruby> 학교(4회 출제)
- ☐ カメラ 카메라(3회 출제)
- ☐ <ruby>火<rt>か</rt></ruby>よう<ruby>日<rt>び</rt></ruby> 화요일(2회 출제)
- ☐ カレンダー 캘린더, 달력(2회 출제)
- ☐ <ruby>川<rt>かわ</rt></ruby> 강, 냇물(2회 출제)
- ☐ <ruby>聞<rt>き</rt></ruby>く 듣다(4회 출제)
- ☐ <ruby>来<rt>く</rt></ruby>る 오다(4회 출제)
- ☐ <ruby>車<rt>くるま</rt></ruby> 자동차(2회 출제)
- ☐ <ruby>午後<rt>ごご</rt></ruby> 오후(2회 출제)
- ☐ <ruby>子<rt>こ</rt></ruby>ども 아이, 어린이(2회 출제)
- ☐ <ruby>今週<rt>こんしゅう</rt></ruby> 이번 주(3회 출제)
- ☐ <ruby>時間<rt>じかん</rt></ruby> 시간(2회 출제)
- ☐ <ruby>高<rt>たか</rt></ruby>い 비싸다, (키가) 크다, 높다(3회 출제)
- ☐ タクシー 택시(3회 출제)
- ☐ <ruby>食<rt>た</rt></ruby>べる 먹다(3회 출제)
- ☐ <ruby>小<rt>ちい</rt></ruby>さい (크기가) 작다(3회 출제)
- ☐ <ruby>父<rt>ちち</rt></ruby> 아버지(2회 출제)
- ☐ <ruby>天気<rt>てんき</rt></ruby> 날씨(3회 출제)
- ☐ <ruby>電車<rt>でんしゃ</rt></ruby> 전철(2회 출제)
- ☐ <ruby>友<rt>とも</rt></ruby>だち 친구(3회 출제)
- ☐ <ruby>土<rt>ど</rt></ruby>よう<ruby>日<rt>び</rt></ruby> 토요일(2회 출제)
- ☐ <ruby>中<rt>なか</rt></ruby> 안, 속(2회 출제)
- ☐ <ruby>長<rt>なが</rt></ruby>い 길다(4회 출제)
- ☐ <ruby>名前<rt>なまえ</rt></ruby> 이름(2회 출제)
- ☐ <ruby>母<rt>はは</rt></ruby> 엄마(2회 출제)
- ☐ ハンカチ 손수건(2회 출제)
- ☐ <ruby>東<rt>ひがし</rt></ruby> 동쪽(4회 출제)
- ☐ <ruby>左<rt>ひだり</rt></ruby> 왼쪽(2회 출제)
- ☐ ポケット 주머니, 포켓(2회 출제)
- ☐ <ruby>前<rt>まえ</rt></ruby> 앞, 전(2회 출제)
- ☐ <ruby>右<rt>みぎ</rt></ruby> 오른쪽(3회 출제)
- ☐ <ruby>南<rt>みなみ</rt></ruby> 남(쪽)(3회 출제)
- ☐ <ruby>見<rt>み</rt></ruby>る 보다(2회 출제)
- ☐ <ruby>六日<rt>むいか</rt></ruby> 6일(2회 출제)
- ☐ <ruby>休<rt>やす</rt></ruby>む 쉬다(2회 출제)
- ☐ <ruby>山<rt>やま</rt></ruby> 산(4회 출제)
- ☐ <ruby>読<rt>よ</rt></ruby>む 읽다(2회 출제)
- ☐ ラジオ 라디오(3회 출제)
- ☐ レストラン 레스토랑(2회 출제)

もんだい3 문맥 규정 *기출 전체(한자, 가나 등의 표기는 문제용지 기준임)

- [ ] あし 발, 다리
- [ ] あした 내일
- [ ] あそぶ 놀다
- [ ] あたたかい 따뜻하다
- [ ] あたらしい 새롭다
- [ ] あに 오빠, 형
- [ ] アパート 아파트
- [ ] あぶない 위험하다
- [ ] あまい 달다
- [ ] あらう 씻다
- [ ] あるく 걷다
- [ ] いくら 얼마(값)
- [ ] いそがしい 바쁘다
- [ ] いたい 아프다
- [ ] いちだい 한 대(자전거)
- [ ] いちど 한 번
- [ ] いつつ 다섯, 다섯 개
- [ ] いぬ 개
- [ ] いれる 넣다
- [ ] いろいろ 여러 가지임
- [ ] うすい 얇다
- [ ] うまれる 태어나다
- [ ] えらぶ 고르다, 선택하다
- [ ] エレベーター 엘리베이터
- [ ] おいしい 맛있다
- [ ] おおぜい 많이
- [ ] おきる 일어나다
- [ ] おく 놓다, 두다
- [ ] おじさん 아저씨, 삼촌
- [ ] おす 누르다, 밀다
- [ ] おととし 재작년
- [ ] おとな 어른
- [ ] おふろにはいる 목욕하다
- [ ] おぼえる 기억하다, 암기하다
- [ ] おもい 무겁다
- [ ] おもしろい 재미있다
- [ ] およぐ 헤엄치다
- [ ] おりる 내리다
- [ ] かう 사다, 구입하다
- [ ] かえす 되돌려주다
- [ ] かかる (시간・비용이) 들다, 걸리다
- [ ] かける (안경을) 쓰다
- [ ] かぜ 감기
- [ ] かぜをひく 감기에 들다
- [ ] かぞく 가족
- [ ] かど 모퉁이
- [ ] かぶる (모자를) 쓰다
- [ ] からい 맵다

- ギター 기타(악기)
- きたない 더럽다, 지저분하다
- きって 우표
- きっぷ 표, 티켓
- きる 자르다
- くらい 어둡다
- けす (불을) 끄다
- けっこう 충분함, 이제 됐음
- けっこんする 결혼하다
- げんき 건강함
- こうえん 공원
- こうちゃ 홍차
- ごちそうさま 잘 먹었습니다
- こちら 이쪽, 이 분, 이 사람
- こちらこそ 저야말로
- さす (우산을) 쓰다, 받다
- さんかい 3회, 세 번
- さんさつ 세 권(책)
- じしょ 사전
- しずかに 조용히
- しつもんする 질문하다(2회 출제)
- しめる (문을) 닫다
- しゃしん 사진
- シャワーをあびる 샤워하다
- じょうず 능숙함, 잘함

- じょうぶ 튼튼함
- しんぶんをよむ 신문을 읽다
- すう (담배를) 피우다
- スカート 스커트, 치마
- すき 좋아함
- スキー 스키
- すぐに 곧, 바로
- ストーブ 스토브, 난로
- セーター 스웨터
- そば 옆, 곁
- それでは 그럼
- だいじょうぶ 괜찮음
- たいせつ 중요함, 소중함
- たいてい 대체로
- たいへん 힘듦, 큰일임
- たかい 비싸다, (키가) 크다, (높이가) 높다
- たくさん 많이
- たのしい 즐겁다
- たぶん 아마
- だんだん 점점, 점차
- ちいさい 작다
- ちかい 가깝다
- ちがいます 아닙니다, 틀립니다
- ちず 지도
- ちょうど 정각, 정확히

- つかれる 피곤하다, 지치다
- つく (전기가) 켜지다
- つめたい 차갑다
- つよい 강하다, 세다
- てがみ 편지
- デパート 백화점
- でも 하지만, 그렇지만
- でる 나가(오)다
- てんき 날씨
- でんわ 전화
- どういたしまして 천만에요
- どうぞ、よろしく 잘 부탁합니다
- とおい 멀다
- ときどき 때때로
- どちら 어느 쪽, 어느 분
- とぶ 날다
- とまる 멈추다
- とる 집다, 잡다
- とる (사진・영화를) 찍다
- ナイフ 나이프, 칼
- ならう 배우다, 익히다
- ならべる 진열하다
- なんこ 몇 개
- にかい 2층
- にキロ 2킬로미터

- にさつ 두 권(잡지)
- にだい 두 대(자전거)
- にひき 두 마리(고양이)
- のぼる (산을) 오르다
- のみもの 마실 것
- のむ 마시다, 삼키다
- のる (차, 비행기를) 타다
- パーティー 파티
- はく (바지를) 입다, (신발・양말을) 신다
- はし 다리, 교량
- はじめて 처음으로
- はたち 20세, 스무 살
- はちじゅうえん 80엔
- はる 붙이다
- ピアノ 피아노
- ひま 틈, 짬, 여가
- プール 풀, 수영장
- ふく (바람이) 불다
- ふつか 2일, 초이틀
- ページ 페이지, 쪽
- べんきょうがしたい 공부를 하고 싶다
- べんり 편리함
- ぼうし 모자
- ほしい 가지고 싶다
- ほそい 가늘다

- ☐ ほんや 책방, 서점
- ☐ まいしゅう 매주
- ☐ まがる 돌다, (방향을) 틀다
- ☐ また 또
- ☐ まっすぐ 똑바로, 곧장
- ☐ まど 창문
- ☐ みがく (이를) 닦다
- ☐ みち 길
- ☐ もっと 좀 더, 더
- ☐ やさい 야채
- ☐ ゆうべ 어젯밤
- ☐ ゆっくり 천천히
- ☐ ようか 8일, 여드레
- ☐ ラジオ 라디오
- ☐ りっぱ 훌륭함
- ☐ りょうり 요리
- ☐ わかい 젊다
- ☐ わすれる 잊다
- ☐ わたす 건네다
- ☐ わたる 건너다

● もんだい4 유의어 *1회 이상 출제 어휘 전체

- ☐ あかるく して ください 밝게 해 주세요.
  ≒ でんきを つけて ください 전기를 켜 주세요

- ☐ あまり さむく ありません 그다지 춥지 않습니다
  ≒ すこし さむいです 조금 춥습니다

- ☐ いい てんきだ 좋은 날씨이다
  ≒ はれる 개다, 맑다

- ☐ いえを でる 집을 나서다
  ≒ でかける 외출하다, 나가다

- ☐ いただきます 잘 먹겠습니다
  ≒ ごはんを たべます 밥을 먹습니다

- ☐ いりぐちは あちらです 입구는 저쪽입니다
  ≒ あちらから 入って ください 저쪽에서 들어가 주세요

- ☐ おじは 65さいです 삼촌은 65세입니다
  ≒ 母の 兄は 65さいです 엄마의 오빠는 65세입니다

- □ おてあらい 화장실
  - ≒ トイレ 화장실

- □ おととい 그저께
  - ≒ ふつか前(まえ) 이틀 전

- □ おととし うまれた 재작년에 태어났다
  - ≒ にねんまえに うまれた 2년 전에 태어났다

- □ おばさん 이모
  - ≒ おかあさんの いもうとさん 어머니의 여동생

- □ おやすみなさい 안녕히 주무세요
  - ≒ いまから ねます 지금부터 잡니다

- □ かして ください 빌려 주세요
  - ≒ かりたいです 빌리고 싶습니다

- □ かない 아내
  - ≒ おくさん 부인

- □ きらいです 싫습니다
  - ≒ すきでは ありません 좋아하지 않습니다

- □ きれいです 깨끗합니다
  - ≒ きたなく ないです 더럽지 않습니다

- □ ぎんこう 은행
  - ≒ ここで お金(かね)を だします 이곳에서 돈을 냅니다

- □ くだもの 과일
  - ≒ りんごや バナナなど 사과나 바나나 등

- □ くだものを たべる 과일을 먹다
  - ≒ みかんを たべる 귤을 먹다

- □ けいかん 경관
  - ≒ おまわりさん 순경

PART 1 워밍업_2 비법 어휘 27

- □ げんかん 현관
  - ≒ いえの いりぐち 집 입구

- □ 公園を さんぽしました 공원을 산책했습니다
  - ≒ 公園を あるきました 공원을 걸었습니다

- □ ごぜんちゅう 오전 내내
  - ≒ あさから ひるまで 아침부터 점심까지

- □ 午前も 午後も 오전도 오후도
  - ≒ 朝から 夕方まで 아침부터 저녁까지

- □ コピーを たのむ 복사를 부탁하다
  - ≒ コピーして ください 복사해 주세요

- □ しごとを やすみます 일을 쉽니다
  - ≒ しごとを しません 일을 하지 않습니다

- □ じしょを ひきました 사전을 찾았습니다
  - ≒ 言葉の 意味が わかりました 말의 의미를 알았습니다

- □ しょくどうが やすみです 식당이 쉽니다
  - ≒ しょくどうが しまって います 식당이 닫혀 있습니다

- □ ストーブ 스토브
  - ≒ へやを あたたかく する 방을 따뜻하게 하다

- □ せが たかい 키가 크다
  - ≒ おおきい 크다

- □ せっけん 비누
  - ≒ なにかを あらう 무언가를 씻다

- □ せんたくする 세탁하다
  - ≒ ようふくを あらう 양복을 빨다

- □ そうじを する 청소를 하다
  - ≒ きれいに する 깨끗하게 하다

- ☐ だいどころ 부엌
  - ≒ ごはんを 作る ところ 밥을 만드는 곳
- ☐ 誕生日は 7月5日です 생일은 7월 5일입니다
  - ≒ 7月5日に うまれました 7월 5일에 태어났습니다
- ☐ つとめる 근무하다
  - ≒ はたらく 일하다
- ☐ つまらない 시시하다
  - ≒ おもしろく ありません 재미있지 않습니다
- ☐ テーブルに ならべる 테이블에 늘어놓다
  - ≒ テーブルに おく 테이블에 놓다
- ☐ でかける 외출하다
  - ≒ 家に いない 집에 없다
- ☐ テニスが 好きです 테니스를 좋아합니다
  - ≒ テニスが したいです 테니스를 하고 싶습니다
- ☐ 天気が いい 날씨가 좋다
  - ≒ はれて いる 개어 있다
- ☐ でんきを けす 전기를 끄다
  - ≒ へやを くらく する 방을 어둡게 하다
- ☐ ドアは あいて います 문은 열려 있습니다
  - ≒ ドアは しまって いません 문은 닫혀 있지 않습니다
- ☐ としょかんに 行きました 도서관에 갔습니다
  - ≒ 本を かりました 책을 빌렸습니다
- ☐ なぜ 왜
  - ≒ どうして 왜
- ☐ にぎやかです 떠들썩합니다
  - ≒ 人が おおぜい います 사람이 많이 있습니다

- 日本語を ならう 일본어를 배우다
  - ≒ 日本語を 勉強して いる 일본어를 공부하고 있다
- はじめて 行きます 처음 갑니다
  - ≒ まだ 行って いません 아직 가지 않았습니다
- ひまでした 한가했습니다
  - ≒ いそがしく なかったです 바쁘지 않았습니다
- へたです 서툽니다
  - ≒ じょうずでは ありません 능숙하지 않습니다
- ボールペン 볼펜
  - ≒ これで てがみを かきます 이것으로 편지를 씁니다
- まずい 맛없다
  - ≒ おいしくない 맛있지 않다
- むずかしく ありません 어렵지 않습니다
  - ≒ やさしいです 쉽습니다
- むずかしく なかったです 어렵지 않았습니다
  - ≒ かんたんでした 간단했습니다
- もう すぐ おわります 이제 곧 끝납니다
  - ≒ まだ おわって いません 아직 끝나지 않았습니다
- 野菜や 果物を うって いる 야채나 과일을 팔고 있다
  - ≒ ここは やおやです 이곳은 야채가게입니다
- ゆうびんきょく 우체국
  - ≒ きって などを うって います 우표 따위를 팔고 있습니다
- ゆうべ 어젯밤
  - ≒ きのうの よる 어젯밤
- ゆうめいだ 유명하다
  - ≒ みんな しって いる 모두 알고 있다

- [ ] りゅうがくせいです 유학생입니다
    ≒ べんきょうを しに きました 공부를 하러 왔습니다
- [ ] 両親は でかけて います 부모님은 외출했습니다
    ≒ 父も 母も 家に いません 아빠도 엄마도 집에 없습니다
- [ ] れいぞうこ 냉장고
    ≒ ぎゅうにゅうを 入れる 우유를 넣다
- [ ] Aは Bと けっこんする A는 B와 결혼한다
    ≒ Bは Aの おくさんに なる B는 A의 부인이 되다
- [ ] Aは Bに 漢字を ならいました A는 B에게 한자를 배웠습니다
    ≒ Bは Aに 漢字を おしえました B는 A에게 한자를 가르쳤습니다
- [ ] Aは Bに 車を かりる A는 B에게 차를 빌리다
    ≒ Bは Aに 車を かす B는 A에게 차를 빌려주다

2 합격 어휘

① 명사

☐ 間 (あいだ)	사이	
☐ 朝 (あさ)	아침	
☐ 足 (あし)	발, 다리	
☐ 兄 (あに)	오빠, 형	
☐ 後 (あと)	후, 나중	
☐ 雨 (あめ)	비	
☐ いくら	얼마	
☐ いちど	한 번	
☐ 五日 (いつか)	5일	
☐ 一週間 (いっしゅうかん)	일주일	
☐ 五つ (いつつ)	다섯 개	
☐ 入り口 (いりぐち)	입구	
☐ 上 (うえ)	위	
☐ 駅 (えき)	역	
☐ 英語 (えいご)	영어	
☐ 円 (えん)	엔(일본의 화폐 단위)	
☐ お母さん (おかあさん)	어머니	
☐ お金 (おかね)	돈	
☐ 男 (おとこ)	남자	
☐ 男の人 (おとこのひと)	남자	
☐ 大人 (おとな)	어른, 성인	
☐ 女 (おんな)	여자	
☐ 女の子 (おんなのこ)	여자아이	
☐ 外国 (がいこく)	외국	
☐ 会社 (かいしゃ)	회사	
☐ 風 (かぜ)	바람	
☐ 風邪 (かぜ)	감기	
☐ 学校 (がっこう)	학교	
☐ かど	모퉁이	
☐ 火よう日 (かようび)	화요일	
☐ 川 (かわ)	강	
☐ 木 (き)	나무	
☐ 北 (きた)	북(쪽)	
☐ 北がわ (きたがわ)	북쪽	
☐ きっぷ	표, 티켓	
☐ 教室 (きょうしつ)	교실	
☐ 銀行 (ぎんこう)	은행	
☐ 金よう日 (きんようび)	금요일	
☐ 口 (くち)	입	
☐ 国 (くに)	나라, 고국	
☐ 車 (くるま)	자동차	
☐ けっこん	결혼	
☐ 月よう日 (げつようび)	월요일	
☐ 公園 (こうえん)	공원	
☐ こうちゃ	홍차	
☐ 五回 (ごかい)	5회, 5번	
☐ 午後 (ごご)	오후	

	일본어	한국어
☐	九つ (ここの)	9개
☐	午前 (ごぜん)	오전
☐	午前中 (ごぜんちゅう)	오전 중
☐	こちら	이쪽, 여기, 나(스스로를 칭함)
☐	今年 (ことし)	올해
☐	子ども (こ)	아이, 어린이
☐	今月 (こんげつ)	이번 달
☐	今週 (こんしゅう)	이번 주
☐	魚 (さかな)	생선, 물고기
☐	先 (さき)	앞, 먼저, 나중
☐	昨年 (さくねん)	작년
☐	三千円 (さんぜんえん)	3천 엔
☐	三分 (さんぷん)	3분
☐	さんぽ	산책
☐	三本 (さんぼん)	세 자루
☐	三万円 (さんまんえん)	3만 엔
☐	試合 (しあい)	시합
☐	時間 (じかん)	시간
☐	四月 (しがつ)	4월
☐	辞書 (じしょ)	사전
☐	下 (した)	아래, 밑
☐	七月 (しちがつ)	7월
☐	質問 (しつもん)	질문
☐	写真 (しゃしん)	사진
☐	宿題 (しゅくだい)	숙제
☐	食堂 (しょくどう)	식당
☐	新聞 (しんぶん)	신문
☐	水よう日 (すいようび)	수요일
☐	千円 (せんえん)	천 엔
☐	先週 (せんしゅう)	지난주
☐	先生 (せんせい)	선생님
☐	そうじ	청소
☐	外 (そと)	밖
☐	そば	옆, 곁
☐	空 (そら)	하늘
☐	地図 (ちず)	지도
☐	父 (ちち)	아빠, 아버지
☐	つま	(나의) 아내, 처
☐	手 (て)	손
☐	手紙 (てがみ)	편지
☐	出口 (でぐち)	출구
☐	天気 (てんき)	날씨
☐	電気 (でんき)	전기
☐	電車 (でんしゃ)	전차
☐	電話 (でんわ)	전화
☐	十日 (とおか)	열흘, 10일
☐	時計 (とけい)	시계
☐	図書館 (としょかん)	도서관
☐	どちら	어느 쪽
☐	友だち (とも)	친구
☐	土よう日 (どようび)	토요일
☐	中 (なか)	안, 가운데

☐ 七千円 (なな せん えん)	7천 엔			☐ 二日 (ふつか)	2일, 이틀
☐ 何 (なに/なん)	무엇/몇			☐ ぼうし	모자
☐ 七日 (なのか)	7일			☐ 本 (ほん)	책
☐ 名前 (な まえ)	이름			☐ 毎朝 (まい あさ)	매일 아침
☐ 二冊 (に さつ)	두 권			☐ 毎週 (まい しゅう)	매주
☐ 日本語 (に ほん ご)	일본어			☐ 毎日 (まい にち)	매일
☐ 西 (にし)	서(쪽)			☐ 前 (まえ)	앞
☐ 西がわ (にし)	서쪽			☐ 窓 (まど)	창문
☐ 二時間半 (に じ かん はん)	2시간 반			☐ 右 (みぎ)	오른쪽
☐ 日よう日 (にち び)	일요일			☐ 水 (みず)	물
☐ 二百回 (に ひゃっかい)	200회, 200번			☐ 店 (みせ)	가게, 상점
☐ 二万円 (に まん えん)	2만 엔			☐ 道 (みち)	길
☐ 飲み物 (の もの)	마실 것, 음료수			☐ 南 (みなみ)	남쪽
☐ 花 (はな)	꽃			☐ 耳 (みみ)	귀
☐ 母 (はは)	엄마, 어머니			☐ 六日 (むいか)	6일
☐ 半分 (はん ぶん)	절반			☐ 目 (め)	눈
☐ 東 (ひがし)	동(쪽)			☐ 木よう日 (もく び)	목요일
☐ 東がわ (ひがし)	동쪽			☐ やさい	야채
☐ 左 (ひだり)	왼쪽			☐ 休み (やす)	휴일, 휴가, 방학
☐ 人 (ひと/にん/じん)	사람/~명(사람 수)/~인			☐ 山 (やま)	산
☐ 一つ (ひと)	한 개			☐ ゆうべ	어젯밤
☐ 一人 (ひとり)	한 명			☐ 雪 (ゆき)	눈
☐ 百 (ひゃく)	100			☐ 八日 (ようか)	8일
☐ 百人 (ひゃく にん)	100명			☐ 来週 (らい しゅう)	다음 주
☐ 百本 (ひゃっ ぽん)	100송이, 100자루 등			☐ 来年 (らい ねん)	내년
☐ 二つ (ふた)	두 개			☐ 料理 (りょう り)	요리

☐ 六時(ろくじ)	6시		☐ こたえる	대답하다
☐ 六本(ろっぽん)	6자루		☐ こまる	곤란하다, 난처하다
			☐ しめる	닫다, 잠그다
			☐ すう	(담배) 피우다, (숨) 들이키다

❷ 동사

☐ 会(あ)う	만나다		☐ 進(すす)む	진행하다
☐ 遊(あそ)ぶ	놀다		☐ 立(た)つ	서다
☐ あびる	샤워하다, 끼얹다, 뒤집어쓰다		☐ 食(た)べる	먹다
☐ あらう	씻다, (세탁물) 빨다		☐ ちがう	다르다
☐ 言(い)う	말하다, 언급하다		☐ 出(で)る	나가(오)다
☐ 行(い)く	가다		☐ 飛(と)ぶ	날다
☐ 入(い)れる	넣다		☐ ならべる	늘어놓다
☐ 生(う)まれる	태어나다		☐ 登(のぼ)る	오르다
☐ 起(お)きる	일어나다		☐ 飲(の)む	마시다
☐ おく	두다, 놓다		☐ 入(はい)る	들어가(오)다
☐ 覚(おぼ)える	기억하다, 외우다		☐ はく	신다, (하의) 입다
☐ 泳(およ)ぐ	헤엄치다		☐ 話(はな)す	이야기하다
☐ おりる	(탈것) 내리다		☐ はる	붙이다
☐ 買(か)う	사다		☐ 引(ひ)く	끌다, 당기다
☐ かえす	갚다, 반납하다		☐ ふく	불다
☐ かかる	걸리다		☐ みがく	(문질러) 닦다
☐ 書(か)く	쓰다		☐ 見(み)せる	보여주다
☐ かぶる	(모자 등을) 쓰다		☐ 見(み)られる	볼 수 있다
☐ 聞(き)く	듣다, 물어보다		☐ 見(み)る	보다
☐ 切(き)る	자르다, 끊다		☐ 休(やす)む	쉬다
☐ 来(く)る	오다		☐ 読(よ)む	읽다
☐ けす	끄다, 지우다		☐ わすれる	잊다

☐ わたる	건너다		☐ わかい	젊다

❸ い형용사

☐ あたたかい	따뜻하다
☐ 新しい	새롭다
☐ あぶない	위험하다
☐ 甘い	달다
☐ うすい	얇다(두께), 연하다(농도), 싱겁다
☐ 多い	많다
☐ おもい	무겁다
☐ おもしろい	재미있다
☐ 辛い	맵다
☐ くらい	어둡다
☐ 白い	희다
☐ 少ない	적다
☐ 高い	높다, 비싸다
☐ 楽しい	즐겁다
☐ 小さい	작다
☐ 近い	가깝다
☐ つめたい	차갑다
☐ つよい	강하다
☐ 長い	길다
☐ 古い	낡다, 오래되다
☐ ほしい	원하다, 갖고 싶다
☐ 安い	싸다

❹ な형용사

☐ 色々だ	다양하다, 여러 가지다
☐ 同じだ	같다
☐ きれいだ	예쁘다, 깨끗하다
☐ けっこうだ	훌륭하다/ 더 이상 괜찮다 (사양)/ ~해도 좋다
☐ 元気だ	건강하다
☐ 上手だ	잘하다, 능숙하다
☐ 丈夫だ	튼튼하다, 견고하다
☐ 好きだ	좋아하다
☐ 大丈夫だ	괜찮다, 거뜬하다
☐ 大切だ	소중하다, 중요하다
☐ 便利だ	편리하다
☐ 有名だ	유명하다

❺ 부사

☐ おおぜい	많이
☐ すぐに	곧, 금방
☐ 少し	조금, 약간
☐ だんだん	점점
☐ 時々	때때로, 가끔
☐ 初めて	처음으로
☐ また	또
☐ まっすぐ	쭉, 곧장

☐	もっと	좀 더	☐ スポーツ	스포츠
☐	ゆっくり	느긋하게, 천천히	☐ チケット	티켓
			☐ テキスト	텍스트, 교과서
			☐ デパート	백화점

❻ 접속사

☐	それで	그래서	☐ ナイフ	나이프, 칼
☐	それでは	그럼	☐ バス	버스
☐	でも	하지만, 그러나	☐ パーティー	파티
			☐ ハンカチ	손수건
			☐ ページ	페이지

❼ 가타카나

☐	アパート	아파트	☐ メートル	미터
☐	エスカレーター	에스컬레이터	☐ ラジオ	라디오
☐	エレベーター	엘리베이터	☐ ラジカセ	라디오 카세트
☐	カメラ	카메라	☐ ワイシャツ	와이셔츠
☐	カレンダー	캘린더, 달력		
☐	キロ	킬로그램		

❽ 연체사

☐	グラム	그램	☐ 大きな	커다란
☐	シャワー	샤워	☐ この	이~
☐	スカート	스커트	☐ 小さな	작은
☐	スペイン	스페인	☐ どんな	어떤

❾ 조수사

～回 ～회, ～번	～階 ～층	～個 ～개	～歳 ～살, ～세(나이)	～冊 ～권(책, 노트)
いっかい 一回	いっかい 一階	いっこ 一個	いっさい 一歳	いっさつ 一冊
にかい 二回	にかい 二階	にこ 二個	にさい 二歳	にさつ 二冊
さんかい 三回	さんがい 三階	さんこ 三個	さんさい 三歳	さんさつ 三冊
よんかい 四回	よんかい 四階	よんこ 四個	よんさい 四歳	よんさつ 四冊
ごかい 五回	ごかい 五階	ごこ 五個	ごさい 五歳	ごさつ 五冊
ろっかい 六回	ろっかい 六階	ろっこ 六個	ろくさい 六歳	ろくさつ 六冊
ななかい 七回	ななかい 七階	ななこ 七個	ななさい 七歳	ななさつ 七冊
はっかい 八回	はちかい・はっかい 八階・八階	はっこ 八個	はっさい 八歳	はっさつ 八冊
きゅうかい 九回	きゅうかい 九階	きゅうこ 九個	きゅうさい 九歳	きゅうさつ 九冊
じっかい / じゅっかい 十回 / 十回	じっかい / じゅっかい 十階 / 十階	じっこ / じゅっこ 十個 / 十個	じっさい / じゅっさい 十歳 / 十歳	じっさつ / じゅっさつ 十冊 / 十冊

～台 ～대(자동차, 기계)	～つ ～개	～人 ～명	～匹 ～마리	～本 ～자루, ～그루 등 (긴 것을 세는 단위)
いちだい 一台	ひと 一つ	ひとり 一人	いっぴき 一匹	いっぽん 一本
にだい 二台	ふた 二つ	ふたり 二人	にひき 二匹	にほん 二本
さんだい 三台	みっ 三つ	さんにん 三人	さんびき 三匹	さんぼん 三本
よんだい 四台	よっ 四つ	よにん 四人	よんひき 四匹	よんほん 四本
ごだい 五台	いつ 五つ	ごにん 五人	ごひき 五匹	ごほん 五本
ろくだい 六台	むっ 六つ	ろくにん 六人	ろっぴき 六匹	ろっぽん 六本
ななだい 七台	なな 七つ	ななにん 七人	ななひき 七匹	ななほん 七本
はちだい 八台	やっ 八つ	はちにん 八人	はっぴき 八匹	はっぽん 八本
きゅうだい 九台	ここの 九つ	きゅうにん 九人	きゅうひき 九匹	きゅうほん 九本
じゅうだい 十台	とお 十	じゅうにん 十人	じっぴき / じゅっぴき 十匹 / 十匹	じっぽん / じゅっぽん 十本 / 十本

⑩ 의사소통 표현

☐	ありがとうございます	감사합니다
☐	いただきます	잘 먹겠습니다
☐	いってきます	다녀오겠습니다
☐	いってらっしゃい	다녀오세요
☐	おげんきで	건강하세요
☐	おだいじに	몸조리 잘 하세요
☐	おねがいします	부탁합니다
☐	おやすみなさい	안녕히 주무세요
☐	けっこうです	더 이상은 괜찮습니다, 이제 됐습니다(충분합니다)
☐	ごちそうさまでした	잘 먹었습니다
☐	こちらこそ	저야말로
☐	ごめんなさい	미안해요
☐	こんにちは	안녕하세요
☐	さようなら	안녕히 계세요/안녕히 가세요
☐	しつれいします	실례합니다
☐	すみません	미안합니다/감사합니다
☐	そうです	그렇습니다
☐	ちがいます	아닙니다/틀립니다
☐	では、また	그럼(또 만나요)
☐	どういたしまして	천만에요
☐	どうぞよろしく	잘 부탁합니다
☐	どうも	(만날 때/헤어질 때/감사/사과) 표현

합격 어휘 확인 문제 ❶ [/ 36]

다음 단어의 읽기로 가장 알맞은 것을 a, b 중에서 고르시오.

1. 間　　　（ a あいた　　b あいだ ）
2. 朝　　　（ a あし　　　b あさ ）
3. 足　　　（ a はし　　　b あし ）
4. 兄　　　（ a おに　　　b あに ）
5. 金よう日（ a きんようび　b ぎんようび ）
6. 雨　　　（ a あぬ　　　b あめ ）
7. 五日　　（ a いつか　　b いっか ）
8. 十日　　（ a とうか　　b とおか ）
9. 五つ　　（ a いつつ　　b いっつ ）
10. 入口　　（ a いりくち　b いりぐち ）
11. 上　　　（ a いえ　　　b うえ ）
12. 駅　　　（ a へき　　　b えき ）
13. 英語　　（ a えいごう　b えいご ）
14. 一冊　　（ a いちさつ　b いっさつ ）
15. お母さん（ a おかさん　b おかあさん ）
16. 火よう日（ a かようび　b かようひ ）
17. 男　　　（ a おんな　　b おとこ ）
18. 大人　　（ a だいじん　b おとな ）
19. 女　　　（ a おんな　　b おとこ ）
20. 外国　　（ a かいこく　b がいこく ）
21. 会社　　（ a がいしゃ　b かいしゃ ）
22. 風　　　（ a かぜ　　　b がぜ ）
23. 学校　　（ a がっこ　　b がっこう ）
24. お金　　（ a おかね　　b おがね ）
25. 川　　　（ a がわ　　　b かわ ）
26. 木　　　（ a き　　　　b きく ）
27. 北　　　（ a きた　　　b みなみ ）
28. 教室　　（ a きょしつ　b きょうしつ ）
29. 銀行　　（ a きんこう　b ぎんこう ）
30. 後　　　（ a あと　　　b ひと ）
31. 口　　　（ a ぐち　　　b くち ）
32. 国　　　（ a ぐに　　　b くに ）
33. 車　　　（ a ぐるま　　b くるま ）
34. 公園　　（ a こおえん　b こうえん ）
35. 午後　　（ a ごご　　　b ここ ）
36. 九つ　　（ a きゅうつ　b ここのつ ）

정답　1 b　2 b　3 b　4 b　5 a　6 b　7 a　8 b　9 a　10 b　11 b　12 b
　　　13 b　14 b　15 b　16 a　17 b　18 b　19 a　20 b　21 b　22 a　23 b　24 a
　　　25 b　26 a　27 a　28 b　29 b　30 a　31 b　32 b　33 b　34 b　35 a　36 b

합격 어휘 확인 문제 ❷ [/ 36]

다음 단어의 읽기로 가장 알맞은 것을 a, b 중에서 고르시오.

1	午前	(a ごぜん	b ごせん)	19	先週	(a せんしゅ	b せんしゅう)
2	今年	(a ごとし	b ことし)	20	先生	(a せんせえ	b せんせい)
3	子ども	(a ごども	b こども)	21	地図	(a ちづ	b ちず)
4	今月	(a こんがつ	b こんげつ)	22	手	(a て	b め)
5	今週	(a こんしゅ	b こんしゅう)	23	出口	(a でくち	b でぐち)
6	魚	(a ちかな	b さかな)	24	電気	(a てんき	b でんき)
7	先	(a ちき	b さき)	25	電車	(a でんしゃ	b でんちゃ)
8	三千	(a さんぜん	b さんせん)	26	時計	(a どけい	b とけい)
9	三分	(a さんぶん	b さんぷん)	27	図書館	(a としょうかん	b としょかん)
10	三本	(a さんぼん	b さんほん)	28	友だち	(a ともだち	b どもだち)
11	試合	(a しはい	b しあい)	29	土よう日	(a どようび	b とようび)
12	時間	(a しがん	b じかん)	30	名前	(a なまへ	b なまえ)
13	四月	(a しがつ	b よんがつ)	31	西	(a ひがし	b にし)
14	辞書	(a じしょ	b じしょう)	32	半分	(a ばんぶん	b はんぶん)
15	下	(a した	b しだ)	33	左	(a ひだり	b みぎ)
16	質問	(a しっつもん	b しつもん)	34	一つ	(a ひたつ	b ひとつ)
17	写真	(a さしん	b しゃしん)	35	毎朝	(a まいにち	b まいあさ)
18	新聞	(a しんもん	b しんぶん)	36	窓	(a まえ	b まど)

정답 1 a 2 b 3 b 4 b 5 b 6 b 7 b 8 a 9 b 10 a 11 b 12 b
13 a 14 a 15 a 16 b 17 b 18 b 19 b 20 b 21 b 22 a 23 b 24 b
25 a 26 b 27 b 28 a 29 a 30 b 31 b 32 b 33 a 34 b 35 b 36 b

합격 어휘 확인 문제 ❸ [/ 36]

다음 단어의 읽기로 가장 알맞은 것을 a, b 중에서 고르시오.

1. 午前中 （a ごぜんじゅう　b ごぜんちゅう）
2. 手紙 （a てかみ　b てがみ）
3. 天気 （a てんき　b でんき）
4. 電話 （a でんは　b でんわ）
5. 東 （a ひがし　b ひだり）
6. 二つ （a ひとつ　b ふたつ）
7. 毎週 （a まいしゅ　b まいしゅう）
8. 右 （a ひだり　b みぎ）
9. 水 （a みづ　b みず）
10. 道 （a まち　b みち）
11. 六日 （a むっか　b むいか）
12. 目 （a ぬ　b め）
13. 雪 （a ゆうき　b ゆき）
14. 来年 （a らいれん　b らいねん）
15. 料理 （a りょうり　b りょおり）
16. 六本 （a ろっぽん　b ろっぽん）
17. 新しい （a たのしい　b あたらしい）
18. 多い （a おおきい　b おおい）
19. 白い （a しろい　b しるい）
20. 少ない （a すこない　b すくない）
21. 高い （a だかい　b たかい）
22. 楽しい （a やさしい　b たのしい）
23. 小さい （a さいちい　b ちいさい）
24. 近い （a ぢかい　b ちかい）
25. 安い （a やさしい　b やすい）
26. 長い （a ながい　b なかい）
27. 古い （a ふろい　b ふるい）
28. 同じだ （a おんなじだ　b おなじだ）
29. 元気だ （a けんきだ　b げんきだ）
30. 上手だ （a ぞうずだ　b じょうずだ）
31. 好きだ （a すきだ　b つきだ）
32. 下手だ （a べただ　b へただ）
33. 大丈夫だ （a だいぞうぶだ　b だいじょうぶだ）
34. 大切だ （a だいせつだ　b たいせつだ）
35. 便利だ （a ぺんりだ　b べんりだ）
36. 有名だ （a ゆうめいだ　b ゆうめえだ）

정답　1 b　2 b　3 a　4 b　5 a　6 b　7 b　8 b　9 b　10 b　11 b　12 b
　　　13 b　14 b　15 a　16 a　17 b　18 b　19 a　20 b　21 b　22 b　23 b　24 b
　　　25 b　26 a　27 b　28 b　29 b　30 b　31 a　32 a　33 b　34 b　35 b　36 a

합격 어휘 확인 문제 ❹   [/ 36]

다음 단어의 읽기로 가장 알맞은 것을 a, b 중에서 고르시오.

1	一人	(a ひたり	b ひとり)		19	乗る	(a のる	b くる)
2	毎日	(a まいいち	b まいにち)		20	少し	(a すこじ	b すこし)
3	南	(a みなみ	b ひがし)		21	初めて	(a はしめて	b はじめて)
4	来週	(a らいしゅ	b らいしゅう)		22	大きな	(a だいきな	b おおきな)
5	会う	(a あう	b かう)		23	四月	(a よんがつ	b しがつ)
6	言う	(a あう	b いう)		24	一個	(a いちこ	b いっこ)
7	買う	(a まいう	b かう)		25	六歳	(a ろっさい	b ろくさい)
8	書く	(a しょく	b かく)		26	四時	(a よんじ	b よじ)
9	聞く	(a ぎく	b きく)		27	三つ	(a みつつ	b みっつ)
10	切る	(a のる	b きる)		28	十本	(a じゅうほん	b じっぽん)
11	来る	(a きる	b くる)		29	お金	(a おきん	b おかね)
12	食べる	(a ならべる	b たべる)		30	学校	(a がっこお	b がっこう)
13	出る	(a でる	b でかける)		31	電気	(a でんき	b でんわ)
14	飲む	(a よむ	b のむ)		32	午前	(a ごぜん	b ごうぜん)
15	入る	(a いれる	b はいる)		33	男の子	(a おとこのこ	b おんなのこ)
16	見る	(a みる	b けんる)		34	毎朝	(a まえあさ	b まいあさ)
17	休む	(a やむ	b やすむ)		35	魚	(a さかな	b にく)
18	読む	(a のむ	b よむ)		36	木	(a ほん	b き)

정답 1 b 2 b 3 a 4 b 5 a 6 b 7 b 8 b 9 b 10 b 11 b 12 b
13 a 14 b 15 b 16 a 17 b 18 b 19 a 20 b 21 b 22 b 23 b 24 b
25 b 26 b 27 b 28 b 29 b 30 b 31 a 32 a 33 a 34 b 35 a 36 b

합격 어휘 확인 문제 ❺   [/ 36]

다음 단어의 읽기로 가장 알맞은 것을 a, b 중에서 고르시오.

1 遊ぶ   （ a とぶ   b あそぶ ）   19 水よう日 （ a すうようび b すいようび ）
2 泳ぐ   （ a およぐ   b おようぐ ）   20 図書館   （ a どしょかん b としょかん ）
3 登る   （ a のぼる   b のる ）   21 食堂   （ a しょくど   b しょくどう ）
4 立つ   （ a りつ   b たつ ）   22 大きい   （ a おおきい   b おおい ）
5 使う   （ a つける   b つかう ）   23 安い   （ a やすい   b たかい ）
6 赤い   （ a あおい   b あかい ）   24 長い   （ a なかい   b ながい ）
7 店   （ a みち   b みせ ）   25 写真   （ a しゃじん   b しゃしん ）
8 夕べ   （ a ゆべ   b ゆうべ ）   26 お父さん （ a おとおさん b おとうさん ）
9 春   （ a はる   b ふゆ ）   27 しゃわー （ a ツャワー   b シャワー ）
10 電気   （ a てんき   b でんき ）   28 たくしー （ a クタシー   b タクシー ）
11 二十日 （ a にじゅうにち b はつか ）   29 ちけっと （ a チケット   b テケット ）
12 近く   （ a さかく   b ちかく ）   30 あぱーと （ a マパート   b アパート ）
13 入る   （ a はいる   b いれる ）   31 はんかち （ a ハンカチ   b ハソカチ ）
14 半分   （ a はんぷん   b はんぶん ）   32 らじお   （ a フジオ   b ラジオ ）
15 川   （ a がわ   b かわ ）   33 しゃつ   （ a シャツ   b ツャシ ）
16 新聞   （ a しんむん   b しんぶん ）   34 めーとる （ a ノートル   b メートル ）
17 花   （ a はんな   b はな ）   35 ぐらむ   （ a ダラム   b グラム ）
18 西がわ （ a にしがわ   b ひがしがわ ） 36 ぱーてぃー（ a パーティー b パーチィー ）

정답 1 b 2 a 3 a 4 b 5 b 6 b 7 b 8 b 9 a 10 b 11 b 12 b
      13 a 14 b 15 b 16 b 17 b 18 a 19 b 20 b 21 b 22 a 23 a 24 b
      25 b 26 b 27 b 28 b 29 a 30 b 31 a 32 b 33 a 34 b 35 b 36 a

합격 어휘 확인 문제 ❻ [/ 18]

다음 단어의 표기로 가장 알맞은 것을 a, b 중에서 고르시오.

1. 엔(えん) (a 元　　b 円)
2. 형, 오빠(あに) (a 兄　　b 祝)
3. 회사(かいしゃ) (a 会社　　b 合社)
4. 북쪽(きた) (a 比　　b 北)
5. 사다(かう) (a 買う　　b 員う)
6. 학교(がっこう) (a 学枚　　b 学校)
7. 태어나다(うまれる) (a 住まれる　　b 生まれる)
8. 날씨(てんき) (a 天気　　b 失気)
9. 매일(まいにち) (a 毎日　　b 海日)
10. 보다(みる) (a 貝る　　b 見る)
11. 작다(ちいさい) (a 少さい　　b 小さい)
12. 내년(らいねん) (a 来年　　b 未年)
13. 신문(しんぶん) (a 新文　　b 新聞)
14. 외출하다(でかける) (a 外かける　　b 出かける)
15. 새롭다(あたらしい) (a 親しい　　b 新しい)
16. 왼쪽(ひだり) (a 左　　b 在)
17. 쉬다(やすむ) (a 体む　　b 休む)
18. 비(あめ) (a 両　　b 雨)

정답　1 b　2 a　3 a　4 b　5 a　6 b　7 b　8 a　9 a
　　　10 b　11 b　12 a　13 b　14 b　15 b　16 a　17 b　18 b

합격 어휘 확인 문제 ❼   [/ 18]

다음 단어의 표기로 가장 알맞은 것을 a, b 중에서 고르시오.

1. 만나다(あう)　　　　　(a 今う　　　　b 会う)
2. 이야기하다(はなす)　　(a 話す　　　　b 語す)
3. 일본어(にほんご)　　　(a 日本語　　　b 日本話)
4. 어린이(こども)　　　　(a 予ども　　　b 子ども)
5. 무엇(なん)　　　　　　(a 何　　　　　b 司)
6. 사진(しゃしん)　　　　(a 与真　　　　b 写真)
7. 건물(たてもの)　　　　(a 建物　　　　b 健物)
8. 소중함(たいせつ)　　　(a 太切　　　　b 大切)
9. 자기자신(じぶん)　　　(a 自分　　　　b 目分)
10. 물(みず)　　　　　　(a 氷　　　　　b 水)
11. 그램(ぐらむ)　　　　(a グラマ　　　b グラム)
12. 텍스트(てきすと)　　(a チキスト　　b テキスト)
13. 나이프(ないふ)　　　(a ナイフ　　　b ナイラ)
14. 라디오(らじお)　　　(a ラジオ　　　b ワジオ)
15. 곧, 금방　　　　　　(a すぐに　　　b すこし)
16. 쭉, 곧장　　　　　　(a たいてい　　b まっすぐ)
17. 하지만　　　　　　　(a でも　　　　b また)
18. 어떤　　　　　　　　(a どれ　　　　b どんな)

정답　1 b　2 a　3 a　4 b　5 a　6 b　7 a　8 b　9 a
　　　10 b　11 b　12 b　13 a　14 a　15 a　16 b　17 a　18 b

합격 어휘 확인 문제 ❽   [/ 18]

다음 단어의 표기로 가장 알맞은 것을 a, b 중에서 고르시오.

1. 아파트(あぱーと)　　　(a アパート　　b アペート)
2. 캘린더(かれんだー)　　(a カレソダー　　b カレンダー)
3. 카메라(かめら)　　　　(a カメウ　　　b カメラ)
4. 샤워(しゃわー)　　　　(a シャワー　　b シャウー)
5. 스페인(すぺいん)　　　(a スペイソ　　b スペイン)
6. 티켓(ちけっと)　　　　(a テクット　　b チケット)
7. 백화점(でぱーと)　　　(a デパート　　b ヂパート)
8. 스포츠(すぽーつ)　　　(a スポーツ　　b スポーシ)
9. 손수건(はんかち)　　　(a ハソカテ　　b ハンカチ)
10. 페이지(ぺーじ)　　　　(a ページ　　　b ペーヅ)
11. 와이셔츠(わいしゃつ)　(a ワイツャシ　　b ワイシャツ)
12. 커다란　　　　　　　　(a おおきな　　b だいじな)
13. 조금　　　　　　　　　(a ちょうど　　b ちょっと)
14. 점점　　　　　　　　　(a だんだん　　b ときどき)
15. 많이　　　　　　　　　(a たっさん　　b たくさん)
16. 그래서　　　　　　　　(a そして　　　b それで)
17. 또　　　　　　　　　　(a まだ　　　　b また)
18. 좀 더　　　　　　　　 (a もっと　　　b まっすぐ)

정답　1 a　2 b　3 b　4 a　5 b　6 b　7 a　8 a　9 b
　　　10 a　11 b　12 a　13 b　14 a　15 b　16 b　17 b　18 a

3 고득점 어휘

❶ 명사

- 朝(あさ) 아침
- あさって 모레
- 足(あし) 발, 다리
- 明日(あした) 내일
- 頭(あたま) 머리
- 兄(あに) 오빠, 형
- 姉(あね) 언니, 누나
- 後(あと) 후, 나중
- 家(いえ/うち) 집
- 医者(いしゃ) 의사
- 一日(いちにち) 하루
- 五日(いつか) 5일
- 五つ(いつつ) 다섯 개
- 一分(いっぷん) 1분
- 犬(いぬ) 개
- 入り口(いりぐち) 입구
- 上(うえ) 위
- 後ろ(うしろ) 뒤, 뒤쪽
- 海(うみ) 바다
- 上着(うわぎ) 상의, 위 겉옷
- 映画館(えいがかん) 영화관
- 駅(えき) 역
- 円(えん) 엔(일본의 화폐 단위)
- お母(かあ)さん 어머니
- お金(かね) 돈
- おじいさん 할아버지
- おじさん 삼촌, 아저씨
- お父(とう)さん 아버지
- 男(おとこ) 남자
- 男(おとこ)の子(こ) 남자아이
- おととし 재작년
- 大人(おとな) 어른, 성인
- お風呂(ふろ) 목욕탕
- 女(おんな)の子(こ) 여자아이
- 外国(がいこく) 외국
- 外国人(がいこくじん) 외국인
- 会社(かいしゃ) 회사
- 顔(かお) 얼굴
- 学生(がくせい) 학생
- 家族(かぞく) 가족
- 学校(がっこう) 학교
- 火(か)よう日(び) 화요일
- 川(かわ) 강
- 漢字(かんじ) 한자
- 木(き) 나무
- 北(きた) 북쪽
- 切手(きって) 우표

일본어	읽기	뜻
切符	きっぷ	표, 티켓
九本	きゅうほん	9자루
銀行	ぎんこう	은행
金よう日	きんようび	금요일
九月	くがつ	9월
九時	くじ	9시
車	くるま	자동차
月よう日	げつようび	월요일
こうちゃ		홍차
午後	ごご	오후
午前中	ごぜんちゅう	오전 중
今年	ことし	올해
子ども	こども	아이, 어린이
今月	こんげつ	이번 달
今週	こんしゅう	이번 주
三万円	さんまんえん	삼만 엔
～時	～じ	～시
四月	しがつ	4월
仕事	しごと	일, 업무, 직업
下	した	아래, 밑
七月	しちがつ	7월
七時	しちじ	7시
しつれい		실례
新聞	しんぶん	신문
水よう日	すいようび	수요일
千円	せんえん	천 엔
先月	せんげつ	지난 달
先週	せんしゅう	지난주
先生	せんせい	선생님
外	そと	밖
そば		옆, 곁
空	そら	하늘
大学	だいがく	대학
近く	ちかく	근처
地図	ちず	지도
父	ちち	아빠, 아버지
手	て	손
手紙	てがみ	편지
天気	てんき	날씨
電気	でんき	전기
電車	でんしゃ	전차
電話	でんわ	전화
十日	とおか	열흘, 10일
図書館	としょかん	도서관
友だち	ともだち	친구
土よう日	どようび	토요일
中	なか	안, 가운데
夏休み	なつやすみ	여름방학
何	なに/なん	무엇/몇
何語	なにご	어느 나라 말
七日	なのか	7일
名前	なまえ	이름

☐	何人 (なんにん)	몇 명	☐	ひま	짬, 시간
☐	西 (にし)	서쪽	☐	百 (ひゃく)	100
☐	西口 (にしぐち)	서쪽 출입구	☐	百本 (ひゃっぽん)	백 송이
☐	二時間 (にじかん)	두 시간	☐	二日 (ふつか)	2일, 이틀
☐	二十四時間 (にじゅうよじかん)	24시간	☐	本 (ほん)	책
☐	日よう日 (にちようび)	일요일	☐	毎週 (まいしゅう)	매주
☐	歯 (は)	이, 치아	☐	毎日 (まいにち)	매일
☐	箱 (はこ)	상자	☐	前 (まえ)	앞
☐	はし	다리, 교각	☐	右 (みぎ)	오른쪽
☐	二十歳 (はたち)	스무 살	☐	水 (みず)	물
☐	八万円 (はちまんえん)	8만 엔	☐	道 (みち)	길
☐	二十日 (はつか)	20일	☐	三つ (みっつ)	3개
☐	八百人 (はっぴゃくにん)	800명	☐	三つ目 (みっつめ)	세 번째
☐	花 (はな)	꽃	☐	南 (みなみ)	남쪽
☐	話 (はなし)	이야기	☐	六日 (むいか)	6일
☐	花見 (はなみ)	꽃구경	☐	木よう日 (もくようび)	목요일
☐	母 (はは)	엄마, 어머니	☐	休み (やすみ)	휴일, 휴가, 방학
☐	春 (はる)	봄	☐	八つ (やっつ)	8개
☐	半分 (はんぶん)	절반	☐	山 (やま)	산
☐	東 (ひがし)	동쪽	☐	八日 (ようか)	8일
☐	左 (ひだり)	왼쪽	☐	四人 (よにん)	네 명
☐	左がわ (ひだりがわ)	왼쪽, 좌측	☐	来月 (らいげつ)	다음 달
☐	人 (ひと/にん/じん)	사람, ～명(사람 수)/～인	☐	来週 (らいしゅう)	다음 주
☐	一つ (ひとつ)	한 개	☐	来年 (らいねん)	내년
☐	人々 (ひとびと)	사람들	☐	六千円 (ろくせんえん)	육천 엔
☐	一人 (ひとり)	한 명	☐	六年間 (ろくねんかん)	6년 간

❷ 동사

☐ 会う	만나다		☐ 食べる	먹다
☐ 上げる	올리다		☐ つかれる	지치다
☐ あらう	씻다, (세탁물) 빨다		☐ 着く	도착하다
☐ あるく	걷다		☐ つく	켜지다
☐ 言う	말하다, 언급하다		☐ 出かける	외출하다
☐ 行く	가다		☐ 出る	나가(오)다
☐ 入れる	넣다		☐ とぶ	날다
☐ 生まれる	태어나다		☐ 止まる	서다, 정지하다
☐ おく	두다, 놓다		☐ 取る	잡다, 쥐다, 취하다(get)
☐ おしえる	가르치다		☐ 撮る	사진 찍다, 촬영하다
☐ おす	누르다, 밀다		☐ ならう	배우다, 익히다
☐ おぼえる	기억하다, 외우다		☐ ならべる	늘어놓다
☐ およぐ	헤엄치다		☐ 飲む	마시다
☐ 買う	사다		☐ 乗る	(탈 것) 타다, 탑승하다
☐ 帰る	돌아가(오)다, 귀가하다		☐ 入る	들어가(오)다
☐ かかる	걸리다		☐ はく	신다, (하의) 입다
☐ 書く	쓰다		☐ はたらく	일하다
☐ かける	걸다		☐ 話す	이야기하다
☐ かぶる	(모자 등을) 쓰다		☐ はる	붙이다
☐ 聞く	듣다, 물어보다		☐ ひく	끌다, 당기다 / (감기) 걸리다
☐ 来る	오다		☐ ふく	불다
☐ 着る	입다		☐ まがる	돌다, 굽다, 꺾다
☐ さす	(우산) 쓰다		☐ 待つ	기다리다
☐ 出す	꺼내다, 제출하다		☐ みがく	(문질러) 닦다
☐ 立つ	서다		☐ 見せる	보여주다
			☐ 見る	보다

☐	持つ	가지다, 들다		☐	近い	가깝다
☐	休む	쉬다		☐	つめたい	차갑다
☐	読む	읽다		☐	とおい	멀다
☐	わたす	건네다		☐	長い	길다
☐	わたる	건너다		☐	広い	넓다
				☐	古い	낡다, 오래되다
				☐	ほそい	가늘다, 날씬하다
				☐	安い	싸다

❸ い형용사

☐	青い	파랗다
☐	赤い	빨갛다
☐	明るい	밝다
☐	温かい	따뜻하다
☐	新しい	새롭다
☐	甘い	달다
☐	忙しい	바쁘다
☐	痛い	아프다
☐	おいしい	맛있다
☐	大きい	크다
☐	きたない	더럽다
☐	くらい	어둡다
☐	黒い	검다
☐	白い	희다
☐	せまい	좁다
☐	少ない	적다
☐	高い	높다, 비싸다
☐	小さい	작다

❹ な형용사

☐	きらいだ	싫어하다
☐	きれいだ	예쁘다, 깨끗하다
☐	元気だ	건강하다
☐	しずかだ	조용하다
☐	上手だ	잘하다, 능숙하다
☐	丈夫だ	튼튼하다, 견고하다
☐	好きだ	좋아하다
☐	大丈夫だ	괜찮다, 거뜬하다
☐	大好きだ	매우 좋아하다
☐	大切だ	소중하다, 중요하다
☐	大変だ	힘들다, 큰일이다
☐	ひまだ	한가하다
☐	便利だ	편리하다
☐	有名だ	유명하다
☐	りっぱだ	훌륭하다, 위대하다

❺ 부사

	일본어	한국어
☐	先に	먼저
☐	すぐに	곧, 금방
☐	少し	조금, 약간
☐	たいてい	거의, 대부분
☐	たくさん	많이
☐	たぶん	아마도
☐	だんだん	점점
☐	ちょうど	딱, 마침, 정확히
☐	とても	매우, 굉장히
☐	はじめに	처음에
☐	はやく	빨리, 일찍
☐	また	또
☐	まだ	아직
☐	もう	이미, 벌써, 더
☐	もっと	좀 더

❻ 접속사

	일본어	한국어
☐	しかし	그러나
☐	そして	그리고
☐	それで	그래서
☐	それに	게다가
☐	でも	하지만, 그러나
☐	また	또
☐	または	또는

❼ 가타카나

	일본어	한국어
☐	アパート	아파트
☐	エスカレーター	에스컬레이터
☐	カメラ	카메라
☐	ギター	기타(악기)
☐	キロ	킬로
☐	シャツ	셔츠
☐	スイッチ	스위치
☐	スカート	스커트
☐	スキー	스키
☐	ストーブ	스토브, 난로
☐	セーター	스웨터
☐	タクシー	택시
☐	テーブル	테이블
☐	ナイフ	나이프, 칼
☐	ネクタイ	넥타이
☐	パーティー	파티
☐	ハンカチ	손수건
☐	ピアノ	피아노
☐	プール	수영장
☐	ポケット	포켓, 주머니
☐	ホテル	호텔
☐	ラジオ	라디오
☐	レストラン	레스토랑
☐	ワイシャツ	와이셔츠

❽ 연체사

☐ あの	저~	
☐ 大(おお)きな	커다란	
☐ この	이~	
☐ すべての	모든	
☐ その	그~	
☐ そんな	그런	
☐ 小(ちい)さな	작은	
☐ どんな	어떤	

❾ 조수사

☐ ～月(がつ)　　～월

いち がつ 一月	に がつ 二月	さん がつ 三月	し がつ 四月	ご がつ 五月	ろく がつ 六月
しち がつ 七月	はち がつ 八月	く がつ 九月	じゅう がつ 十月	じゅういち がつ 十一月	じゅう に がつ 十二月

☐ ～日(にち)　　～일

にち よう び 日曜日	げつ よう び 月曜日	か よう び 火曜日	すい よう び 水曜日	もく よう び 木曜日	きん よう び 金曜日	ど よう び 土曜日
ついたち 一日	ふつか 二日	みっか 三日	よっか 四日	いつか 五日	むいか 六日	なのか 七日
ようか 八日	ここのか 九日	とおか 十日	じゅういち にち 十一日	じゅう に にち 十二日	じゅうさん にち 十三日	じゅうよっ か 十四日
じゅう ご にち 十五日	じゅうろく にち 十六日	じゅうしち にち 十七日	じゅうはち にち 十八日	じゅう く にち 十九日	はつか 二十日	に じゅういち にち 二十一日
に じゅう に にち 二十二日	に じゅうさん にち 二十三日	に じゅうよっ か 二十四日	に じゅう ご にち 二十五日	に じゅうろく にち 二十六日	に じゅうしち にち 二十七日	に じゅうはち にち 二十八日
に じゅう く にち 二十九日	さんじゅうにち 三十日	さんじゅういち にち 三十一日				

☐ 〜時(じ)　　〜시

いちじ 一時	にじ 二時	さんじ 三時	よじ 四時	ごじ 五時
ろくじ 六時	しちじ 七時	はちじ 八時	くじ 九時	じゅうじ 十時
じゅういちじ 十一時	じゅうにじ 十二時	にじゅうよじ 二十四時	なんじ 何時	

☐ 〜分(ふん)　　〜분

いっぷん 一分	にふん 二分	さんぷん 三分	よんぷん 四分	ごふん 五分
ろっぷん 六分	ななふん 七分	はっぷん 八分	きゅうふん 九分	じっぷん / じゅっぷん 十分 / 十分
にじっぷん 二十分	さんじっぷん 三十分	よんじっぷん 四十分	ごじっぷん 五十分	ろくじっぷん 六十分
にじゅっぷん 二十分	さんじゅっぷん 三十分	よんじゅっぷん 四十分	ごじゅっぷん 五十分	ろくじゅっぷん 六十分

고득점 어휘 확인 문제 ❶ [　　/ 36]

다음 단어의 읽기로 가장 알맞은 것을 a, b 중에서 고르시오.

1. 朝　　（a あさ　　　b あき）
2. 足　　（a はし　　　b あし）
3. 明日　（a きのう　　b あした）
4. 頭　　（a かお　　　b あたま）
5. 後　　（a そと　　　b あと）
6. 雨　　（a あめ　　　b そら）
7. 家　　（a いぬ　　　b いえ）
8. 一日　（a いちがつ　b いちにち）
9. 五日　（a いっか　　b いつか）
10. 三千（a さんせん　b さんぜん）
11. 一分（a いっぶん　b いっぷん）
12. 犬　　（a ねこ　　　b いぬ）
13. 入口（a いりくち　b いりぐち）
14. 上　　（a うえ　　　b した）
15. 後ろ（a ごろ　　　b うしろ）
16. 海　　（a うみ　　　b そら）
17. 上着（a うえぎ　　b うわぎ）
18. 駅　　（a えき　　　b みち）
19. 円　　（a えん　　　b えき）
20. お金（a おかね　　b おかし）
21. お父さん（a おとうとさん　b おとうさん）
22. 男　　（a おんな　　b おとこ）
23. お風呂（a おふろ　　b おふる）
24. 女の子（a おんなのひと　b おんなのこ）
25. 外国（a がいこく　　b かいこく）
26. 顔　　（a あたま　　b かお）
27. 家族（a かぞく　　　b かじょく）
28. 火よう日（a かようび　b かようひ）
29. 川　　（a かみ　　　b かわ）
30. 木　　（a き　　　　b ひ）
31. 北　　（a きた　　　b みなみ）
32. 切手（a きっぷ　　b きって）
33. 九本（a くほん　　b きゅうほん）
34. 銀行（a きんこう　b ぎんこう）
35. 九月（a くがつ　　b きゅうがつ）
36. 車　　（a ぐるま　　b くるま）

정답　1 a　2 b　3 b　4 b　5 b　6 a　7 b　8 b　9 b　10 b　11 b　12 b
　　　13 b　14 a　15 b　16 a　17 b　18 a　19 a　20 a　21 b　22 b　23 a　24 b
　　　25 a　26 b　27 a　28 a　29 b　30 a　31 a　32 b　33 b　34 b　35 a　36 b

고득점 어휘 확인 문제 ❷

[/ 36]

다음 단어의 읽기로 가장 알맞은 것을 a, b 중에서 고르시오.

1. 男の子　（a おとこのこ　b おとうとのこ）
2. 七時　　（a ななじ　　b しちじ）
3. 外国人　（a がいこくにん　b がいこくじん）
4. 金よう日（a きんようび　b ぎんようび）
5. 九時　　（a くじ　　b きゅうじ）
6. 午後　　（a ここ　　b ごご）
7. 今年　　（a こどし　b ことし）
8. 子ども　（a こども　b ごども）
9. 今月　　（a こんがつ　b こんげつ）
10. 五つ　　（a いっつ　b いつつ）
11. 下　　　（a うえ　　b した）
12. 七月　　（a ななつ　b しちがつ）
13. 新聞　　（a しんもん　b しんぶん）
14. 先週　　（a せんしゅう　b せんしゅ）
15. 外　　　（a そと　　b そこ）
16. 空　　　（a そら　　b かぜ）
17. 大学　　（a だいがく　b たいがく）
18. 木よう日（a すいようび　b もくようび）
19. 地図　　（a ちず　　b ぢず）
20. 父　　　（a はは　　b ちち）
21. 手　　　（a て　　　b あし）
22. 電気　　（a てんき　b でんき）
23. 切手　　（a ぎって　b きって）
24. 銀行　　（a ぎんこお　b ぎんこう）
25. 手紙　　（a てかみ　b てがみ）
26. 天気　　（a てんき　b でんき）
27. 近く　　（a ちかく　b ちがく）
28. 夏　　　（a ふゆ　　b なつ）
29. 何人　　（a なんにん　b なんじん）
30. 六年　　（a ろっねん　b ろくねん）
31. 道　　　（a みず　　b みち）
32. 六つ　　（a むっつ　b むいつ）
33. 先に　　（a せんに　b さきに）
34. 少し　　（a ちいさし　b すこし）
35. 待つ　　（a たつ　　b まつ）
36. 止まる　（a どまる　b とまる）

정답　1 a　2 b　3 b　4 a　5 a　6 b　7 b　8 a　9 b　10 b　11 b　12 b
13 b　14 a　15 a　16 a　17 a　18 b　19 a　20 b　21 a　22 b　23 b　24 b
25 b　26 a　27 a　28 b　29 a　30 b　31 b　32 a　33 b　34 b　35 b　36 b

고득점 어휘 확인 문제 ❸ [/ 36]

다음 단어의 읽기로 가장 알맞은 것을 a, b 중에서 고르시오.

1. 今週　　（a せんしゅう　b こんしゅう）
2. 女　　　（a おとこ　　b おんな）
3. 水よう日（a もくようび　b すいようび）
4. 先生　　（a せんせい　b せんせえ）
5. 学生　　（a がっせい　b がくせい）
6. 天気　　（a てんき　　b げんき）
7. 電車　　（a でんしゃ　b でんちゃ）
8. 十日　　（a じゅうにち　b とおか）
9. 図書館　（a どしょかん　b としょかん）
10. 土よう日（a どようび　b とようび）
11. 中　　　（a なか　　　b そと）
12. 夏休み　（a なつやすみ　b なすやすみ）
13. 何　　　（a はん　　　b なん）
14. 西　　　（a ひがし　　b にし）
15. 四時　　（a よんじ　　b よじ）
16. 歯　　　（a せ　　　　b は）
17. 箱　　　（a ばこ　　　b はこ）
18. 二十歳　（a はつか　　b はたち）
19. 話　　　（a はなし　　b おかし）
20. 花見　　（a ななび　　b はなみ）
21. 母　　　（a はは　　　b ちち）
22. 春　　　（a はる　　　b ふゆ）
23. 半分　　（a ばんぶん　b はんぶん）
24. 東　　　（a にし　　　b ひがし）
25. 左　　　（a みぎ　　　b ひだり）
26. 人　　　（a ひと　　　b ひど）
27. 百　　　（a ひゃく　　b ひゅく）
28. 二日　　（a ふたつ　　b ふつか）
29. 本　　　（a ほん　　　b き）
30. 毎日　　（a まいじつ　b まいにち）
31. 前　　　（a まえ　　　b うしろ）
32. 水　　　（a みづ　　　b みず）
33. 道　　　（a みち　　　b まち）
34. 八つ　　（a はっつ　　b やっつ）
35. 山　　　（a やま　　　b うみ）
36. 八日　　（a よっか　　b ようか）

정답　1 b　2 b　3 b　4 a　5 b　6 a　7 a　8 b　9 b　10 a　11 a　12 a
　　　13 b　14 b　15 b　16 b　17 b　18 b　19 a　20 b　21 a　22 a　23 b　24 b
　　　25 b　26 a　27 a　28 b　29 a　30 b　31 a　32 b　33 a　34 b　35 a　36 b

고득점 어휘 확인 문제 ❹   [/ 36]

다음 단어의 읽기로 가장 알맞은 것을 a, b 중에서 고르시오.

1. 電話　（a でんは　　b でんわ　）
2. 友だち（a ともだち　b どもだち　）
3. 何人　（a なんいん　b なんにん　）
4. 西口　（a にしくち　b にしぐち　）
5. 二十日（a はたち　　b はつか　）
6. 毎週　（a せんしゅう　b まいしゅう）
7. 右　　（a ひだり　　b みぎ　）
8. 三つ　（a みつ　　　b みっつ　）
9. 南　　（a みなみ　　b ひがし　）
10. 休み　（a みなみ　　b やすみ　）
11. 四人　（a よんにん　b よにん　）
12. 来年　（a らいねん　b らいれん）
13. 六千　（a ろくせん　b ろっせん）
14. 青い　（a あかい　　b あおい　）
15. 明るい（a まるい　　b あかるい）
16. 温かい（a あたたかい　b たかい　）
17. 忙しい（a いそがしい　b いしょがしい）
18. 白い　（a くろい　　b しろい　）
19. 小さい（a ちさい　　b ちいさい）
20. 古い　（a ふるい　　b あまい　）
21. 元気だ（a けんきだ　b げんきだ）
22. 大変だ（a たいへんだ　b だいへんだ）
23. 便利だ（a ぺんりだ　b べんりだ）
24. 会う　（a あう　　　b かう　）
25. 行く　（a かく　　　b いく　）
26. 生まれる（a うまれる　b よまれる）
27. 書く　（a きく　　　b かく　）
28. 食べる（a だべる　　b たべる　）
29. 出す　（a です　　　b だす　）
30. 出かける（a でかける　b だかける）
31. 飲む　（a よむ　　　b のむ　）
32. 入る　（a いれる　　b はいる　）
33. 話す　（a さがす　　b はなす　）
34. 見る　（a みせる　　b みる　）
35. 読む　（a よむ　　　b のむ　）
36. 待つ　（a もつ　　　b まつ　）

정답　1 b　2 a　3 b　4 b　5 b　6 b　7 b　8 b　9 a　10 b　11 b　12 a
　　　13 a　14 b　15 b　16 a　17 a　18 b　19 b　20 a　21 b　22 a　23 b　24 a
　　　25 b　26 a　27 b　28 b　29 b　30 a　31 b　32 b　33 b　34 b　35 a　36 b

고득점 어휘 확인 문제 ❺

[/ 36]

다음 단어의 읽기로 가장 알맞은 것을 a, b 중에서 고르시오.

1 六日　（a むいっか　　b むいか）
2 赤い　（a あかい　　b あおい）
3 新しい（a たのしい　　b あたらしい）
4 大きい（a おおきい　　b おおい）
5 高い　（a やすい　　b たかい）
6 長い　（a なかい　　b ながい）
7 痛い　（a いたい　　b ふるい）
8 丈夫だ（a じょぶだ　　b じょうぶだ）
9 大切だ（a だいせつだ　b たいせつだ）
10 有名だ（a ゆめいだ　　b ゆうめいだ）
11 上げる（a あげる　　b おげる）
12 入れる（a はれる　　b いれる）
13 買う　（a あう　　b かう）
14 来る　（a きる　　b くる）
15 聞く　（a かく　　b きく）
16 出る　（a だる　　b でる）
17 乗る　（a する　　b のる）
18 見せる（a みせる　　b けんせる）
19 休む　（a やつむ　　b やすむ）
20 先に　（a さきに　　b せんに）
21 少し　（a すこし　　b すごし）
22 大きな（a だいきな　　b おおきな）
23 六回　（a ろくかい　　b ろっかい）
24 三日　（a みつか　　b みっか）
25 四月　（a しがつ　　b よんがつ）
26 八個　（a やっこ　　b はっこ）
27 六冊　（a ろくさつ　　b ろっさつ）
28 四時　（a よんじ　　b よじ）
29 十台　（a じゅうだい　b じゅっだい）
30 七つ　（a ななつ　　b なのつ）
31 八日　（a よっか　　b ようか）
32 二人　（a ひとり　　b ふたり）
33 九匹　（a くひき　　b きゅうひき）
34 三分　（a さんぶん　　b さんぷん）
35 一本　（a いっぼん　　b いっぽん）
36 百本　（a ひゃくほん　b ひゃっぽん）

정답　1 b　2 a　3 b　4 a　5 b　6 b　7 a　8 b　9 b　10 b　11 a　12 b
　　　13 b　14 b　15 b　16 b　17 b　18 a　19 b　20 a　21 a　22 b　23 b　24 b
　　　25 a　26 b　27 a　28 b　29 a　30 a　31 b　32 b　33 b　34 b　35 b　36 b

고득점 어휘 확인 문제 ❻   [/ 18]

다음 단어의 표기로 가장 알맞은 것을 a, b 중에서 고르시오.

1. 듣다(きく) (a 聞く　　b 耳く)
2. 매일(まいにち) (a 梅日　　b 毎日)
3. 길다(ながい) (a 長い　　b 張い)
4. 작다(ちいさい) (a 少さい　　b 小さい)
5. 먹다(たべる) (a 食べる　　b 飲べる)
6. 비(あめ) (a 両　　b 雨)
7. 학교(がっこう) (a 学校　　b 学交)
8. 비싸다(たかい) (a 高い　　b 豪い)
9. 이번주(こんしゅう) (a 今週　　b 合週)
10. 뒤(うしろ) (a 復ろ　　b 後ろ)
11. 회사(かいしゃ) (a 会社　　b 会祝)
12. 또는 (a または　　b まだは)
13. 그러나 (a ても　　b でも)
14. 그리고 (a そして　　b それで)
15. 그~ (a そんな　　b その)
16. 커다란 (a おおきな　　b ちいさな)
17. 그런 (a それ　　b そんな)
18. 모든 (a まっすぐ　　b すべての)

정답　1 a　2 b　3 a　4 b　5 a　6 b　7 a　8 a　9 a
　　　10 b　11 a　12 a　13 b　14 a　15 b　16 a　17 b　18 b

고득점 어휘 확인 문제 ❼ [　　/ 18]

다음 단어의 표기로 가장 알맞은 것을 a, b 중에서 고르시오.

1 새롭다(あたらしい)　　　(a 新しい　　b 親しい)
2 어린이(こども)　　　　　(a 子ども　　b 予ども)
3 오다(くる)　　　　　　　(a 乗る　　　b 来る)
4 북쪽(きた)　　　　　　　(a 比　　　　b 北)
5 오후(ごご)　　　　　　　(a 午後　　　b 牛後)
6 앞(まえ)　　　　　　　　(a 先　　　　b 前)
7 전차(でんしゃ)　　　　　(a 電車　　　b 雷車)
8 하늘(そら)　　　　　　　(a 空　　　　b 窓)
9 날씨(てんき)　　　　　　(a 天汽　　　b 天気)
10 사다(かう)　　　　　　　(a 買う　　　b 貝う)
11 신문(しんぶん)　　　　　(a 新聞　　　b 新門)
12 또　　　　　　　　　　　(a まだ　　　b また)
13 게다가　　　　　　　　　(a そこで　　b それに)
14 그래서　　　　　　　　　(a それで　　b そして)
15 그러나　　　　　　　　　(a では　　　b でも)
16 저~　　　　　　　　　　(a あんな　　b あの)
17 작은　　　　　　　　　　(a 小さな　　b 少し)
18 어떤　　　　　　　　　　(a どの　　　b どんな)

정답 1 a   2 a   3 b   4 b   5 a   6 b   7 a   8 a   9 b
　　　10 a   11 a   12 b   13 b   14 a   15 b   16 b   17 a   18 b

고득점 어휘 확인 문제 ❽   [/ 18]

다음 단어의 표기로 가장 알맞은 것을 a, b 중에서 고르시오.

1. 아파트(あぱーと)　　　　　　(a マパート　　　b アパート)
2. 카메라(かめら)　　　　　　　(a カメラ　　　　b カメフ)
3. 와이셔츠(わいしゃつ)　　　　(a ワイツャシ　　b ワイシャツ)
4. 스커트(すかーと)　　　　　　(a スカート　　　b ヌカート)
5. 스웨터(せーたー)　　　　　　(a セークー　　　b セーター)
6. 테이블(てーぶる)　　　　　　(a テーブル　　　b テーブレ)
7. 나이프, 칼(ないふ)　　　　　(a ナイフ　　　　b ナイラ)
8. 넥타이(ねくたい)　　　　　　(a ネケタイ　　　b ネクタイ)
9. 파티(ぱーてぃー)　　　　　　(a パーティー　　b パーチィー)
10. 수영장(ぷーる)　　　　　　　(a プール　　　　b プーレ)
11. 호텔(ほてる)　　　　　　　　(a ホチル　　　　b ホテル)
12. 라디오(らじお)　　　　　　　(a ラジオ　　　　b ラヅオ)
13. 레스토랑(れすとらん)　　　　(a レストフン　　b レストラン)
14. 에스컬레이터(えすかれーたー)　(a エスカレークー　b エスカレーター)
15. 손수건(はんかち)　　　　　　(a ハンカチ　　　b ハンカテ)
16. 주머니(ぽけっと)　　　　　　(a ポクット　　　b ポケット)
17. 택시(たくしー)　　　　　　　(a タクツー　　　b タクシー)
18. 스토브(すとーぶ)　　　　　　(a ストーブ　　　b ストーヴ)

정답　1 b　2 a　3 b　4 a　5 b　6 a　7 a　8 b　9 a
　　　10 a　11 b　12 a　13 b　14 b　15 a　16 b　17 b　18 a

문자·어휘 완전 정복을 위한 꿀팁!

풀어 본 문제를 다시 한번 복습하는 것이 중요합니다. 특히 틀렸던 문제의 단어, 그리고 맞혔지만 혼동되기 쉬운 단어를 색깔별로 정리해 두면 시험 직전 파이널 복습에 효과적입니다.

● もんだい 1 한자 읽기
탁음, 장음, 촉음 등으로 혼동을 주는 선택지에 휘말리지 않는 것이 중요합니다. 따라서 선택지를 보기 전에 문제에 제시된 한자를 먼저 히라가나로 써 본 후 선택지에서 고르는 연습을 하는 것이 좋습니다.

● もんだい 2 한자 표기
비슷한 한자와 가타카나가 선택지에 나열되면, 혼동되어 좀처럼 명확하게 하나를 고르기가 쉽지 않습니다. 때문에 한자의 획이나 가타카나의 형태가 어색한 것부터 하나씩 제외시켜 가는 순으로 푸는 것도 큰 효과가 있습니다.

● もんだい 3 문맥 규정
문맥상 가장 적합하고 어울리는 어휘를 고르는 문제이니만큼 독해력도 필요합니다. 혹시 문장의 의미를 모르는 경우 일러스트를 보고 떠오르는 상태(형용사), 움직임(동사), 물건의 개수(조수사)를 여백에 써 보고 선택지와 비교해 보는 것도 효과적인 풀이 방법이 됩니다.

● もんだい 4 유의어
제시된 단문을 제대로 이해했는지를 물어보는 문항이며, 주로 누가 누구에게 주었는지(수수동사), 날짜나 요일(수의 이해), 상황 설명(형용사의 긍정과 부정)을 이용하여 물어보는 경우가 많습니다. 때문에 위와 같은 요소에 밑줄을 그어가며 파악하면 혼동을 예방할 수 있습니다.

1교시
문자·어휘

PART 2
유형별 집중 공략

- もんだい 1 한자 읽기 실전 연습 ···· p.66
- もんだい 2 한자 표기 실전 연습 ···· p.71
- もんだい 3 문맥 규정 실전 연습 ···· p.76
- もんだい 4 유의어 실전 연습 ······ p.80

もんだい1

한자 읽기 실전 연습 ❶ [/ 10]

もんだい1 ＿＿＿の ことばは ひらがなで どう かきますか。1・2・3・4から いちばん いい ものを ひとつ えらんで ください。

1 <u>車</u>の なかに ひとが なんにん いますか。
 1 ぐるま　　2 くるま　　3 しゃ　　4 ちゃ

2 <u>今日</u>は あめが ふって います。
 1 きょ　　2 きょう　　3 ことし　　4 こんじつ

3 コンビニは <u>学校</u>の となりに あります。
 1 かっこ　　2 がっこ　　3 かっこう　　4 がっこう

4 もっと <u>大きい</u> 車が ほしいです。
 1 ちさい　　2 ちいさい　　3 おきい　　4 おおきい

5 せんせいに てがみを <u>書きました</u>。
 1 ききました　　2 おきました　　3 かきました　　4 いきました

6 これは <u>母</u>からの プレゼントです。
 1 ちち　　2 あに　　3 はは　　4 あね

7 やくそくの じかんは <u>4時半</u>です。
 1 しちじはん　　2 よんじはん　　3 しじはん　　4 よじはん

8 もう <u>二十歳</u>に なりました。
 1 にじゅうさい　2 にじゅっさい　3 はつか　　4 はたち

9 わたしは いつも <u>電車</u>に のって いきます。
 1 てんちゃ　　2 でんちゃ　　3 てんしゃ　　4 でんしゃ

10 かおが すぐ <u>赤く</u> なりました。
 1 あおく　　2 あまく　　3 あかく　　4 あかるく

정답 **1** ②　**2** ②　**3** ④　**4** ④　**5** ③　**6** ③　**7** ④　**8** ④　**9** ④　**10** ③　　　해석 및 해설 별책 p.2

한자 읽기 실전 연습 ❷　　　　　　　　　　　　　　　　　　　　　　[　　/ 10]

もんだい1　_____のことばは ひらがなで どう かきますか。1・2・3・4から いちばん いい ものを ひとつ えらんで ください。

1 ドアの 前に だれか たって います。
　1　うしろ　　　2　さき　　　3　まえ　　　4　みぎ

2 CDは まだ 半分しか きいて いません。
　1　ばんぶん　　2　ばんふん　3　はんぶん　4　はんぷん

3 とうきょう駅は どちらですか。
　1　みち　　　　2　まち　　　3　ゆき　　　4　えき

4 この 本は だれのですか。
　1　ほん　　　　2　ぼん　　　3　はん　　　4　ばん

5 この 道を わたって ください。
　1　まち　　　　2　えき　　　3　みち　　　4　かど

6 わたしの はなしを よく 聞いて ください。
　1　かいて　　　2　きいて　　3　おいて　　4　はいて

7 電話ばんごうを おしえて くださいませんか。
　1　でんき　　　2　てんき　　3　でんは　　4　でんわ

8 いつも あさ 7時に おきます。
　1　ななじ　　　2　しちじ　　3　しっちじ　4　しじ

9 ここには おいしい みせが 多いですね。
　1　おおきい　　2　おきい　　3　おおい　　4　あおい

10 この ちかくに 有名な しょくどうが あります。
　1　ゆうめな　　2　ゆめいな　3　ゆうめいな　4　ゆめな

정답　1 ③　2 ③　3 ④　4 ①　5 ③　6 ②　7 ④　8 ②　9 ③　10 ③　　　해석 및 해설 별책 p.2

한자 읽기 실전 연습 ❸   [/ 10]

もんだい1 ＿＿＿＿のことばは ひらがなで どう かきますか。1・2・3・4から いちばん いい ものを ひとつ えらんで ください。

1 しけんは 九時からです。
   1 しちじ   2 ななじ   3 くじ   4 きゅうじ

2 ポケットに お金が はいって いました。
   1 おきん   2 おちゃ   3 おかし   4 おかね

3 はるには おおぜいの ひとが 花見に いきます。
   1 はなし   2 はなび   3 はなみ   4 はなや

4 きょうは ほんとうに いい 天気ですね。
   1 でんわ   2 でんは   3 でんき   4 てんき

5 たなか先生は どようびに きます。
   1 せんせ   2 せいせ   3 せいせい   4 せんせい

6 この みちを まっすぐ いくと 左に こうばんが あります。
   1 ひだり   2 みぎ   3 ひがし   4 みなみ

7 この 上着は いくらですか。
   1 うわぎ   2 うえぎ   3 うわき   4 うえき

8 こちらの スカートが もっと 安くて かわいいですよ。
   1 たかくて   2 やさしくて   3 かたくて   4 やすくて

9 先週 ともだちと ビールを のみました。
   1 せんしゅ   2 ぜんしゅ   3 せんしゅう   4 ぜんしゅう

10 ボールペンを 三本 かって きました。
   1 さんかい   2 さんだい   3 さんぼん   4 さんまい

정답 1 ③ 2 ④ 3 ③ 4 ④ 5 ④ 6 ① 7 ① 8 ④ 9 ③ 10 ③   해석 및 해설 **별책** p.2

한자 읽기 실전 연습 ❹   [/ 10]

もんだい1 ＿＿＿のことばは ひらがなで どう かきますか。1・2・3・4から いちばん いい ものを ひとつ えらんで ください。

1 今月の みっかが わたしの たんじょうびです。
　　1　ことし　　　2　きょう　　　3　こんがつ　　　4　こんげつ

2 お父さんは しんぶんを よんで います。
　　1　おとうとさん　2　おとこさん　3　おとうさん　4　おとおさん

3 きょうは 一人で たべに いきます。
　　1　いちにんで　2　いちじんで　3　ひとつで　　　4　ひとりで

4 わたしは 毎日 うんどうを して います。
　　1　まいにち　　2　まえにち　　3　いちにち　　　4　なんにち

5 こちらの ほんは 一冊 ひゃくえんです。
　　1　いっぽん　　2　いっかい　　3　いっさい　　　4　いっさつ

6 外国に いくのは はじめてです。
　　1　がいこく　　2　がいごく　　3　かいこく　　　4　かいごく

7 いま 会社を やすんで べんきょうして います。
　　1　がいしゃ　　2　かいしゃ　　3　がいっしゃ　　4　かいっしゃ

8 レポートを 出して ください。
　　1　でして　　　2　てして　　　3　だして　　　　4　たして

9 らいしゅう 国へ かえる つもりです。
　　1　こく　　　　2　ごく　　　　3　くに　　　　　4　ぐに

10 この ゲームは へやの 外で しましょう。
　　1　うち　　　　2　そこ　　　　3　そと　　　　　4　あと

정답　1 ④　2 ③　3 ④　4 ①　5 ④　6 ①　7 ②　8 ③　9 ③　10 ③　　해석 및 해설 별책 p.2

한자 읽기 실전 연습 ❺   [/ 10]

もんだい1 ＿＿＿のことばは ひらがなで どう かきますか。1・2・3・4から いちばん いい ものを ひとつ えらんで ください。

1 きのう わたしの いもうとが 生まれました。
 1 うまれました　2 ふまれました　3 こまれました　4 ほまれました

2 いっしょに ほんを 買いに いきませんか。
 1 かいに　　2 いいに　　3 あいに　　4 すいに

3 あの こうさてんを 右に まがって ください。
 1 ひだり　　2 みぎ　　3 みち　　4 ひがし

4 この 店は やすくて おいしいです。
 1 えき　　2 みち　　3 いえ　　4 みせ

5 こんしゅうの 水よう日は いそがしく ないです。
 1 もくようび　2 すいようび　3 きんようび　4 どようび

6 すみません、ミナミ銀行は どこに ありますか。
 1 きんこう　　2 きんこ　　3 ぎんこう　　4 ぎんこ

7 もっと 小さいのは ありませんか。
 1 ちいさい　2 しょうさい　3 すくさい　4 ちっさい

8 お先に しつれいします。
 1 すぐに　　2 せんに　　3 さきに　　4 つぎに

9 魚りょうりが たべたいですね。
 1 やさい　　2 さかな　　3 たまご　　4 にく

10 まどから あおい 空が みえます。
 1 そら　　2 そと　　3 うみ　　4 やま

정답　1 ①　2 ①　3 ②　4 ④　5 ②　6 ③　7 ①　8 ③　9 ②　10 ①　　해석 및 해설 별책 p.2

もんだい 2

한자 표기 실전 연습 ❶   [/ 10]

もんだい2　＿＿＿の ことばは どう かきますか。1・2・3・4から いちばん いい ものを ひとつ えらんで ください。

1　デパートで あたらしい くつを かいました。
　　1　売いました　　2　店いました　　3　買いました　　4　見いました

2　つめたい みずが のみたいです。
　　1　泳　　　　　　2　氷　　　　　　3　水　　　　　　4　永

3　あの ほてるは やすいですか。
　　1　ホテル　　　　2　ホチル　　　　3　ホテレ　　　　4　ホチレ

4　えきの まえに コンビニが あります。
　　1　後　　　　　　2　前　　　　　　3　先　　　　　　4　間

5　いつも バスに のって がっこうに いきます。
　　1　乗って　　　　2　来って　　　　3　集って　　　　4　帰って

6　かぞく みんなで でかけます。
　　1　外かけます　　2　出かけます　　3　行かけます　　4　来かけます

7　ぽけっとに いれた ほうが いいですね。
　　1　ポクット　　　2　ポケット　　　3　パクット　　　4　パケット

8　あめの ひは いつも いえに います。
　　1　両　　　　　　2　雲　　　　　　3　雨　　　　　　4　電

9　ははは ながい スカートを かいました。
　　1　張い　　　　　2　長い　　　　　3　帳い　　　　　4　堓い

10　ほんやは えきの うしろに あります。
　　1　孫ろ　　　　　2　系ろ　　　　　3　係ろ　　　　　4　後ろ

정답　1③　2③　3①　4②　5①　6②　7②　8③　9②　10④　　해석 및 해설 별책 p.3

한자 표기 실전 연습 ❷   [/ 10]

もんだい2　＿＿＿の ことばは どう かきますか。1・2・3・4から いちばん いい ものを ひとつ えらんで ください。

1 だれか きょうしつの そとに たって います。
1 前　　　2 外　　　3 後　　　4 中

2 アメリカで えいごの べんきょうを しました。
1 英語　　　2 映語　　　3 英話　　　4 映話

3 この えきの みなみぐちを でて すぐです。
1 東　　　2 南　　　3 西　　　4 北

4 ひだりがわに おおきい ホテルが みえます。
1 高きい　　　2 多きい　　　3 大きい　　　4 広きい

5 きのうの しんぶんが よみたいんですが……。
1 親聞　　　2 親問　　　3 新聞　　　4 新文

6 まいにち としょかんで べんきょう して います。
1 図書管　　　2 図所館　　　3 図書館　　　4 図読館

7 いつも でんしゃに のって がっこうに いきます。
1 電車　　　2 電運　　　3 雷車　　　4 雷運

8 おんがくを ききながら ほんを よみます。
1 開きながら　　　2 閉きながら　　　3 問きながら　　　4 聞きながら

9 これから ともだちと えいがを みに いきます。
1 見に　　　2 貝に　　　3 具に　　　4 自に

10 どんな すぽーつが すきですか。
1 スポーシ　　　2 スポーツ　　　3 ヌポーシ　　　4 ヌポーツ

정답　1② 2① 3② 4③ 5③ 6③ 7① 8④ 9① 10②　해석 및 해설 별책 p.3

한자 표기 실전 연습 ❸ [/ 10]

もんだい2 ＿＿＿の ことばは どう かきますか。1・2・3・4から いちばん いい ものを ひとつ えらんで ください。

1 あめの ひは いつも いえで やすみます。
 1 体みます　　2 休みます　　3 安みます　　4 案みます

2 おなまえは なんですか。
 1 各前　　2 名前　　3 各則　　4 名則

3 きょう たんじょうびの ぱーてぃーが あります。
 1 パーチィー　　2 ペーチィー　　3 パーティー　　4 ペーティー

4 ともだちと コーヒーを のみながら はなして います。
 1 語して　　2 話して　　3 言して　　4 活して

5 なつやすみに うみへ いきたいです。
 1 海　　2 毎　　3 梅　　4 悔

6 らいねん こうこうせいに なります。
 1 本年　　2 未年　　3 末年　　4 来年

7 ソウルだいがくに はいりたいです。
 1 人りたい　　2 入りたい　　3 八りたい　　4 込りたい

8 てーぶるの うえに ねこが います。
 1 チーブル　　2 チーブレ　　3 テーブル　　4 テーブレ

9 あした なんじに あいますか。
 1 合いますか　　2 今いますか　　3 会いますか　　4 拾いますか

10 この みせの おかしは とても おいしいです。
 1 圧　　2 床　　3 店　　4 庫

정답 1② 2② 3③ 4② 5① 6④ 7② 8③ 9③ 10③　　해석 및 해설 별책 p.3

한자 표기 실전 연습 ❹   [/ 10]

もんだい2 ＿＿＿の ことばは どう かきますか。1・2・3・4から いちばん いい ものを ひとつ えらんで ください。

1 きょうは みんなで えいがかんに いきます。
 1 英画館   2 英画管   3 映画館   4 映画管

2 この かめらは いくらですか。
 1 カメヲ   2 カメラ   3 カナフ   4 カナラ

3 おちゃでも のみませんか。
 1 飲みませんか   2 飯みませんか   3 食みませんか   4 館みませんか

4 きょうは ほんとうに いい てんきですね。
 1 失気   2 大気   3 夫気   4 天気

5 くるまの うんてんが できますか。
 1 車   2 束   3 東   4 軍

6 こちらの かばんが もっと たかいですね。
 1 高い   2 安い   3 低い   4 甘い

7 あには この だいがくに はいりました。
 1 大学   2 大字   3 太学   4 太字

8 だいじょうぶです。ひとりで して みます。
 1 太丈夫   2 大丈失   3 大丈夫   4 丈大夫

9 ごご ごじに でんわします。
 1 午後   2 牛後   3 午係   4 牛係

10 えきまで たくしーで いきましょう。
 1 クタシー   2 タクシー   3 クタツー   4 タクツー

정답 **1** ③ **2** ② **3** ① **4** ④ **5** ① **6** ① **7** ① **8** ③ **9** ① **10** ②   해석 및 해설 **별책** p.3

한자 표기 실전 연습 ❺ [/ 10]

もんだい2 ＿＿＿の ことばは どう かきますか。1・2・3・4から いちばん いい ものを ひとつ えらんで ください。

1 ここから がっこうまで 1時間ぐらい かかります。
　1　学校　　　　2　学交　　　　3　文校　　　　4　文交

2 テストは なんじからですか。
　1　何寺　　　　2　何持　　　　3　何待　　　　4　何時

3 もう あかるく なりましたね。
　1　明るく　　　2　赤るく　　　3　明く　　　　4　赤く

4 でんきを けして ください。
　1　電気　　　　2　雲気　　　　3　雷気　　　　4　霜気

5 ほっかいどうは とうきょうより きたの ほうです。
　1　化　　　　　2　非　　　　　3　比　　　　　4　北

6 えきの まえに あたらしい レストランが できました。
　1　親しい　　　2　新しい　　　3　親い　　　　4　新い

7 この とけいは ちちからの プレゼントです。
　1　母　　　　　2　兄　　　　　3　父　　　　　4　姉

8 こうえんには はなが きれいに さいて います。
　1　化　　　　　2　比　　　　　3　北　　　　　4　花

9 ともだちと にほんごの べんきょうを して います。
　1　日木話　　　2　日木語　　　3　日本話　　　4　日本語

10 まっすぐ いくと ひだりがわに ぎんこうが みえます。
　1　左がわ　　　2　右がわ　　　3　存がわ　　　4　在がわ

정답　1 ①　2 ④　3 ①　4 ①　5 ④　6 ②　7 ③　8 ④　9 ④　10 ①　　해석 및 해설 **별책** p.4

もんだい3

문맥 규정 실전 연습 ❶ [/ 10]

もんだい3 (　　　) に なにを いれますか。1・2・3・4から いちばん いい ものを ひとつ えらんで ください。

1 ふたつめの　かどを　ひだりに　(　　　)。
　1　ききます　　2　まちます　　3　まがります　　4　かきます

2 なつやすみには　まいにち　(　　　)へ　およぎに　いきました。
　1　やま　　2　みせ　　3　うみ　　4　いえ

3 ゆうびんきょくで　(　　　)を　うって　います。
　1　きっぷ　　2　きって　　3　ざっし　　4　しんぶん

4 A: はじめまして。どうぞ　よろしく　おねがいします。
　　B: (　　　) よろしく。
　1　こちらこそ　　2　こちらへ　　3　ただいま　　4　どういたしまして

5 わたしは　(　　　)に　さとうを　いれて　のみます。
　1　コピー　　2　コーヒー　　3　コート　　4　コード

6 ぼうしを　(　　　) いる　ひとが　すずきさんですか。
　1　かけて　　2　かぶって　　3　きて　　4　はいて

7 (　　　) にほんの　ドラマを　みました。
　1　そろそろ　　2　まっすぐ　　3　だんだん　　4　はじめて

8 テーブルの　うえに　おさらを　(　　　)。
　1　ならいます　　2　あらいます　　3　ならべます　　4　ならびます

9 わからない　ことは　せんせいに　(　　　) みます。
　1　かいて　　2　かけて　　3　きて　　4　きいて

10 A: たなかさんは　なんにん　きょうだいですか。
　　B: (　　　)が　ふたり　います。
　1　あに　　2　かぞく　　3　ともだち　　4　たなかさん

정답　**1** ③　**2** ③　**3** ②　**4** ①　**5** ②　**6** ②　**7** ④　**8** ③　**9** ④　**10** ①　　해석 및 해설 별책 p.4

문맥 규정 실전 연습 ❷   [/ 10]

もんだい3　（　　　）に　なにを　いれますか。1・2・3・4から　いちばん　いい　ものを　ひとつ　えらんで　ください。

1 たなかさんの　けいたいは　（　　　）　かわいいですね。
　1　たかくて　　2　やすくて　　3　おおきくて　　4　ちいさくて

2 さむくて　（　　　）を　つけました。
　1　スリッパ　　2　テレビ　　3　ストーブ　　4　スカート

3 A：どうも、ありがとうございます。
　B：いいえ、（　　　）。
　1　けっこうです　2　ただいま　3　こんにちは　4　どういたしまして

4 いえの　まえに　くるまが　（　　　）　います。
　1　のって　　2　たって　　3　とまって　　4　うまれて

5 （　　　）の　ふゆは　とても　さむかったです。
　1　おととい　　2　まいねん　　3　らいねん　　4　おととし

6 わたしは　ほんを　よむ　とき、めがねを　（　　　）。
　1　かぶります　2　のります　3　かけます　4　かきます

7 もう　じゅうがつですね。これから　（　　　）　さむく　なるでしょう。
　1　いろいろ　　2　だんだん　　3　まっすぐ　　4　さきに

8 きのう　（　　　）　りょうりを　たべました。
　1　おもしろい　2　やさしい　3　おいしい　4　あおい

9 A：ケーキ　もっと　どうですか。
　B：（　　　）。もう　おなかが　いっぱいです。
　1　いただきます　2　どうぞ　3　よろしく　4　けっこうです

10 まいあさ　シャワーを　（　　　）。
　1　あらいます　2　あそびます　3　あびます　4　かいます

정답　1 ④　2 ③　3 ④　4 ③　5 ④　6 ③　7 ②　8 ③　9 ④　10 ③　　해석 및 해설 별책 p.4

문맥 규정 실전 연습 ❸ [/ 10]

もんだい3 (　　　)に なにを いれますか。1・2・3・4から いちばん いい ものを ひとつ えらんで ください。

1 わたしの　へやは　えきから　ちかくて　(　　　)です。
　　1　じょうず　　2　ひま　　3　かんたん　　4　べんり

2 もう　じゅうじですね。そろそろ　(　　　)。
　　1　ごめんなさい　2　よろしく　3　ただいま　4　しつれいします

3 わたしの　(　　　)は　ちちと　はは、そして　わたしの　さんにんです。
　　1　きょうだい　2　がっこう　3　かぞく　4　りょうしん

4 あの　みせの　ラーメンは　(　　　)です。
　　1　やすい　　2　やさい　　3　やさしい　　4　ひくい

5 この　へやは　ストーブが　ついて　いて　(　　　)です。
　　1　さむい　　2　すずしい　　3　あたたかい　　4　つめたい

6 きょうは　よっかですから　あしたは　(　　　)ですね。
　　1　ふつか　　2　いつか　　3　ようか　　4　むいか

7 ごはんを　たべる　まえに「(　　　)」と　いいます。
　　1　いらっしゃい　2　ただいま　3　いただきます　4　ごちそうさま

8 (　　　)を　ひいて　がっこうを　やすみました。
　　1　からだ　　2　かぜ　　3　びょういん　　4　くすり

9 はじめまして、(　　　)。
　　1　どういたしまして　　2　おげんきで
　　3　どうぞ　よろしく　　4　すみません

10 がっこうには　(　　　)　バスで　いきます。
　　1　いつも　　2　いろいろ　　3　だんだん　　4　すべての

정답 1 ④ 2 ④ 3 ③ 4 ① 5 ③ 6 ② 7 ③ 8 ② 9 ③ 10 ①　　해석 및 해설 별책 p.4

문맥 규정 실전 연습 ❹ [/ 10]

もんだい3 (　　　) に なにを いれますか。1・2・3・4から いちばん いい ものを ひとつ えらんで ください。

1　ゆうべ つよい かぜが (　　　)。
　　1 ひきました　2 ふきました　3 かきました　4 かけました

2　あさ 7じに おきて 8じぐらいに いえを (　　　)。
　　1 でます　　　2 だします　　3 はいります　4 いれます

3　おおさかまで しんかんせんに (　　　) いきました。
　　1 のんで　　　2 のって　　　3 よんで　　　4 よって

4　もういちど でんわ (　　　)。
　　1 いらっしゃい　2 すみません　3 おだいじに　4 おねがいします

5　にほんじんの ともだちが (　　　) います。
　　1 ふたつ　　　2 ふたり　　　3 ふつか　　　4 とおか

6　コンビニで ペンを (　　　) かいました。
　　1 さんぼん　　2 さんまい　　3 さんだい　　4 さんびき

7　やまださんは (　　　) こないでしょう。
　　1 ちょうど　　2 すこし　　　3 だんだん　　4 たぶん

8　がっこうの まえに (　　　)の がくせいが あつまって います。
　　1 おおぜい　　2 おおい　　　3 たいへん　　4 はじめて

9　わたしは (　　　) ともだちと ピンポンを します。
　　1 そろそろ　　2 よく　　　　3 とても　　　4 おおぜい

10　A：この かばんは あなたのですか。
　　B：いいえ、(　　　)。
　　1 ありません　2 ないです　　3 ちがいません　4 ちがいます

정답　1 ②　2 ①　3 ②　4 ④　5 ②　6 ①　7 ④　8 ①　9 ②　10 ④　　해석 및 해설 별책 p.4

もんだい 4

유의어 실전 연습 ❶   [/ 10]

もんだい4 ＿＿＿の ぶんと だいたい おなじ いみの ぶんが あります。1・2・3・4から いちばん いい ものを ひとつ えらんで ください。

1 わたしの うちには ペットが います。
1　わたしの うちには ねこが います。
2　わたしの うちには かぞくが います。
3　わたしの うちには いもうとが います。
4　わたしの うちには せんせいが います。

2 おととい かいしゃを やすみました。
1　みっかまえに かいしゃに いきました。
2　みっかまえに かいしゃに いきませんでした。
3　ふつかまえに かいしゃに いきました。
4　ふつかまえに かいしゃに いきませんでした。

3 テーブルの うえに おさらを おいて ください。
1　テーブルの うえに おさらを ならって ください。
2　テーブルの うえに おさらを ならんで ください。
3　テーブルの うえに おさらを ならべて ください。
4　テーブルの うえに おさらを なって ください。

4 かれは じが へたです。
1　かれの じは おおきく ありません。
2　かれは じが じょうずでは ありません。
3　かれの じは まずく ありません。
4　かれは じが きらいでは ありません。

5 へやの そうじを して います。
1　へやを あかるく して います。
2　へやを じょうずに して います。
3　へやを きらいに して います。
4　へやを きれいに して います。

6 せんせい、わたし この もんだいは できません。
   1 この もんだいは やさしいです。
   2 この もんだいは やすいです。
   3 この もんだいは むずかしいです。
   4 この もんだいは かんたんです。

7 かのじょは 「ただいま」と いいました。
   1 かのじょは いまから ねます。
   2 かのじょは いまから でかけます。
   3 かのじょは いま かえりました。
   4 かのじょは いま おきました。

8 ズボンを せんたくして ください。
   1 ズボンを はいて ください。
   2 ズボンを きて ください。
   3 ズボンを あらって ください。
   4 ズボンを かって ください。

9 これは でんわです。
   1 これに のって がっこうに いきます。
   2 これで ひとと はなします。
   3 これで てを あらいます。
   4 これは そうじする ときに つかいます。

10 あそこで きってを かう ことが できます。
   1 あそこは としょかんです。
   2 あそこは デパートです。
   3 あそこは ゆうびんきょくです。
   4 あそこは コンビニです。

정답 1① 2④ 3③ 4② 5④ 6③ 7③ 8③ 9② 10③

유의어 실전 연습 ❷   [/ 10]

もんだい4 ＿＿＿の ぶんと だいたい おなじ いみの ぶんが あります。1・2・3・4から いちばん いい ものを ひとつ えらんで ください。

1 ここは でぐちです。いりぐちは あちらです。
   1 あちらから いれて ください。
   2 あちらから だして ください。
   3 あちらから はいって ください。
   4 あちらから でて ください。

2 この レストランは まずいです。
   1 ここの りょうりは やすいです。
   2 ここの りょうりは やさしく ないです。
   3 ここの りょうりは おおいです。
   4 ここの りょうりは おいしく ないです。

3 きのう くだものを かいました。
   1 いぬや ねこなどを かいました。
   2 すしや うどんなどを かいました。
   3 りんごや オレンジなどを かいました。
   4 ほんや ざっしなどを かいました。

4 すずきさんは わたしの ともだちの おにいさんです。
   1 ともだちは すずきさんの あねです。
   2 ともだちは すずきさんの あにです。
   3 ともだちは すずきさんの いもうとです。
   4 ともだちは すずきさんの おとうさんです。

5 おととい パーティーを しました。
   1 パーティーは にねんまえでした。
   2 パーティーは いちねんまえでした。
   3 パーティーは ふつかまえでした。
   4 パーティーは いちにちまえでした。

6 これは ストーブと いう ものです。
　1　へやを くらく する ときに つかいます。
　2　へやを すずしく する ときに つかいます。
　3　へやを あかるく する ときに つかいます。
　4　へやを あたたかく する ときに つかいます。

7 かのじょは やまださんに でんわを しました。
　1　かのじょは やまださんに でんわを つけました。
　2　かのじょは やまださんに でんわを かけました。
　3　かのじょは やまださんに でんわを とりました。
　4　かのじょは やまださんに でんわを だしました。

8 すずきさんは いつも へやの でんきを けして ねます。
　1　すずきさんは へやを あかるく して ねます。
　2　すずきさんは へやを きれいに して ねます。
　3　すずきさんは へやを くらく して ねます。
　4　すずきさんは へやを あつく して ねます。

9 こちらは わたしの おばです。
　1　こちらは あにの ははです。
　2　こちらは ははの あにです。
　3　こちらは あねの ははです。
　4　こちらは ははの あねです。

10 ここは としょかんです。
　1　ここは ざっしを かう ところです。
　2　ここは ほんを かりる ところです。
　3　ここは えいがを みる ところです。
　4　ここは コーヒーを のむ ところです。

정답　1 ③　2 ④　3 ③　4 ③　5 ③　6 ④　7 ②　8 ③　9 ④　10 ②　　해석 및 해설 별책 p.5

유의어 실전 연습 ❸ [/ 10]

もんだい4　＿＿＿の ぶんと だいたい おなじ いみの ぶんが あります。1・2・3・4から いちばん いい ものを ひとつ えらんで ください。

1　たなかさんは　せが　たかいです。
　1　たなかさんは　ほそいです。
　2　たなかさんは　かわいいです。
　3　たなかさんは　おおきいです。
　4　たなかさんは　おもしろいです

2　この　レストランは　とても　ゆうめいです。
　1　だれでも　この　レストランを　かいて　います。
　2　だれでも　この　レストランに　すんで　います。
　3　だれでも　この　レストランを　しって　います。
　4　だれでも　この　レストランを　でて　います。

3　いえの　いりぐちに　だれか　います。
　1　げんかんに　ひとが　います。
　2　まどに　ひとが　います。
　3　だいどころに　ひとが　います。
　4　へやに　ひとが　います。

4　がいこくに　いく　のは　はじめてです。
　1　アメリカには　いった　ことが　ありません。
　2　アメリカには　よく　いって　います。
　3　アメリカには　いっかい　いきました。
　4　アメリカには　あまり　いきません。

5　あそこは　しょくどうです。
　1　ほんや　ざっしなどを　かう　ことが　できます。
　2　カレーや　うどんなどを　たべる　ことが　できます。
　3　やさいや　くだものなどを　うる　ことが　できます。
　4　やきゅうや　サッカーなどを　みる　ことが　できます。

[6] この ほんは つまらなかったです。
1 この ほんは むずかしく なかったです。
2 この ほんは わるく なかったです。
3 この ほんは よく なかったです。
4 この ほんは おもく なかったです。

[7] あには ぎんこうに つとめて います。
1 あには ぎんこうで はたらいて います。
2 あには ぎんこうで ならって います。
3 あには ぎんこうに すんで います。
4 あには ぎんこうに むいて います。

[8] ごぜんも ごごも いそがしくて、れんらく できませんでした。
1 よるから あさまで いそがしかったです。
2 あさから ゆうがたまで いそがしかったです。
3 ひるから ゆうがたまで いそがしかったです。
4 ゆうがたから あさまで いそがしかったです。

[9] A：じゅぎょうは くじからですか。
B：にじっぷん はやく はじまります。
1 じゅぎょうは 9じ20ぷんに はじまります。
2 じゅぎょうは 9じ40ぷんに はじまります。
3 じゅぎょうは 8じ20ぷんに はじまります。
4 じゅぎょうは 8じ40ぷんに はじまります。

[10] すずきさんの へやは いつも きれいです。
1 へやは いつも あかるいです。
2 へやは いつも さむく ないです。
3 へやは いつも ひろいです。
4 へやは いつも きたなく ないです。

정답 1 ③ 2 ③ 3 ① 4 ① 5 ② 6 ③ 7 ① 8 ② 9 ④ 10 ④   해석 및 해설 별책 p.6

유의어 실전 연습 ❹　　　　　　　　　　　　　　[　　／10　]

もんだい4　＿＿＿の ぶんと だいたい おなじ いみの ぶんが あります。1・2・3・4から いちばん いい ものを ひとつ えらんで ください。

1　きのうの　パーティーに　すずきさんは　きませんでしたね。どうしてですか。
　1　すずきさんは　なぜ　きませんでしたか。
　2　すずきさんは　どうやって　きませんでしたか。
　3　すずきさんは　どんな　きませんでしたか。
　4　すずきさんは　いつか　きませんでしたか。

2　あさって　がっこうを　やすみます。
　1　あさって　がっこうが　はじまります。
　2　あさって　がっこうに　いきません。
　3　あさって　がっこうで　あそびます。
　4　あさって　がっこうに　はいります。

3　かれは　にほんごが　じょうずです。
　1　かれは　にほんごが　へたでは　ありません。
　2　かれは　にほんごが　まずいです。
　3　かれは　にほんごが　べんりでは　ありません。
　4　かれは　にほんごが　きらいです。

4　わたしの　いもうとは　すずきさんと　けっこんしました。
　1　いもうとは　すずきさんの　あねに　なりました。
　2　いもうとは　すずきさんの　おくさんに　なりました。
　3　いもうとは　すずきさんの　おきゃくさんに　なりました。
　4　いもうとは　すずきさんの　しゅじんに　なりました。

5　スミスさんが　すずきさんに　えいごを　おしえて　います。
　1　すずきさんは　スミスさんに　えいごを　ならって　います。
　2　スミスさんは　すずきさんに　えいごを　ならって　います。
　3　すずきさんは　スミスさんに　えいごを　みせて　います。
　4　スミスさんは　すずきさんに　えいごを　みせて　います。

| 6 | たなかさんは そうじを しました。

1 たなかさんは シャツや ハンカチを きれいに しました。
2 たなかさんは コップや おさらを きれいに しました。
3 たなかさんは にわや へやを きれいに しました。
4 たなかさんは かおや てを きれいに しました。

| 7 | その みせは 9じから あいて います。

1 みせは 9じから あけて あります。
2 みせは 9じから しめて あります。
3 みせは 9じから あけて ありません。
4 みせは 9じから あきません。

| 8 | わたしは あの おんなの ひとの あにです。

1 あの おんなの ひとは わたしの あねです。
2 あの おんなの ひとは わたしの おとうとです。
3 あの おんなの ひとは わたしの ははです。
4 あの おんなの ひとは わたしの いもうとです。

| 9 | りんごを みっつ、トマトを よっつ かいました。

1 ぜんぶで いつつ かいました。
2 ぜんぶで むっつ かいました。
3 ぜんぶで ななつ かいました。
4 ぜんぶで やっつ かいました。

| 10 | おとといいもうとが うまれました。

1 にねんまえに いもうとが うまれました。
2 いちねんまえに いもうとが うまれました。
3 ふつかまえに いもうとが うまれました。
4 いちにちまえに いもうとが うまれました。

정답 1① 2② 3① 4② 5① 6③ 7① 8④ 9③ 10③   해석 및 해설 별책 p.7

유의어 실전 연습 ❺   [/ 10]

もんだい4 ＿＿＿の ぶんと だいたい おなじ いみの ぶんが あります。1・2・3・4から いちばん いい ものを ひとつ えらんで ください。

1 おじいさんは ７０さいです。
　　1　ちちの ははは ７０さいです。
　　2　ちちの ちちは ７０さいです。
　　3　ちちの あには ７０さいです。
　　4　ちちの あねは ７０さいです。

2 わたし、りょうりは へたです。
　　1　わたしの りょうりは あまく ないです。
　　2　わたしの りょうりは からく ないです。
　　3　わたしの りょうりは まずいです。
　　4　わたしの りょうりは おいしいです。

3 へやの でんきを つけました。
　　1　へやが きれいに なりました。
　　2　へやが しずかに なりました。
　　3　へやが あかく なりました。
　　4　へやが あかるく なりました。

4 この おんがくは きらいです。
　　1　この おんがくは かんたんでは ないです。
　　2　この おんがくは おもしろく ないです。
　　3　この おんがくは すきでは ないです。
　　4　この おんがくは あたらしく ないです。

5 その ラーメンやは げつようびに やすみます。
　　1　げつようび、そこは にぎやかです。
　　2　げつようび、そこは ひまです。
　　3　げつようび、そこは しまって います。
　　4　げつようび、そこは こんで います。

6 たなかさんは「かないと いっしょに きました」と いいました。
　1 たなかさんは おくさんと いっしょに きました。
　2 たなかさんは おかあさんと いっしょに きました。
　3 たなかさんは いもうとと いっしょに きました。
　4 たなかさんは おねえさんと いっしょに きました。

7 じしょを ひいて みました。
　1 いまは でぐちが わかります。
　2 いまは かんじを よむ ことが できます。
　3 いまは でんわばんごうが わかります。
　4 いまは でかける ことが できます。

8 いもうとは 「ごちそうさまでした」と いいました。
　1 いもうとは いえに かえりました。
　2 いもうとは これから でかけます。
　3 いもうとは これから ねます。
　4 いもうとは ごはんを たべました。

9 この みせは いつも にぎやかです。
　1 この みせは いつも ひとが すくないです。
　2 この みせは いつも ひとが おおぜい います。
　3 この みせは いつも きれいです。
　4 この みせは いつも しんせつです。

10 すずきさんは たなかさんに でんわを かりました。
　1 たなかさんは すずきさんに でんわを あげました。
　2 たなかさんは すずきさんに でんわを かえしました。
　3 たなかさんは すずきさんに でんわを かしました。
　4 たなかさんは すずきさんに でんわを もらいました。

정답　1 ②　2 ③　3 ④　4 ③　5 ③　6 ①　7 ②　8 ④　9 ②　10 ③　　해석 및 해설 별책 p.8

1교시

1교시 시험시간 13:55 ~ 14:35

언어지식(문법) / 독해

1교시

문법

もんだい1 문법 형식 판단
もんだい2 문장 완성
もんだい3 문맥 이해

문법 완전 정복을 위한 꿀팁!

전체적으로 모든 품사에 걸쳐 기본 지식을 물어봅니다. 특히 서술어, 즉 어미 활용을 할 수 있는 동사, い형용사, な형용사에 집중하여 기본 활용을 정리하는 것이 중요합니다.

● もんだい 1 문법 형식 판단

하나의 조사가 여러 가지 용법으로 쓰이는 경우가 많은데, 이를 단편적으로 암기하기보다 가급적 많은 예문을 읽음으로써 용법을 터득하는 것이 중요합니다. 동사, い형용사, な형용사의 경우 긍정, 부정, 시제 등의 활용에서 어미 변화의 규칙성을 정리하며 연습합니다.

● もんだい 2 문장 완성

평소 문장을 읽을 때, 육하원칙에 따른 분석을 하며 읽는 습관을 가지는 것이 바람직합니다. 즉 '누가 언제 어디에서 무엇을 어떻게 왜 ~하였다'라는 문장 분석 습관을 기르는 것이 좋습니다.

● もんだい 3 문맥 이해

장문의 글을 읽으면서, 문장 안의 지시어 こ・そ・あ・ど가 각각 무엇을 가리키는지 파악하는 훈련을 합니다. 또 '그래서, 때문에, 결국, 왜냐하면' 등의 결론이나 이유를 말하는 접속사를 암기해 두면 문장 흐름을 파악하는 데 큰 도움이 됩니다.

1교시 문법

PART 1

워밍업

1. 비법 전수
2. 비법 문법

1 비법 전수

もんだい1　문법 형식 판단

● ● 유형 분석

1 16문제가 출제된다.
2 8분 이내로 푸는 것이 좋다.
3 가장 기본적인 출제 유형으로 문법 내용에 맞는 표현 형식을 묻는다.
4 조사, 명사, 동사, い형용사, な형용사, 부사, 의문사 등 품사의 기본 지식을 다룬다.
5 특히 서술어인 동사, い형용사, な형용사는 다양한 접속 형태(어미 활용)를 다룬다.
6 출제 유형
　(1) 문장에 알맞은 조사 넣기
　(2) 서술어(동사, 형용사)의 활용 형태

✓ 특정 동사와 조사의 관용적인 쓰임을 암기하는 것이 필수!
✓ 서술어의 다양한 변형 및 응용을 이해. 단순 암기는 NO!
✓ 동사의 ます・て・ない 정리가 필수.

예시 문제

> わたしには　きょうだいが　二人　います。弟（　　）妹です。
> 1 は　　　　2 も　　　　3 と　　　　4 か

정답 3

해석　나에게는 형제가 두 명 있습니다. 남동생과 여동생입니다.

해설　'~과/와/랑'의 열거의 의미로 쓰이는 조사는 と이다. 제시한 것을 빠짐없이 명확하게 열거하는 조사이기 때문에, や와는 구별해야 한다. 참고로 や는 열거한 것 이외에도 다른 것도 더 있을 수 있다는 의미를 담고 있기 때문에, 위 문장에서는 정답이 될 수 없다.

1교시 문법

もんだい2 문장 완성

●● 유형 분석

1. 5문제가 출제된다.
2. 3분 이내로 푸는 것이 좋다.
3. 선택지 1, 2, 3, 4의 표현들을 재구성하여 문장을 완성하는 유형이다.
4. 문장 완성 후 ★ 부분에 해당되는 순서의 표현을 선택하여 답을 체크한다.

- ✓ 문장의 주어와 술어를 먼저 파악하면 나머지의 배열이 쉬워진다.
- ✓ 조사와 동사의 결합 관계에 주의한다!

예시 문제

(店<ruby>で</ruby>)
田中　：「すみません。くだもの ____ ____ ★ ____ か。」
店の人：「こちらです。」

1　どこ　　　2　あります　　3　は　　　　4　に

정답 4

해석　(가게에서)

다나카: 실례합니다. 과일은 어디에 있습니까?

가게 사람: 이쪽입니다.

해설　문제로 제시된 문장에서 주어는 くだもの이므로, 주격조사 は(~은/는)가 제일 먼저 와야 한다. 서술어는 あります(있습니다)이므로 맨 나중이고, 그 앞에는 장소를 나타내는 조사인 に(~에)가 자리하게 된다. に의 앞에는 장소 의문사인 どこ(어디)가 오면 쉽게 문장이 완성된다.(3-1-4-2)

もんだい3 문맥 이해

1 5문제가 출제된다.
2 5분 이내로 푸는 것이 좋다.
3 글의 흐름이 자연스럽게 완성되도록 공란에 들어갈 적합한 어휘를 고르는 문제이다.
4 문장과 문장을 연결하는 접속사가 반드시 출제된다.
5 단순히 문법 기능을 넘어서서, 전체적인 흐름을 완성할 수 있는 어휘력과 독해력을 테스트한다.
6 출제 유형
　(1) 적절한 접속사(인과/첨가/역접/순접 등) 넣기
　(2) 알맞은 부사(빈도/정도/추측/비교 등) 넣기
　(3) 문장의 흐름상 서술어(동사/형용사)의 시제 파악하기

✓ 부사와 접속사를 평소에 자주 반복하여 말해 본다.
✓ 부사는 동사와 함께 숙어처럼 붙여 외우면 효과적이다.
✓ 평소 전체적인 글의 흐름을 파악하는 연습을 하자.
✓ 독해 중 막히는 부분이 있어도 끝까지 통독하는 습관을 갖자.

예시 문제

日本で べんきょうして いる 学生が 「すきな店」の ぶんしょうを 書いて、クラスの みんなの 前で 読みました。

(ケンさんの ぶんしょう)

わたしは すしが すきです。日本には すし屋が たくさん ありますね。わたしの 国には すし屋が ありませんから、今 とても うれしいです。日本に 　22　、いろいろな 店で 食べました。学校の 前の 店は、安くて おいしいです。すしが すきな 人は いっしょに 　23　。

（ミンジさんの　ぶんしょう）

わたしは　えきの　ちかくの　本屋が　すきです。えきの　ちかくの　本屋　24　大きい　お店です。外国の　本も　売って　います。わたしの　国のも　25　。そして、わたしが　すきな　りょうりの　本も　多いです。26　、本は　いつも　えきの　ちかくの　本屋で　買います。みなさんは　すきな　本屋が　ありますか。

22

1　行くから　　2　行ってから　　3　来るから　　4　来てから

23

1　行きましたか　　　　　　2　行きませんか
3　行っていますか　　　　　4　行っていませんか

24

1　か　　　　2　と　　　　3　の　　　　4　は

25

1　います　　2　読みます　　3　あります　　4　します

26

1　だから　　2　では　　3　それから　　4　でも

정답 22 4　23 2　24 4　25 3　26 1

해석　일본에서 공부하고 있는 학생이 '좋아하는 가게' 문장을 써서, 학급 모두의 앞에서 읽었습니다.
(겐 씨의 문장)
나는 초밥을 좋아합니다. 일본에는 초밥집이 많이 있네요. 나의 나라에는 초밥집이 없기 때문에, 지금 매우 기쁩니다. 일본에 **오고 나서**, 여러 가게에서 먹었습니다. 학교 앞의 가게는 싸고 맛있습니다. 초밥을 좋아하는 사람은 함께 **가지 않겠습니까**?

(민지 씨의 문장)

나는 역 근처의 책방을 좋아합니다. 역 근처의 책방**은** 큰 가게입니다. 외국 책도 팔고 있습니다. 나의 나라 것도 **있습니다**. 그리고 내가 좋아하는 요리 책도 많습니다. **때문에**, 책은 항상 역 근처 책방에서 삽니다. 여러분은 좋아하는 책방이 있습니까?

해설

22 '~하고 나서', 즉 순차적인 시간의 순서를 뜻하는 표현으로 ~てから가 있다. 현재 일본에 사는 겐 씨의 입장에서는 동사 来る(오다)라고 말하는 것이 옳으므로, **来てから**라고 말하는 것이 정답이다.

23 빈칸 앞에 **いっしょに**(함께)라는 부사로 미루어 보아 '함께 가지 않겠습니까?'라는 청유형의 말투를 골라야 한다. 일본어의 청유형은 ~**ませんか**(~하지 않겠습니까?)라고 말한다. 참고로 각 선택지의 해석은 다음과 같다. 1. 갔습니까? 2. 가지 않겠습니까? 3. 가 있습니까? 4. 가 있지 않습니까?

24 **大きい お店です**(큰 가게입니다)라는 말의 주어가 필요한 문장이다. 따라서 **えきのちかくの本屋**(역 근처 책방)가 주어가 되기 위해 주격조사 '~은/는'에 해당하는 **は**가 정답이다.

25 앞 문장 '외국 책도 팔고 있습니다'에 이어 **わたしの国のも**(내 나라의 것도)라고 나와 있는 부분에서 **の**는 책을 의미하고, 첨가의 조사 **も**도 있는 것으로 보아 '내 나라 책도 있다/팔고 있다'라는 의미가 이어져야 자연스러우므로, **あります**가 적합하다.

26 역 근처 책방을 좋아한다는 사실과 이유는 마지막 이전 문장의 '책은 항상 이 책방에서 삽니다'라는 결과의 이유가 된다. 때문에 인과관계를 나타내는 **だから**(때문에/따라서)가 정답이다. 참고로 나머지 선택지의 의미는 다음과 같다. 2. 그러면(화제 전환), 3. 그러고 나서(순서), 4. 하지만, 그러나(역접).

2 비법 문법

1 10년간 두 번 이상 출제된 문법·문형 정리

- □ あの~ 저~ · あの レストラン 저 레스토랑
- □ あまり ~ない 별로 ~지 않다 · あまり あまくない 별로 달지 않다
- □ ~か ~인가(불특정) · だれか 누군가
- □ ~か ~이나(불확정) · 今日か明日 오늘이나 내일
- □ ~が ~이, ~가(주격 조사) · 田中さんが しました 다나카 씨가 했습니다
- □ ~が ~지만(역접 조사) · 待ったが、来なかった 기다렸지만 오지 않았다
- □ ~が 好きだ ~을 좋아하다 · りんごが 好きだ 사과를 좋아하다
- □ ~が ほしい ~을 갖고 싶다 · ぼうしが ほしい 모자를 갖고 싶다
- □ ~がた ~분(존칭) · あなた (당신) / あなたがた (귀하)
- □ ~から ~이기 때문에, ~하므로(이유) · ひまだから 한가하니까
- □ ~から ~에서, ~로부터(기점) · いえから 집에서
- □ ~から ~에게서, ~한테서(출처) · 母から 엄마한테서
- □ ~く する ~하게 하다(イ형용사 활용) · 明るく する 밝게 하다
- □ ~く ない ~지 않다(イ형용사 부정) · 高く ない 비싸지 않다
- □ ~く なかった ~지 않았다(イ형용사 과거부정) · 高く なかった 비싸지 않았다
- □ ~く なる ~해지다, ~하게 되다(イ형용사 활용) · 高く なる 비싸지다
- □ ~くらい ~정도, ~쯤 · どれくらい 어느 정도
- □ ~ぐらい ~정도, ~쯤(~くらい와 같음) · どれぐらい 어느 정도
- □ ~ごろ ~쯤, ~경 · 何時ごろ 몇 시쯤, 몇 시경
- □ ~しか ~밖에(뒤에는 부정 표현 옴) · これしか ない 이것밖에 없다

☐	じぶんで 자기 스스로, 자신이 직접	・じぶんで 作った 내가(직접) 만들었다
☐	〜じゅう 〜내내	・1年じゅう 1년 내내
☐	(동사 과거)〜た あとで 〜한 후에	・食べた あとで 먹은 후에
☐	(동사 ます형)〜たい 〜하고 싶다	・食べたい 먹고 싶다
☐	〜だけ 〜만(한정)	・これだけ します 이것만 하겠습니다
☐	〜たり〜たり する 〜하거나 〜하거나 하다	・飲んだり 食べたり する 마시거나 먹거나 한다
☐	〜で 〜(으)로(계기)	・仕事で 京都に 行く 일로(업무 차) 교토에 간다
☐	〜で 〜때문에(원인)	・びょうきで 병 때문에
☐	〜で 〜(으)로(수단, 방법)	・ナイフで きる 나이프로 자르다
☐	〜で 〜에서(장소)	・いえで 집에서
☐	〜で 〜에(수량)	・一つで 100円 하나에 100엔
☐	〜てから 〜하고 나서	・食べてから 먹고 나서
☐	〜て ください 〜해 주세요	・待ってください 기다려 주세요
☐	〜で 〜이고(열거)	・Aは19さいで、Bは〜 A는 19세이고 B는〜
☐	〜ではありませんでした 〜지 않았습니다(ナ형용사의 과거 부정)	
☐	〜と 〜와, 〜과	・友だちと 친구와
☐	〜という 〜라고 하는	・田中という 人 다나카라는 사람
☐	どの〜 어느	・どの人 어느 사람
☐	どんな〜 어떤(연체사)	・どんな音楽 어떤 음악
☐	〜ないで 〜하지 않고	・さとうを 入れないで 설탕을 넣지 않고
☐	〜ないで ください 〜하지 말아 주세요	・行かないで ください 가지 말아 주세요
☐	〜ながら 〜하면서	・聞きながら 들으면서
☐	〜など 〜등, 〜따위(열거)	・ネクタイなど 넥타이 등
☐	〜に 〜에(위치 장소)	・うしろに 뒤에
☐	〜に 〜에(시간, 시점)	・9時に 9시에

☐ ~に	~에(시간 또는 기간의 범위)	• 1週間に 1回 일주일에 한 번
☐ ~に	~에게(대상)	• 友だちに 친구에게
☐ ~に	~하러(목적)	• 買い物に 물건을 사러, 쇼핑하러
☐ ~に 会う	~을(를) 만나다	• 友だちに 会う 친구를 만나다
☐ ~に する	~하게 하다(ナ형용사 활용)	• しずかに する 조용히 하다
☐ ~に する	~로 하다	• 半分に する 반으로 하다
☐ ~に なる	~이 되다	• 先生に なる 선생님이 되다
☐ ~に 乗る	~을(를) 타다(승차하다)	• バスに 乗る 버스를 타다
☐ ~にも	~에도(장소)	• どこにも 어디에도
☐ ~の	~것(물건)	• 安い のを ください 싼 것을 주세요
☐ ~の	~의 것	• 私のです 저의 것입니다
☐ ~の	~의(수식)	• へやの 電気 방의 전기
☐ ~は	~은, ~는(서술어의 주체)	• この りんごは おいしい 이 사과는 맛있다
☐ ~へ	~으로, ~에	• どこへ 行きますか 어디로(어디에) 갑니까?
☐ ~へも~へも	~에도 ~에도	• Aへも Bへも 行かない A에도 B에도 가지 않는다
☐ ~まえに	~(하기) 전에	• 行く まえに 가기 전에
☐ ~ませんでした	~하지 않았습니다(과거 부정)	• 食べませんでした 먹지 않았습니다
☐ まだ ~ていない	아직 ~않다(행위의 미완성)	• まだ 食べていない 아직 먹지 않았다
☐ ~まで	~까지(도착점)	• 家から 学校まで 집에서 학교까지
☐ ~も	~이나	• 3時間も 歩いた 세 시간이나 걸었다
☐ ~も~も	~도 ~도 (열거)	• バナナも りんごも 바나나도 사과도
☐ ~や	~이나, ~이랑	• シャツや ネクタイなど 셔츠나 넥타이 등
☐ ~を	~을, ~를(목적)	• りんごを 買う 사과를 사다
☐ ~を	~을, ~를(기준점)	• 信号を 右に まがる 신호를 오른쪽으로 돌다

2 10년간 출제된 문장의 흐름 및 구성

☐ あさは いそがしくて しんぶんは 読まない。
아침은 바쁘니까 신문은 읽지 않는다.(행위 및 습관의 이유)

☐ あしたの パーティーは たぶん にぎやかでしょう。
내일 파티는 필시 북적거리겠죠.(ナ형용사의 미래 추측)

☐ あしたは かぜが つよいでしょう。　내일은 바람이 강하겠죠.(イ형용사의 미래 추측)

☐ あしたは ゆきが ふるでしょう。　내일은 눈이 내리겠죠.(동사의 미래 추측)

☐ おすしを 食べました。それから、てんぷらも 食べました。
초밥을 먹었습니다. 그러고 나서 튀김도 먹었습니다.(추가)

☐ あつい とき、つめたい コーヒーを 飲みます。
더울 때 차가운 커피를 마십니다.(시제의 일치)

☐ あにの 新しい カメラは 小さくて かるい。　오빠(형)의 카메라는 작고 가볍다.(형용사의 열거)

☐ あには いま ３５さいで、けっこんして います。
오빠(형)는 지금 35세이고, 결혼했습니다.(사항의 열거)

☐ あの たてものは エレベーターが あって、べんりです。
저 건물은 엘리베이터가 있어서 편리합니다.(이유, 원인)

☐ あの たてものは エレベーターが なくて、ふべんです。
저 건물은 엘리베이터가 없어서 불편합니다.(이유, 원인)

☐ いもうとが 生まれた とき、父は 外国に いました。
여동생이 태어났을 때, 아버지는 외국에 있었습니다.(과거 시제의 일치)

☐ えんぴつが いっぽん あります。　연필이 한 자루 있습니다.(조수사)

☐ 会社へ 行く まえに、ぎんこうへ 行きました。　회사에 가기 전에 은행에 갔습니다.(시간의 순서)

☐ きのう、テレビは 見ませんでした。　어제 TV는 안 보았습니다.(대상의 한정)

☐ きのう 友だちに 電話を しましたが、いませんでした。
어제 친구에게 전화를 했습니다만, 없었습니다.(역접 및 시제)

☐ きのうの よるは ６時に かえって、ごはんを つくりました。
어젯밤은 6시에 돌아와 밥을 지었습니다.(순차적 시간)

☐ きのうは 天気が よかったです。　어제는 날씨가 좋았습니다.(과거 시제 및 よい → よかった)

- きのうは どうして 早く かえりましたか。　어제는 왜 일찍 돌아갔습니까?(이유를 묻는 의문사)
- ぎゅうにゅうは ぜんぶ 飲みました。もう ありません。
우유는 전부 마셨습니다. 더 이상 없습니다.(행위의 결과)
- きょうは とても あついですね。　오늘은 아주 덥군요.(문말 표현 ね. 상대의 동의를 구함)
- ほっかいどうは とても さむいですよ。　홋카이도는 아주 추워요.(문말 표현 よ. 상대가 모르는 정보 제공)
- こどもたちは もう こうえんに 行ったから、うちには いません。
아이들은 이미 공원에 갔기 때문에, 집에는 없습니다.(もう와 연결되는 시제)
- この りょうりは ぎゅうにくか ぶたにくを つかいます。
이 요리는 소고기나 돼지고기를 사용합니다.(선택)
- この レストランは いつも たくさん 人が ならんで いますね。
이 레스토랑은 언제나 사람이 많이 줄 서 있네요.(자동사 타동사의 구분)
- これは きのう わたしが とった しゃしんです。
이것은 어제 제가 찍은 사진입니다.(시제. きのう와 동사 과거 표현)
- さいふを なくして こまりました。　지갑을 잃어버려서 난처했습니다.(동사의 이유, 원인. なくす + て)
- 魚が たくさん およいで います。　물고기가 많이 헤엄치고 있습니다.(동사의 い 음편)
- ジュースは もう ありませんが、コーヒーは まだ あります。
주스는 이제 없습니다만, 커피는 아직 있습니다.(もう와 まだ의 대비)
- 12時に なりましたね。これで じゅぎょうを おわりましょう。
12시가 되었네요. 이것으로 수업을 마치겠습니다.(행위 및 결말의 조건)
- すみません、さとうを とって くださいませんか。
실례합니다. 설탕을 집어 주시지 않겠습니까?(부탁)
- 先週は しゅくだいが 多くて たいへんでした。
지난주는 숙제가 많아서 힘들었습니다.(형용사의 이유, 원인)
- 先生の へやは こちらです。　선생님의 방은 이쪽입니다.(대명사의 구분)
- 先生は げんきで おもしろい 人です。　선생님은 건강하고 재미있는 사람입니다.(성격, 성질, 특징의 열거)
- そうじを してから でかけます。　청소를 하고 나서 외출합니다.(시간의 순서. ~てから)
- その 公園は とても きれいだった。　그 공원은 아주 깨끗했다.(ナ형용사 과거. イ형용사가 아님에 주의)
- それは どこの 国の 車ですか。　그것은 어느 나라 자동차입니까?(どの 国가 아님에 주의)
- 田中さんの 来る 日は 火よう日です。　다나카 씨가 오는 날은 화요일입니다.(の의 쓰임)

- 電車が とまりました。ゆきが たくさん ふったからです。
  전철이 멈췄습니다. 눈이 많이 내렸기 때문입니다.(이유, 원인)

- ドアが しまって います。　문이 닫혀 있습니다.(자동사 + ている)

- ドアに カレンダーが はって あります。　문에 캘린더가 붙여 있습니다.(타동사 + てある)

- としょかんで 3時間 べんきょうしました。でも、うちでは しませんでした。
  도서관에서 3시간 공부했습니다. 하지만 집에서는 하지 않았습니다.(역접)

- としょかんへ 本を かえしに 行きます。　도서관에 책을 돌려주러 갑니다.(행위의 목적. かえす 돌려주다)

- 母は せが 高いですが、父は ひくいです。　엄마는 키가 큽니다만, 아빠는 작습니다.(역접)

- はる休みは どのぐらい ありますか。
  봄방학은 어느 정도 있습니까?(기간이 얼마나 되는지를 물음. ありますか에 주의)

- びょうきに なった 時は、びょういんへ 行きます。　병에 걸렸을 때는 병원에 갑니다.(원인의 결과)

- へやには だれか いますか。　방에는 누군가 있습니까?(존재의 유무)

- へやには だれも いません。　방에는 아무도 없습니다.(존재의 유무)

- まだ ゆうびんきょくは あいて います。早く 行きましょう。
  아직 우체국은 열려 있습니다. 빨리 갑시다.(조건)

- みんなが たくさん 飲みましたから、もう おさけは ありません。
  모두들 많이 마셨기 때문에 이제 술은 없습니다.(원인의 결과)

- もしもし、山本ですが、木下さんは いますか。
  여보세요. 야마모토입니다만, 기노시타 씨는 있습니까?(전화 기본 표현, 전제 조건)

- ゆうびんきょくは、レストランの みぎか、ひだりですよ。
  우체국은 레스토랑의 오른쪽이나 왼쪽이에요.(불확실한 사실의 진술)

- ゆきが たくさん ふったから、一人しか 来ませんでした。
  눈이 많이 내렸기 때문에 한 명밖에 오지 않았습니다.(부정을 이끄는 しか)

- 来週 休む 人は だれですか。　다음 주에 쉴 사람은 누구입니까?(시제. 미래)

- りんごは いくつ ありますか。　사과는 몇 개 있습니까?(의문사의 구분)

- わたしは いつも シャワーを あびてから ねます。
  저는 항상 샤워를 하고 나서 잡니다.(시간의 순서 및 シャワーをあびる)

- わたしは きょう 6時に 会社を 出ます。　저는 오늘 6시에 회사를 나섭니다.(출발점)

3 합격 문법

◆ 조사

일본어에도 우리말과 같이 '조사'가 있다. 조사는 어떠한 어휘를 문장의 특정 요소로 만들어 주고, 다른 어휘 사이의 관계를 만들어 주거나 특정 의미를 부여해 주는 역할 등을 한다.
이러한 조사의 종류에는 격조사, 부조사, 접속조사, 종조사가 있다.
격조사: 체언에 접속하여 문장 성분을 결정 짓는다(주격, 목적격, 소유격 등).
부조사: 체언, 용언 등에 접속하여 부사와 같은 의미를 가진다.
접속조사: 용언, 조동사 등에 접속하여 앞뒤 문장의 연결 역할을 한다(역접, 순접 등).
종조사: 문장 끝에 접속하여 말투와 말의 분위기를 이끌어낸다.

□ 001 ～か ～까?/～인가, ～인지

(1) 종조사(～까?)

문장 끝에 접속하여 의문을 나타낸다.

- あれは　あなたの　かばんですか。 저것은 당신의 가방입니까?(의문)

감탄, 감동을 나타낸다.

- ああ、きょうも 雨か。 아~, 오늘도 비인가.(감탄, 감동)

(2) 부조사(～인가, ～인지)

'의문사 + か'의 형태로 불확실한 의문을 나타낸다.

- 何か(무언가)
- だれか(누군가)
- いつか(언젠가)
- どこか(어딘가)
- どれか(어느 것인가)
- なぜか(왠지)

아직 정해지지 않았거나, 어떤 상황의 여부를 나타낸다.

- 行くか　どうか　まだ　わかりません。 갈지 어쩔지 아직 모릅니다.

□ 002 ～が ～이(가), ～을(를)/～지만/～인데

(1) 격조사(～이, ～가)

주어를 나타낸다.

- あれが　63ビルです。 저것이 63빌딩입니다.

(2) 격조사(~을, ~를)

목적어를 나타낸다.(뒤에는 기호, 능력, 가능 서술어가 온다.)

- わたしは　すしが　好きです。 나는 초밥을 좋아합니다.

> **목적격 조사로 が를 사용하는 서술어**
> - ~が　ほしい ~을 갖고 싶다　　~が　好きだ ~을 좋아하다
>   ~が　きらいだ ~을 싫어하다　~が　上手だ ~을 잘한다
>   ~が　下手だ ~을 못한다

- カタカナが　読めますか。 가타카나를 읽을 수 있습니까?

(3) 접속조사(~지만)

앞 절과 뒤 절 사이에 쓰여 역접 관계를 나타낸다.

- すこし　あついですが、いい　天気ですね。 조금 덥습니다만, 좋은 날씨네요.

(4) 종조사(~인데, ~입니다만)

말의 여운을 남기거나 화두 제시를 할 때 쓰인다.

- しつもんが　ありますが……。 질문이 있습니다만…….
- もっと　小さいのが　ほしいですが、ありますか。
  좀 더 작은 것을 원합니다만 있나요?

003　~から　~에서, ~부터/~(으)로/~이어서, ~이니까

(1) 격조사(~에서, ~부터)

시작, 출발점, 출처 등을 나타낸다.

- テストは　2時からです。 시험은 2시부터입니다.
- 韓国から　来ました。 한국에서 왔습니다.

(2) 격조사(~으로)

원료, 재료를 설명한다.

- チーズは　ぎゅうにゅうから　つくります。 치즈는 우유로 만듭니다.

(3) 접속조사(~이어서, ~이니까)

원인, 이유를 설명한다.

- お金は たくさん あるから、しんぱいないです。
  돈은 많이 있으니까 걱정 없습니다.

004 〜くらい(ぐらい) ~정도, ~가량, ~쯤, ~만큼

수, 양, 정도를 나타내는 부조사이다.

- バスで どのくらい かかりますか。 버스로 어느 정도 걸립니까?

005 〜しか ~밖에

뒤에 부정 표현을 동반하여 '~밖에 (~않다)'라는 뜻을 이루는 부조사이다.

- あの 先生は ラーメンしか 食べない。 저 선생님은 라면밖에 안 먹는다.
- ひとつしか ありません。 한 개밖에 없습니다.

006 〜だけ ~만, ~만큼

'오로지 그것만'의 의미로 수, 양, 정도, 범위를 지정하거나 한정하는 부조사이다. 뒤에는 긍정문이 온다.

- 日よう日だけ やすみます。 일요일만 쉽니다.
- これ 一つだけ かいました。 이것 하나만 샀어요.
- できるだけ はやく 来ます。 가능한 한 빨리 오겠습니다.

007 〜で ~으로써, ~(로) 인해, ~에서, ~에

격조사로서 다음과 같은 다양한 뜻을 갖는다.

(1) ~으로(써): 교통, 언어, 지불 등의 수단을 나타낸다.

- きょうは タクシーで 行きます。 오늘은 택시로 갈 겁니다.
- きょうしつでは 日本語で はなします。 교실에서는 일본어로 이야기합니다.

(2) ~(로)인해: 원인을 나타낸다.
- 風邪で けっせきしました。 감기로(감기 때문에) 결석했습니다.

(3) ~에서: 동작이 일어나는 장소, 범위를 지정한다.
- 図書館で べんきょうを しました。 도서관에서 공부를 했습니다.

(4) ~에: 값이나 단위를 만든다.
- 三つで いくらですか。 3개에(3개 해서) 얼마입니까?

(5) 기타 용법
- 一人で 혼자서
- 自分で 스스로
- これで 이것으로

008 ～と ~와(과), ~랑, ~라고/~(하)면

(1) 격조사로서 다음과 같은 다양한 뜻을 갖는다.

열거 용법, 비교 대상 등을 나타낸다.

- コンビニで ジュースと パンを 買いました。
  편의점에서 주스와 빵을 샀습니다.
- やきゅうと バスケと どちらが 好きですか。
  야구랑 농구랑 어느 쪽을 좋아합니까?

동반자를 나타낸다.

- 友だちと いっしょに べんきょうを しました。
  친구와 함께 공부를 했습니다.

전달 용법으로 인용문에 쓰인다.

- さとうさんは 頭が 痛いと いって います。
  사토 씨는 머리가 아프다고 합니다.

(2) 접속조사

앞 절이 성립하면 반드시 뒷문장의 사실이 이어진다는 필연의 용법으로 사용된다.

- まっすぐ 行くと、コンビニが あります。
  곧장 가면, 편의점이 있습니다.

009 〜な 〜(하지) 마라/〜구나, 〜네

(1) 금지를 나타내는 종조사이다.

- それは わたしが するから、しんぱいするな。
  그것은 내가 할 테니까, 걱정하지 마.

(2) 감탄, 소망 등을 나타내는 종조사이다.

- けっこんするの？ いいな。 결혼하니? 좋겠네〜.

010 〜ながら 〜하면서

동시 동작을 나타내는 접속조사이다.

- ビールを 飲みながら 話します。 맥주를 마시면서 이야기합니다.

011 〜など 〜따위, 〜등등, 〜등속

예를 들 때 쓰는 부조사이다.

- デパートで スカートや くつしたなどを 買いました。
  백화점에서 스커트랑 양말 등을 샀습니다.
- へやの 中に つくえや テレビなどが あります。
  방 안에 책상이나 텔레비전 등이 있습니다.

* 부정적인 태도로 제시하는 경우도 있다.

- うそなど 言うな。 거짓말 따위 말하지 마.

012 〜に 〜에, 〜에게, 〜한테(서), 〜을(를), 〜(하기) 위해, 〜이(가), 〜으로

격조사로서 다음과 같이 다양하게 쓰인다.

장소(도착하는 장소/존재하는 장소)

- やまもとさんは あした、東京に 行きます。 야마모토 씨는 내일, 도쿄에 갑니다.
- やまもとさんは 今、東京に います。 야마모토 씨는 지금, 도쿄에 있습니다.

시간

- 毎日、7時に 起きます。 매일, 7시에 일어납니다.
- 日よう日に パーティーへ 行きます。 일요일에 파티에 갑니다.

대상

- 先生に もらいました。 선생님한테 받았습니다.
- 母に 電話を かけました。 엄마한테 전화를 걸었습니다.
- きょう、山本さんに 会います。 오늘, 야마모토 씨를 만납니다.

목표

- コーヒーを 飲みに 行きませんか。 커피를 마시러 가지 않겠습니까?
- 毎日、こうえんに さんぽに 行きます。 매일, 공원에 산책하러 갑니다.

~に なる의 형태로 변화를 나타낸다.

- 彼は 先生に なりました。 그는 선생님이 되었습니다.
- もう、7時に なりました。 벌써 7시가 되었습니다.

~に する의 형태로 선택의 대상을 나타낸다.

- わたしは カレーに します。 나는 카레로 하겠습니다.
- 何に しますか。 무엇으로 하겠습니까?

'기간に + 횟수'의 형태로 빈도를 나타낸다.

- 週に 一回は かれに 会います。 일주일에 한 번은 그를 만납니다.

> **반드시 に와 함께 써야 하는 동사**
> - ~(を)に 乗る : ~를(을) 타다
> - ~(を)に 会う : ~를(을) 만나다
> - ~(を)に 通う : ~를(을) 다니다
> - ~(を)に かつ : ~를(을) 이기다
> - ~(を)に 住む : ~에 살다

013 ～ね ~군, ~네

감탄이나 동조를 나타내는 종조사이다.

- きょうは ほんとうに いい 天気ですね。 오늘은 정말 좋은 날씨네요.

- これ、かわいいですね。 이거, 귀엽네요.

014 ～の ～의, ～인, ～이(가)

격조사로서 다음과 같이 다양한 뜻을 가진다.

소유격 조사

- これは 私の 車です。 이것이 나의 자동차입니다.

* ～의: 소유격대명사

- これは 私のです。 이것은 나의 것입니다.

동격, 소속을 나타낸다.

- こちらは 私の 妹の きょうこです。 이쪽은 나의 여동생인 쿄코입니다.(동격)
- はじめまして、日本ぶっさんの 田中です。
  처음 뵙겠습니다. 일본물산의 다나카입니다.(소속)

연체 수식절 안에서 주격조사의 쓰임으로 대체될 수 있다.

- お金の(が) 多い 人。 돈이 많은 사람.
- あの せの(が) 高い 人が 田中さんですか。
  저 키가 큰 사람이 다나카 씨입니까?

* 종조사로 쓰일 때는 부드러운 어조를 만든다.

- あさごはんは 食べたの？ 아침밥은 먹었니?
- いま、どこに 行くの？ 지금, 어디에 가니?

015 ～ので ～이므로, ～때문에

이유나 원인을 나타내는 접속조사이다.

- あの 店は おいしいので いつも にぎやかだ。
  저 가게는 맛있기 때문에 항상 붐빈다.

016 〜は ~은(는)

서술어의 주체를 나타내는 부조사이다. 발음이 [wa:와]임에 주의.

- ウサギは 耳が 長い。 토끼는 귀가 길다.
- 田中さんは かいしゃいんです。 다나카 씨는 회사원입니다.

강조하거나 단정을 지어 말할 때도 쓰인다.

- たまごは あまり 食べません。 계란은 그다지 먹지 않습니다.
- 日本語は できます。 일본어는 가능합니다.

017 〜へ ~에, ~으로

장소나 상대방에 붙여 방향성, 귀착점을 나타내는 격조사이다. (발음이 [e]임에 주의)

- どうぞ、こちらへ。 자, 이쪽으로……
- なつやすみに アメリカへ 行きます。 여름방학에 미국에 갑니다.

018 〜まで ~까지

동작 작용이 미치는 시점, 장소, 그리고 기간을 나타내는 격조사이다.

- 9時から 6時まで はたらきます。 9시부터 6시까지 일합니다.
- どこまで 行きますか。 어디까지 갑니까?
- テストは 水よう日までです。 시험은 수요일까지입니다.

019 〜も ~도, ~이나

(1) 첨가를 나타내는 부조사이다.

- すみません。うどんも ください。 여기요. 우동도 주세요.
- 学生ですか。わたしも 学生です。 학생이세요? 저도 학생이에요.

* なに, どれ, だれ 등의 의문사에 붙어 전면적 부정을 나타낸다.

- 何も ありません。 아무것도 없습니다.
- だれも 行きません。 아무도 가지 않습니다.

(2) 강조를 나타내는 부조사다.

- りんごを 3つも 食べました。 사과를 3개나 먹었습니다.

* '〜も 〜も + 긍정문', '〜も 〜も + 부정문'의 형태를 이룬다.

- うどんも ラーメンも 好きです。 우동도 라면도 좋아합니다.
- 日本語も 英語も できません。 일본어도 영어도 못합니다.

020 〜や 〜랑, 〜(와)과, 〜라든가

병렬, 열거, 예시를 나타내는 격조사이다.

- うどんや ラーメンなど、あたたかい ものが 食べたいです。
  우동이나 라면 등, 따뜻한 것을 먹고 싶습니다.
- やおやには やさいや りんごなどが たくさん あります。
  야채 가게에는 야채나 사과 등이 많이 있습니다.

021 〜よ

상대가 모르는 것을 알릴 때나 이유를 설명하는 종조사이다.

- いま、外に 雨が ふって いますよ。 지금, 밖에 비가 내리고 있단 말이에요.

* 강조하여 말하거나 주장, 결심을 말할 때도 쓰인다.

- それは わたしが するよ。 그건 내가 하지.

022 〜より 〜보다

비교의 대상을 나타내는 격조사이다.

- 木村さんより 田中さんの ほうが せが 高い。
  기무라 씨보다 다나카 씨 쪽이 키가 크다.

023 〜を ~을(를)

목적격 조사이다.

- いつも 3時まで アルバイトを します。 항상 3시까지 아르바이트를 합니다.
- 本を かいました。 책을 샀습니다.

> ◆ 명사
> 명사란 문장을 이루는 품사 중에서 사람이나 물건, 어떤 사건, 개념 등 모든 것의 명칭을 지정해 말하는 품사이다. 보통명사, 고유명사, 대명사(지시대명사, 인칭대명사), 형식명사 등이 있다.

024 보통체 활용(현재 시제)

(1) 긍정 활용: ~だ ~(이)다

- わたしは 大学生だ。 나는 대학생이다.
- これは オレンジジュースだ。 이것은 오렌지 주스이다.

(2) 부정 활용: ~では ない(~じゃ ない) ~이(가) 아니다

- わたしは 大学生では ない。 나는 대학생이 아니다.
- これは オレンジジュースじゃ ない。 이것은 오렌지 주스가 아니다.

025 정중체 활용(현재 시제)

(1) 긍정 활용: ~です ~입니다

- これは わたしの 本です。 이것은 나의 책입니다.
- かれは いしゃです。 그는 의사입니다.

(2) 부정 활용: ~では ないです ~(이/가) 아닙니다
　　　　　　　~じゃ ないです
　　　　　　　~では ありません
　　　　　　　~じゃ ありません

- これは わたしの 本では ありません。 이것은 나의 책이 아닙니다.

- かれは　いしゃじゃ　ないです。 그는 의사가 아닙니다.

(3) 정중체 의문문: 맨 뒤에 か를 붙인다.

- あなたは、学生ですか。 당신은 학생입니까?
- それは　オレンジジュースじゃ　ありませんか。 그것은 오렌지 주스가 아닙니까?

026 보통체 활용(과거 시제)

(1) 긍정 활용: ~だった ~이었다

- きのうは　やすみだった。 어제는 휴일이었다.
- かれは　いい　学生だった。 그는 좋은 학생이었다.

(2) 부정 활용: ~では なかった ~이(가) 아니었다
　　　　　　　~じゃ なかった

- きのうは　やすみでは　なかった。 어제는 휴일이 아니었다.
- かれは　いい　学生じゃ　なかった。 그는 좋은 학생이 아니었다.

027 정중체 활용(과거 시제)

(1) 긍정 활용: ~でした ~이었습니다

- きのうは　わたしの　たんじょうびでした。 어제는 내 생일이었습니다.
- それは　いい　アイデアでした。 그것은 좋은 아이디어였습니다.

(2) 부정 활용: ~では なかったです : ~이/가 아니었습니다
　　　　　　　~じゃ なかったです
　　　　　　　~では ありませんでした
　　　　　　　~じゃ ありませんでした

- きのうは　わたしの　たんじょうびでは　なかったです。
  어제는 내 생일이 아니었습니다.
- それは　いい　アイデアじゃ　ありませんでした。
  그것은 좋은 아이디어가 아니었습니다.

☐ 028 문장 연결형

~で ~이고

- 父は いしゃで、母は せんせいです。 아빠는 의사이고 엄마는 선생님입니다.

> ◆ い형용사
> 형용사란 형태, 상태, 성질 등을 나타내는 서술어로, 일본어에서는 い형용사와 な형용사의 두 종류로 나뉜다. い형용사의 사전형은 어미가 ~い로 끝나며, 어미만이 활용을 한다.

☐ 029 보통체 활용(현재 시제)

(1) 긍정 활용: ~い

- きょうは 寒い。 오늘은 춥다.
- この かばんは 高い。 이 가방은 비싸다.

(2) 부정 활용: ~い → く ない

- 今日は 寒く ない。 오늘은 춥지 않다.
- この かばんは 高く ない。 이 가방은 비싸지 않다.

☐ 030 정중체 활용(현재 시제)

(1) 긍정 활용: ~い + です

- この みせは おいしいです。 이 가게는 맛있습니다.
- 図書館は ひろいです。 도서관은 넓습니다.

(2) 부정 활용: ~い → く ないです
  ~い → く ありません

- この みせは おいしく ないです。 이 가게는 맛있지 않습니다.
- 図書館は ひろく ないです。 도서관은 넓지 않습니다.
- 図書館は ひろく ありません。 도서관은 넓지 않습니다.

031 보통체 활용(과거 시제)

(1) 긍정 활용: ~い → かった

- その 映画は おもしろかった。 그 영화는 재미있었다.
- きのうは たのしかった。 어제는 즐거웠다.

(2) 부정 활용: ~い → く なかった

- その 映画は おもしろく なかった。 그 영화는 재미있지 않았다.
- きのうは たのしく なかった。 어제는 즐겁지 않았다.

032 정중체 활용(과거 시제)

(1) 긍정 활용: ~い → かったです

- テストは むずかしかったです。 시험은 어려웠습니다.
- せが 高かったです。 키가 컸습니다.

(2) 부정 활용: ~い → く なかったです
　　　　　　　　~い → く ありませんでした

- テストは むずかしく なかったです。 시험은 어렵지 않았습니다.
- せが 高く なかったです。 키가 크지 않았습니다.
- せが 高く ありませんでした。 키가 크지 않았습니다.

033 명사 수식형: ~い + 명사

사전형 그대로 뒤의 명사를 수식한다.

- ほんとうに おもしろい 本ですね。 정말로 재미있는 책이네요.
- 大きい かばんが ほしいです。 큰 가방을 갖고 싶습니다.

034　て 연결형: 〜い → 〜くて

문장을 연결해 말할 때 쓰이는 형태로, 흔히 '〜하고(열거), 〜해서(이유)' 정도로 해석된다.

- この　かばんは　大きくて、べんりです。　이 가방은 커서 편리합니다.
- この　かばんは　高くて、大きいです。　이 가방은 비싸고 큽니다.
- この　かばんは　大きくて、高いです。　이 가방은 크고 비쌉니다.

035　부사형: 〜い → 〜く

부사적 용법으로 쓰일 수 있다. 해석은 '〜(하)게, 〜(하)도록, 〜이(히)' 정도로 한다.

- せが　高く　なりました。　키가 커졌습니다.
- かれは　あさ　はやく　おきます。　그는 아침 일찍 일어납니다.

* 어미 활용 시 주의해야 할 예외 い형용사.

기본형	いい	좋다
수식형	いい 天気	좋은 날씨
정중형	いいです	좋습니다
부정형	よく ない	좋지 않다
	よく ないです よく ありません	좋지 않습니다
	よく なかったです よく ありませんでした	좋지 않았습니다
연결형	よくて	좋고, 좋아서, 좋으니
부사형	よく + 동사	좋게
과거형	よかった	좋았다
	よかったです	좋았습니다

> ◆ な형용사
>
> な형용사의 사전형은 ~だ가 없는 명사의 형태이다. 따라서 기본형은 ~だ를 붙여 서술할 수 있고, 이때 명사처럼 ~だ가 어미로서 활용한다.

036 보통체 활용(현재 시제)

(1) 긍정 활용: ~だ

- 今日は　ひまだ。 오늘은 한가하다.
- この　人は　ゆうめいだ。 이 사람은 유명하다.

(2) 부정 활용: ~だ → では　ない(=じゃ　ない)

- 今日は　ひまでは　ない。 오늘은 한가하지 않다.
- この　人は　ゆうめいじゃ　ない。 이 사람은 유명하지 않다.

037 정중체 활용(현재 시제)

(1) 긍정 활용: ~だ → です

- 図書館は　しずかです。 도서관은 조용합니다.
- 先生は　しんせつです。 선생님은 친절합니다.

(2) 부정 활용: ~だ → では　ないです
　　　　　　　　　　じゃ　ないです
　　　　　　　　　　では　ありません
　　　　　　　　　　じゃ　ありません

- 図書館は　しずかでは　ないです。 도서관은 조용하지 않습니다.
- 先生は　しんせつじゃ　ないです。 선생님은 친절하지 않습니다.
- 先生は　しんせつでは　ありません。 선생님은 친절하지 않습니다.

038 보통체 활용(과거 시제)

(1) 긍정 활용: ~だ → だった

- へやは　きれいだった。 방은 깨끗했다.

(2) 부정활용: ~だ → じゃ　なかった
　　　　　　　　　では　なかった

- テストは　かんたんじゃ　なかった。 시험은 간단하지 않았다.
- へやは　きれいでは　なかった。 방은 깨끗하지 않았다.

039 정중체 활용(과거 시제)

(1) 긍정 활용: ~だ → でした

- わたしは　すしが　すきでした。 나는 초밥을 좋아했습니다.

(2) 부정 활용: ~だ → じゃ　なかったです
　　　　　　　　　 では　なかったです
　　　　　　　　　 じゃ　ありませんでした
　　　　　　　　　 では　ありませんでした

- わたしは　すしが　すきじゃ　なかったです。
  나는 초밥을 좋아하지 않았습니다.
- わたしは　すしが　すきでは　ありませんでした。
  나는 초밥을 좋아하지 않았습니다.

040 명사 수식형: ~だ → ~な + 명사

~だ를 ~な로 바꾸어 명사에 접속한다. * 주의: 同じだ는 な를 빼고 접속한다

- かれは　ゆうめいな　かしゅです。 그는 유명한 가수입니다.
- ここは　しずかな　ところです。 이곳은 조용한 곳입니다.

☐ 041　て 연결형: ～だ → ～で

문장을 연결해 말할 때 쓰이는 형태로, 흔히 '～하고(열거), ～해서(이유)' 정도로 해석된다.

- かのじょは　きれいで、しんせつです。 그녀는 예쁘고, 친절합니다.
- かのじょは　しんせつで、きれいです。 그녀는 친절하고, 예쁩니다.
- ここは　ゆうめいで、人が　多いです。 이곳은 유명해서, 사람이 많습니다.

☐ 042　부사형: ～だ → ～に

부사적 용법으로 쓰일 수 있다. 해석은 '～(하)게, ～(하)도록, ～이(히)' 정도로 한다.

- 日本語が　じょうずに　なりました。 일본어가 능숙해졌습니다.
- しずかに　して　ください。 조용히 해 주세요.

* 명사 수식 시 주의해야 할 예외 **な** 형용사

기본형	同じだ	같다
수식형	同じだ クラス	같은 반
정중형	同じだです	같습니다
부정형	同じじゃ ない	같지 않다
	同じじゃ ないです 同じじゃ ありません	같지 않습니다
	同じじゃ なかったです 同じじゃ ありませんでした	같지 않았습니다
연결형	同じだで	같고, 같아서, 같으니
부사형	同じだに + 동사	똑같게
과거형	同じだった	같았다
	同じだでした	같았습니다

> ◆ 동사
> 사람이나 사물의 동작이나 작용을 나타내는 품사이다. 활용을 하며, 그 뜻과 쓰임에 따라 본동사와 조동사, 성질에 따라 자동사와 타동사, 어미의 변화 여하에 따라 규칙 동사와 불규칙 동사로 나뉜다.

043 동사의 종류

동사의 사전형은 어미가 ウ단(～う・～く・～ぐ・～す・～つ・～ぬ・～ぶ・～む・～る)의 글자로 끝난다. 어미의 활용 형태에 따라 세 종류로 나뉜다.

(1) 1그룹 동사: '～ウ단'의 글자로 끝나며, 어미가 [ア・イ・ウ・エ・オ]의 다섯 단에 걸쳐 활용한다.

かう(買う) 사다	あう(会う) 만나다	かく(書く) 쓰다
およぐ(泳ぐ) 헤엄치다	はなす(話す) 이야기하다	かす(貸す) 빌려주다
まつ(待つ) 기다리다	たつ(立つ) 서다	しぬ(死ぬ) 죽다
あそぶ(遊ぶ) 놀다	のむ(飲む) 마시다	よむ(読む) 읽다
のる(乗る) (탈것) 타다	つくる(作る) 만들다	

(2) 2그룹 동사: 어미가 る로 끝나며, 어미 앞의 글자가 'イ단・エ단'의 글자인 동사이다.

おきる(起きる) 일어나다	あける(開ける) 열다	かける 걸다
しめる(閉める) 닫다	たべる(食べる) 먹다	ねる(寝る) 자다

(3) 3그룹 동사: 단 두 개뿐으로, 불규칙활용 동사이다.

する 하다   くる(来る) 오다

형태는 2그룹 동사이지만, 1그룹 동사 활용을 하는 예외 동사가 있다. 암기 필수!
帰(かえ)る 돌아가(오)다, 귀가하다   入(はい)る 들어가(오)다
切(き)る 자르다   知(し)る 알다
走(はし)る 달리다   要(い)る 필요하다
しゃべる 수다 떨다

044 〜ます(정중) 활용

(1) 1그룹 동사: 〜ウ단 → 〜イ단 + ます

か**う**(사다)　　　　　か**く**(쓰다)　　　　　およ**ぐ**(수영하다)
か**い**ます(삽니다)　　か**き**ます(씁니다)　　およ**ぎ**ます(수영합니다)

はな**す**(이야기하다)　ま**つ**(기다리다)　　　し**ぬ**(죽다)
はな**し**ます(이야기합니다)　ま**ち**ます(기다립니다)　し**に**ます(죽습니다)

あそ**ぶ**(놀다)　　　　の**む**(마시다)　　　　の**る**(타다)
あそ**び**ます(놉니다)　の**み**ます(마십니다)　の**り**ます(탑니다)

(2) 2그룹 동사: 〜る → 〜る + ます

おき**る**(일어나다)　　み**る**(보다)
おき**ます**(일어납니다)　み**ます**(봅니다)

たべ**る**(먹다)　　　　ね**る**(자다)
たべ**ます**(먹습니다)　ね**ます**(잡니다)

(3) 3그룹 동사: 불규칙하게 변하며, 다음의 두 단어만 있다.

する(하다)　　　　　**くる**(오다)
します(합니다)　　　　きます(옵니다)

- 友だちと　公園で　遊びます。 친구와 공원에서 놉니다.
- まいにち、7時に　起きます。 매일 7시에 일어납니다.
- 9時まで　アルバイトを　します。 9시까지 아르바이트를 합니다.
- パーティーに　山田さんも　来ます。 파티에 야마다 씨도 옵니다.

045 ます의 다양한 모습

ます는 다음과 같은 다양한 모습을 가진다.

현재	〜ます	〜(하)ㅂ니다
	〜ません	〜(하)지 않습니다.
과거	〜ました	〜(하)였습니다
	〜ませんでした	〜(하)지 않았습니다
청유	〜ませんか	〜(하)지 않겠습니까?
	〜ましょう	〜(하)ㅂ시다
	〜ましょうか	〜(하)ㄹ래요?

- ここでは 遊びません。 여기에서는 놀지 않습니다.
- きょうは 7時に 起きました。 오늘은 7시에 일어났습니다.
- きのうは アルバイトを しませんでした。 어제는 아르바이트를 하지 않았습니다.
- パーティーに 行きましょう。 파티에 갑시다.

046 〜ない(부정) 활용

(1) 1그룹 동사: 〜ウ단 → 〜ア단 + ない

かう(사다)
かわない(사지 않다) * 주의: 어미가 う인 동사는 あ가 아니라 わ로 활용한다.

かく(쓰다)   およぐ(수영하다)
かかない(쓰지 않다)   およがない(수영하지 않다)

はなす(이야기하다)   まつ(기다리다)
はなさない(이야기하지 않다) またない(기다리지 않다)

しぬ(죽다)   あそぶ(놀다)
しなない(죽지 않다)   あそばない(놀지 않다)

のむ(마시다)   のる(타다)
のまない(마시지 않다)   のらない(타지 않다)

(2) 2그룹 동사: ～る → ~~る~~ + ない

おきる(일어나다)　　　　おりる(내리다)
おきない(일어나지 않다)　　おりない(내리지 않다)

かける(걸다)　　　　　　たべる(먹다)
かけない(걸지 않다)　　　たべない(먹지 않다)

(3) 3그룹 동사

する(하다)　　　　　　　　くる(오다)
しない(하지 않다)　　　　　こない(오지 않다)

- コーヒーは 飲まない。 커피는 마시지 않는다.
- 山田さんは にくを 食べない。 야마다 씨는 고기를 먹지 않는다.
- むりな ダイエットは しない。 무리한 다이어트는 하지 않는다.
- だれも 来ない。 아무도 오지 않는다.

047　1그룹 동사 + ～て(연결)/～た(과거)

음의 변화를 일으키는 음편 현상이 나타난다.

い음편 (い로 바뀜)	～く	～いて／～いた	
	～ぐ	～いで／～いだ	* 탁점이 붙는 점에 주의
촉음편 (っ로 바뀜)	～う	～って／～った	* 작은 っ임에 주의
	～つ		
	～る		
발음편 (ん으로 바뀜)	～ぬ	～んで／～んだ	* 탁점이 붙는 점에 주의
	～む		
	～ぶ		

かく(쓰다)　　　　　およぐ(수영하다)
かいて(쓰고, 써서, 쓰니)　およいで(수영하고, 수영해서, 수영하니)
かいた(썼다)　　　　およいだ(수영했다) * 탁점 주의!

かう(사다) まつ(기다리다) のる(타다)
かって(사고) まって(기다리고) のって(타고)
かった(샀다) まった(기다렸다) のった(탔다)

しぬ(죽다) のむ(마시다) あそぶ(놀다)
しんで(죽고) のんで(마시고) あそんで(놀고)
しんだ(죽었다) のんだ(마셨다) あそんだ(놀았다)

はなす(이야기하다)
はなして(이야기하고, 이야기해서, 이야기하니)
はなした(이야기했다) * 음편을 하지 않고 ウ단이 イ단으로 바뀌고 て/た가 붙음.

- 友だちに 会って、映画を 見ます。 친구를 만나서 영화를 봅니다.
- よく 聞いて、答えます。 잘 듣고 대답합니다.
- くすりを 飲んで、寝ます。 약을 먹고 잡니다.
- 友だちと はなして、きめます。 친구와 이야기해서 정합니다.

048 2그룹 동사 + ～て/～た

어미 る를 떼고 て/た를 붙인다.

おきる(일어나다) おりる(내리다)
おきて(일어나고, 일어나서) おりて(내리고, 내려서, 내리니)
おきた(일어났다) おりた(내렸다)

かける(걸다) たべる(먹다)
かけて(걸고, 걸어서, 걸으니) たべて(먹고, 먹어서, 먹으니)
かけた(걸었다) たべた(먹었다)

- あさ、起きて、うんどうを します。 아침에 일어나서 운동을 합니다.
- はやく 寝て、はやく 起きます。 일찍 자고 일찍 일어납니다.

049 **3그룹 동사 + ～て/～た 및 예외**

3그룹 동사 する와 くる는 다음과 같이 접속한다.

する(하다)   くる(오다)
して(하고, 해서, 하니)   きて(오고, 와서, 오니)
した(했다)   きた(왔다)

- しゅくだいを して、友だちと 遊びます。 숙제를 하고 친구와 놉니다.
- 図書館に 来て、レポートを 書きます。 도서관에 와서 리포트를 씁니다.

＊ 예외: 047과 048 항목과 같은 규칙대로 하지 않고 다른 음편을 하는 동사들이 있는데, 다음과 같다.

いく(가다)
いって(가고, 가서, 가니)
いった(갔다) ＊ 원칙대로 하면 い음편을 해야 하지만, 예외적으로 촉음편을 한다.

かえる(돌아가〈오〉다)
かえって(돌아가〈오〉고, 돌아가〈오〉서, 돌아가〈오〉니)
かえった(돌아갔〈왔〉다) ＊ 원칙대로 하면 2그룹 동사이지만, 예외적으로 촉음편을 한다.

＊ 이 외에도 다음과 같은 단어들이 있다.

> 入る 들어가〈오〉다   切る 자르다   知る 알다
> 走る 달리다   要る 필요하다   しゃべる 수다 떨다

- 学校に 行って、べんきょうを します。 학교에 가서 공부를 합니다.
- 家に かえって しゅくだいを します。 집에 돌아가서 숙제를 합니다.

050 **명사 수식형: ～ウ단・～た + 명사**

사전형 그대로 명사를 수식한다. 단, 과거일 때는 ～た로 수식한다.

- ここは わたしが よく 行く 店です。 이곳은 내가 자주 가는 가게입니다.
- きのう 買った 本は どこに ありますか。 어제 산 책은 어디에 있습니까?

합격 문법 확인 문제 ❶　　　　　　　　　[　　/ 16]

다음 문장의 괄호 안에 들어갈 가장 알맞은 말을 a, b 중에서 고르시오.

1 きょうは 友だちと 図書館（ a で　b に ）べんきょうを します。

2 あついです（ a か　b が ）いい 天気ですね。

3 わたしは 韓国（ a で　b から ）来ました。

4 一つ（ a だけ　b しか ）ありません。

5 きょうは バス（ a に　b で ）行きます。

6 パン（ a も　b や ）ジュースなどを 買いました。

7 あした、東京（ a に　b で ）行きます。

8 本は どこ（ a に　b へ ）ありますか。

9 毎日、さんぽ（ a を　b に ）行きます。

10 これは わたし（ a を　b の ）かばんです。

11 お金（ a の　b を ）多い 人が います。

12 さむい（ a から　b まで ）まどを しめて ください。

13 つくえの 上には 何（ a が　b も ）ありません。

14 二人きょうだいです。わたし（ a や　b と ）いもうとです。

15 日本（ a に　b の ）えいがを 見ました。

16 友だち（ a から　b に ）てがみを 書きました。

정답　1 a　2 b　3 b　4 b　5 a　6 b　7 a　8 a
　　　9 b　10 b　11 a　12 a　13 b　14 b　15 b　16 b

해석 및 해설 별책 p.9

합격 문법 확인 문제 ❷   [/ 16]

다음 문장의 괄호 안에 들어갈 가장 알맞은 말을 a, b 중에서 고르시오.

1. お金が なくて、何(a を　b も) 買いませんでした。
2. いつ(a か　b に) 東京に 行きます。
3. 友だち(a に　b へ) プレゼントを もらいました。
4. かぜ(a から　b で) 会社を やすみました。
5. 友だちと 日本(a で　b へ) 行きました。
6. そとで 3時間(a も　b が) まちました。
7. ペンが あるか ない(a が　b か) わかりません。
8. だれ(a は　b か) おしえて ください。
9. きょうは どこ(a にも　b でも) 行きませんでした。
10. 私は あたらしい かばん(a か　b が) ほしいです。
11. かぜ(a に　b を) ひきました。
12. 学校に 行く ときは、いつも バス(a に　b を) のります。
13. 図書館で 先生(a を　b に) 会いました。
14. ねる まえに、おふろ(a に　b を) 入ります。
15. どんな 映画(a が　b に) 好きですか。
16. 三つ(a に　b で) 500円です。

정답 1 b　2 a　3 a　4 b　5 b　6 a　7 b　8 b
　　　9 a　10 b　11 b　12 a　13 b　14 a　15 a　16 b

해석 및 해설 별책 p.9

합격 문법 확인 문제 ❸ [/ 16]

다음 문장의 괄호 안에 들어갈 가장 알맞은 말을 a, b 중에서 고르시오.

1. この へやは （ a ひろいでは　b ひろく ） ないです。
2. 映画(えいが)は ほんとうに （ a おもしろいでした　b おもしろかったです ）。
3. もっと （ a 大(おお)きい　b 大(おお)きな ） のは ありませんか。
4. きのうは 天気(てんき)が （ a いかったです　b よかったです ）。
5. かんじを もっと （ a 大(おお)きくて　b 大(おお)きく ） 書(か)いて ください。
6. ねだんが （ a 安(やす)くて　b 安(やす)く ） なりました。
7. この かばんは （ a 小(ちい)さくて　b 小(ちい)さい ） かわいいですね。
8. さむいですね。（ a あたたかく　b あたたかい ） ものが 飲(の)みたいです。
9. パーティーは （ a たのしかったでした　b たのしかったです ）。
10. この ビルは （ a 高(たか)く　b 高(たか)くて ） 大(おお)きいです。
11. テストは （ a むずかしい　b むずかしく ） ありません。
12. なにか （ a ほしいな　b ほしい ） ものが ありますか。
13. 山本(やまもと)さんは （ a かわいくて　b かわよくて ） やさしいです。
14. ほんとうに （ a よかったです　b いいでした ）ね。
15. かれは あたまも （ a いくて　b よくて ） ハンサムです。
16. ぜんぜん （ a さむくて　b さむく ） ありませんね。

정답　1 b　2 b　3 a　4 b　5 b　6 b　7 a　8 b
　　　9 b　10 b　11 b　12 b　13 a　14 a　15 b　16 b

해석 및 해설 **별책** p.9

합격 문법 확인 문제 ❹ [/ 16]

다음 문장의 괄호 안에 들어갈 가장 알맞은 말을 a, b 중에서 고르시오.

1. 図書館は (a きれかったです   b きれいでした)。

2. テストは (a かんたんでした   b かんたんかったです)。

3. ここは (a ゆうめいの   b ゆうめいな) ところです。

4. この くるまは (a じょうぶくて   b じょうぶで) やすいです。

5. トマトが (a すきに   b すきで) まいにち たべて います。

6. 日本語が (a じょうずに   b じょうずな) なりました。

7. かのじょは (a しんせつに   b しんせつで) かわいいです。

8. わたしは (a がくせいには   b がくせいでは) ないです。

9. ちょっと (a 待って   b 待ちて) ください。

10. あまい ものは (a 食べり   b 食べ)ません。

11. デパートで スカートを (a 買い   b 買き)ました。

12. 田中さんには (a 話しない   b 話さない) ほうが いいです。

13. これは 高いから (a 買あ   b 買わ)ない。

14. わたしは いつも バスに (a のり   b のみ)ます。

15. 友だちに (a 会いて   b 会って) 映画を 見ました。

16. 本を (a 読む   b 読んで) 時間が ありません。

정답 1 b   2 a   3 b   4 b   5 b   6 a   7 b   8 b
      9 a   10 b   11 a   12 b   13 b   14 a   15 b   16 a

해석 및 해설 별책 p.10

합격 문법 확인 문제 ❺   [/ 16]

다음 문장의 괄호 안에 들어갈 가장 알맞은 말을 a, b 중에서 고르시오.

1. 友だちと 図書館に （ a 行き　b 行っ ）ました。

2. わたしは にくは （ a 食べら　b 食べ ）ない。

3. ケーキを （ a つくり　b つく ）ましょう。

4. 毎朝、はやく （ a 起きり　b 起き ）ます。

5. 山本さんは パーティーに （ a 来　b 来 ）ない。

6. 字を 大きく （ a 書いて　b 書きて ）ください。

7. 友だちと （ a 話して　b 話しって ）います。

8. 本を （ a 買いて　b 買って ）よみます。

9. わたしが よく （ a 行く　b 行って ）みせです。

10. 先生は おさけを （ a 飲み　b 飲ま ）ない。

11. かれは 何も （ a 話しない　b 話さない ）。

12. しゅくだいを （ a しって　b して ）テレビを 見ます。

13. 図書館に （ a 来って　b 来て ）べんきょうを します。

14. 学校に （ a 行って　b 行いて ）きました。

15. 家に （ a かえて　b かえって ）しゅくだいを します。

16. 電話を （ a かけて　b かけって ）ください。

정답　1 a　2 b　3 a　4 b　5 b　6 a　7 a　8 b
　　　9 a　10 b　11 b　12 b　13 b　14 a　15 b　16 a

해석 및 해설 별책 p.10

4 고득점 문법

051 〜から ~(이)기 때문에

이유나 원인을 설명하는 표현으로, 동사와 い형용사의 사전형, 명사와 な형용사는 ~だから의 형태로 접속한다.

- もう 6時だから、かえりましょう。 벌써 6시이니까, 귀가합시다.
- いまは ひまだから、大丈夫だよ。 지금은 한가하니까 괜찮아.
- お金は たくさん あるから、しんぱい ない。 돈은 많이 있으니까 걱정 없다.

052 〜く(に)なる ~해지다

자연스러운 변화 혹은 변화의 완성된 결과를 나타낸다. い형용사는 '~い → ~くなる', 명사와 な형용사는 ~になる의 형태로 접속한다.

- このごろ、さむく なりました。 요즘, 추워졌습니다.
- かれは ゆうめいに なりました。 그는 유명해졌습니다.
- いしゃに なりたいです。 의사가 되고 싶습니다.

053 〜く(に)する ~(하)게 하다(변화 표현)

대상을 변화시키는 표현으로, 목적어를 가진다. い형용사는 '~い → ~くする', 명사와 な형용사는 ~にする의 형태로 접속한다.

- まえがみを みじかく しました。 앞머리를 짧게 했습니다.
- へやを きれいに する。 방을 깨끗하게 하다.

054 〜ころ(ごろ) ~경, ~무렵

정확하지는 않아도 '시점'을 말하는 표현이므로, 앞에는 '소요 시간'을 나타내는 명사가 올 수 없다.

- 毎日、10時ごろ ねます。 매일, 10시경에 잡니다.
- 子どもの ころ よく ここで あそんで いました。 어린 시절 자주 이곳에서 놀았습니다.

055 ～じゅう／～ちゅう(～中) ～내내, 온통~/~도중

시간 명사에 붙어서 '～내내, ～도중'을 나타내거나, 공간 명사에 붙어 '통째로, 온통'의 의미를 가진다.

- 一日じゅう ねました。 하루 종일(내내) 잤습니다.
- 家じゅうを そうじ しました。 온 집안을 청소했습니다
- いま、しごとちゅうです。 지금, 업무 중입니다.

056 ～た あとで ～한 후에

행동의 시간적 순서를 나타내는 표현으로, '동사 + た' 형태로 접속한다.

- しゅくだいを した あとで、テレビを 見ます。 숙제를 한 후에 텔레비전을 봅니다.
- よく 聞いた あとで、メモを します。 잘 듣고 난 후에, 메모를 합니다.

057 ～たい ～(하)고 싶다

희망 표현으로 동사의 ます 연결형으로 접속된다. 목적어가 있는 경우 조사 '을(를)'에는 を와 が를 모두 쓸 수 있다.

- きょうは ラーメンを(が) 食べたいです。 오늘은 라면을 먹고 싶어요.
- なにか 読みたい 本が ありますか。 무언가 읽고 싶은 책이 있습니까?

058 ～たち ～들

복수 접미어로 명사에 그대로 접속한다. 단, 물건을 나타내는 명사에는 붙을 수 없다.

- あの 人たちは どこに いきますか。 저 사람들은 어디에 갑니까?

- 学生（がくせい）たちが あつまって います。 학생들이 모여 있습니다.

059 ～た ほうが いい ～하는 편이 좋다.

권유나 조언을 할 때 쓰는 표현으로, '동사 + た' 형태로 이어진다.

- きょうは はやく 帰（かえ）った ほうが いいですね。 오늘은 일찍 귀가하는 것이 좋겠네요.
- その 本（ほん）は 読（よ）んだ ほうが いいです。 그 책은 읽는 게 좋습니다.

060 ～たり ～たり する ～(하)거나 ～(하)기도 하다

행동을 열거하는 표현으로, 동사의 て 연결형에 접속한다.

- 友（とも）だちに 会（あ）ったり、さんぽを したり します。
  친구를 만나거나 산책을 하기도 합니다.

061 ～つもり ～(할) 생각(작정)

의지를 나타내는 표현으로, 동사의 사전형에 접속한다.

- 日（にち）よう日（び）、何（なに）を する つもりですか。 일요일에 무엇을 할 생각입니까?
- いつか 日本（にほん）に 行（い）く つもりです。 언젠가 일본에 갈 작정입니다.

062 ～て いる ～(하)고 있다.

현재까지 일어나고 있는 행동의 진행이나 반복 동작을 나타낸다. '동사 + て' 형태로 접속한다.

- いま、テレビを 見（み）て います。 지금 텔레비전을 보고 있습니다.
- 毎朝（まいあさ）、新聞（しんぶん）を 読（よ）んで います。 매일 아침, 신문을 읽고 있습니다.

순간동사 知（し）る(알다)와 似（に）る(닮다) 등은 ている의 형태로 진행이 아니라 이미 이루어진 상태를 나타낸다

しります(x) → しって います(○) 알고 있습니다 / にます(x) → にて います(○) 닮아 있습니다

063 자동사 + て いる／타동사 + て ある ~되어 있다.

행동이 일어나 있는 결과 상태를 나타낸다. '동사+ て' 형태로 접속한다.

開く 열리다(자동사) ・まどが 開いて います。 창문이 열려 있습니다.
立つ 서다(자동사) ・人が 立って います。 사람이 서 있습니다.
書く 쓰다(타동사) ・メモが 書いて あります。 메모가 쓰여 있습니다.
閉める 닫다(타동사) ・まどが 閉めて あります。 창문이 닫혀 있습니다.

* 헷갈리기 쉬운 필수 자동사와 타동사

자동사	타동사
入る 들어가(오)다	入れる 넣다
開く 열리다	開ける 열다
閉まる 닫히다	閉める 닫다
消える 꺼지다	消す 끄다
出る 나가(오)다	出す 꺼내다, 제출하다
止まる 정지하다, 서다	止める 세우다
ならぶ 늘어서다	ならべる 늘어놓다

064 ～てから ~(하)고 나서

행동의 순서를 나타내는 표현으로, '동사 + て' 형태로 접속한다.

・はを みがいてから かおを 洗いますか、かおを 洗ってから はを みがきますか。
이를 닦고 나서 얼굴을 씻습니까, 얼굴을 씻고 나서 이를 닦습니까?

065 ～て ください ~해 주세요

상대에게 행위를 요구하는 표현으로, '동사 + て' 형태로 접속한다.

・いちばん いいものを 一つ えらんで ください。 가장 좋은 것을 하나 고르세요.

・きょうしつでは しずかに して ください。 교실에서는 조용히 해 주세요.

066 〜て くださいませんか ~해 주시지 않겠습니까?

정중하게 상대의 행위를 바라는 표현으로, '동사 + て' 형태로 접속한다.

- 教えて くださいませんか。 가르쳐 주시지 않겠습니까?
- 写真を とって くださいませんか。 사진을 찍어 주시지 않겠습니까?

067 〜て くる ~(해) 오다, ~(하고) 오다

'동사 + て' 형태로 접속한다.

- 写真を たくさん とって きました。 사진을 많이 찍어 왔어요.
- さらを 持って きて ください。 접시를 가지고 와 주세요.

068 〜て しまう ~(해) 버리다, ~(하고) 말다

행동이 완료된 상태를 나타내며 유감의 뜻이 포함되는 경우가 많다. '동사 + て' 형태로 접속한다.

- 人の 話を 聞いて しまいました。 다른 사람의 이야기를 듣고 말았습니다.
- レポートは ぜんぶ 書いて しまいました。 리포트는 전부 다 써 버렸습니다.

069 〜でしょう ~겠죠, ~이겠습니다.

추측이나 어느 정도의 확신을 나타내는 표현으로, 동사, い형용사의 종지형, な형용사의 어간, 명사에 접속한다. 일기 예보 등에 자주 등장하는 표현이다.

- 明日は 雨が ふるでしょう。 내일은 비가 내리겠습니다.
- 山本さんは きっと 来るでしょう。 야마모토 씨는 분명 오겠죠.
- そとは さむいでしょう。 밖은 춥겠죠.

070 〜ては いけない ~해서는 안 된다

금지 표현으로, '동사 + て' 형태로 접속한다.

- たばこを すっては いけないです。 담배를 피워서는 안 됩니다.
- ここで 本を 読んでは いけない。 여기에서 책을 읽어서는 안 된다.

071 〜て みる ~해 보다

도전이나 시도를 나타내는 표현으로, '동사 + て' 형태로 접속한다.

- 食べて みたいです。 먹어 보고 싶습니다.
- 行って みる？ 가 볼래?

072 〜ても ~(해)도, ~(이)어도

앞의 상황에 대해 극복하거나 반대되는 상황이 이어짐을 나타내는 표현이다. '동사 + ても', 'い형용사 + ~くても', 'な형용사 어간+ ~でも', '명사 + でも'의 형태로 접속된다.

- くすりを 飲んでも なおりません。 약을 먹어도 낫지 않습니다.
- とおくても 行きたいです。 멀어도 가고 싶습니다.
- たいへんでも して みます。 힘들어도 해 보겠습니다.
- この アルバイトは 学生でも できる。 이 아르바이트는 학생이어도 할 수 있다.

073 〜ても いい ~해도 좋다, ~해도 괜찮다

허가 표현으로, '동사 + ても', 'い형용사 + ~くても', 'な형용사 + ~でも', '명사 + でも'의 형태로 접속된다.

- これ、食べても いいですか。 이거, 먹어도 됩니까?
- ねだんは たかくても いいです。 가격은 비싸도 괜찮아요.

074 ～と いう ～라고 하는, ～라는

고유 명사나 단어의 의미를 소개하기 위한 표현으로, 뒤에는 명사가 접속된다.

- ふじさんと いう 山が あります。 후지산이라고 하는 산이 있습니다.
- これは サムゲタンと いう 韓国料理です。 이것은 삼계탕이라는 한국 요리입니다.

075 ～とき ～(할) 때

어떠한 행동이 일어나는 시점을 가리키는 말로, 연체사 혹은 모든 품사의 명사 수식형에 이어진다.

- 本を 読む とき、めがねを かけます。 책을 읽을 때, 안경을 씁니다.
- その とき、かれが 入りました。 그때, 그가 들어왔습니다.

076 ～ない ほうが いい ～하지 않는 편이 좋다

어떤 행동을 하지 말 것을 권하거나 조언할 때 쓰는 표현으로, '동사 + ない' 형태로 이어진다.

- よるは 食べない ほうが いいです。 밤엔 먹지 않는 것이 좋습니다.
- 一人で 行かない ほうが いいです。 혼자서 가지 않는 편이 좋겠습니다.

077 ～ないで ～하지 않고, ～하지 말고

행동을 하지 않는 상태를 표현한다. '동사 + ない' 형태로 접속된다.

- ごはんも 食べないで、出かけました。 밥도 먹지 않고, 외출했습니다.
- 高い ものは 買わないで、ちょきんします。 비싼 것은 사지 말고, 저금합니다.

078 〜ないで ください ~하지 마세요.

상대에게 행위를 하지 말 것을 요구하는 표현이다. '동사 + ない' 형태로 접속된다.

- そんな 本は 読まないで ください。 그런 책은 읽지 마세요.
- 何も 言わないで ください。 아무것도 말하지 마세요.

079 〜ながら ~하면서

두 가지 행동의 동시 동작을 표현한다. 동사의 ます 연결형으로 접속된다.

- ビールを 飲みながら、友だちと 話します。
  맥주를 마시면서 친구와 이야기합니다.
- おかしを 食べながら、テレビを 見ます。
  과자를 먹으면서 텔레비전을 봅니다.

080 〜なくて ~하지 않아서

앞의 행위나 상태가 원인이 되어 뒤의 결과가 따른다는 내용을 표현한다. 동사의 ない 연결형에 접속된다.

- うんどうを しなくて、ふとりました。 운동을 하지 않아서, 살쪘습니다.
- 山田さんが 来なくて しんぱいです。 야마다 씨가 오지 않아서, 걱정입니다.

081 〜に 行く(来る) ~하러 가다(오다)

앞에 오는 행위를 목적으로 가거나 온다는 뜻을 나타낸다. 동작이 포함된 명사(동작성 명사)에 붙거나, 동사의 ます 연결형에 접속된다.

- ドライブに 行きましょう。 드라이브하러 갑시다.
- 本を 買いに 来ました。 책을 사러 왔습니다.

082 〜に する ~(으)로 하다

선택 또는 결정을 나타내는 표현이다. 명사에 붙거나 '동사 사전형 + こと'의 형태로도 접속될 수 있다.

- 何に しますか。 무엇으로 하겠습니까?
- わたしは コーヒーに します。 저는 커피로 하겠습니다.
- これから、はやく 起きる ことに します。 앞으로, 일찍 일어나기로 하겠습니다.

083 〜ので ~이기 때문에, ~이므로

이유나 원인을 나타내는 표현이다. 〜から보다는 좀더 객관적인 이유를 말하는 느낌이 있다. '동사와 い형용사의 사전형', 'な형용사 어간 + な', '명사 + な'에 접속한다.

- かれは 学生なので この アルバイトは できません。
  그는 학생이므로 이 아르바이트는 할 수 없습니다.
- ここは ゆうめいなので いつも 人が 多いです。
  여기는 유명하기 때문에 항상 사람이 많습니다.

084 〜まえに ~(하기) 전에

행동이나 시점의 순서를 표현한다. '동사 사전형 + まえに', '명사の + まえに'의 형태로 접속된다.

- 寝る まえに 電気を けします。 자기 전에 전기를 끕니다.
- 食事の まえに 手を 洗って ください。 식사 전에 손을 씻으세요.

085 〜ませんか／〜ましょう ~하지 않겠습니까?/~합시다

권유 표현으로, 화자와 행동을 같이 할 것을 권하는 표현이다. 동사의 ます 연결형에 접속된다.

- いっしょに デパートに 行きませんか。 함께 백화점에 가지 않을래요?
- あした、3時に 会いましょう。 내일 3시에 만납시다.

☐ 086 もう (긍정문에서) 이미, 벌써 / (부정문에서) 이제, 더 이상

- もう 知って います。 이미 알고 있습니다.
- レポートは もう 書きました。 리포트는 벌써 썼습니다.
- もう 時間が ないです。 더 이상 시간이 없습니다.
- もう だめだ。 이젠 틀렸다.

◆ 지시어와 의문사

☐ 087 こ・そ・あ・ど

こ(근칭)		そ(중칭)		あ(원칭)		ど(부정칭)	
これ	이것	それ	그것	あれ	저것	どれ	어느 것
ここ	여기	そこ	거기	あそこ	저기	どこ	어디
この~	이~	その~	그~	あの~	저~	どの~	어느~
こんな	이런	そんな	그런	あんな	저런	どんな	어떤
こちら	이쪽	そちら	그쪽	あちら	저쪽	どちら	어느 쪽
こっち		そっち		あっち		どっち	

[물건] • これは なんですか。 이것은 무엇입니까?

[명사 수식] • その 本は だれのですか。 그 책은 누구의 것입니까?

[장소] • あそこに 図書館が 見えます。 저기에 도서관이 보입니다.

[방향] • 入り口は どちらですか。 입구는 어느 쪽입니까?

[연체사] • どんな 本が 好きですか。 어떤 책을 좋아합니까?

* **주의!** 상대와 내가 함께 알고 있는 '공통 지식'의 경우, 우리말에서 '그~'로 지칭하는 지시어가 일본어로는 あ~의 형태로 나타난다.

- A: 田中さんを 知って いますか。 다나카 씨를 아시나요?

  B: もちろんです。 あの 人は とても やさしいですね。
  물론이죠. 그 사람은 매우 상냥하죠.

088 なん・なに (何) 무엇, 몇

- のみものは 何に なさいますか。 음료는 무엇으로 하시겠습니까?
- ぜんぶで 何冊ですか。 전부 몇 권입니까?

089 どこ 어디

- どこで 会いましょうか。 어디에서 만날까요?

090 どれ 어느 것

- あなたの 本は どれですか。 당신의 책은 어느 것입니까?

091 いつ 언제

- いつ 行きますか。 언제 갑니까?

092 だれ・どなた 누구. どなた는 존칭

- だれに もらいましたか。 누구한테서 받았나요?
- どなたですか。 누구십니까?

093 どちら 어느 쪽

- AとBと どちらが いいですか。 A랑 B랑 어느 쪽이 좋습니까?
- えきは どちらですか。 역은 어느 쪽입니까?

094 どうして・なぜ 어째서

- どうして けっせきしましたか。 왜 결석했습니까?

095 いくら 얼마

- ぜんぶで いくらですか。 전부 해서 얼마입니까?

096 いくつ 몇 개

- いくつ 買いましたか。 몇 개 샀나요?

097 どう 어떻게

- 学校まで どう 行きますか。 학교까지 어떻게 갑니까?

098 どんな 어떤

- どんな スポーツが 好きですか。 어떤 스포츠를 좋아합니까?

099 どのくらい(どのぐらい) 어느 정도

- ここから どのくらい かかりますか。 여기에서 어느 정도 걸립니까?

100 접속사/부사

あまり	그다지, 별로	いつも	항상, 언제나
いまから	지금부터, 이제부터	しかし	그러나
じゃ(あ)	그럼	すぐに	곧, 바로
すこし	조금, 약간	ぜんぜん	전혀
そして	그리고	それから	그리고, 그러고 나서
それでは・では	그럼, 그러면	それに	게다가
たいてい	대개, 거의	それで	그래서
たいへん	매우	たくさん	많이
たぶん	아마도	だいぶ	꽤, 상당히
だから・ですから	때문에, 그래서	だんだん	점점
ちょうど	딱, 마침, 정각	ちょっと	잠시, 조금
でも	하지만	ときどき	때때로
はじめて	처음으로	また	또
まだ	아직	もう	이미, 벌써
もちろん	물론	もっと	좀 더
ゆっくり	천천히, 느긋하게	よく	자주, 잘

◆ 조수사

(1) 발음에 변화가 없는 조수사

	だい(台)	ばん(番)	まい(枚)	ねん(年)	えん(円)	にん(人)
	~대: 기계류	~번	~장: 얇은 것	~년	~엔	~명
1	いちだい	いちばん	いちまい	いちねん	いちえん	ひとり
2	にだい	にばん	にまい	にねん	にえん	ふたり
3	さんだい	さんばん	さんまい	さんねん	さんえん	さんにん
4	よんだい	よんばん	よんまい	よねん	よえん	よにん
5	ごだい	ごばん	ごまい	ごねん	ごえん	ごにん
6	ろくだい	ろくばん	ろくまい	ろくねん	ろくえん	ろくにん
7	ななだい	ななばん	ななまい	ななねん	ななえん	ななにん
8	はちだい	はちばん	はちまい	はちねん	はちえん	はちにん
9	きゅうだい	きゅうばん	きゅうまい	きゅうねん	きゅうえん	きゅうにん
10	じゅうだい	じゅうばん	じゅうまい	じゅうねん	じゅうえん	じゅうにん
?	何だい	何ばん	何まい	何ねん	いくら	何にん

(2) 발음에 변화가 있는 조수사

	こ(個)	かい(回)	ほん(本)	かい(階)	さい(歳)	さつ(冊)
	~개	~회: 횟수	긴 것을 셈	~층	~살	~권
1	ひとつ・いっこ	いっかい	いっぽん	いっかい	いっさい	いっさつ
2	ふたつ・にこ	にかい	にほん	にかい	にさい	にさつ
3	みっつ・さんこ	さんかい	さんぼん	さんがい	さんさい	さんさつ
4	よっつ・よんこ	よんかい	よんほん	よんかい	よんさい	よんさつ
5	いつつ・ごこ	ごかい	ごほん	ごかい	ごさい	ごさつ
6	むっつ・ろっこ	ろっかい	ろっぽん	ろっかい	ろくさい	ろくさつ
7	ななつ・ななこ	ななかい	ななほん	ななかい	ななさい	ななさつ
8	やっつ・はっこ	はっかい	はっぽん	はっかい はちかい	はっさい	はっさつ
9	ここのつ・きゅうこ	きゅうかい	きゅうほん	きゅうかい	きゅうさい	きゅうさつ
10	とお・じゅっこ じっこ	じゅっかい じっかい	じゅっぽん じっぽん	じゅっかい じっかい	じゅっさい じっさい	じゅっさつ じっさつ
?	いくつ・なんこ	なんかい	なんぼん	なんがい	なんさい おいくつ	なんさつ

(3) 시간

시(時) – 何時ですか。					
1時	いちじ	5時	ごじ	9時	くじ
2時	にじ	6時	ろくじ	10時	じゅうじ
3時	さんじ	7時	しちじ	11時	じゅういちじ
4時	よじ	8時	はちじ	12時	じゅうにじ

분(分) – 何分ですか。					
1分	いっぷん	5分	ごふん	9分	きゅうふん
2分	にふん	6分	ろっぷん	10分	じゅっぷん
3分	さんぷん	7分	ななふん		じっぷん
4分	よんぷん	8分	はっぷん		

15分	じゅうごふん	10分	じ(ゅ)っぷん
25分	にじゅうごふん	20分	にじ(ゅ)っぷん
35分	さんじゅうごふん	30分	さんじ(ゅ)っぷん
45分	よんじゅうごふん	40分	よんじ(ゅ)っぷん
55分	ごじゅうごふん	50分	ごじ(ゅ)っぷん

(4) 날짜

월(月) – 何月ですか。					
1月	いち がつ	5月	ご がつ	9月	く がつ
2月	に がつ	6月	ろく がつ	10月	じゅう がつ
3月	さん がつ	7月	しち がつ	11月	じゅういち がつ
4月	し がつ	8月	はち がつ	12月	じゅうに がつ

요일(曜日) – 何曜日ですか。					
월요일	月曜日	화요일	火曜日	수요일	水曜日
목요일	木曜日	금요일	金曜日	토요일	土曜日
일요일	日曜日				

일(日) - 何日ですか。							
		1日	2日	3日	4日	5日
		ついたち	ふつか	みっか	よっか	いつか
6日	7日	8日	9日	10日	11日	12日
むいか	なのか	ようか	ここのか	とおか	じゅう いちにち	じゅう ににち
13日	14日	15日	16日	17日	18日	19日
じゅう さんにち	じゅう よっか	じゅう ごにち	じゅう ろくにち	じゅう しちにち	じゅう はちにち	じゅう くにち
20日	21日	22日	23日	24日	25日	26日
はつか	にじゅう いちにち	にじゅう ににち	にじゅう さんにち	にじゅう よっか	にじゅう ごにち	にじゅう ろくにち
27日	28日	29日	30日	31日		
にじゅう しちにち	にじゅう はちにち	にじゅう くにち	さんじゅう にち	さんじゅう いちにち		

(5) 큰 수

	백 : 百	천 : 千	만 : 万
1	ひゃく	せん	いち まん
2	に ひゃく	に せん	に まん
3	さん びゃく	さん ぜん	さん まん
4	よん ひゃく	よん せん	よん まん
5	ご ひゃく	ご せん	ご まん
6	ろっ ぴゃく	ろく せん	ろく まん
7	なな ひゃく	なな せん	なな まん
8	はっ ぴゃく	はっ せん	はち まん
9	きゅう ひゃく	きゅう せん	きゅう まん
10	~~じゅうひゃく~~ せん	~~じゅうせん~~ いちまん	じゅう まん
?	何 びゃく	何 ぜん	何 まん

고득점 문법 확인 문제 ❶

[　　/ 16]

다음 문장의 괄호 안에 들어갈 가장 알맞은 말을 a, b 중에서 고르시오.

1. 家の まえに 車が とまって (a います　b あります)。
2. かれは 手を (a あらわなくて　b あらわないで) ごはんを 食べます。
3. 一日 (a ちゅう　b じゅう) 家で やすみました。
4. あたらしい ケータイが (a 買い　b 買き) たいです。
5. すみません。写真を (a とった　b とって) くださいませんか。
6. 図書館へ 本を (a 読みに　b 読んで) 行きましょう。
7. しゅくだいを (a するあとで　b したあとで) 友だちと あそびました。
8. よるは あまい ものを (a 食べなくて　b 食べないで) ください。
9. あれは 何 (a と　b の) いう スポーツですか。
10. はやく (a 行って　b 行った) ほうが いいです。
11. 先生に (a 会う　b 会い) に 行きます。
12. せが (a 高く　b 高くて) なりました。
13. テストが (a おわる　b おわった) から、あそびに 行きました。
14. いつ 日本に (a 行く　b 行った) つもりですか。
15. 毎日、こうえんを さんぽして (a います　b あります)。
16. ねだんが (a 高いでも　b 高くても) 買います。

정답　1 a　2 b　3 b　4 a　5 b　6 a　7 b　8 b
　　　9 a　10 b　11 b　12 a　13 b　14 a　15 a　16 b

해석 및 해설 별책 p.10

고득점 문법 확인 문제 ❷ [/ 16]

다음 문장의 괄호 안에 들어갈 가장 알맞은 말을 a, b 중에서 고르시오.

1. きのうは 学校に (a 行かなくて   b 行かないで) 家に いました。
2. これから かれと (a ドライブの   b ドライブ) に 行きます。
3. そうじを して へやが (a きれいに   b きれいな) なりました。
4. じゅぎょう (a ちゅう   b じゅう) だから、しずかに して ください。
5. あの かしゅは ゆうめいに (a なりました   b しました)。
6. わたしも 車が 買い (a たい   b ながら) です。
7. 学生 (a たち   b だち) は みんな あつまって います。
8. ここに じゅうしょが 書いて (a います   b あります)。
9. ここで たばこを (a すっても   b すっては) いけません。
10. ゆうべ、へやの 電気は (a けしません   b けしました) か。
11. 本を よんだり、りょうりを (a 作ったい   b 作ったり) しました。
12. きのう (a 会った   b 会う) 人は どうでしたか。
13. いつも 学校に (a 行った   b 行く) とき、バスに のります。
14. きのうより ねだんが (a 安いに   b 安く) なりました。
15. おんがくを (a 聞か   b 聞き) ながら ねます。
16. そとは いま 雨が ふって (a います   b あります)。

정답 1 b   2 b   3 a   4 a   5 a   6 a   7 a   8 b
　　　9 b   10 b   11 b   12 a   13 b   14 b   15 b   16 a

해석 및 해설 별책 p.10

고득점 문법 확인 문제 ❸   [/ 16]

다음 문장의 괄호 안에 들어갈 가장 알맞은 말을 a, b 중에서 고르시오.

1 わたしの 名前を（ a わすれなくて　b わすれないで ）ください。

2 ここは ほんとうに（ a にぎやかに　b にぎやかで ）なりましたね。

3 この 本、（ a かりては　b かりても ）いけませんか。

4 はやく 先生に（ a 言ったり　b 言った ）ほうが いいですよ。

5 友だちと カラオケに うたを（ a うたう　b うたい ）に 行きます。

6 ひるごはんは とんかつ（ a に　b を ）します。

7 りょこうに（ a 行き　b 行く ）まえに カメラを 買いました。

8 えきから 1時間も（ a 歩いて　b 歩き ）きました。

9 テレビを 見（ a ながら　b だから ）うんどうを します。

10 みせの まえに 人が（ a ならんで　b ならべて ）います。

11 わたしの へやに（ a 入らなくて　b 入らないで ）ください。

12 ピアノが（ a じょうずで　b じょうずに ）なりました。

13 へやの まどが（ a あいて　b あけて ）あります。

14 いっしょに（ a うんどうで　b うんどうに ）行きませんか。

15 あした、本田さんに（ a 会わない　b 会わなかった ）ほうが いいです。

16 しゅくだいも（ a しなくて　b しないで ）学校に 行きました。

정답　1 b　2 a　3 a　4 b　5 b　6 a　7 b　8 a
　　　9 a　10 a　11 b　12 b　13 a　14 b　15 a　16 b
해석 및 해설 별책 p.11

고득점 문법 확인 문제 ❹   [/ 16]

다음 문장의 괄호 안에 들어갈 가장 알맞은 말을 a, b 중에서 고르시오.

1. かばんは (a これ   b ここ)に おいて ください。
2. 山本<ruby>やまもと</ruby>さんは (a どんな   b どちら) 人<ruby>ひと</ruby>ですか。
3. あなたの 本<ruby>ほん</ruby>は (a だれ   b どれ)ですか。
4. ここから えきまで (a どの   b どう) 行<ruby>い</ruby>きますか。
5. 三<ruby>みっ</ruby>つで (a いくつ   b いくら)ですか。
6. いま (a ちょうど   b ちょっと) 3時<ruby>じ</ruby>です。
7. きのうは (a とても   b たぶん) たのしかったです。
8. この りんご 高<ruby>たか</ruby>いですね。(a ても   b でも) 買<ruby>か</ruby>いたいです。
9. かれは (a まだ   b また) 学生<ruby>がくせい</ruby>です。
10. ちょっと 待<ruby>ま</ruby>って ください。(a すこし   b すぐに) 持<ruby>も</ruby>って きます。
11. かぜは (a もう   b まだ) よく なった。
12. からい ものは (a あまり   b そして) 食<ruby>た</ruby>べません。
13. 時間<ruby>じかん</ruby>が あるから (a はじめて   b ゆっくり) 行<ruby>い</ruby>きましょう。
14. あなたは (a どうして   b どんな) この 学校<ruby>がっこう</ruby>に 来<ruby>き</ruby>ましたか。
15. かのじょは せが 高<ruby>たか</ruby>い。(a それで   b それに) かおも かわいい。
16. どうぞ、(a たいてい   b たくさん) 食<ruby>た</ruby>べて ください。

정답 1 b　2 a　3 b　4 b　5 b　6 a　7 a　8 b
　　　 9 a　10 b　11 a　12 a　13 b　14 a　15 b　16 b

해석 및 해설 별책 p.11

고득점 문법 확인 문제 ❺　　　　　　　　　[　　/ 16]

다음 문장의 괄호 안에 들어갈 가장 알맞은 말을 a, b 중에서 고르시오.

1 テストは きょうから 金よう日（ a から　 b まで ）です。

2 ここから タクシーで 2,000円（ a ころ　 b くらい ）です。

3 あした（ a さむくても　 b さむいでも ）うんどうに 行きます。

4 かれは（ a しんせつなので　 b しんせつからで ）人気が あります。

5 わたしは 先生に（ a なりたい　 b なったり ）です。

6 ここに 名前を 書いて（ a います　 b あります ）。

7 わたしの ケーキを（ a 食べないで　 b 食べなくて ）ください。

8 かいしゃに おくれて（ a しまい　 b あり ）ました。

9 のみものは コーラ（ a で　 b に ）します。

10 ドラマは（ a あまり　 b とても ）みません。

11 あさ はやく 学校に（ a 行った　 b 行って ）から、家に いません。

12 いま、ペンが（ a 2 ほん　 b 2 だい ）しか ないです。

13 ゆうびんきょくで 切手を（ a 20さつ　 b 20まい ）かいました。

14 家の まえに 車が（ a 2だい　 b 2まい ）あります。

15 この バナナ（ a 5ほん　 b 5さつ ）ください。

16 Tシャツを（ a 3かい　 b 3まい ）も 買って きました。

정답　1 b　　2 b　　3 a　　4 a　　5 a　　6 a　　7 a　　8 a
　　　 9 b　　10 a　　11 a　　12 a　　13 b　　14 a　　15 a　　16 b
해석 및 해설 별책 p.11

문법 완전 정복을 위한 꿀팁!

N5에서는 모든 품사에 걸쳐 가장 기본이 되는 지식을 물어봅니다. 때문에 문항에서 물어보는 문장 요소가 어떤 품사에 해당하는지를 파악하는 것이 우선입니다. 그리고 합격 문법과 고득점 문법에 정리된 활용에 응용하면 좋은 결과를 얻을 수 있을 것입니다.

● もんだい 1 문법 형식 판단
동사, い형용사, な형용사를 물어보는 문항은 하나의 단어를 4개의 선택지에 여러 가지 형태로 어미 변형하여 제시하는 형식을 취합니다. 따라서 긍정, 부정, 시제, 수식 등 전체적인 문장 구조를 파악하여 답을 고르도록 합니다.

● もんだい 2 문장 완성
제시된 문항의 문장에서 먼저 주어와 서술어를 찾아 체크하고, 선택지의 단어를 읽어 보면, 목적어나 부사 등의 나머지 문장 요소들을 파악하기 쉽습니다. 특히, 동사는 특정의 조사와 함께 숙어를 이루는 경우가 많으므로 조사가 힌트가 되는 경우가 많습니다.

● もんだい 3 문맥 이해
다소 장문의 글을 읽기 때문에, 시험지 여백에 요점을 메모하며 읽으면 좋습니다. 특히 지시어 こ・そ・あ・ど가 무엇을 가리키는지 물어보는 문항이 많습니다.

1교시
문법

PART 2
유형별 집중 공략

- **문법 형식 판단 실전 연습** ······ p.158
- **문장 완성 실전 연습** ············ p.168
- **문맥 이해 실전 연습** ············ p.174

もんだい 1

문법 형식 판단 실전 연습 ❶   [/ 8]

もんだい1 (　　)に 何を 入れますか。1・2・3・4から いちばん いい ものを 一つ えらんで ください。

1 わたしは いつも えきまで バス(　　) 行きます。
　　1 を　　　　2 に　　　　3 が　　　　4 で

2 A「あなたの 本は どれですか。」
　　B「わたしの 本は あの くろい(　　)です。」
　　1 の　　　　2 に　　　　3 か　　　　4 と

3 わたしは あした りょこう (　　) 行きます。
　　1 が　　　　2 に　　　　3 を　　　　4 で

4 ゆうびんきょく(　　) どこですか。
　　1 で　　　　2 が　　　　3 は　　　　4 を

5 A「パーティーは (　　)でしたか。」
　　B「とても たのしかったです。」
　　1 どう　　　2 いつ　　　3 なぜ　　　4 だれ

6 A「(　　) アルバイトを やすみましたか。」
　　B「かぜだったからです。」
　　1 どこの　　2 どなたが　　3 どうして　　4 どのぐらい

7 A「あのう、この かばんは だれのですか。」
　　B「(　　)。」
　　1 はい、だれのです　　　　2 いいえ、だれのじゃ ありません
　　3 それは、だれです　　　　4 だれのか わかりません

8 A「さむいから、まどを しめて ください。」
　　B「(　　)。」
　　1 はい、どういたしまして　　2 はい、わかりました
　　3 はい、まだまだです　　　　4 はい、けっこうです

정답　1 ④　2 ①　3 ②　4 ③　5 ①　6 ③　7 ④　8 ②　　　해석 및 해설 별책 p.12

문법 형식 판단 실전 연습 ❷ [/ 8]

もんだい1 （　　）に 何を 入れますか。1·2·3·4から いちばん いい ものを 一つ えらんで ください。

1 きょうは いそがしいから、どこ（　　） 行きません。
1　では　　　2　から　　　3　にも　　　4　とは

2 A「たかきさん、きょう どこ（　　） 行きますか。」
B「はい、としょかんへ 行きます。」
1　かへ　　　2　にも　　　3　でも　　　4　へも

3 あの みせは どんな りょうりが おいしい（　　） おしえて ください。
1　も　　　2　で　　　3　か　　　4　と

4 かれは いつも 犬（　　） さんぽを します。
1　と　　　2　を　　　3　は　　　4　で

5 A「それは （　　）の 国の おちゃですか。」
B「中国のです。」
1　なに　　　2　どれ　　　3　いつ　　　4　どこ

6 A「あの みせでは どんな （　　）を うって いますか。」
B「ジュースや コーラを うって います。」
1　ひと　　　2　こと　　　3　もの　　　4　とき

7 A「すみません。この りんごを みっつ ください。いくらですか。」
B「（　　）。」
1　はい、これは りんごです　　2　はい、みっつです
3　はい、3,000円です　　　　　4　はい、いくつですか

8 A「ここで すこし やすみましょう。」
B「（　　）。」
1　そうです　　　　　　　　　2　おひさしぶりですね
3　いただきます　　　　　　　4　そうしましょう

정답　1 ③　2 ①　3 ③　4 ①　5 ④　6 ③　7 ③　8 ④　　해석 및 해설 별책 p.12

문법 형식 판단 실전 연습 ❸　　　　　　　　　[　　/ 8]

もんだい1　(　　)に 何を 入れますか。1・2・3・4から いちばん いい ものを 一つ えらんで ください。

1　わたしは きのう 家(　　) とんかつを つくりました。
1　に　　　2　へ　　　3　が　　　4　で

2　はじめまして。私は 韓国(　　) 来ました。
1　で　　　2　だけ　　3　から　　4　でも

3　ゆうべ、あめ(　　) つよく ふりました。
1　と　　　2　に　　　3　を　　　4　が

4　きょうしつには だれ(　　) いません。
1　か　　　2　が　　　3　と　　　4　も

5　いそがしくて きょうは (　　) たべませんでした。
1　なにに　　2　なにか　　3　なんで　　4　なにも

6　すみません。(　　) ください。
1　バナナを 2ほんを　　　2　バナナを 2ほん
3　りんごが 2ほんを　　　4　りんごが 2ほん

7　A「いっしょに さんぽを しませんか。」
　　B「(　　)。」
1　はい、しましょう　　　　2　はい、しません
3　はい、しませんでした　　4　はい、しました

8　A「木村さん、その とけい いいですね。」
　　B「(　　)。」
1　はい、そう しましょう　　2　ええ、とけいです
3　あ、きのう かったんです　4　いいえ、きて います

정답　1 ④　2 ③　3 ④　4 ④　5 ④　6 ②　7 ①　8 ③　　　해석 및 해설 별책 p.12

문법 형식 판단 실전 연습 ❹　　　　　　　　　　[　 / 8]

もんだい1　(　　)に 何を 入れますか。1・2・3・4から いちばん いい ものを 一つ えらんで ください。

1 おとうとは わたしの へや(　　) はいりました。
　　1 に　　　　2 を　　　　3 や　　　　4 で

2 この しゅくだいは 1じかん(　　) かかるでしょう。
　　1 しか　　　2 ぐらい　　3 ながら　　4 ごろ

3 きょうしつに 学生が 三人(　　) いません。
　　1 しか　　　2 など　　　3 では　　　4 だけ

4 毎日、12じ(　　) ねます。
　　1 の　　　　2 ごろ　　　3 や　　　　4 だけ

5 きのうの テストは (　　)。
　　1 むずかしい ないです　　　2 むずかしいでは ないです
　　3 むずかしく なかったです　4 むずかしく ないでした

6 木村さんの へやは とても (　　) ひろいです。
　　1 しずかの　　2 しずかな　　3 しずかに　　4 しずかで

7 A「すみませんが、ちょっと まどを あけて くださいませんか。」
　　B「(　　)。」
　　1 はい、そうです　　　　2 あ、どうも すみません
　　3 ええ、わかりました　　4 いいえ、どういたしまして

8 A「きのう、あめが ふって ピクニックに 行けませんでした。」
　　B「そうですか。(　　)。」
　　1 ざんねんですね　　　　2 けっこうですね
　　3 だいじょうぶです　　　4 どういたしまして

정답　1 ①　2 ②　3 ①　4 ②　5 ③　6 ④　7 ③　8 ①　　해석 및 해설 별책 p.12

문법 형식 판단 실전 연습 ❺   [/ 8]

もんだい1 (   )に 何を 入れますか。1・2・3・4から いちばん いい ものを 一つ えらんで ください。

1 ここには コーヒーも ジュース（　　）ありません。
1　は　　　　2　を　　　　3　や　　　　4　も

2 A「これは だれの かばんですか。」
　　B「あっ、それは わたし（　　）です。」
1　と　　　　2　の　　　　3　が　　　　4　を

3 わたし（　　）いっしょに さんぽ しませんか。
1　と　　　　2　や　　　　3　を　　　　4　か

4 どんな デザインが いい（　　）言って ください。
1　で　　　　2　は　　　　3　を　　　　4　か

5 あの 子は ピアノを （　　）ひきます。
1　じょうず　2　じょうずな　3　じょうずに　4　じょうずで

6 もう すこし （　　）書いて ください。
1　おおきい　2　おおきく　3　おおきくて　4　おおきに

7 A「あ、もう パーティーの じかんですね。」
　　B「でも、中村さんが まだですが……。もう すこし （　　）。」
1　まちませんでした　　　　2　まちましたか
3　まちました　　　　　　　4　まちませんか

8 A「おとうとさんは おげんきですか。」
　　B「（　　）。」
1　はい、おかげさまで　　　2　あ、どういたしまして
3　いいえ、ありがとう　　　4　いただきました

정답　1 ④　2 ②　3 ①　4 ④　5 ③　6 ②　7 ④　8 ①　　　해석 및 해설 별책 p.13

문법 형식 판단 실전 연습 ❻ [/ 8]

もんだい1 (   )に 何を 入れますか。1・2・3・4から いちばん いい ものを 一つ えらんで ください。

1 テストは 9時から 12時(   )です。
　　1　ごろ　　　2　へも　　　3　まで　　　4　には

2 あしたは やすみですね。どこ(   ) 行きますか。
　　1　へも　　　2　かへ　　　3　まで　　　4　には

3 きのうの パーティーには ぜんぶ(   ) 何人ぐらい 来ましたか。
　　1　に　　　　2　で　　　　3　を　　　　4　も

4 えきまで わたしの 車(   ) 行きましょうか。
　　1　や　　　　2　に　　　　3　か　　　　4　で

5 ひさしぶりに 田中先生に あいましたが、先生は (   )。
　　1　げんきに ありませんでした　　2　げんきに ないでした
　　3　げんきでは ありませんでした　4　げんきでは ないでした

6 デパートへ かいものを (   ) 行きます。
　　1　し　　　　2　しって　　3　しに　　　4　した

7 A「さとうさんは もう 来ましたか。」
　　B「(   )。」
　　1　いいえ、来ました　　　　　2　いいえ、まだです
　　3　はい、そうですね　　　　　4　いいえ、まだ 来ませんでした

8 A「いえから えきまでは とおいですか。」
　　B「いいえ、(   )。」
　　1　ちかく ないです　　　　　2　ちかいです
　　3　とおくても いいです　　　4　とおいです

정답　1 ③　2 ②　3 ②　4 ④　5 ③　6 ③　7 ②　8 ②　　해석 및 해설 별책 p.13

문법 형식 판단 실전 연습 ❼ [/ 8]

もんだい1 (　　)に 何を 入れますか。1・2・3・4から いちばん いい ものを 一つ えらんで ください。

1 きのうは　１２時（　　）　かえりました。
　　1　ごろ　　　2　とは　　　3　では　　　4　へは

2 しゅう（　　）　１回は　みんなで　英語の　べんきょうを　します。
　　1　が　　　2　に　　　3　を　　　4　と

3 まいあさ、何時ごろ　家　（　　）　でますか。
　　1　を　　　2　で　　　3　に　　　4　も

4 おおさかまで　バス　（　　）　のって　いきました。
　　1　を　　　2　で　　　3　に　　　4　へ

5 きのう　テレビを　（　　）から　しゅくだいを　しました。
　　1　見て　　　2　見ます　　　3　見　　　4　見る

6 いつか　じぶんで　しゃぶしゃぶを　（　　）たいです。
　　1　つくる　　　2　つくっ　　　3　つく　　　4　つくり

7 A「テストの　まえに　まず　なまえを　かいて　ください。」
　　B「先生、どこに（　　）。」
　　1　かきませんか　2　かきましたか　3　かきますか　4　かきたいですか

8 A「あの　人が　日本語の　先生ですか。」
　　B「いいえ、（　　）。」
　　1　そうです　　　2　ありません　　　3　ちがいます　　　4　わかりました

정답　1①　2②　3①　4③　5①　6④　7③　8③　　　해석 및 해설 별책 p.13

문법 형식 판단 실전 연습 ❽   [/ 8]

もんだい1　（　　）に 何を 入れますか。1・2・3・4から いちばん いい ものを 一つ えらんで ください。

[1]　りょこうに いく（　　）どうか おしえて ください。
　　　1　で　　　　　2　を　　　　　3　や　　　　　4　か

[2]　きのう 1時間（　　）こうえんで はしりました。
　　　1　に　　　　　2　など　　　　3　ぐらい　　　4　ごろ

[3]　「へやの 電気を ぜんぶ けしましたか。」
　　　「いいえ、わたしの へや（　　）けしました。」
　　　1　にも　　　　2　だけ　　　　3　へも　　　　4　しか

[4]　がっこうは えき（　　）30分ぐらい かかります。
　　　1　で　　　　　2　に　　　　　3　から　　　　4　へ

[5]　ここで たばこを（　　）いけません。
　　　1　すわないで　2　すわなくて　3　すって　　　4　すっては

[6]　あの ニュースは、きのう 友だちに（　　）とき、ききました。
　　　1　会い　　　　2　会う　　　　3　会って　　　4　会った

[7]　A「おそく なって しまって すみません。」
　　　B「（　　）。」
　　　1　おだいじに　　　　　　　　2　だいじょうぶです
　　　3　おねがいします　　　　　　4　どうぞ よろしく

[8]　A「では また あした。」
　　　B「（　　）。」
　　　1　じゃあね　　2　こんにちは　3　いらっしゃい　4　はじめまして

정답　1 ④　2 ③　3 ②　4 ③　5 ④　6 ④　7 ②　8 ①　　　　해석 및 해설 별책 p.13

문법 형식 판단 실전 연습 ❾   [/ 8]

もんだい1 （　　）に 何を 入れますか。1・2・3・4から いちばん いい ものを 一つ えらんで ください。

1　きょうは さむく（　　） あつく（　　） ありません。
　　1　や　　　　2　と　　　　3　も　　　　4　に

2　らいしゅう かぞく みんなで りょこう（　　） 行きます。
　　1　を　　　　2　が　　　　3　で　　　　4　に

3　山本さんは まいにち 韓国語（　　） べんきょうを します。
　　1　を　　　　2　の　　　　3　や　　　　4　と

4　「つくえの 上に 何が ありますか。」
　　「ほん（　　） ノートなどが あります。」
　　1　と　　　　2　や　　　　3　へ　　　　4　が

5　わたしの いもうとは おんがくを （　　） はを みがきます。
　　1　ききたい　　2　きいたり　　3　ききながら　　4　きいた

6　れいぞうこの なかに くだものが たくさん 入れて （　　）。」
　　1　います　　2　いません　　3　あります　　4　ありません

7　A「あしたまでに レポートを だして ください。」
　　B「はい、（　　）。」
　　1　そうでしょう　　　　2　ちがいます
　　3　おねがいします　　　4　わかりました

8　A「たかきさんを しって いますか。」
　　B「ええ、（　　）。」
　　1　しります　　　　2　しって います
　　3　しりました　　　4　います

정답　1 ③　2 ④　3 ②　4 ②　5 ③　6 ③　7 ④　8 ②　　해석 및 해설 별책 p.13

문법 형식 판단 실전 연습 ⑩　　　　　　　　　　　　　[　　／8]

もんだい1　(　　)に 何を 入れますか。1・2・3・4から いちばん いい ものを 一つ えらんで ください。

1 レポートは 日本語（　　） 書いて ください。
　　1　が　　　　2　を　　　　3　で　　　　4　に

2 わたしは 3人 きょうだいです。 あに（　　） あねが います。
　　1　や　　　　2　も　　　　3　と　　　　4　など

3 毎日、家から かいしゃ（　　） じてんしゃで 行きます。
　　1　しか　　　2　まで　　　3　ごろ　　　4　で

4 この バスは ゆうびんきょくの まえ（　　） とおります。
　　1　で　　　　2　に　　　　3　へ　　　　4　を

5 まず ごはんを （　　）、くすりを のみます。
　　1　食べ　　　2　食べたい　　3　食べた　　4　食べてから

6 きのうは （　　）。
　　1　さむいでした　　　　　　2　さむく ないでした
　　3　さむかったです　　　　　4　さむく なかったでした

7 A「みそしるを もっと くださいませんか。」
　　B「はい、（　　）。」
　　1　ください　　　　　　　　2　くださいます
　　3　どういたしまして　　　　4　いいですよ

8 A「パーティーは もう はじまりましたか。」
　　B「いいえ、（　　）。」
　　1　まだです　　2　さっきです　　3　またです　　4　さきです

정답　1 ③　2 ③　3 ②　4 ④　5 ④　6 ③　7 ④　8 ①　　　　해석 및 해설 별책 p.14

もんだい 2

문장 완성 실전 연습 ❶   [/ 8]

もんだい2 ___★___ に 入る ものは どれですか。1・2・3・4から いちばん いい ものを 一つ えらんで ください。

1 こんかいの ___ ___ ★ ___ かいて ください。
   1 は   2 で   3 レポート   4 にほんご

2 休みの日は 友だち ___ ___ ___ ★ します。
   1 に   2 りょうりを   3 作ったり   4 会ったり

3 バス ___ ___ ★ ___ いいです。
   1 に   2 いった   3 ほうが   4 のって

4 まず くすりを ___ ___ ★ ___ ます。
   1 から   2 のんで   3 ごはんを   4 食べ

5 きょうは ___ ★ ___ ___ 。
   1 ごろ   2 よる   3 かえります   4 9じ

6 すみません。___ ___ ★ ___ ませんか。
   1 ください   2 しずかに   3 して   4 ちょっと

7 わたしの 家から ___ ___ ★ ___ かかります。
   1 くらい   2 がっこう   3 30分   4 まで

8 テーブルの 上に ___ ★ ___ 。
   1 おさら   2 ならべて   3 を   4 ください

정답 1 ④ 2 ③ 3 ② 4 ③ 5 ④ 6 ③ 7 ① 8 ③   해석 및 해설 별책 p.14

문장 완성 실전 연습 ❷   [　／8］

もんだい2　___★___ に 入(はい)る ものは どれですか。1·2·3·4から いちばん いい ものを 一(ひと)つ えらんで ください。

1. あした 雨(あめ)が ____ ____ ★ ____ わかりません。
   1 か　　　2 ふら　　　3 ふる　　　4 ないか

2. 友(とも)だちと ビールを ____ ____ ★ ____ 。
   1 はなして　　2 ながら　　3 います　　4 のみ

3. つくえの ____ ★ ____ ____ あります。
   1 が　　　2 うえに　　3 メモ　　　4 かいて

4. わたしは まいばん ____ ____ ★ ____ しごとを します。
   1 ねた　　　2 で　　　3 あと　　　4 こどもが

5. 木村(きむら)さんの ____ ____ ____ ★ かわいいですね。
   1 カメラ　　2 あたらしい　3 ちいさくて　4 は

6. 雪(ゆき)が たくさん ふって ____ ____ ★ ____ 。
   1 しか　　　2 きて　　　3 いません　　4 ひとり

7. 先生(せんせい)、にもつ おおいですね。____ ____ ★ ____ 。
   1 もち　　　2 わたしが　　3 ましょうか　4 すこし

8. せんせい ____ ____ ★ ____ いますか。
   1 しって　　2 を　　　3 の　　　4 じゅうしょ

정답　1 ②　2 ①　3 ③　4 ③　5 ③　6 ②　7 ①　8 ②　　해석 및 해설 별책 p.14

문장 완성 실전 연습 ❸   [/ 8]

もんだい2 ___ ★ に 入る ものは どれですか。1·2·3·4から いちばん いい ものを 一つ えらんで ください。

1 トマトが きらいでしたが、___ ___ ★ ___ 。
　　1　に　　　　2　なりました　　3　いまは　　　4　すき

2 しゅくだい ___ ___ ___ ★ へやの そうじを します。
　　1　が　　　　2　で　　　　　　3　おわった　　4　あと

3 電気を ___ ___ ___ ★ しました。
　　1　あかるく　2　を　　　　　　3　へや　　　　4　つけて

4 きのうは しゅくだいを ___ ___ ★ ___ 。
　　1　かいたり　2　しました　　　3　レポートを　4　したり

5 おきゃくさんが ___ ___ ★ ___ して ください。
　　1　まえに　　2　くる　　　　　3　を　　　　　4　そうじ

6 もっと ___ ___ ★ ___ です。
　　1　ほしい　　2　が　　　　　　3　カメラ　　　4　ちいさい

7 あした いっしょに ___ ___ ___ ★ いきませんか。
　　1　かい　　　2　を　　　　　　3　に　　　　　4　スカート

8 あぶないから ___ ___ ★ ___ ください。
　　1　ないで　　2　で　　　　　　3　ここ　　　　4　あそば

정답　1 ①　2 ②　3 ①　4 ①　5 ④　6 ②　7 ③　8 ④　　　해석 및 해설 별책 p.14

문장 완성 실전 연습 ❹   [/ 8]

もんだい2 ____★____ に 入る ものは どれですか。1・2・3・4から いちばん いい ものを 一つ えらんで ください。

1 きのう そうじを ____ ____ ★ ____ なりました。
1 して　　　　2 きれい　　　　3 へやが　　　　4 に

2 こちらの ____ ____ ★ ____ 。
1 りんご　　　2 ななつ　　　　3 ください　　　4 を

3 ____ ____ ★ ____ しごとを しました。
1 まで　　　　2 よる　　　　　3 いそがしくて　4 12時

4 かいしゃ ____ ★ ____ 。
1 どの　　　　2 まで　　　　　3 くらい　　　　4 かかりますか

5 つかれて ____ ____ ____ ★ ねました。
1 きのう　　　2 じゅう　　　　3 一日　　　　　4 は

6 せんしゅう ____ ____ ★ ____ 。
1 へ　　　　　2 どこ　　　　　3 か　　　　　　4 いきましたか

7 あの みせは あまり ____ ____ ★ ____ ないです。
1 では　　　　2 きれい　　　　3 行きたく　　　4 なくて

8 かれは しんぶんを ____ ____ ★ ____ のんで います。
1 ながら　　　2 を　　　　　　3 コーヒー　　　4 よみ

정답　1 ②　2 ②　3 ④　4 ①　5 ②　6 ①　7 ④　8 ③　　　해석 및 해설 별책 p.14

문장 완성 실전 연습 ❺   [/ 8]

もんだい2 ＿＿ ★ ＿＿に 入る ものは どれですか。1・2・3・4から いちばん いい ものを 一つ えらんで ください。

1. かれは まいあさ ＿＿＿ ＿＿＿ ★ ＿＿＿ を します。
　 1　おきて　　　2　ごろ　　　3　6時　　　4　さんぽ

2. もう あきですね。＿＿＿ ＿＿＿ ★ ＿＿＿ 。
　 1　つめたく　　2　が　　　　3　かぜ　　　4　なりました。

3. きのうは ＿＿＿ ＿＿＿ ＿＿＿ ★ しまいました。
　 1　けっせき　　2　かぜ　　　3　して　　　4　で

4. わたしは ＿＿＿ ＿＿＿ ★ ＿＿＿ 。
　 1　に　　　　　2　たいです　3　なり　　　4　いしゃ

5. レストランに ＿＿＿ ＿＿＿ ★ ＿＿＿ かけて みましょう。
　 1　でんわを　　2　まえ　　　3　行く　　　4　に

6. あそこまで でんしゃ ＿＿＿ ＿＿＿ ＿＿＿ ★ のりましょうか。
　 1　行きましょうか　　　　　2　に
　 3　で　　　　　　　　　　　4　バス

7. つくえの うえ ＿＿＿ ＿＿＿ ＿＿＿ ★ あります。
　 1　本　　　　　2　おいて　　3　が　　　　4　に

8. へやの ＿＿＿ ＿＿＿ ★ ＿＿＿ 。
　 1　は　　　　　2　でんき　　3　います　　4　きえて

정답　1 ①　2 ①　3 ③　4 ③　5 ④　6 ②　7 ②　8 ④　　　해석 및 해설 별책 p.15

문장 완성 실전 연습 ❻ [/ 8]

もんだい2 ___★___ に 入る ものは どれですか。1・2・3・4から いちばん いい ものを 一つ えらんで ください。

[1] あめが たくさん ____ ____ ____ ★ かさを かりました。
　1 から　　　2 に　　　3 友だち　　　4 ふって いた

[2] いま じゅぎょうちゅう ____ ____ ★ ____ ませんか。
　1 して　　　2 しずかに　　　3 だから　　　4 ください

[3] あには いま ____ ____ ★ ____ 三つ 上です。
　1 わたし　　　2 で　　　3 30さい　　　4 より

[4] まいあさ そうじを ____ ____ ____ ★ でます。
　1 から　　　2 を　　　3 いえ　　　4 して

[5] この じしょは ____ ____ ★ ____ です。
　1 では　　　2 わたし　　　3 の　　　4 ない

[6] 学校の まえに ____ ____ ★ ____ あつまって います。
　1 が　　　2 たち　　　3 たくさん　　　4 がくせい

[7] らいねんは ____ ____ ★ ____ です。
　1 に　　　2 つもり　　　3 にほん　　　4 行く

[8] おとうとは あさ ____ ____ ★ ____ 家を でました。
　1 も　　　2 なに　　　3 ないで　　　4 たべ

정답　1 ②　2 ①　3 ①　4 ②　5 ①　6 ①　7 ④　8 ④　　　해석 및 해설 별책 p.15

もんだい 3

문맥 이해 실전 연습 ❶   [/ 5]

もんだい3 ①から⑤に 何を 入れますか。ぶんしょうの いみを かんがえて、1・2・3・4から いちばん いい ものを 一つ えらんで ください。

日本で べんきょうして いる 学生の ぶんしょうです。

わたしは 大学生です。がくひが とても 高いですから、アルバイトを いくつも して います。 1 、休みは 火よう日 2 ありません。火よう日は する ことが たくさん あります。あさ はやく 起きて そうじや せんたくを 3 、かいもの 4 行きます。かいものは 時間が かかります。家から スーパーまで とおくて いつも じてんしゃに のって いきます。わたしが よく 行く スーパーは 5 ものが いろいろ あります。そこで やさいや ぎゅうにゅうなど、たべものを 買って きます。そして、ゆうがたは 買って きた もので 食事の じゅんびを します。

1
1 それで　　2 しかし　　3 それから　　4 でも

2
1 も　　2 だけ　　3 くらい　　4 しか

3
1 しながら　　2 したくて　　3 しなくて　　4 してから

4
1 を　　2 へ　　3 に　　4 で

5
1 大きな　　2 大きく　　3 大きくて　　4 大きいに

정답 1 ① 2 ④ 3 ④ 4 ③ 5 ③   해석 및 해설 별책 p.15

문맥 이해 실전 연습 ❷

[/ 5]

もんだい3 ①から⑤に 何を 入れますか。ぶんしょうの いみを かんがえて、1·2·3·4から いちばん いい ものを 一つ えらんで ください。

みなさん、この 本を よんで みて ください。すこし むずかしいです ①、とても ② 本です。知らない ことばが たくさん あるでしょう。③、はじめは じしょを ひかないで、ぜんぶ よんで ください。つぎに じしょを ひきながら もういちど よんで ください。そのときは 知らない ことばを ノートに メモを ④ よんで ください。いい べんきょう ⑤。

1
1 か　　　　2 から　　　　3 が　　　　4 だけ

2
1 おもしろく　　　　　　2 おもしろい
3 おもしろいで　　　　　4 おもしろくて

3
1 でも　　　2 ても　　　3 それで　　　4 では

4
1 しって　　2 した　　　3 しながら　　4 し

5
1 が なります　　　　　2 で なります
3 に なります　　　　　4 へ なります

정답 1 ③ 2 ② 3 ① 4 ③ 5 ③　　　　해석 및 해설 별책 p.15

문맥 이해 실전 연습 ❸   [/ 5]

もんだい3 　1　から　5　に　何を　入れますか。ぶんしょうの　いみを　かんがえて、1・2・3・4から　いちばん　いい　ものを　一つ　えらんで　ください。

　日よう日は　日本の　友だちと　二人で　えいがを　 1 　いきました。えいがは　2時間ぐらいで、ながかったです。 2 、ひるごはんを　食べに　いきました。みせが　たくさん　あって　何を　 3 　友だちと　はなしました。さむいから　うどん　 4 　ラーメンなど　あたたかい　ものが　食べたかったですが、友だちは　韓国りょうりが　食べたいと　いいました。それで、わたしたちは　サムゲタンを　食べました。サムゲタンは　すこし　 5 、とても　おいしかったです。ひるごはんを　食べた　あと、家へ　かえりました。

1
1　見て　　　2　見ながら　　　3　見に　　　4　見た

2
1　それで　　2　それから　　　3　これから　　4　それでは

3
1　食べ　　　2　食べに　　　　3　食べるか　　4　食べるが

4
1　を　　　　2　と　　　　　　3　や　　　　　4　で

5
1　たかくても　　　　　　　2　たかいでしたが
3　たかったですが　　　　　4　たかく

정답　1 ③　2 ②　3 ③　4 ③　5 ③　　　　해석 및 해설 별책 p.15

문맥 이해 실전 연습 ❹ [/ 5]

もんだい3 ① から ⑤ に 何を 入れますか。ぶんしょうの いみを かんがえて、1・2・3・4から いちばん いい ものを 一つ えらんで ください。

あしたは クラスの みんなで ピクニックに いきます。つぎは 先生の はなしです。

　ピクニックの スケジュールは メールに ① 。バスの しゅっぱつの 時間は 10時です。 ② 、あさ 9時までに 学校の まえに あつまって ください。おべんとう ③ のみものを もって 来て ください。あさ 雨が つよく ふって いる ときは 8時まで いえで まって ください。 ④ わたしに 電話を して ください。8時の 天気を 見て、 ⑤ どうか きめます。

1
1 書いて います　　2 書きて います
3 書いて あります　4 書きて あります

2
1 それで　2 ですから　3 これから　4 しかし

3
1 も　2 と　3 を　4 だけ

4
1 それに　2 だから　3 これから　4 そして

5
1 行ったり　2 行きながら　3 行くが　4 行くか

정답　1 ③　2 ②　3 ②　4 ④　5 ④　　　　해석 및 해설 별책 p.15

문맥 이해 실전 연습 ❺ [/ 5]

もんだい3 ①から⑤に 何を 入れますか。ぶんしょうの いみを かんがえて、1·2·3·4から いちばん いい ものを 一つ えらんで ください。

　わたしの かいしゃは コンピューターの かいしゃで、人は 全部で 10人です。この かいしゃは ① しごとも たいへんですが、いっしょに はたらいて いる 人々は みんな やさしくて あかるいです。きょうは のみかいが あります。しごとが ② ちかくの みせで おさけを ③ たのしく はなしたり する 時間が たのしみです。

　きょうの のみかいは 「友人」と いう みせで します。新宿駅 ④ ちかい ところです。その 店は ねだんも 安くて りょうりも おいしいです。ですから、わたしたちは ⑤ その 店に 行きます。店の 人も しんせつで、店の ふんいきも いいです。いつか わたしと いっしょに 行って みませんか。

1
1　ちいさいが　　2　ちいさくも　　3　ちいさくて　　4　ちいさくても

2
1　おわっても　　2　おわっては　　3　おわってから　　4　おわったり

3
1　のみたくて　　2　のんでも　　3　のんだり　　4　のみたい

4
1　で　　　　　　2　から　　　　　3　まで　　　　　4　へ

5
1　そろそろ　　　2　すこし　　　　3　よく　　　　　4　ぜんぜん

정답 1 ③　2 ③　3 ③　4 ②　5 ③　　　　　　　　해석 및 해설 별책 p.16

문맥 이해 실전 연습 ❻   [/ 5]

もんだい3　1 から 5 に 何を 入れますか。ぶんしょうの いみを かんがえて、1・2・3・4から いちばん いい ものを 一つ えらんで ください。

日本で べんきょうして いる 学生の ぶんしょうです。

おばあさんへ。

おばあさん、1 。東京は すこし 2 なりました。もう はるが ちかいです。でも、まだ あさと よるは さむいから、学校に 3 ときは コートを きます。友だちの なかで かぜを ひいた 人も たくさん います。いま、学校は テスト 期間 4 です。べんきょうで いそがしくて たいへんですが、そのときは 好きな おんがくを 5 さんぽを して います。

1
1　ようこそ　　　　　　　2　おげんきですか
3　どうぞ　　　　　　　　4　どういたしまして

2
1　あたたかい　2　あたたかく　3　あたたかくて　4　あたたかいに

3
1　行って　　2　行きながら　3　行く　　4　行き

4
1　ごろ　　　2　ぐらい　　　3　じゅう　　4　ちゅう

5
1　聞かなくて　2　聞きたくて　3　聞きながら　4　聞いた

정답　1 ②　2 ②　3 ③　4 ④　5 ③　　　해석 및 해설 별책 p.16

1교시

독해

もんだい4 내용 이해(단문)
もんだい5 내용 이해(중문)
もんだい6 정보 검색

독해 완전 정복을 위한 꿀팁!

긴 글을 읽어가면서 전체적인 내용을 파악하는 것이 중요하기 때문에, 모르는 단어에서 막히더라도 고민하거나 시간을 끌지 않고 글 안의 힌트를 찾아내는 요점 짚기 훈련을 해야 합니다.

● もんだい 4 내용 이해(단문)

약 80~100자 정도의 짧은 글로, 학습 및 생활 관련 내용이 많습니다. 주어진 문장을 읽고 그 내용을 충분히 이해했는지를 묻는 문제입니다. 따라서 중간에 모르는 단어가 나오더라도 그것에 얽매이기보다, 일단 끝까지 읽어 보면 문제가 요구하는 요점이나 주제를 파악하는 데 큰 도움이 됩니다.

● もんだい 5 내용 이해(중문)

약 250~300자 정도의 비교적 긴 글로, 앞뒤 문장의 인과관계, 이유, 결론 등의 구조를 파악할 수 있는지를 묻는 문제가 많습니다. 한편, 글의 주제나 필자의 생각을 물어보는 문제는 흔히 글의 후반부에 힌트가 있습니다.

● もんだい 6 정보 검색

포스터, 안내, 게시판, 통지서 등의 글을 보고 문제에서 요구하는 정보를 찾아내는 유형입니다. 따라서 먼저 문제를 읽고 난 후, 요구하는 정보에 해당하는 항목만을 발췌하여 읽는 연습을 하는 것이 좋습니다. 질문이 의도하는 바를 정확히 파악하기 위해서는 의문사를 확실히 익혀 두는 것이 중요합니다.

1교시 독해

PART 1

워밍업

1. 비법 전수
2. 비법 어휘

1 비법 전수

もんだい4 　내용 이해(단문)

● ● **유형 분석**

1. 3지문 3문제가 출제된다.
2. 주로 일상생활, 즉 일기나 생활, 간단한 정보, 소개 글 등을 주제로 한 80~100자 정도의 짧은 글을 읽고 내용을 이해하고 있는지 묻는 문제이다.
3. 문제당 3분 내외로 푸는 것이 좋다.
4. 출제 유형
   (1) 필자의 주장을 묻는 문제
       필자의 주장을 찾는 문제는 주로 마지막 부분에 결정적인 힌트가 주어지는 경우가 많다.
   (2) 밑줄 친 부분의 의미 파악 문제
   (3) 내용 파악 문제

- ✓ 문제를 먼저 읽고 지문을 읽자!
- ✓ 문장의 전체적인 흐름을 파악할 것!
- ✓ 어려운 문법 지식에 고민하기보다는 기본 어휘에 충실할 것!
- ✓ 정답이 아닌 선택지를 삭제해 가는 방법이 실수를 줄일 수 있다.

예시 문제

つぎの　ぶんしょうを　読んで、しつもんに　こたえて　ください。こたえは 1・2・3・4から　いちばん　いい　ものを　一つ　えらんで　ください。

わたしは　今日、友だちと　買い物に　行きました。3か月前に　見た 映画の　DVDが　ほしかったからです。買った　DVDは、友だちや　姉 と　いっしょに　見ます。

1교시 독해

> **しつもん** 「わたし」は 今日、何を しましたか。
> 1 友だちと えいがを 見に 行きました。
> 2 友だちと DVDを 買いに 行きました。
> 3 姉と えいがを 見に 行きました。
> 4 姉と DVDを 買いに 行きました。

정답 2

해석 다음의 문장을 읽고 질문에 답하시오. 답은 1·2·3·4에서 가장 알맞은 것을 하나 고르시오.

> 나는 오늘 **친구와 쇼핑하러 갔습니다**. 3개월 전에 본 영화 **DVD를 갖고 싶었기 때문입니다**. 산 DVD는 친구나 누나(언니)와 함께 볼 겁니다.

질문 '나'는 오늘 무엇을 했습니까?
1 친구와 영화를 보러 갔습니다.
2 친구와 DVD를 사러 갔습니다.
3 누나(언니)와 영화를 보러 갔습니다.
4 누나(언니)와 DVD를 사러 갔습니다.

해설 내용 파악을 묻는 질문으로, 본문과 일치하는 내용을 찾는 형식의 문제이다. '友だちと買い物(친구와 쇼핑)'과 'DVDがほしかった(DVD를 갖고 싶었다)'만 잘 파악하면 쉽게 풀 수 있는 문제이다.

단어 わたし 나 | ~には ~에게는 | 今日 오늘 | 友だち 친구 | ~と ~와(과) | 買い物 쇼핑, 장보기 | ~に 行く ~하러 가다 | 3か月 3개월 | 前に 전에 | 見る 보다 | 映画 영화 | ~が ほしい ~을 갖고 싶다 | ~からです ~(이기) 때문입니다 | 買う 사다 | ~や ~(이)나, 와(과)

もんだい5　내용 이해(중문)

●●● 유형 분석

1 1지문 2문제가 출제된다.
2 주로 250자 정도의 일상적인 화제에 관한 글을 읽고 내용을 이해했는지를 묻는 문제이다.
3 약 8분 내외로 푸는 것이 좋다.
4 출제 유형
　(1) 필자의 주장을 묻는 문제
　　　필자의 주장이나 문장의 결론을 찾는 문제는 주로 마지막 부분에 결정적인 힌트가 주어지는 경우가 많다.
　(2) 밑줄 친 부분의 의미 파악 문제
　　　중문 독해에서 가장 자주 출제되는 유형이 바로 밑줄 친 부분에 대해 묻는 것이다. 밑줄 부분과 관련된 문제는 밑줄 앞뒤의 문장에 대부분 답이 있다.

- ✓ 마지막 1~2줄에 결정적 힌트가 나오는 경우가 많다!
- ✓ 문제를 먼저 읽고, 단락과 단락 사이의 인과관계를 파악하자.
- ✓ '누가, 언제, 어디에서, 무엇을, 어떻게, 왜'에 주의하여 글을 읽자.
- ✓ 글의 흐름을 파악하기 위해서는 접속사(순접, 역접, 이유, 원인, 예시 등)에 주의하자.
- ✓ 질문에서 제시되는 의문사(だれ・どこ・なに・どう・どうして・いつ)에 주의하자.

예시 문제

つぎの　ぶんしょうを　読んで　しつもんに　こたえて　ください。こたえは、1・2・3・4から　いちばん　いい　ものを　一つ　えらんで　ください。

　きのうの　夜は　おそくまで　しごとを　しました。とても　つかれました。しごとの　あと、電車で　帰りました。

家の 近くの 駅で 電車を おりました。外は 雨でしたが、わたしは かさが ありませんでした。とても こまりました。

駅の 人が わたしを 見て、「あの はこの 中の かさを 使って ください。」と 言いました。はこの 中には かさが 3本 ありました。

わたしは「えっ、いいですか。」と 聞きました。

駅の 人は「あれは『みんなの かさ』です。お金が いりません。あした、あの はこに かえして ください。」と 言いました。

わたしは「わかりました。ありがとうございます。」と 言って かさを かりて 帰りました。

[1] どうして こまりましたか。
1 おそい 時間に 駅に 着いたから
2 しごとが たくさん あったから
3 とても つかれたから
4 かさが なかったから

[2] 「わたし」は、あした どうしますか。
1 かさを はこの 中に 入れます。
2 かさを 駅の 人に わたします。
3 お金を はこの 中に 入れます。
4 お金を 駅の 人に わたします。

해석 다음 문장을 읽고 질문에 답하시오. 답은 1·2·3·4에서 가장 알맞은 것을 하나 고르시오.

> 어젯밤은 늦게까지 일을 했습니다. 매우 피곤했습니다. 업무 후 전차로 귀가했습니다.
> 집 근처 역에서 전차를 내렸습니다. ⓐ밖은 비가 오고 있었습니다만, 나는 우산이 없었습니다. 매우 곤란했습니다.
> 역무원이 나를 보고 "저 상자 안의 우산을 사용하세요."라고 말했습니다. 상자 안에는 우산이 세 개 있었습니다.
> 나는 "아, 괜찮나요?" 하고 물었습니다.
> 역 사람(역무원)은 "저것은 '모두의 우산'입니다. 돈은 필요하지 않습니다. ⓑ내일, 저 상자에 반납해 주세요."라고 말했습니다.
> 나는 "알겠습니다. 감사합니다."라고 말하고, 우산을 빌려 귀가했습니다.

1 왜 곤란했습니까?
 1 늦은 시간에 역에 도착했기 때문에
 2 일이 많이 있었기 때문에
 3 매우 지쳤기 때문에
 4 우산이 없었기 때문에

2 '나'는 내일 어떻게 합니까?
 1 우산을 상자 안에 넣습니다.
 2 우산을 역무원에게 건넵니다.
 3 돈을 상자 안에 넣습니다.
 4 돈을 역무원에게 건넵니다.

풀이 **1** 의문사 どうして의 가장 직접적인 원인을 찾아내는 것이 포인트이다. 밑줄 친 문장이 속한 단락에서 답을 찾을 수 있다. ⓐ밖은 비가 오고 있었지만, 우산이 없었기 때문에 곤란했다고 한 선택지 4가 정답이다. 역에 늦게 도착했다거나 일이 많았다거나 지쳐 있었다는 등의 내용을 나열한 선택지 1, 2, 3은 문제 풀이의 함정이고, 곤란한 직접적인 원인은 우산이 없었기 때문이다.

2 질문의 핵심은 지금 빌려 가는 우산을 '나'는 내일 어떻게(どう) 해야 하는가이므로, 동사로 설명해야 한다. 역무원이 ⓑ내일, 저 상자에 반납해 달라고 했으므로, 정답은 우산을 상자 안에 넣는다는 선택지 1번이 정답이다.

단어 きのう 어제 | 夜 밤 | おそくまで 늦게까지 | しごと 일 | とても 매우 | つかれる 지치다 | ~の あと ~(의) 이후 | 電車で 전차로 | 帰る 귀가하다, 돌아가(오)다 | 家 집 | 近く 근처 | 駅 역 | ~まで ~까지 | 電車を おりる 전차를 내리다 | 外 밖 | 雨 비 | かさ 우산 | こまる 곤란해하다 | 駅の 人 역무원 | 見る 보다 | はこ 상자 | ~の 中 ~의 안 | 使う 사용하다 | ~て ください ~하세요 | ~と 言う ~라고 말하다 | ~本 ~자루, 그루, 병 등 (긴 것을 세는 단위) | 聞く 물어보다, 듣다 | みんな 모두 | お金 돈 | いる 필요하다 | あした 내일 | かえす 갚다 | かりる 빌리다 | どうして 왜, 어째서 | おそい 늦다, 느리다 | 時間 시간 | 着く 도착하다 | どう 어떻게 | 入れる 넣다 | わたす 건네(주)다

もんだい6 정보 검색

● ● 유형 분석

1 1지문 1문제가 출제된다.
2 약 250자 정도로 구성된다. 주로 일상생활과 관련된 정보성 글(부동산 정보, 모집 광고, 행사 안내, 수업 및 스케줄, 주의 사항 등)에서 필요한 정보를 찾을 수 있는지를 묻는다.
3 약 8분 내외로 푸는 것이 좋다.
4 출제 유형
   (1) 내용 파악 문제
   (2) 정보 검색 문제

✓ 날짜, 시간 등의 숫자 및 조수사 관련 어휘력이 중요!
✓ 주의(※), 참고(☞) 등의 예외 조건에 의한 함정에 주의한다.
✓ 질문을 먼저 읽고 질문의 요지에 맞는 내용을 찾아보자.

예시 문제

右の ページを 見て、下の しつもんに こたえて ください。こたえは、1・2・3・4から いちばん いい ものを 一つ えらんで ください。

あらきやで トイレットペーパーと にくと やさいを 同じ 日に 買いたいです。いつが 安いですか。

1　6月11日(月)と 12日(火)
2　6月13日(水)と 14日(木)
3　6月15日(金)と 16日(土)
4　6月17日(日)と 18日(月)

あらきや

朝8：00〜夜9：00

(電話：012-34-5678)

6月11日(月)〜14日(木)
さとう128円　トイレットペーパー490円

6月15日(金)〜18日(月)
しょうゆ198円　ティッシュペーパー290円

月・火　くだもの・魚・ジュース
水・木　とうふ・にく・やさい
金・土　パン・ぎゅうにゅう・魚・やさい

해석 오른쪽 페이지를 보고 다음 질문에 답하시오. 답은 1·2·3·4에서 가장 알맞은 것을 하나 고르시오.

아라키야 상점에서 화장실 휴지와 고기와 채소를 같은 날에 사고 싶습니다. 언제가 쌉니까?
1 6월 11일(월)과 12일(화)
2 6월 13일(수)과 14일(목)
3 6월 15일(금)과 16일(토)
4 6월 17일(일)과 18일(월)

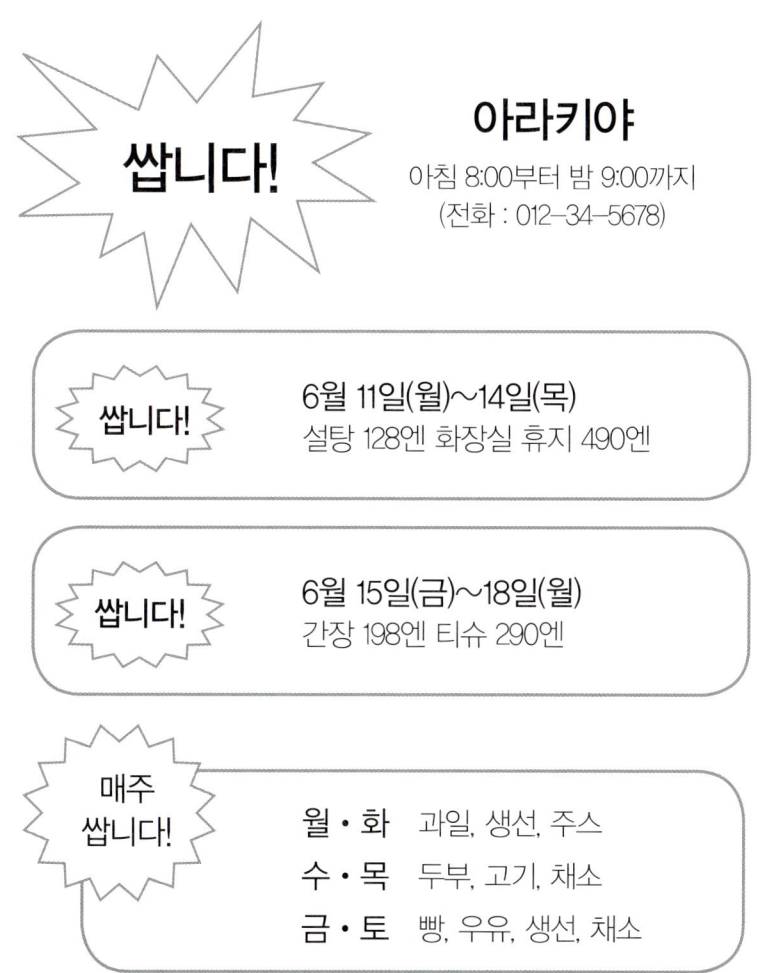

풀이 문제에서 同じ日(같은 날)라고 명시되어 있으므로, 3가지(화장실 휴지, 고기, 채소)를 한 번에 할인된 가격으로 살 수 있는 날짜를 고르는 문제이다. 범위가 좁은 항목부터 우선적으로 살펴보는 것이 유리하다. 먼저, 고기와 채소가 동시에 쓰여 있는 날은 수요일과 목요일이고 그 날짜가 11일(월)~14일(목)의 화장실 휴지의 범위에 포함되므로 선택지 2번이 정답이다.

2 비법 어휘

1 품사별 독해 필수 어휘

❶ 독해가 사랑하는 필수 명사 200

단어	뜻
朝日(あさひ)	아침 해
味(あじ)	맛
あそこ	저기
あちら	저쪽, 저기
あなた	당신
いくつ	몇 개
いくら	얼마
いす	의자
一番(いちばん)	최고, 제일, 가장
いつ	언제
一緒(いっしょ)	동시, 함께
意味(いみ)	의미
妹(いもうと)	여동생
色(いろ)	색깔
歌(うた)	노래
運転(うんてん)	운전
映画(えいが)	영화
鉛筆(えんぴつ)	연필
お菓子(おかし)	과자
奥(おく)さん	(남의) 부인
お酒(さけ)	술
お茶(ちゃ)	(마시는) 차
お手洗(てあら)い	화장실
弟(おとうと)	남동생
おととい	그저께
お腹(なか)	배(신체)
お兄(にい)さん	오빠, 형
お姉(ねえ)さん	언니, 누나
おばあさん	할머니
お弁当(べんとう)	도시락
お巡(まわ)りさん	경찰, 순경
音楽(おんがく)	음악
女(おんな)の人(ひと)	여자
階段(かいだん)	계단
買(か)い物(もの)	장보기, 쇼핑
鍵(かぎ)	열쇠
傘(かさ)	우산
方(かた)	~분(윗사람), ~하는 법
課長(かちょう)	과장

家内(かない)	집안, 아내	ご飯(はん)	밥
かばん	가방	頃(ころ)	경, 때, 즈음
考(かんが)え方(かた)	사고방식	今晩(こんばん)	오늘 밤
韓国(かんこく)	한국	財布(さいふ)	지갑
休日(きゅうじつ)	휴일	雑誌(ざっし)	잡지
牛肉(ぎゅうにく)	소고기	さとう	설탕
牛乳(ぎゅうにゅう)	우유	皿(さら)	접시, 그릇
去年(きょねん)(＝昨年(さくねん))	작년	さんぽ	산책
薬(くすり)	약	字(じ)	글자
果物(くだもの)	과일	試合(しあい)	시합
靴(くつ)	구두, 신발	塩(しお)	소금
靴下(くつした)	양말	辞書(じしょ)	사전
今朝(けさ)	오늘 아침	自然(しぜん)	자연
月(げつ)よう日(び)	월요일	自転車(じてんしゃ)	자전거
県(けん)	현(일본의 행정 단위)	自動車(じどうしゃ)	자동차
玄関(げんかん)	현관	市内(しない)	시내
元気(げんき)	건강, 기력	字引(じびき)	사전
高校生(こうこうせい)	고등학생	自分(じぶん)	나 자신, 스스로
校長(こうちょう)	교장	事務所(じむしょ)	사무소
交番(こうばん)	파출소	社員(しゃいん)	사원
公務員(こうむいん)	공무원	社長(しゃちょう)	사장
声(こえ)	목소리	自由(じゆう)	자유
国際(こくさい)	국제	習慣(しゅうかん)	습관
国内(こくない)	국내	授業(じゅぎょう)	수업
ここ	여기, 이곳	主人(しゅじん)	남편, 주인
言葉(ことば)	말, 언어, 단어	準備(じゅんび)	준비

□ しょうゆ	간장	□ 机(つくえ)	책상
□ 女子(じょし)	여자	□ 妻(つま)	(나의) 아내, 처
□ 女性(じょせい)	여성	□ 動物(どうぶつ)	동물
□ ～人(じん)	~(국가)인, 사람	□ 所(ところ)	곳, 장소
□ 数学(すうがく)	수학	□ 年(とし)	나이
□ 背(せ)	등, 키	□ 隣(となり)	옆, 이웃
□ 生徒(せいと)	학생	□ 鳥(とり)	새
□ 先日(せんじつ)	얼마 전, 며칠 전	□ 鶏肉(とりにく)	닭고기
□ 全部(ぜんぶ)	전부	□ 夏(なつ)	여름
□ 専門家(せんもんか)	전문가	□ 何度(なんど)	몇 번
□ そうじ	청소	□ 肉(にく)	고기, 살
□ そちら	그쪽, 거기, 당신(상대방을 칭할 때)	□ 日(にち)よう日(び)	일요일
		□ 日本語(にほんご)	일본어
□ 大学生(だいがくせい)	대학생	□ 西側(にしがわ)	서쪽
□ 大使館(たいしかん)	대사관	□ 庭(にわ)	정원
□ 台所(だいどころ)	부엌	□ ～人(にん)	~명(사람 수를 셀 때)
□ 建物(たてもの)	건물	□ 猫(ねこ)	고양이
□ 食(た)べ物(もの)	먹을 것, 음식	□ 年(ねん)	년, 해
□ 卵(たまご)	계란, 알	□ 年末(ねんまつ)	연말
□ だれ	누구	□ 乗(の)り物(もの)	탈 것, 교통수단
□ 誕生日(たんじょうび)	생일	□ 灰皿(はいざら)	재떨이
□ 地下鉄(ちかてつ)	지하철	□ 葉書(はがき)	엽서
□ 中学生(ちゅうがくせい)	중학생	□ 箸(はし)	젓가락
□ 中国(ちゅうごく)	중국	□ 始(はじ)め	처음, 시초
□ 駐車場(ちゅうしゃじょう)	주차장	□ 花火(はなび)	불꽃
□ 次(つぎ)	다음	□ 晴(は)れ	맑음

☐ 番号(ばんごう)	번호		☐ 毎年(まいとし)	매해, 매년
☐ 晩ご飯(ばんごはん)	저녁밥		☐ 毎晩(まいばん)	매일 밤
☐ 反対(はんたい)	반대		☐ 街(まち)	거리
☐ 半年(はんとし)	반 년		☐ 町(まち)	마을
☐ 飛行機(ひこうき)	비행기		☐ みかん	귤
☐ 美術館(びじゅつかん)	미술관		☐ 緑(みどり)	초록
☐ 百貨店(ひゃかてん)	백화점		☐ 皆さん(みなさん)	여러분
☐ 病院(びょういん)	병원		☐ 未来(みらい)	미래
☐ 病気(びょうき)	병, 질병		☐ 魅力(みりょく)	매력
☐ 昼(ひる)	낮		☐ 皆(みんな)	모두
☐ 昼ご飯(ひるごはん)	점심밥		☐ 眼鏡(めがね)	안경
☐ 封筒(ふうとう)	봉투		☐ 門(もん)	문
☐ 豚肉(ぶたにく)	돼지고기		☐ 問題(もんだい)	문제
☐ 部長(ぶちょう)	부장		☐ ～屋(や)	～(영업)집, ～가게
☐ 冬(ふゆ)	겨울		☐ 八百屋(やおや)	야채가게
☐ 風呂(ふろ)	목욕		☐ 野球(やきゅう)	야구
☐ 文化(ぶんか)	문화		☐ 役員(やくいん)	역원, 임원
☐ 文章(ぶんしょう)	문장		☐ 夕方(ゆうがた)	저녁
☐ 部屋(へや)	방, 집		☐ 郵便局(ゆうびんきょく)	우체국
☐ 勉強(べんきょう)	공부		☐ 洋服(ようふく)	양복
☐ ～方(ほう)	～쪽, ～편		☐ 横(よこ)	옆, 가로
☐ 僕(ぼく)	나(남성어 1인칭)		☐ 留学(りゅうがく)	유학
☐ 本社(ほんしゃ)	본사		☐ 留学生(りゅうがくせい)	유학생
☐ 本棚(ほんだな)	책장		☐ 両親(りょうしん)	부모님
☐ 本当(ほんとう)	정말, 진실		☐ 両方(りょうほう)	양쪽, 양쪽 모두
☐ 本屋(ほんや)	책방, 서점		☐ 旅行(りょこう)	여행

☐	りんご	사과		☐	かける	걸다
☐	冷蔵庫 (れいぞうこ)	냉장고		☐	貸す (か)	빌려주다
☐	廊下 (ろうか)	복도		☐	借りる (か)	빌리다
☐	若者 (わかもの)	젊은이		☐	消える (き)	꺼지다, 지워지다
☐	私 (わたし/わたくし)	나, 저		☐	切る (き)	자르다, 끊다
				☐	けす	끄다, 지우다

❷ 독해가 사랑하는 필수 동사 70

☐	開く (あ)	열리다		☐	こたえる	대답하다
☐	遊ぶ (あそ)	놀다		☐	こまる	곤란하다, 난처하다
☐	開ける (あ)	열다		☐	咲く (さ)	(꽃이) 피다
☐	上げる (あ)	올리다		☐	死ぬ (し)	죽다
☐	あびる	샤워하다, 끼얹다, 뒤집어쓰다		☐	閉まる (し)	닫히다
☐	ある	(물건, 사물이) 있다, 존재하다		☐	知る (し)	알다
☐	歩く (ある)	걷다		☐	すう	(담배) 피우다, (숨) 들이키다
☐	いる	(사람, 동물) 있다		☐	進む (すす)	진행하다
☐	要る (い)	필요하다		☐	住む (す)	살다, 거주하다
☐	動く (うご)	움직이다		☐	座る (すわ)	앉다
☐	歌う (うた)	(노래) 부르다		☐	出す (だ)	꺼내다, 제출하다
☐	売る (う)	팔다		☐	頼む (たの)	부탁하다, 의뢰하다
☐	送る (おく)	보내다		☐	ちがう	다르다
☐	怒る (おこ)	화내다		☐	使う (つか)	사용하다
☐	教える (おし)	가르치다		☐	疲れる (つか)	지치다
☐	押す (お)	누르다, 밀다		☐	着く (つ)	도착하다
☐	降りる (お)	(탈것) 내리다		☐	つける	붙이다, 달다, (전기 등) 켜다
☐	終わる (お)	끝나다		☐	作る (つく)	만들다
☐	返す (かえ)	갚다, 반납하다		☐	勤める (つと)	근무하다
				☐	出かける (で)	외출하다

☐ できる	할 수 있다		**❸ 독해가 사랑하는 필수 い형용사 50**	
☐ 通る	지나가다, 다니다		☐ 青い	파랗다
☐ 止まる	서다, 정지하다		☐ 赤い	빨갛다
☐ 取る	잡다, 쥐다		☐ 明るい	밝다
☐ 撮る	사진 찍다, 촬영하다		☐ 温かい	따뜻하다
☐ 泣く	울다		☐ 暑い	덥다
☐ なくす	잃다, 분실하다		☐ 熱い	뜨겁다
☐ 習う	배우다		☐ 厚い	두껍다
☐ 並ぶ	늘어서다, 줄 서다		☐ あぶない	위험하다
☐ 脱ぐ	벗다		☐ いい	좋다
☐ のぼる	오르다		☐ 忙しい	바쁘다
☐ 乗る	(탈 것) 타다, 탑승하다		☐ 痛い	아프다
☐ 始める	시작하다		☐ うすい	(두께) 얇다/ (농도) 연하다, 싱겁다
☐ 走る	달리다			
☐ 働く	일하다		☐ 美しい	아름답다
☐ 曲がる	돌다, 굽다, 꺾다		☐ おいしい	맛있다
☐ 待つ	기다리다		☐ 多い	많다
☐ 見られる	볼 수 있다		☐ 大きい	크다
☐ 持つ	가지다, 들다		☐ 遅い	(시기) 늦다/ (속도) 느리다
☐ 焼く	굽다		☐ おもい	무겁다
☐ やる	하다		☐ おもしろい	재미있다
☐ 呼ぶ	부르다		☐ 辛い	맵다
☐ 分かる	알다, 이해하다		☐ 軽い	가볍다
☐ わすれる	잊다		☐ かわいい	귀엽다
☐ わたる	건너다		☐ 黄色い	노랗다
			☐ 汚い	더럽다

☐ くらい	어둡다		
☐ 黒い（くろい）	검다		
☐ 寒い（さむい）	춥다		
☐ 少ない（すくない）	적다		
☐ 涼しい（すずしい）	시원하다		
☐ 狭い（せまい）	좁다		
☐ 楽しい（たのしい）	즐겁다		
☐ つよい	강하다		
☐ 遠い（とおい）	멀다		
☐ ない	없다		
☐ 早い（はやい）	(시기) 이르다		
☐ 速い（はやい）	(속도) 빠르다		
☐ 低い（ひくい）	낮다		
☐ 広い（ひろい）	넓다		
☐ 太い（ふとい）	굵다, 뚱뚱하다		
☐ ほしい	원하다, 갖고 싶다		
☐ 細い（ほそい）	가늘다, 날씬하다		
☐ まずい	맛없다, 서툴다, 곤란하다		
☐ 丸い（まるい）	둥글다		
☐ 短い（みじかい）	짧다		
☐ 難しい（むずかしい）	어렵다		
☐ 易しい（やさしい）	쉽다		
☐ 優しい（やさしい）	상냥하다		
☐ わかい	젊다		
☐ 悪い（わるい）	나쁘다		

❹ 독해가 사랑하는 필수 な형용사 20

☐ 安全だ（あんぜんだ）	안전하다
☐ いやだ	싫다, 이상하다, 불쾌하다
☐ 色々だ（いろいろだ）	다양하다, 여러 가지다
☐ 同じだ（おなじだ）	같다
☐ 可能だ（かのうだ）	가능하다
☐ 急だ（きゅうだ）	급하다, 급작스럽다
☐ きらいだ	싫어하다
☐ けっこうだ	훌륭하다/~해도 좋다/더 이상 괜찮다(사양)
☐ 静かだ（しずかだ）	조용하다
☐ 十分（充分）だ（じゅうぶんだ）	충분하다
☐ 大好きだ（だいすきだ）	매우 좋아하다
☐ 大変だ（たいへんだ）	힘들다, 큰일이다
☐ 特別だ（とくべつだ）	특별하다
☐ 賑やかだ（にぎやかだ）	번화하다, 북적거리다
☐ 暇だ（ひまだ）	한가하다
☐ 不便だ（ふべんだ）	불편하다
☐ 変だ（へんだ）	이상하다
☐ 下手だ（へただ）	못하다, 서툴다
☐ 楽だ（らくだ）	편하다, 안락하다
☐ 立派だ（りっぱだ）	훌륭하다, 위대하다

❺ 독해가 사랑하는 필수 부사, 접속사 35

☐ あちこち	여기저기
☐ 一番（いちばん）	제일, 가장

☐	いつも	늘, 항상	☐	なぜ	왜, 어째서
☐	多(おお)く	많이	☐	初(はじ)めて	처음으로
☐	おおぜい	많이	☐	まだ	아직
☐	主(おも)に	주로	☐	まっすぐ	쭉, 곧장
☐	けれども・けど	하지만, 그러나	☐	もう	이미, 벌써, 더
☐	先(さき)に	먼저	☐	もちろん	물론
☐	すると	그러자, 그러면	☐	よく	잘, 자주, 종종
☐	それから	그리고, 그 다음에			
☐	それでは	그럼			

❻ 독해가 사랑하는 필수 가타카나 30

☐	それとも	그렇지 않으면	☐	カレンダー	캘린더, 달력
☐	それに	게다가	☐	クラス	클래스, 학급
☐	そのうえ	게다가, 더욱이	☐	グラム	그램
☐	たいてい	거의, 대부분	☐	コップ	컵
☐	だいぶ	꽤, 상당히	☐	コート	코트
☐	だから	때문에	☐	コピー	카피, 복사
☐	たくさん	많이	☐	シャツ	셔츠
☐	たぶん	십중팔구, 다분히	☐	シャワー	샤워
☐	ちょうど	딱, 마침, 정확히	☐	スプーン	스푼
☐	ちょっと	잠시, 조금, 좀……(거절)	☐	ズボン	바지
☐	つねに	늘, 항상	☐	スリッパ	슬리퍼
☐	どうして	왜, 어째서	☐	タイプ	타입, 형태
☐	どうぞ	모쪼록, 부디(권유의 말투)	☐	チケット	티켓
☐	どうも	대단히, 아무래도, (여러 가지 뜻의 인사말)	☐	テキスト	텍스트, 교과서
☐			☐	ドア	문
☐	ときどき	때때로, 가끔	☐	トイレ	화장실
☐	とても	매우, 굉장히	☐	ニュース	뉴스

☐	フォーク	포크	☐	ボール	공, 볼
☐	プール	수영장	☐	ボールペン	볼펜
☐	ペン	펜	☐	マスコミ	매스컴
☐	ベッド	침대	☐	メートル	미터
☐	ペット	애완동물	☐	メニュー	메뉴
☐	ポイント	포인트	☐	レストラン	레스토랑
☐	ポケット	주머니			

2 독해가 사랑하는 필수 문법 및 표현

☐	いつか	언젠가	☐	～ても いい	～해도 좋다
☐	～か どうか	～(할)지 어떨지	☐	～な	～(하지) 마라
☐	～た あとで	～한 후에	☐	～ないで	～하지 않고(말고)
☐	～た ほうが いい	～하는 편이 좋다	☐	～ない ほうが いい	～하지 않는 편이 좋다
☐	～つもり	～(할) 생각(작정)	☐	～ながら	～하면서
☐	타동사 + て ある	～해져 있다	☐	～なくて	～하지 않아서
☐	～てから	～하고 나서	☐	なぜか	왠지
☐	できるだけ	가능한 한	☐	なにか	무언가, 뭔가
☐	～て しまう	～해 버리다, ～하고 말다	☐	～も	～이나(강조)
☐	～ては いけない	～해서는 안 된다	☐	～や～など	～랑 ～등(따위)

독해 어휘 확인 문제 ❶ [/ 18]

다음 단어의 일본어 표현으로 가장 알맞은 것을 a, b 중에서 고르시오.

1. 사이　　　　　(a あいだ　　b あした)
2. 외국　　　　　(a 外国(がいこく)　　b 海外(かいがい))
3. 내일　　　　　(a 明日(あした)　　b 来日(らいにち))
4. 감기　　　　　(a 風(かぜ)　　b 風邪(かぜ))
5. 언니(누나)　　(a 妹(いもうと)　　b 姉(あね))
6. 오전　　　　　(a 午前(ごぜん)　　b 午後(ごご))
7. 바다　　　　　(a 海(うみ)　　b 梅(うめ))
8. 시합　　　　　(a 試験(しけん)　　b 試合(しあい))
9. 영화　　　　　(a 英語(えいご)　　b 映画(えいが))
10. 사전　　　　 (a 辞書(じしょ)　　b 雑誌(ざっし))
11. 운전　　　　 (a 運転(うんてん)　　b 運動(うんどう))
12. 딸　　　　　 (a むすこ　　b むすめ)
13. 전기　　　　 (a 天気(てんき)　　b 電気(でんき))
14. 식당　　　　 (a 食事(しょくじ)　　b 食堂(しょくどう))
15. 역　　　　　 (a 駅(えき)　　b 店(みせ))
16. 생일　　　　 (a 誕生日(たんじょうび)　　b 曜日(ようび))
17. 과자　　　　 (a 菓子(かし)　　b 果物(くだもの))
18. 편지　　　　 (a 手紙(てがみ)　　b 切手(きって))

정답　1 a　2 a　3 a　4 b　5 b　6 a　7 a　8 b　9 b
　　　10 a　11 a　12 b　13 b　14 b　15 a　16 a　17 a　18 a

독해 어휘 확인 문제 ❷ [/ 18]

다음 단어의 일본어 표현으로 가장 알맞은 것을 a, b 중에서 고르시오.

1. 건강, 기력 (a 元気(げんき)   b 天気(てんき))
2. 요리 (a 料理(りょうり)   b 理解(りかい))
3. 전화 (a 電話(でんわ)   b 電気(でんき))
4. 가게 (a 店(みせ)   b 家(いえ))
5. 방학 (a 体(からだ)   b 休(やす)み)
6. 서점 (a 本屋(ほんや)   b 本店(ほんてん))
7. 음식 (a 飲(の)み物(もの)   b 食(た)べ物(もの))
8. 학생 (a 学生(がくせい)   b 大学(だいがく))
9. 말, 단어 (a 葉書(はがき)   b 言葉(ことば))
10. 질문 (a 新聞(しんぶん)   b 質問(しつもん))
11. 오른쪽 (a 右(みぎ)   b 左(ひだり))
12. 하루 (a 一日(ついたち)   b 一日(いちにち))
13. 공부 (a 勉強(べんきょう)   b 工夫(くふう))
14. 자전거 (a 自転車(じてんしゃ)   b 自動車(じどうしゃ))
15. 부모님 (a 両親(りょうしん)   b 家族(かぞく))
16. 아주머니 (a おばさん   b おばあさん)
17. 회사 (a 社会(しゃかい)   b 会社(かいしゃ))
18. 학교 (a 学校(がっこう)   b 高校(こうこう))

정답 1 a   2 a   3 a   4 a   5 b   6 a   7 b   8 a   9 b
     10 b   11 a   12 b   13 a   14 a   15 a   16 a   17 b   18 a

독해 어휘 확인 문제 ❸ [/ 18]

다음 단어의 일본어 표현으로 가장 알맞은 것을 a, b 중에서 고르시오.

1. 파랗다 　　　　(a あおい　　b あかい)
2. 적다 　　　　　(a 小さい　　b 少ない)
3. 밝다 　　　　　(a あかい　　b あかるい)
4. 넓다 　　　　　(a 広い　　　b 太い)
5. 덥다 　　　　　(a 熱い　　　b 暑い)
6. 쉽다 　　　　　(a やすい　　b やさしい)
7. 바쁘다 　　　　(a いそがしい　b うれしい)
8. 많다 　　　　　(a おおきい　b おおい)
9. 재미있다 　　　(a おいしい　b おもしろい)
10. 크다 　　　　　(a 大きい　　b 大い)
11. 새롭다 　　　　(a あたたかい　b あたらしい)
12. 희다 　　　　　(a しろい　　b くろい)
13. 춥다 　　　　　(a さむい　　b さびしい)
14. 작다 　　　　　(a ちいさい　b ちかい)
15. 즐겁다 　　　　(a つめたい　b たのしい)
16. 싸다 　　　　　(a やさしい　b やすい)
17. 가깝다 　　　　(a 近い　　　b 遠い)
18. 빠르다/이르다 　(a はやい　　b つめたい)

정답 1 a   2 b   3 b   4 a   5 b   6 b   7 a   8 b   9 b
10 a   11 b   12 a   13 a   14 a   15 b   16 b   17 a   18 a

독해 어휘 확인 문제 ❹   [/ 18]

다음 단어의 일본어 표현으로 가장 알맞은 것을 a, b 중에서 고르시오.

1. 예쁘다　　　　(a きらいだ　b きれいだ)
2. 튼튼하다　　　(a じょうぶだ　b じょうずだ)
3. 좋아하다　　　(a 好きだ　b いい)
4. 편리하다　　　(a 便利だ　b 不便だ)
5. 힘들다　　　　(a たいせつだ　b たいへんだ)
6. 충분(히)　　　(a 十分(じゅうぶん)　b 十分(じゅっぷん))
7. 번화하다　　　(a にぎやかだ　b ゆうめいだ)
8. 만나다　　　　(a あう　b いう)
9. 주다　　　　　(a あげる　b もらう)
10. 열다　　　　　(a 開ける　b 開く)
11. 노래하다　　　(a うたう　b ならう)
12. 빌리다　　　　(a 借りる　b 貸す)
13. 가다　　　　　(a 行く　b 来る)
14. 입다　　　　　(a 切る　b 着る)
15. 나가다　　　　(a 出す　b 出る)
16. 읽다　　　　　(a よむ　b のむ)
17. 사용하다　　　(a つかう　b うたう)
18. 들다　　　　　(a もつ　b まつ)

정답　1 b　2 a　3 a　4 a　5 b　6 a　7 a　8 a　9 a
　　　　10 a　11 a　12 a　13 a　14 b　15 b　16 a　17 a　18 a

독해 어휘 확인 문제 ❺ [/ 18]

다음 단어의 일본어 표현으로 가장 알맞은 것을 a, b 중에서 고르시오.

1. 주다 　　　　　　(a あげる　　b あける)
2. (물건이) 있다 　　(a いる　　　b ある)
3. 듣다 　　　　　　(a きく　　　b かく)
4. 빌려주다 　　　　(a 貸(か)す　　b 返(かえ)す)
5. 배우다 　　　　　(a 習(なら)う　　b 教(おし)える)
6. (탈것) 타다 　　　(a のる　　　b のむ)
7. 달리다 　　　　　(a 歩(ある)く　　b 走(はし)る)
8. 기다리다 　　　　(a 待(ま)つ　　b 持(も)つ)
9. 보다 　　　　　　(a 見(み)る　　b 見(み)せる)
10. 들어가다 　　　　(a 入(い)れる　　b 入(はい)る)
11. 열리다 　　　　　(a あく　　　b あける)
12. 곤란하다 　　　　(a こまる　　b しまる)
13. 만들다 　　　　　(a つくる　　b つける)
14. 일하다 　　　　　(a 働(はたら)く　　b 動(うご)く)
15. (비가) 내리다 　　(a 降(お)りる　　b 降(ふ)る)
16. 귀가하다 　　　　(a かえる　　b かえす)
17. 걷다 　　　　　　(a あくる　　b あるく)
18. 말하다 　　　　　(a はなす　　b さがす)

정답 1 a　2 b　3 a　4 a　5 a　6 a　7 b　8 a　9 a
10 b　11 a　12 a　13 a　14 a　15 b　16 a　17 b　18 a

독해 완전 정복을 위한 꿀팁!

장문을 읽으며 자칫 집중력이 흐트러질 수 있습니다. 때문에, 시험지의 여백에 중간중간 요점 정리를 해 가며 읽는 것이 효과적입니다. 또, 필자의 의도와 주장을 묻는 문항은 반드시 제시되므로, 글 주제가 집중되어 있는 마지막 후반부를 꼼꼼히 읽어야 합니다.

- **もんだい4 내용 이해(단문)**
  짧은 글이기 때문에, 문장 액면 그대로의 사실만 이해할 수 있으면 됩니다. 따라서 4개의 선택지를 먼저 읽어 보면, 독해 지문의 내용이 쉽게 파악되는 경우도 많아서 문제를 푸는 데 도움이 될 수 있습니다.

- **もんだい5 내용 이해(중문)**
  지문을 읽기 전에 먼저 문제의 질문을 읽으면 집중도를 높일 수 있습니다. 한 지문당 두 개의 질문이 있습니다. 흔히 필자의 생각, 인과관계, 이유 등을 묻는 문제가 주를 이룹니다. 따라서 각 단락별로 요점을 적어가면서 읽고, '따라서, 왜냐하면, 즉, 그러나' 등의 접속사가 있는 문장에 밑줄을 그으며 읽으면 힌트를 얻기 쉽습니다.

- **もんだい6 정보 검색**
  날짜, 기간, 기한, 요금, 할인 조건 등을 물어보는 형태가 주를 이룹니다. 역시 질문을 먼저 보고 이에 필요한 정보만을 항목별로 찾아냅니다. 이때 주의할 것은 '! / ※ / ☞ / 注意' 등의 예외나 특수한 조건을 알리는 표시는 정답과 직결되는 힌트가 숨어 있는 경우가 많으므로, 특히 주의하기 바랍니다.

1교시 독해

PART 2
유형별 집중 공략

- **내용 이해(단문) 실전 연습** p.208
- **내용 이해(중문) 실전 연습** p.218
- **정보 검색 실전 연습** p.226

もんだい 4

내용 이해(단문) 실전 연습 ❶   [/ 3]

もんだい4 つぎの (1)から (3)の ぶんしょうを 読んで、しつもんに こたえて ください。こたえは 1・2・3・4から いちばん いい ものを 一つ えらんで ください。

(1)

> きょう わたしは 山本くんの 家へ 行きました。きょうは かれの たんじょうびだからです。山本くんの おかあさんが 作った 日本料理を 食べました。とても おいしくて たくさん 食べました。それから、わたしたちは、テレビを 見ながら お茶を 飲みました。とても 楽しい 一日でした。

1 ぶんに ついて ただしいのは どれですか。
 1 山本くんは 料理を つくりました。
 2 山本くんは 料理が じょうずです。
 3 山本くんが わたしの 家に きました。
 4 山本くんは お茶を 飲みました。

(2)

> トーマスさんへ
>
> 　きのうは　どうも　ありがとう。おとといかぜで　韓国語の　じゅぎょうを　けっせきして　しまって、こまって　いましたが、トーマスさんに　ノートを　かりて　よかったです。かりた　ノートは　あしたの　あさ、つくえの　上に　おきます。それから　わたしが　作った　おかしも　いっしょに　おきます。　どうぞ　食べて　ください。
>
> 　では　また。
>
> 　　　　　　　　　　　　　　　　　　　　　　　　１０月　３日　木村より

2 ぶんに　ついて　ただしいのは　どれですか。
  1　木村さんは　10月　3日　けっせき　しました。
  2　木村さんは　おとといノートを　かりました。
  3　木村さんは　10月　4日　ノートを　かえします。
  4　木村さんは　トーマスさんに　おかしを　もらいました。

(3)

> 日本では、家に お客さんを しょうたいする とき、へやの 中で どこが 一番 いい せきか、二番目は どの せきか という ことが きまって います。年が 上の 人や お客さんは へやの ドアから とおい ところに すわって ドアから ちかい ところには その 家の 人が すわります。お茶や 食べ物などを お客さんに 持って きたり する とき、ドアから ちかい ほうが 便利だからです。

3 みほちゃんは 家に 先生を しょうたいしました。 みほちゃんは どの せきに すわるのが いいですか。

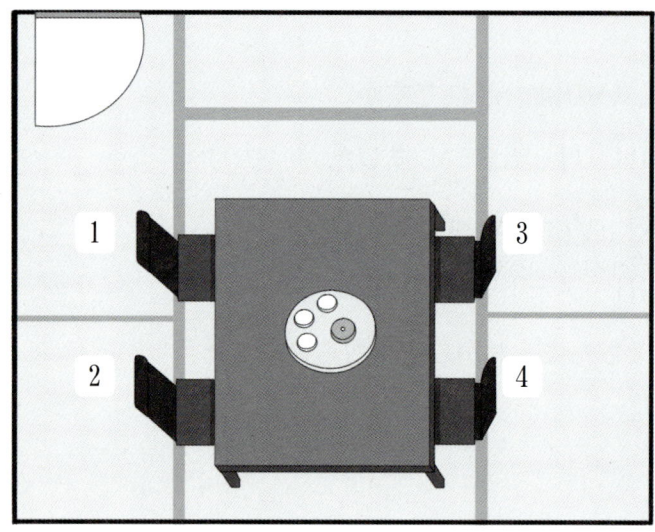

정답 1 ④ 2 ③ 3 ①

내용 이해(단문) 실전 연습 ❷

[/ 3]

もんだい4 つぎの (1)から (3)の ぶんしょうを 読んで、しつもんに こたえて ください。こたえは 1・2・3・4から いちばん いい ものを 一つ えらんで ください。

(1)

> 鈴木さんは 五人家族です。けっこんして いて、こどもが 二人 います。女の子と 男の子です。女の子は 大学生で、男の子は まだ 中学生です。鈴木さんの おくさんは 銀行で はたらいて います。その おくさんの いもうとさんも いっしょに すんで います。かのじょは 学校の 先生で いつも いそがしいです。

1 ぶんに ついて ただしいのは どれですか。
  1 鈴木さんは 銀行員で いつも いそがしいです。
  2 鈴木さんの むすめさんは 中学生です。
  3 おくさんは 鈴木さんと 同じ 銀行で はたらいて います。
  4 おくさんの いもうとさんは 学校で おしえて います。

(2)

　こんにちは。高木です。あしたの　パーティーですが、6時半から　はじめます。6時に　駅の　前で　待って　います。ぜんぶで　10人　来ます。駅の　前に　大きい　店が　あります。そこで　ケーキと　ビールを　買いましょう。しゃぶしゃぶに　つかう　にくや　やさいは　わたしが　持って　いきます。木村さんにも　つたえて　ください。

2 ぶんに　ついて　ただしいのは　どれですか。
1　木村さんは　きょうの　6時に　駅の　前で　待って　いる。
2　しゃぶしゃぶは　買わないで　高木さんが　つくる。
3　店で　ケーキや　やさいなどを　買う。
4　駅の　前の　店では　ビールを　うって　いる。

(3)

> わたしは 毎朝 6時に 起きる。そして、いつも ごはんを 食べる まえに シャワーを あびる。でも、きのう かぜを ひいて しまって、きょうは シャワーを あびないで かおだけ あらった。それから、新聞を 読みながら コーヒーを 飲んだ 後で、会社に 行った。

3 うえの ぶんの 人は きょう コーヒーを 飲む 前に 何を しましたか。

1　シャワーを あびた。
2　新聞を 読んだ。
3　かおを あらった。
4　会社に 行った。

정답　1 ④　2 ④　3 ③　　해석 및 해설 별책 p.20

내용 이해(단문) 실전 연습 ❸   [/ 3]

もんだい4 つぎの (1)から (3)の ぶんしょうを 読んで、しつもんに こたえて ください。こたえは 1・2・3・4から いちばん いい ものを 一つ えらんで ください。

(1)

わたしは 3年前、日本に りゅうがくに 来ました。いま 東京の アパートに ひとりで 住んで います。へやは 広いですが、駅から とおくて 便利じゃないです。もっと 駅から ちかい ところに 住みたいですが、<u>そんな へや</u>は とても 高いです。

1 <u>そんな へや</u>は どんな へやですか。
1 東京の アパート
2 もっと 広い へや
3 駅から ちかい へや
4 駅から とおくて 便利じゃない へや

(2)

お知らせ

クラスの みなさんへ。

　来月、サッカーの しあいが あります。しあいに 出たい 人は きょう 木村さんに 名前を 言って ください。電話でも メールでも いいです。そして サッカーの れんしゅうは 来週から はじまります。

―山下―

2 しあいに 出たい 人は どうしますか。
1 来月 電話で 名前を 言う。
2 きょう 木村さんに メールを おくる。
3 山下さんに 電話を かける。
4 来月から れんしゅうを はじめる。

(3)

> おはようございます。きょうの お天気です。
>
> きょうも つよい 風が ふくでしょう。きおんが 2度まで さがって、この 冬に 入って 一番 さむい 日に なるでしょう。午後からは だんだん くもって 雨が ふるでしょう。この 雨は 夜まで ずっと ふって あしたは もっと きおんが さがるでしょう。

3 ぶんに ついて ただしいのは どれですか。
1 きょうは 一日中 さむい。
2 午後から つよい かぜが ふく。
3 きょうより きのうの ほうが さむかった。
4 あしたは きょうより さむくない。

정답 1 ③ 2 ② 3 ①

내용 이해(단문) 실전 연습 ❹   [/ 3]

もんだい4 つぎの (1)から (3)の ぶんしょうを 読んで、しつもんに こたえて ください。こたえは 1・2・3・4から いちばん いい ものを 一つ えらんで ください。

(1)

日本人は お弁当が 大好きです。大きい 駅には、ほとんど お弁当を 売っている 店が あります。お弁当には その まちにしか ない おいしい ものが はいって います。これを「駅弁」と いいます。あまり 安く ないですが、とても おいしくて きれいです。わたしは 日本に 旅行に 行く 時、駅弁を 食べるのが たのしみです。

1 ぶんに ついて ただしいのは どれですか。

1. えきべんは 駅で 食べては いけない。
2. えきべんは その まちでしか 売って いない。
3. えきべんには その まちの おいしい ものが 入って いる。
4. えきべんは りょこうに 行く 時 売る。

(2)

ミナ：あしたは お正月ですね。あけまして おめでとうございます。

ゆき：えっ、ミナちゃん、それは お正月に なってから する あいさつですよ。その 前は 「よい お年を おむかえ ください」と 言います。

ミナ：あ、そうですか。じゃ、よい お年を おむかえ ください！

ゆき：はい、ミナちゃんも よい お年を……。

2 ぶんに ついて ただしいのは どれですか。
1 ゆきは お正月の あいさつを 知らなかった。
2 きょうは 12月 31日だ。
3 ミナは ゆきに あいさつを おしえました。
4 ゆきは はじめて お正月の あいさつを 聞いた。

(3)

わたしの 家は 会社から とおいです。まず、家から 駅まで バスが ないので、自転車で 行きます。自転車では 5分で 行く ことが できますが、歩くと 30分も かかるからです。それから、駅で 電車に のって 40分ぐらい 行くと 会社に つきます。

3 上の 人は 会社に 行く 時、どのくらい かかりますか。
1 30分
2 35分
3 45分
4 60分

もんだい 5

내용 이해(중문) 실전 연습 ❶　　　　　　　　　　　　　[　　/ 2]

もんだい5　つぎの　ぶんしょうを　読んで、しつもんに　こたえて　ください。こたえは 1・2・3・4から　いちばん　いい　ものを　一つ　えらんで　ください。

おばあさん。

お元気ですか。さっぽろは　まだ　さむいでしょう。いま　おきなわは　あたたかく　なって、もう　さくらが　さいて　います。きのうは　学校で　スピーチコンテストが　ありました。もちろん　わたしも　出ました。タイトルは「日本の　おまつり」でしたので、着物を　着て　出ました。着物は　友だちの　りえちゃんのを　かりました。ここの　着物は　おばあさんが　持っている　ものとは　ちょっと　ちがいます。りえちゃんの　おかあさんが　着物を　着るのを　手伝って　くださいました。とても　きれいで、わたしは　着物が　好きに　なりました。みんな　「きれいだね。」と　言って　うれしかったです。着物は　むずかしくて　一人では　上手に　着ることが　できませんが、いつか　着物の　着かたを　習いたいと　思います。スピーチは　ぜんぜん　だめでしたが、でも　着物の　おかげで　<u>たのしい　一日</u>でした。

あ、そろそろ　じゅぎょうが　始まる　時間です。

また、れんらくしますね。

　　　　　　　　　　　　　　　　　　　　　　　　　ようこより

1 ぶんに ついて ただしいのは どれですか。

1 りえは 着物を 着て スピーチコンテストに 出た。

2 りえの おかあさんが 着物を かして くれた。

3 ようこは いま おきなわで 学校に かよって いる。

4 ようこの おかあさんは さっぽろに 住んで いる。

2 たのしい 一日と 言った 理由は なぜですか。

1 スピーチコンテストで うまく できたから。

2 着物の 着かたを 習いたいから。

3 りえの おかあさんが 着物を 着るのを 手伝って くれたから。

4 みんなが きれいだと 言って くれたから。

내용 이해(중문) 실전 연습 ❷   [/ 2]

もんだい5 つぎの ぶんしょうを 読んで、しつもんに こたえて ください。こたえは 1·2·3·4から いちばん いい ものを 一つ えらんで ください。

　先月、わたしの 家の 近くに 新しい たこやきの 店が できました。わたしは このごろ、この 店に よく 行って います。「たこやき ばんざい」と いう 店ですが、とても おいしいです。たこやきというのは 小さくて まるい 食べ物です。中には たこが 入って います。
　この 店は 小さいですが、駅から 近くて いつも 人が 多いです。元気な おじさんと おばさんが 二人で 作って 売って います。この 店の 前を 通ると とても いい においが します。店は 午前 11時から 午後 11時まで 開いて います。わたしは 学校が 終わって から、よく 行きます。水曜日は 30円 安くなるので、人が もっと 多く なります。この 店の たこやきは とても おいしいので、みなさんも ぜひ 行って みて ください。

1 ぶんに ついて ただしいのは どれですか。

1. たこやきは 30円で 安い。
2. おじさんが たこやきを 作って おばさんが 売って いる。
3. たこやきの 中には おこのみやきが 入って いる。
4. この 店は 駅の 近くに ある。

2 水曜日は どうして 人が 多く なりますか。

1. この 店の たこやきは とても おいしいから。
2. 駅から 近いから。
3. ねだんが 安く なるから。
4. この 店の 前を 通ると いい においが するから。

정답 1 ④ 2 ③

내용 이해(중문) 실전 연습 ❸ [/ 2]

もんだい5 つぎの ぶんしょうを 読んで、しつもんに こたえて ください。こたえは 1·2·3·4から いちばん いい ものを 一つ えらんで ください。

9月 3日 日曜日

わたしは きょう、ちえちゃんと いっしょに デパートへ 行った。あしたは けんくんの 誕生日だから、かれに あげる プレゼントを 買いに 行った。あさ 10時に 家を 出て、地下鉄に のって 行った。家から デパートまで 1時間ぐらい かかった。デパートの 前で 待っていたら、ちえちゃんから すこし おくれると 電話が あって、わたしは 先に デパートの 中に 入った。

なかには いろいろな ものが たくさん あった。一人で プレゼントを えらぶのは ほんとうに むずかしかった。すぐ ちえちゃんが 来て、ふたりで さいふと かわいい ぼうしを 買った。それから わたしたちは デパートを 出て、近くの ラーメン屋で 食事を した。

1 ぶんに ついて ただしいのは どれですか。
   1 ちえちゃんは ひとりで さいふと ぼうしを 買った。
   2 けんくんは 1時間ぐらい おくれた。
   3 きょうは けんくんの 誕生日だ。
   4 ラーメンを 食べる 前に デパートへ 行った。

2 どうして 先に デパートの 中に 入ったと 言って いますか。
   1 デパートの 前で 待って いたから
   2 あした けんくんの 誕生日だから
   3 ひとりで えらぶのは むずかしいから
   4 ちえちゃんが おくれると いったから

정답 1 ④ 2 ④   해석 및 해설 별책 p.31

내용 이해(중문) 실전 연습 ❹   [/ 2]

もんだい5 つぎの ぶんしょうを 読んで、しつもんに こたえて ください。こたえは 1・2・3・4から いちばん いい ものを 一つ えらんで ください。

　ぼくは 高校を 卒業して スーパーと レストランで アルバイトを して います。友だちは みんな 大学へ 行きましたが、ぼくは 勉強 したい ことが なにか わかりませんでした。それで、大学に 入っても 意味が ないと 思いました。

　でも、さいきん 英語と 韓国語の 勉強を して います。高校生の ときは 英語が にがてでしたが、いまは 英語の 勉強を している 時間が とても 楽しいです。

　ぼくは はたらいた お金で 外国へ 行って、いろいろな ことを 経験(注)したいです。そうすると ほんとうに 自分が したい ことが わかるように なると 思います。その時、大学に 行って 勉強する つもりです。

（注）経験：自分で 見たり、聞いたり、行ったり する こと

1 この 人に ついて ただしいのは どれですか。
1 外国で アルバイトを して いる。
2 大学で 英語と 韓国語を べんきょうして いる。
3 いまは 何を べんきょうしたいか わからない。
4 いつか 外国の 大学に 行きたいと 思って いる。

2 その時と あるが それは いつですか。
1 外国に 行った 時。
2 いろいろ 経験した 時。
3 英語の べんきょうを して いる 時。
4 大学で べんきょうしたい ことが わかった 時。

もんだい6

정보 검색 실전 연습 ❶ [/ 1]

もんだい6 右の ページを 見て、下の しつもんに こたえて ください。こたえは 1・2・3・4から いちばん いい ものを 一つ えらんで ください。

わたしは 大学生で、いま 日本で 勉強して います。毎日 5時に じゅぎょうが おわって 家に かえります。土曜日は いつも ボランティアに 行きます。それは 3時に はじまって 6時に おわります。

ある 日、学校の 前の ラーメン屋に 書いて ある のを 読んで、アルバイトが したくて、行って みましたが、この アルバイトは わたしには できませんでした。

しつもん どうして アルバイトが できませんでしたか。

1 外国人で 大学生だから。
2 ラーメンを つくる 人を さがして いるから。
3 じゅぎょうが 5時に おわるから。
4 週末も はたらく ことが できる 人を さがして いるから。

ラーメン屋 アルバイト
いっしょに はたらきませんか。

- 長く はたらく ことが できる 人
- 週末も できる 人
- 外人でも 高校生でも できます

仕事	ラーメンを はこぶ/さらを 洗う
時間	午後 7時～11時 1,100円/1時間

＊週末は 午後 3時から～11時まで

정보 검색 실전 연습 ❷ [/ 1]

もんだい6 右の ページは さくら図書館の お知らせです。それを 見て、下の しつもんに こたえて ください。こたえは 1・2・3・4から いちばん いい ものを 一つ えらんで ください。

しつもん　きょう 田中さんが さくら図書館に 行って した ことで ただしいのは どれですか。

1　午前 10時に 行って 本 二冊と ざっしを 借りて きた。
2　午後 3時に 行って お金を はらって ざっしを コピーして きた。
3　午後 1時に 行って コピーする 時、カウンターの 人に 読書カードを 見せた。
4　午前 11時に 行って コピーカードで 本を 二冊 コピーして きた。

さくら図書館

さくら図書館の おしらせ！

● 時間
　午前9時～午後11時

● 本を 借りる 時
　▲ 2冊まで 二週間 借りる ことが できます。
　▲ ざっしと 辞書は 借りる ことが できません。
　▲ カウンターの 人に 図書カードを 見せて ください。

● コピーする 時
　午前10時から 午後4時まで できます。

　＊ コピーの 時は コピーカードを 使って ください。
　＊ コピーカードは カウンターで 買う ことが できます。

정보 검색 실전 연습 ❸   [/ 1]

もんだい6 右の ページを 見て、下の しつもんに こたえて ください。こたえは 1・2・3・4から いちばん いい ものを 一つ えらんで ください。

　家の 近くの 公園で 「こども テニス きょうしつ」の 案内を 見ました。うちの むすめと むすこ、二人とも 夏休みの あいだ、あさ はやく 起きて テニス きょうしつに 行きたいと 言って います。でも いま 3年生の むすめは 週末は いつも おばあさんの 家に 行っていて、5年生の むすこは 毎週 火曜日の あさ 英語の 学校に 通って います。

しつもん　二人が いっしょに 行く ことが できる クラスは どれですか。そして 授業料は ぜんぶで いくらに なりますか。

1　月・水・金の　午後(1)　　/ 14,500円
2　月・水・金の　午前　　　 / 29,000円
3　火・木の　午前　　　　　 / 17,000円
4　土・日の　午前　　　　　 / 20,000円

こども テニス きょうしつ

小学生なら だれでも どうぞ。

〔1カ月の 授業料〕

	午前 (9:00〜11:00)	午後(1) (13:00〜14:30)	午後(2) (15:00〜16:30)
月・水・金	14,500円	12,500円	12,500円
火・木	8,500円	7,500円	7,500円

	午前 (9:00〜11:30)	午後(1) (13:00〜15::30)	×
土・日	10,000円	10,000円	×

ところ：みなみ公園の テニスコート

정보 검색 실전 연습 ❹   [/ 1]

もんだい6 右の ページを 見て、下の しつもんに こたえて ください。こたえは 1・2・3・4から いちばん いい ものを 一つ えらんで ください。

友だちと 二人で もり温泉に 行きます。あした 東京駅で 8時に 会います。できるだけ はやく 温泉に 着きたいです。

しつもん　どうやって 行くのが いちばん 安いですか。

1　さくら1
2　ほたる1
3　さくら2
4　ほたる2

電車の時間

	東京駅 ➡	みたけ駅
ほたる1	08:10	08:40
さくら1	08:20	09:10
ほたる2	08:50	09:20
さくら2	09:20	10:10
ほたる3	09:50	10:20

(お金：さくら 1500円／ほたる 2000円)

バスの時間

みたけ駅 ➡	もり温泉
09:30	09:40
09:50	10:00
10:30	10:40
10:50	11:00

정답 ①

2교시

2교시 시험시간 14:55 ~ 15:30

청해

2교시

청해

もんだい1 과제 이해
もんだい2 포인트 이해
もんだい3 발화 표현
もんだい4 즉시 응답

청해 완전 정복을 위한 꿀팁!

방송에 따라 순차적으로 문제를 풀어가기 때문에, 중간에 놓쳐버린 내용에 연연하다 보면 나머지 문항을 모두 망쳐 버리기 쉽습니다. 따라서 매 문제마다 새로운 마음으로 고도의 집중력을 발휘할 수 있는 침착성이 중요합니다.

● もんだい 1 과제 이해
대화문이나 설명문을 듣고, 그 이후 문제 해결을 위해 적절한 것은 어느 것인지를 묻는 형태입니다. 혹은 그 이후 일어난 결과를 묻기도 합니다. 문제에서 요구하는 과제를 누가 하는지, 무엇을 언제까지 하는지, 무엇이 필요한지를 파악해야 합니다.

● もんだい 2 포인트 이해
방송을 듣기 전에 선택지를 읽을 시간이 주어지므로, 어떤 분야의 내용인지 예상할 수 있습니다. 질문은 주로 화자의 현재 심정이나 사건의 이유를 물어보는 경우가 많으므로, 앞으로의 상황을 유추하지 말고 액면 그대로의 사실에 부합되는 선택지를 고르는 것이 바람직합니다.

● もんだい 3 발화 표현
그림의 상황을 보면서 화살표의 사람이 할 수 있는 말을 예상할 수 있습니다. N5에서는 일상의 대화에서 즉각적이고 반사적으로 말하는 인사 표현이나 관용적 표현이 주를 이루고 있으므로 기초적인 표현이라도 암기에 게을러서는 안 됩니다.

● もんだい 4 즉시 응답
그림이나 선택지가 제시되지 않기 때문에, 예상할 수 없는 상태에서 문제를 풉니다. 상대방의 말에 어떤 응답을 해야 하는지 즉각적인 판단력을 요구하는 문제로, 혹시 문제를 놓치게 되더라도 연연해하지 말고 바로 다음 문제에 임해야 합니다.

2교시 청해

PART 1

워밍업

1. 비법 전수
2. 비법 어휘

1 비법 전수

もんだい1 과제 이해

●● 유형 분석

1 7문항이 출제된다.
2 대화 다음에 무엇을 해야 하는지, 어떠한 일이 일어나는지를 묻는 문제.
  학교, 회사, 집, 거리 등 실제의 일상적인 대화가 주된 내용이다.
  선택지는 그림과 텍스트의 두 가지로 시험지에 제시된다.
3 출제 유형
  (1) 어떤 행동을 할 수 있거나 해야 하는 사람이 누구인지 고르기
      질문 예) 남자(여자)는 앞으로 무엇을 합니까?
              남자(여자)는 무엇을 하지 않으면 안 됩니까?
  (2) 물건의 모양이나, 물건 혹은 장소의 위치를 묻고 안내하는 문제가 반드시 출제된다.
      질문 예) 남자(여자)는 어떤 물건을 삽니까?
              (어떤) 장소는 어디에 있습니까?

✓ 시간 단축을 위해 문제 시작 전에 선택지를 미리 읽어 두자!
✓ 어떤 상황인지 예상하고 과제를 해결해야 할 인물을 파악하자!
✓ 약속 시간이나 제출 마감 등 시간 관련 문제가 반드시 출제되므로 숫자 읽기에 주의!
✓ 그림이 제시되는 경우 모양(형용사)과 위치(위치명사와 조사)가 결정적인 힌트가 된다.

예시 문제  01-01.mp3

もんだい 1

　もんだい1では、はじめに　しつもんを　きいて　ください。　それから　はなしを　きいて、もんだいようしの　1から4の　なかから、いちばん　いい　ものを　ひとつ　えらんで　ください。

れい

1 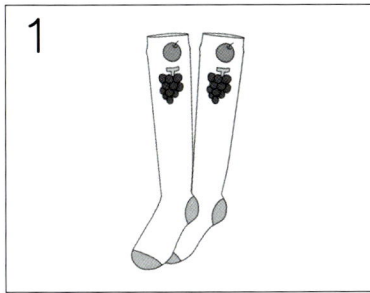	2 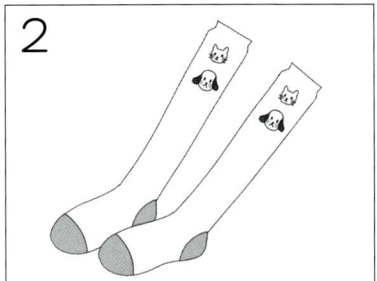
3 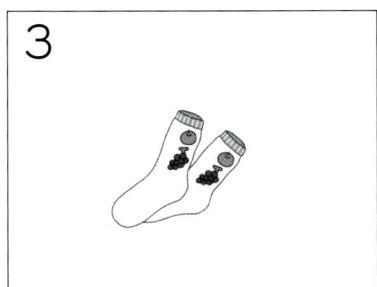	4 

정답 2

스크립트와 해석

店で、男の人と 店の人が 話しています。男の人は、どの靴下を買いますか。	가게에서 남자와 점원이 이야기하고 있습니다. 남자는 어느 양말을 삽니까?
F いらっしゃいませ。	F 어서 오세요.
M 靴下を見せてください。	M 양말 좀 보여 주세요.
F はい。長いのと短いのがありますが。	F 네, 긴 것과 짧은 것이 있습니다만.
M 長いのをお願いします。	M 긴 것을 부탁해요.
F はい。果物の絵と動物の絵があります。どちらがいいですか。	F 네. 과일 그림과 동물 그림이 있어요. 어느 쪽이 좋으세요?
M 動物のをください。	M 동물 그림으로 주세요.
男の人は、どの靴下を買いますか。	남자는 어느 양말을 삽니까?

풀이 과제는 '어느 양말을 삽니까?'로, 결국 선택된 물건을 고르는 문제이다. 물건의 모습을 묘사하는 형용사가 가장 큰 힌트가 되므로 長い와 短い 중 남자의 長いのをお願いします를 듣고, 1번과 2번으로 정답 범위를 좁힌 후, 양말에 있는 果物, 動物의 단어 중 남자의 動物のをください를 듣고 2번을 선택하면 된다. 이렇게 그림이 제시되는 문항의 경우, 이야기를 듣는 도중에 정답과 거리가 먼 그림들을 제외시켜 가는 것이 좋다.

단어 店 가게 | 話す 이야기하다 | 買う 사다 | 靴下 양말 | 長い 길다 | 短い 짧다 | 果物 과일 | 絵 그림 | 動物 동물 | どちら 어느 쪽 | いい 좋다

もんだい 2　포인트 이해

●● 유형 분석

1 6문항이 출제된다.
2 대화 다음에 구체적인 정보나 전체 내용의 주제를 묻는 문제.
　학교, 회사, 집, 거리, 문화, 안내 방송, 설명문 등 실제의 일상적인 대화가 주된 내용이다.
　선택지는 그림과 텍스트의 두 가지로 제시된다.
　질문을 먼저 듣고, 이야기가 전개되며, 이야기가 끝난 후 질문을 한 번 더 듣는다.
3 출제 유형
　(1) 물건의 모양이나, 물건 혹은 장소의 위치를 묻고 안내하는 문제가 반드시 출제된다.
　(2) 질문은 언제, 어디서, 누가, 무엇을, 어떻게, 왜 등 구체적인 의문사로 이루어진다.

✓ 미리 주어지는 질문을 잘 듣는 것이 중요하다.
✓ 문제 시작 전에 선택지를 미리 읽어 두자.
✓ 역접 조사(しかし・でも・けど)에 주의하자!
✓ 그림이 있는 경우 그림에 ○/×를 체크하며 듣자!

예시 문제　🎧 01-02.mp3

もんだい 2

　もんだい 2では　はじめに　しつもんを　きいて　ください。それから　はなしを　きいて、もんだいようしの　1から4の　なかから、いちばん　いい　ものを　ひとつ　えらんで　ください。

れい

1　としょかん
2　えき
3　デパート
4　レストラン

정답 3

스크립트와 해석

男の人と 女の人が 話しています。男の人は 昨日、どこへ 行きましたか。男の人です。

M 山田さん、昨日どこかへ 行きましたか。
F 図書館へ 行きました。
M 駅のそばの図書館ですか。
F はい。
M 僕は山川デパートへ 行って、買物をしました。
F え、私も昨日の夜、山川デパートのレストランへ 行きましたよ。
M そうですか。

男の人は 昨日、どこへ 行きましたか。

1 としょかん
2 えき
3 **デパート**
4 レストラン

남자와 여자가 이야기하고 있습니다. 남자는 어제 어디에 갔습니까? 남자입니다.

M 야마다 씨, 어제 어딘가 갔나요?
F 도서관에 갔어요.
M 역 옆의 도서관이요?
F 네.
M 저는 야마카와 백화점에 가서 쇼핑을 했어요.
F 앗, 저도 어젯밤에 야마카와 백화점의 레스토랑에 갔어요.
M 그렇습니까?

남자는 어제 어디에 갔습니까?

1 도서관
2 역
3 **백화점**
4 레스토랑

풀이 질문의 포인트는 '어디'와 '남자'이다. 즉 남자가 갔던 장소에만 집중하며 대화를 들으면 된다. 그 외 여성의 일정에 대해서는 모르는 단어가 있었더라도 정답에는 중요하지 않다. 야마카와 백화점에 가서 쇼핑을 했다는 남자의 대사만으로 쉽게 정답 3번을 고를 수 있다. 비슷한 대화에서 '남자는 백화점에서 무엇을 했습니까?'라고 묻는 형식으로 활용될 수도 있으니 男の人はデパートで何をしましたか를 익혀 두는 것도 좋다.

단어 男の人 남자 | 女の人 여자 | 話す 이야기하다 | 昨日 어제 | どこ 어디 | 行く 가다 | どこか 어딘가 | 図書館 도서관 | 駅 역 | そば 옆 | 僕 나(남성어) | デパート 백화점 | 買物 쇼핑 | 夜 밤 | レストラン 레스토랑

もんだい 3 발화 표현

●● 유형 분석

1 5문항이 출제된다.
2 그림을 보면서 상황에 맞는 대답이나 질문을 즉각적으로 선택할 수 있는지를 묻는 문제이다.
   학교, 회사, 집, 거리 등 일상생활 장면이 주된 대화 내용이다.
   선택지는 3개이며, 문제지에 인쇄되어 있지 않고 음성으로 제시된다.
3 출제유형
   (1) 대화를 듣고 그림의 화살표가 표시된 사람의 발화에 해당하는 표현을 고르는 형식이다.
       모든 질문이 '화살표의 사람은 뭐라고 말합니까?' 형식이다.
   (2) 화살표가 표시된 사람의 발화는 주로 '허가, 부탁, 의뢰, 요구' 등의 표현이다.

✓ 그림을 보고 최대한 빨리 어떤 상황인지를 파악해 본다.

✓ 평소 인사 표현이나 관용적 표현을 암기해 두는 것이 중요하다.

✓ 안부, 감사, 사과, 명절, 병문안, 방문 등 상황별 기본 표현을 확실하게 익혀 둔다.

예시 문제 🎧 01-03.mp3

もんだい 3

　もんだい3では、えを みながら しつもんを きいて ください。
➡ (やじるし)の ひとは なんと いいますか。1から3の なかから、いちばん いい ものを ひとつ えらんで ください。

れい

정답 3

스크립트와 해석

レストランで お店の人を 呼びます。何と 言いますか。	레스토랑에서 점원을 부를 겁니다. 뭐라고 말합니까?
F　1　いらっしゃいませ。 　　2　失礼しました。 　　3　すみません。	F　1　어서 오십시오. 　　2　실례했습니다. 　　3　실례합니다.

풀이　すみません은 '사과/감사/말 걸 때/(방문)실례하겠습니다'의 네 가지 표현으로 쓰이는 의사소통 표현이다. 그림에서 지나가는 점원에게 말을 걸기 위해 할 수 있는 표현으로는 3번이 적합하다.

단어　レストラン 레스토랑 | 店 가게 | 呼ぶ 부르다 | いらっしゃいませ 어서 오세요 | 失礼しました 실례했습니다 | すみません 실례합니다

もんだい4 즉시 응답

●● 유형 분석

1 6문항이 출제된다.
2 선택지가 문제지에 인쇄되어 있지 않다.
3 상대방의 짧은 말이나 질문에 가장 적절한 응답을 찾는 문제이다.
4 선택지는 3개이며, 정답을 고르는 데 시간적인 여유가 충분하지는 않으니 정답을 고를 때 너무 고민하지 않도록 한다.
5 출제 유형
　(1) 모든 문항은 A와 B의 일대일 대화의 형식이다.
　(2) 기본적인 인사 표현과 허가, 부탁, 의뢰, 요구 등에 대한 답변이 많다.

✓ 다음 문제를 푸는 데 지장이 없도록 순발력 있게 풀기!
✓ 평소에 인사 표현이나 관용 표현의 암기를 해 둘 것!
✓ 한 문제를 놓치더라도 연연해하지 말고, 다음 문제에 집중할 것!

예시 문제

もんだい 4

もんだい４は、えなどが ありません。ぶんを きいて、１から３の なかから、いちばん いい ものを ひとつ えらんで ください。

－ メモ －

정답 3

스크립트와 해석

M 田中さん、その 荷物を 持ちましょうか。
F 1 どういたしまして。
　 2 持ちませんでした。
　 3 ありがとうございます。

M 다나카 씨, 그 짐 들어 드릴까요?
F 1 천만에요.
　 2 들지 않았습니다.
　 3 감사합니다.

풀이 ~ましょうか는 '~(할)래요?'와 '~(해) 드릴까요?'의 두 가지 뜻을 가진다. "짐을 들어드릴까요?" 하고 묻는 말에 감사의 표현을 전달해야 하므로 3번이 정답이다.

단어 荷物 짐 | 持つ 들다 | どういたしまして 천만에요

2 비법 어휘

1 주제별 청해 필수 어휘

❶ 일상생활

☐ 朝(あさ)	아침		☐ かど	모퉁이
☐ 足(あし)	발, 다리		☐ かぶる	(모자 등을) 쓰다
☐ 遊(あそ)ぶ	놀다		☐ 川(かわ)	강
☐ 後(あと)	후, 나중		☐ 木(き)	나무
☐ あぶない	위험하다		☐ 聞(き)く	듣다, 물어보다
☐ 雨(あめ)	비		☐ 切(き)る	자르다, 끊다
☐ 言(い)う	말하다, 언급하다		☐ 口(くち)	입
☐ 入(い)れる	넣다		☐ 国(くに)	나라, 고국
☐ 上(うえ)	위		☐ 暗(くら)い	어둡다
☐ うすい	(두께)얇다, (농도)연하다, 싱겁다		☐ 来(く)る	오다
☐ おく	두다, 놓다		☐ 車(くるま)	자동차
☐ 覚(おぼ)える	기억하다, 외우다		☐ 公園(こうえん)	공원
☐ おもしろい	재미있다		☐ 午後(ごご)	오후
☐ 泳(およ)ぐ	헤엄치다		☐ 午前(ごぜん)	오전
☐ 返(かえ)す	갚다, 반납하다, 돌려주다		☐ 午前中(ごぜんちゅう)	오전 중
☐ かかる	걸리다		☐ 答(こた)える	대답하다
☐ 書(か)く	(글 따위를) 쓰다		☐ こちら	이쪽, 여기, 나(스스로를 칭할 때)
☐ 風(かぜ)	바람		☐ 困(こま)る	곤란하다, 난처하다
☐ 風邪(かぜ)	감기		☐ さんぽ	산책
			☐ 時間(じかん)	시간

☐ 下(した)	아래, 밑		☐ パーティー	파티
☐ 閉(し)める	닫다, 잠그다		☐ バス	버스
☐ 丈夫(じょうぶ)だ	튼튼하다, 견고하다		☐ 話(はな)す	이야기하다
☐ 白(しろ)い	희다		☐ 半分(はんぶん)	절반
☐ 新聞(しんぶん)	신문		☐ 引(ひ)く	끌다, 당기다
☐ 少(すく)ない	적다		☐ 左(ひだり)	왼쪽
☐ スポーツ	스포츠		☐ 古(ふる)い	낡다, 오래되다
☐ 先週(せんしゅう)	지난주		☐ ページ	페이지
☐ 空(そら)	하늘		☐ 本(ほん)	책
☐ 大丈夫(だいじょうぶ)だ	괜찮다, 거뜬하다		☐ 毎朝(まいあさ)	매일 아침
☐ 大切(たいせつ)だ	소중하다, 중요하다		☐ 毎週(まいしゅう)	매주
☐ 立(た)つ	서다		☐ 毎日(まいにち)	매일
☐ 小(ちい)さい	작다		☐ 前(まえ)	앞
☐ 近(ちか)い	가깝다		☐ 窓(まど)	창문
☐ 違(ちが)う	다르다		☐ 右(みぎ)	오른쪽
☐ 地図(ちず)	지도		☐ 見(み)せる	보여주다
☐ 冷(つめ)たい	차갑다		☐ 道(みち)	길
☐ つよい	강하다		☐ 南(みなみ)	남쪽
☐ 手(て)	손		☐ 耳(みみ)	귀
☐ 手紙(てがみ)	편지		☐ 目(め)	눈
☐ 電気(でんき)	전기		☐ 山(やま)	산
☐ 天気(てんき)	날씨		☐ 有名(ゆうめい)だ	유명하다
☐ 飛(と)ぶ	날다		☐ 雪(ゆき)	눈
☐ 長(なが)い	길다		☐ わかい	젊다
☐ 名前(なまえ)	이름		☐ 忘(わす)れる	잊다
☐ 登(のぼ)る	오르다			

❷ 사회 활동

☐	駅（えき）	역
☐	英語（えいご）	영어
☐	多い（おおい）	많다
☐	おもい	무겁다
☐	降りる（おりる）	(탈것) 내리다
☐	外国（がいこく）	외국
☐	会社（かいしゃ）	회사
☐	学校（がっこう）	학교
☐	教室（きょうしつ）	교실
☐	銀行（ぎんこう）	은행
☐	先（さき）	앞, 먼저, 나중
☐	試合（しあい）	시합
☐	辞書（じしょ）	사전
☐	質問（しつもん）	질문
☐	宿題（しゅくだい）	숙제
☐	食堂（しょくどう）	식당
☐	上手だ（じょうずだ）	잘하다, 능숙하다
☐	先生（せんせい）	선생님
☐	電車（でんしゃ）	전차
☐	電話（でんわ）	전화
☐	図書館（としょかん）	도서관
☐	友だち（ともだち）	친구
☐	便利だ（べんりだ）	편리하다
☐	休み（やすみ）	휴일, 휴가, 방학

❸ 가정

☐	温かい・暖かい（あたたかい）	따뜻하다
☐	兄（あに）	오빠, 형
☐	アパート	아파트
☐	あびる	샤워하다, 끼얹다, 뒤집어쓰다
☐	洗う（あらう）	씻다, (세탁물) 빨다
☐	生まれる（うまれる）	태어나다
☐	お母さん（おかあさん）	어머니
☐	起きる（おきる）	일어나다
☐	男（おとこ）	남자
☐	男の子（おとこのこ）	남자아이
☐	大人（おとな）	어른, 성인
☐	女（おんな）	여자
☐	女の子（おんなのこ）	여자아이
☐	辛い（からい）	맵다
☐	カレンダー	캘린더, 달력
☐	消す（けす）	끄다, 지우다
☐	元気だ（げんきだ）	건강하다
☐	子ども（こども）	아이, 어린이
☐	写真（しゃしん）	사진
☐	シャワー	샤워
☐	外（そと）	밖
☐	そば	옆, 곁
☐	楽しい（たのしい）	즐겁다
☐	食べる（たべる）	먹다
☐	父（ちち）	아빠, 아버지

☐ 出る	나가(오)다		☐ 紅茶	홍차
☐ 中	안, 가운데		☐ 魚	생선, 물고기
☐ 母	엄마, 어머니		☐ シャツ	셔츠
☐ 見る	보다		☐ スカート	스커트
☐ 休む	쉬다		☐ 好きだ	좋아하다
☐ 読む	읽다		☐ 高い	높다, 비싸다
			☐ チケット	티켓
			☐ 出口	출구

❹ 쇼핑

☐ 会う	만나다		☐ デパート	백화점
☐ 新しい	새롭다		☐ 時計	시계
☐ 甘い	달다		☐ どちら	어느 쪽
☐ 行く	가다		☐ 何 (なに)	무엇
☐ いくら	얼마		☐ 並べる	늘어놓다
☐ 入り口	입구		☐ 何 (なん)	무엇, 몇
☐ 色々だ	다양하다, 여러 가지다		☐ 飲み物	마실 것, 음료수
☐ エスカレーター	에스컬레이터		☐ 飲む	마시다
☐ エレベーター	엘리베이터		☐ 入る	들어가(오)다
☐ 円	엔		☐ はく	신다, (하의) 입다
☐ お金	돈		☐ 花	꽃
☐ 同じだ	같다		☐ 水	물
☐ 買う	사다		☐ 店	가게, 상점
☐ カメラ	카메라		☐ ほしい	원하다, 갖고 싶다
☐ 切符	표, 티켓		☐ やさい	야채
☐ きれいだ	예쁘다, 깨끗하다		☐ 安い	싸다
☐ けっこうだ	훌륭하다/ 더 이상 괜찮다 (사양)/ ~해도 좋다		☐ 料理	요리

2 청해 필수 발음 정리

❶ 음운 축약

회화에서는 짧고 말하기 쉬운 형태로 바꾸어 사용하는 경우가 많으므로, 청해에서는 특히 이 부분에 주의하여야 한다.

□ ～ている	→	～てる	かさ 持ってるの？ 우산 갖고 있어?
□ ～ていく	→	～てく	友だちも つれてく。 친구도 데려갈게.
□ ～ておく	→	～とく	名前 書いとくね。 이름 써 둘게.
□ ～てしまう	→	～ちゃう	ごめん、わすれちゃった。 미안, 깜박하고 말았어.
□ ～ては	→	～ちゃ	ここに 書いちゃ だめよ。 여기에 써서는 안 돼.
□ ～なくては	→	～なくちゃ	はやく、行かなくちゃ だめよ。 얼른 가지 않으면 안 돼.
□ ～なければ	→	～なきゃ	急がなきゃ。 서둘러야 해.

❷ 음의 변화

□ すみません	→	すいません	どうも すいません。 정말 감사합니다
□ けれども	→	けど	これ、わからないんですけど。 이거, 잘 모르겠습니다만.

☐ こちら	→	こっち	こっちに する。 이쪽으로 할래.
☐ とても	→	とっても	とっても 高かったんだ。 너무 비쌌었어.
☐ ほんとう	→	ほんと	ほんと うまい。 정말 맛있다.
☐ ～でしょう	→	～でしょ	いつも 言ってるでしょ。 항상 말하고 있잖아.

❸ 단축

☐ ～てください ～해 주세요	→	～て(ね)。	はやく 来て。 얼른 와.
☐ ～ないでください ～하지 말아 주세요	→	～ないで(ね)。	気に しないで。 신경 쓰지 마.
☐ ～たらどうですか ～하는 게 어떻습니까?	→	～たら？	聞いて みたら？ 물어보는 게 어때?
☐ ～かもしれません ～ㄹ지도 모릅니다	→	～かも。	かれは 来ないかも。 그는 안 올지도 몰라.
☐ ～といいました ～라고 했습니다	→	って	今日、学校 休むって。 오늘 학교 쉰대.
☐ ～というのは ～라는 것은	→	って	おこのみやきって 何？ 오코노미야키라는 건 뭐야?
☐ ～と聞きました ～라고 들었습니다	→	って	あの店、おいしいって。 저 가게 맛있대.

3 상황별 의사소통 표현

❶ 인사말

□ おはよう。	안녕.(아침 인사)
□ おはようございます。	안녕하세요.(아침 인사)
□ こんにちは。	안녕하세요.(낮 인사)
□ こんばんは。	안녕하세요.(밤 인사)
□ おやすみ。	잘 자.(자기 전 인사)
□ おやすみなさい。	안녕히 주무세요.(자기 전 인사)
□ さようなら。	안녕./안녕히 가세요.(헤어질 때)
□ じゃ(あ)ね。	그럼 (잘 가).(헤어질 때)
□ バイバイ。	바이 바이.(헤어질 때)
□ また あした。	내일 봐.(헤어질 때)
□ では また(= じゃ また)。	그럼 또 봐.(헤어질 때)
□ いって きます。	다녀오겠습니다.
□ いって まいります。	다녀오겠습니다.(겸양)
□ いって(い)らっしゃい。	다녀오세요.
□ ただいま。	다녀왔습니다.
□ おかえり。	다녀왔니. 어서 오렴.
□ おかえりなさい。	다녀왔어요?
□ いただきます。	잘 먹겠습니다.
□ ごちそうさま。	잘 먹었어요.
□ ごちそうさまでした。	잘 먹었습니다.

❷ 방문 · 안부 · 헤어짐

- ごめんください。 (밖에서 불러낼 때) 실례합니다.
- おじゃまします。 (집 안으로 들어가며) 실례하겠습니다.
- いらっしゃいませ。 어서 오세요.
- どうぞ お入りください。 들어오세요.
- 元気？ 잘 지내?
- お元気ですか。 건강하시죠?
- おかわりありませんか。 별고 없으시죠?
- はい、おかげさまで。 네, 덕분에요.
- おひさしぶり(ですね)。 오랜만이야(오랜만이네요).
- ごぶさたして います。 격조하였습니다.
- 気を つけてね。 조심해서 가.
- お気を つけて。 조심히 가십시오.
- おだいじに。 몸조리 잘 하세요.
- ～さんに よろしく(お伝えください)。 ～에게 안부 전해 주세요.

❸ 연말과 새해

- 今年も お世話に なりました。 올해도 신세 많았습니다.
- 来年も よろしく お願いします。 내년에도 잘 부탁드립니다.
- よい お年を お迎え ください。 좋은 한 해 맞이하세요.
- あけまして、おめでとうございます。 새해 복 많이 받으세요.
- 去年は お世話に なりました。 작년에는 신세 많았습니다.
- 今年も よろしく おねがいします。 올해도 잘 부탁드립니다.

❹ 축하・감사・사과

☐ おめでとう。	축하해.
☐ おめでとうございます。	축하합니다.
☐ どうも。	고마워요.
☐ どうも ありがとう。	고마워.
☐ どうも ありがとうございます。	고맙습니다.
☐ すみません。	감사합니다. /미안합니다.
☐ いろいろ お世話に なりました。	여러 가지로 신세 많았습니다.
☐ いいえ、どういたしまして。	아니에요, 천만에요.
☐ どうも すみません。	정말 죄송합니다.
☐ わるい。	미안해.
☐ ごめん。	미안해.
☐ ごめんなさい。	미안합니다.
☐ もうしわけありません。	드릴 말씀이 없습니다. 죄송합니다
☐ もうしわけございません。	송구합니다.
☐ いいえ、だいじょうぶです。	아니에요. 괜찮아요.

❺ 격려・위로

☐ がんばれ。	힘내.
☐ がんばってね。	힘내.
☐ がんばって ください。	힘내세요.
☐ 元気を だして ください。	힘내세요. 기운 차리세요.
☐ だいじょうぶですよ。	괜찮습니다.
☐ ～さんなら、できますよ。	～씨라면 할 수 있어요.
☐ きっと うまく いくよ。	분명 잘 될 거야.
☐ はやく 元気に なって くださいね。	얼른 건강해지세요.

☐ ごくろうさま。	수고했어요.(아랫사람에게)
☐ おつかれさまでした。	고생하셨어요.
☐ ざんねんですね。	유감이네요.
☐ それは　たいへんですね。	그거 참 큰일이네요.

❻ 승낙 · 동의 · 거절 · 반대

☐ ええ、いいですよ。	네, 좋아요.
☐ うん、もちろん。	응, 물론.
☐ だいじょうぶですよ。	괜찮아요. 좋아요.
☐ はい、どうぞ。	네, (그렇게) 하세요.(권할 때)
☐ はい、わかりました。	네, 알겠습니다.
☐ それは　いいですね。	그것 참 좋겠네요.
☐ はい、そうしましょう。	네, 그럽시다.
☐ それは　ちょっと……。	그건 좀…….
☐ すみませんが、～は　ちょっと……。	미안하지만 ～은(는) 좀…….
☐ それは　むずかしいと　思います。	그건 좀 어렵겠어요

❼ 말 걸기 · 맞장구

☐ あの(う)。	저…….
☐ ね(え)。	있잖아.
☐ すみません。	실례합니다.
☐ しつれいですが。	실례합니다만.
☐ ちょっと　いいですか。	잠시 괜찮을까요?
☐ ちょっと　よろしいですか。	잠시 괜찮으세요?
☐ あ、そうですか。	아, 그렇습니까.
☐ そうですね。	그렇군요.

□ そうそう。	맞아 맞아.
□ なるほど。	역시.
□ ほんとう？	정말?

❽ 기타

□ ええと。	음······.
□ う～ん、そうですか。	아～, 그렇습니까.
□ そうですね。	그렇군요.
□ ひさしぶり。	오랜만이야.
□ おひさしぶりです。	오랜만입니다.
□ では、失礼します。	그럼, 실례하겠습니다.
□ お先に 失礼します。	먼저 실례하겠습니다.
□ いいえ、けっこうです。	아니요, 더 이상은 괜찮습니다.
□ もう いい(です)。	이제 됐어(요).
□ いえいえ。	아니에요.
□ いいえ、まだまだです。	아니요, 아직 멀었어요.
□ そんな、とんでもないですよ。	그런 말씀 가당치도 않아요.
□ そんなこと ありません(ないです)。	그렇지 않아요.
□ それほどでも ないです。	그 정도는 아니에요.

청해 유형 확인 문제 🎧 01-05~08.mp3

다음 문제를 듣고 알맞은 답을 고르시오.

1 はじめに　しつもんを　きいて　ください。それから　はなしを　きいて、もんだいようしの　1から4の　なかから、いちばん　いい　ものを　ひとつ　えらんで　ください。

1　ビール
2　おちゃ
3　おさけ
4　ジュース

2 はじめに　しつもんを　きいて　ください。それから　はなしを　きいて、もんだいようしの　1から4の　なかから、いちばん　いい　ものを　ひとつ　えらんで　ください。

3 えを みながら しつもんを きいて ください。➡(やじるし)の ひとは なんと いいますか。1から3の なかから、いちばん いい ものを ひとつ えらんで ください。

4 えなどが ありません。ぶんを きいて、1から3の なかから、いちばん いい ものを ひとつ えらんで ください。

― メモ ―

청해 완전 정복을 위한 꿀팁!

모든 파트에 걸쳐서 가장 중요한 것은 질문에서 **だれ**(누구)・**いつ**(언제)・**どこ**(어디)・**どうして**(왜)・**どれ/どちら**(어느 것/ 어느 쪽)・**なに/なん**(무엇) 등의 의문사를 정확하게 듣는 것입니다. 그 외 **どんな**(어떤)・**どう/どうやって**(어떻게) 등의 질문에 따라 정답을 고르거나 혹은 오답을 제외시켜 가는 방법이 효과적입니다.

● もんだい 1 과제 이해

문제 해결을 위해 언제까지(시간, 날짜), 어떤 물건(형용사), 몇 개(숫자) 등의 어휘에 집중하면서 듣는 것이 효과적입니다. 특히, 그림이 제시되는 경우, 네 개의 선택지에서 거리가 먼 것들을 지워 가며 듣는 것도 쉽게 정답을 고를 수 있는 방법입니다.

● もんだい 2 포인트 이해

먼저 문제를 들으면서 내용 파악을 할 수 있지만, 방송에서 후반부에 반전이 일어나는 경우가 있으므로 끝까지 방심하지 않고 들어야 합니다. 사건의 이유나 심정을 물어보는 문항이 많으므로, **どうして**(어째서), **なぜ**(왜), **〜から**(〜이기 때문에), **〜て**(〜해서) 같은 표현에 집중하면 큰 힌트를 얻을 수 있습니다.

● もんだい 3 발화 표현

주로 상황별 인사 표현, 의뢰, 허가, 요구 등의 대화가 주로 다루어집니다. 때문에 그림을 보고 상황이 파악되었다면, 그 상황에서 쓸 수 있는 표현들을 머릿속에 떠올리며 듣는 것이 좋습니다.

● もんだい 4 즉시 응답

짧은 대화이므로 속도가 빠르지만, N5에서는 일상생활에서의 기본적인 인사말, 대답, 맞장구 정도의 내용이 주를 이룹니다. 가령 '잘 지내세요?(**お元気ですか**) / 네, 덕분에요(**はい、おかげさまで**)'와 같이 안부 인사에 반사적으로 대응될 수 있는 말을 고르는 형태이므로, 복잡한 생각을 하게 하는 선택지들에 현혹되지 않도록 주의합니다.

PART 2

유형별 집중 공략

- **과제 이해** 실전 연습 ·················· p.264
- **포인트 이해** 실전 연습 ················ p.270
- **발화 표현** 실전 연습 ·················· p.276
- **즉시 응답** 실전 연습 ·················· p.280

もんだい 1

もんだい1では、はじめに しつもんを きいて ください。それから はなしを きいて、もんだいようしの 1から4の なかから、いちばん いい ものを ひとつ えらんで ください。

1ばん

2ばん

1　230円
2　250円
3　280円
4　300円

3ばん

日	月	火	水	木	金	土
			1	2	3	4
5	6	7	8	9	10	11
12	13	14	15	16	17	18
19	20	21	22	23	24	25
26	27	28	29	30	31	

1　18日（にち）
2　20日（はつか）
3　21日（にち）
4　23日（にち）

4ばん

1　31ど

2　28ど

3　25ど

4　22ど

5ばん

1 お菓子と CD
2 お菓子と 本
3 くだもの
4 よみもの

6ばん

1 つくえを そろえる
2 しりょうを コピーする
3 パンフレットを もって くる
4 のみものを じゅんびする

7ばん

1 海
2 山
3 デパート
4 川

정답 1② 2④ 3③ 4③ 5① 6② 7③   스크립트 및 해설 p.44~49

もんだい 1

もんだい1では、はじめに しつもんを きいて ください。それから はなしを きいて、もんだいようしの 1から4の なかから、いちばん いい ものを ひとつ えらんで ください。

1ばん

1 テレビの 上
2 窓の ところ
3 ドア
4 ドアの 上

2ばん

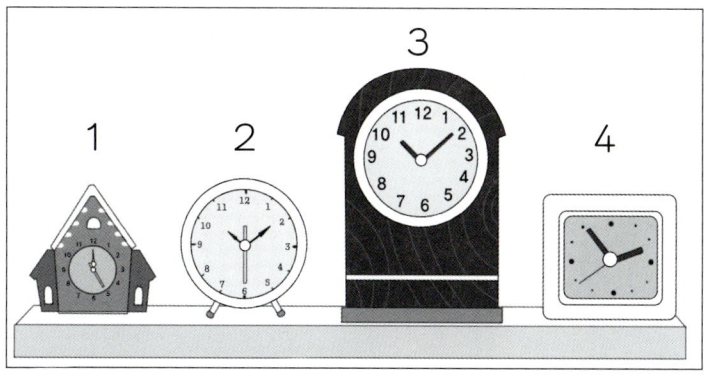

3ばん

1　火(か)よう日(び)
2　水(すい)よう日(び)
3　木(もく)よう日(び)
4　金(きん)よう日(び)

4ばん

 1
 2
 3
 4

5ばん

 1
 2
 3
 4

6ばん

1　ピアノを　ひく
2　うたを　うたう
3　ギターを　ひく
4　ダンスを　する

7ばん

1　4957
2　4958
3　8957
4　8958

정답　1①　2④　3④　4②　5①　6①　7②　　　스크립트 및 해설 p.49~54

もんだい 2

포인트 이해 실전 연습 ❶ 02-15~20.mp3   [/ 6]

もんだい 2

　もんだい2では はじめに しつもんを きいて ください。それから はなしを きいて、もんだいようしの 1から4の なかから、いちばん いい ものを ひとつ えらんで ください。

1ばん

1　ゆうごはんを 食べた。
2　図書館に 行った。
3　友だちに 会った。
4　勉強を した。

2ばん

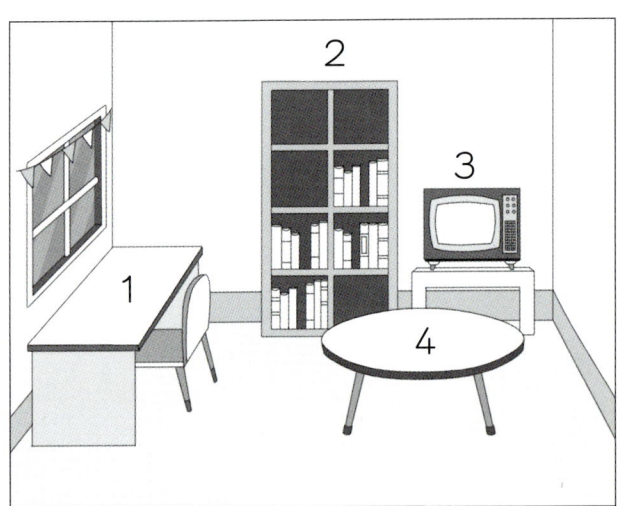

3ばん

1 <ruby>1日<rt>ついたち</rt></ruby>
2 <ruby>6日<rt>むいか</rt></ruby>
3 <ruby>8日<rt>ようか</rt></ruby>
4 <ruby>10日<rt>とおか</rt></ruby>

4ばん

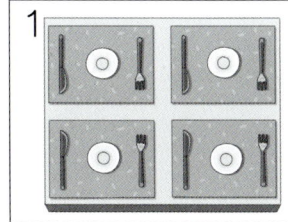 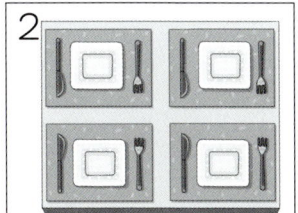
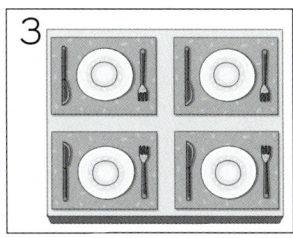 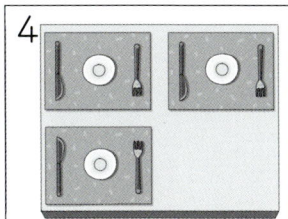

5ばん

1　とけい
2　とりの　え
3　にんぎょう
4　カレンダー

6ばん

1　でんしゃで　きた。
2　じてんしゃで　きた。
3　バスで　きた。
4　あるいて　きた。

정답　1 ③　2 ④　3 ④　4 ①　5 ①　6 ①

もんだい 2

もんだい2では はじめに しつもんを きいて ください。それから はなしを きいて、もんだいようしの 1から4の なかから、いちばん いい ものを ひとつ えらんで ください。

1ばん

2ばん

1 すいえい
2 バスケットボール
3 けんどう
4 ジョギング

3ばん

4ばん
1 体の ぐあいが わるいから
2 きのう ざんぎょうしたから
3 こどもと いっしょに あそんだから
4 こどもが ないて ねむれなかったから

5ばん

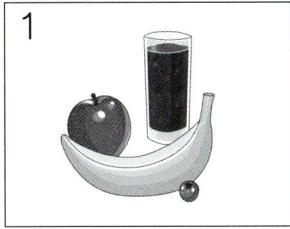

6ばん

1 まだ　つかえるから
2 しゃしんが　きれいに　うつるから
3 ねだんが　高いから
4 ねだんが　安くなるから

もんだい 3

발화 표현 실전 연습 ❶ 02-27~31.mp3   [/ 5]

もんだい 3

　もんだい3では、えを みながら しつもんを きいて ください。➡(やじるし)の ひとは なんと いいますか。1から3の なかから、いちばん いい ものを ひとつ えらんで ください。

1ばん

2ばん

3ばん

4ばん

5ばん

정답 1 ② 2 ③ 3 ① 4 ③ 5 ②

발화 표현 실전 연습 ❷ 02-32~36.mp3 [/ 5]

もんだい 3

　もんだい3では、えを　みながら　しつもんを　きいて　ください。➡(やじるし)の　ひとは　なんと　いいますか。1から3の　なかから、いちばん　いい　ものを　ひとつ　えらんで　ください。

1ばん

2ばん

3ばん

4ばん

5ばん

정답 1 ① 2 ③ 3 ① 4 ② 5 ②

もんだい 4

즉시 응답 실전 연습 ❶ 02-37~42.mp3   [/ 6]

もんだい 4

　もんだい4は、えなどが ありません。ぶんを きいて、1から3の なかから、いちばん いい ものを ひとつ えらんで ください。

— メモ —

정답　1 ③　2 ③　3 ①　4 ①　5 ③　6 ③　　　　스크립트 및 해설 p.66

もんだい 4

もんだい4は えなどが ありません。ぶんを きいて、1から3の なかから、いちばん いい ものを ひとつ えらんで ください。

– メモ –

정답 1 ③ 2 ③ 3 ③ 4 ③ 5 ③ 6 ②

실전 모의고사

Language knowledge (Vocabulary) もんだいようし

N5

げんごちしき（もじ・ごい）
（25ふん）

ちゅうい
Notes

1. しけんが はじまるまで、この もんだいようしを あけないでください。
   Do not open this question booklet until the test begins.

2. この もんだいようしを もって かえる ことは できません。
   Do not take this question booklet with you after the test.

3. じゅけんばんごうと なまえを したの らんに、じゅけんひょうと おなじように かいて ください。
   Write your examinee registration number and name clearly in each box below as written on your test voucher.

4. この もんだいようしは ぜんぶで 8ページ あります。
   This question booklet has 8 pages.

5. もんだいには かいとうばんごうの 1、2、3 … が あります。かいとうは、かいとうようしに ある おなじ ばんごうの ところに マークして ください。
   One of the row numbers 1, 2, 3 … is given for each question. Mark your answer in the same row of the answer sheet.

じゅけんばんごう Examinee Registration Number	

なまえ Name	

言語知識（文字・語彙）-1

もんだい1 ＿＿＿＿の ことばは ひらがなで どう かきますか。1・2・3・4から いちばん いい ものを ひとつ えらんで ください。

（れい）　大きな えが あります。
　　　　1　おおきな　　2　おきな　　3　だいきな　　4　たいきな

　　　（かいとうようし）　| (れい) | ● ② ③ ④ |

---

1 あそこまで バスと 電車と どちらが はやいですか。
　　1　てんちゃ　　2　でんちゃ　　3　てんしゃ　　4　でんしゃ

2 この 道を わたって まっすぐ いくと ゆうびんきょくです。
　　1　まち　　　　2　えき　　　　3　みち　　　　4　かど

3 じゅぎょうは 九時半からです。
　　1　しちじはん　2　ななじはん　3　くじはん　　4　きゅうじはん

4 すずきさんの お父さんは にほんごの せんせいです。
　　1　おとうとさん　2　おとうさん　3　おとこさん　4　おとおさん

5 テストが おわるまで 外で まって います。
　　1　そと　　　　2　そこ　　　　3　なか　　　　4　にわ

285

6 いっしょに プレゼントを 買いに いきませんか。
　1　まいに　　2　かいに　　3　きいに　　4　あいに

7 それは みっつで 六千円です。
　1　ろっせんえん　　　　2　ろっぜんえん
　3　ろくせんえん　　　　4　ろくぜんえん

8 かのじょは 外国人です。
　1　かいこくじん　　　　2　がいこくじん
　3　かいごくじん　　　　4　がいごくじん

9 あさから 雨が ふって います。
　1　ゆき　　2　あめ　　3　かぜ　　4　くも

10 ここから 会社まで どのくらい かかりますか。
　1　かいしゃ　　2　がいしゃ　　3　がいっしゃ　　4　かいっしゃ

11 空を とんで みたいです。
　1　そら　　2　そと　　3　うみ　　4　やま

12 くるまは 小さい ほうが べんりです。
　1　ちいさい　　2　さいちい　　3　すくさい　　4　すこさい

もんだい2 ＿＿＿の ことばは どう かきますか。1・2・3・4か
ら いちばん いい ものを ひとつ えらんで ください。

(れい)　わたしの こどもは はなが すきです。
　　　　1　了ども　　2　子ども　　3　干ども　　4　予ども

(かいとうようし)　(れい)　① ● ③ ④

13 きょうは ともだちと としょかんで べんきょうを します。
　　1　図書管　　2　図所館　　3　図書館　　4　図読館

14 ながい じかん バスに のって いました。
　　1　張い　　2　長い　　3　帳い　　4　镸い

15 ぽけっとの なかに なにか はいって います。
　　1　ポクット　　2　ポケット　　3　パクット　　4　パケット

16 あした くじに えきの まえで あいましょう。
　　1　合いましょう　2　今いましょう　3　会いましょう　4　拾いましょう

17 すぽーつの なかで なにが いちばん すきですか。
　　1　スポーシ　　2　スポーツ　　3　ヌポーシ　　4　ヌポーツ

18 えきの まえに あたらしい ほんやが できました。
　1　則　　　　2　前　　　　3　明　　　　4　夜

19 きょうは いい てんきですね。
　1　失気　　　2　大気　　　3　夫気　　　4　天気

20 がっこうは この みちを まっすぐ いくと ひだりがわに あります。
　1　在がわ　　2　右がわ　　3　存がわ　　4　左がわ

もんだい3 (　　) に なにを いれますか。1・2・3・4から いちばん いい ものを ひとつ えらんで ください。

(れい)　　あそこで バスに (　　　)。
　　1　のりました　　　2　あがりました
　　3　つきました　　　4　はいりました

　　(かいとうようし)　(れい) ● ② ③ ④

---

21 わからない ことは せんせいに (　　) して ください。
　1　べんきょう　2　じゅぎょう　3　れんしゅう　4　しつもん

22 はじめまして、(　　　)。わたしは すずきと もうします。
　1　どういたしまして　　　2　おげんきで
　3　どうぞよろしく　　　　4　すみません

23 A：いってきます。
　 B：(　　)。
　1　ただいま　　　　　　2　いらっしゃいませ
　3　いっていらっしゃい　4　しつれいします

24 いま (　　) さんじはんです。
　1　ちょうど　2　ちょっと　3　だんだん　4　たぶん

25 ははは （　　　）で りょうりを して います。
　1　げんかん　　2　へや　　　　3　だいどころ　　4　おふろ

26 かぜを （　　　） がっこうを やすみました。
　1　かけて　　　2　かかって　　3　ひきて　　　　4　ひいて

27 ほんやは この （　　　）の にかいです。
　1　ビール　　　2　ビル　　　　3　まち　　　　　4　みち

28 A：この シャツは （　　　） いくらですか。
　　B：さんぜんごひゃくえんです。
　1　いちだい　　2　いちまい　　3　いっさつ　　　4　いっぽん

29 おてあらいは （　　　）ですか。
　1　どんな　　　2　どれ　　　　3　どちら　　　　4　どの

30 （　　　） きのう かいしゃを やすみましたか。
　1　どうして　　2　どこで　　　3　しかし　　　　4　それに

もんだい4 ＿＿＿＿＿の ぶんと だいたい おなじ いみの ぶんが あります。1・2・3・4から いちばん いい ものを ひとつ えらんで ください。

(れい)　ここは でぐちです。いりぐちは あちらです。
　　1　あちらから でて ください。
　　2　あちらから おりて ください。
　　3　あちらから はいって ください。
　　4　あちらから わたって ください。

　　　（かいとうようし）　(れい)　① ② ● ④

---

31 いまいさんは すずきさんに ノートを かしました。
　1　すずきさんは いまいさんに ノートを あげました。
　2　すずきさんは いまいさんに ノートを かえしました。
　3　すずきさんは いまいさんに ノートを かりました。
　4　すずきさんは いまいさんに ノートを もらいました。

32 たなかさんは「あにと いっしょに いきます」と いいました。
　1　たなかさんは おとうさんと いっしょに いきます。
　2　たなかさんは おとうとさんと いっしょに いきます。
　3　たなかさんは おねえさんと いっしょに いきます。
　4　たなかさんは おにいさんと いっしょに いきます。

33 きょうは げつようびです。おととい パーティーを しました。
1 かようびに パーティーを しました。
2 すいようびに パーティーを しました。
3 どようびに パーティーを しました。
4 にちようびに パーティーを しました。

34 ともだちの いえには ペットが います。
1 あにや あねが います。
2 とりや いぬが います。
3 いしゃや かんごしが います。
4 がいこくじんや りゅうがくせいが います。

35 あそこは ゆうびんきょくです。
1 あそこでは ほんを かりる ことが できます。
2 あそこでは べんとうを たべる ことが できます。
3 あそこでは きってを かう ことが できます。
4 あそこでは きっぷを かう ことが できます。

Language knowledge (Grammar) · Reading　　もんだいようし

N5

げんごちしき(ぶんぽう)・どっかい
(50ぷん)

ちゅうい
Notes

1. しけんが はじまるまで、この もんだいようしを あけないでください。
   Do not open this question booklet until the test begins.

2. この もんだいようしを もって かえる ことは できません。
   Do not take this question booklet with you after the test.

3. じゅけんばんごうと なまえを したの らんに、じゅけんひょうと おなじように かいて ください。
   Write your examinee registration number and name clearly in each box below as written on your test voucher.

4. この もんだいようしは ぜんぶで 12ページ あります。
   This question booklet has 12 pages.

5. もんだいには かいとうばんごうの 1 、 2 、 3 … があります。
   かいとうは、かいとうようしに ある おなじ ばんごうの ところに マークして ください。
   One of the row numbers 1, 2, 3 … is given for each question. Mark your answer in the same row of the answer sheet.

じゅけんばんごう　Examinee Registration Number

なまえ　Name

もんだい1　(　　)に　何を　入れますか。1・2・3・4から　いちばん　いい　ものを　一つ　えらんで　ください。

(れい)　これ(　　)えんぴつです。

1　に　　2　を　　3　は　　4　や

(かいとうようし)　(れい)　① ② ● ④

1　日曜日は　いつも　ちかくの　図書館(　　)べんきょうを　します。

1　に　　2　で　　3　へ　　4　が

2　きのう　友だち(　　)いっしょに　えいがを　見ました。

1　や　　2　と　　3　しか　　4　で

3　母は　しゅう(　　)1かいは　スーパーへ　行きます。

1　も　　2　と　　3　に　　4　へ

4　外国語は　日本語(　　)できません。

1　だけ　　2　で　　3　しか　　4　でも

5　きょうしつには　だれ(　　)いません。

1　か　　2　が　　3　も　　4　と

6 山本さんは　げんき（　　　）おもしろい　人ですね。
　1　に　　　　2　で　　　　3　だ　　　　4　や

7 きのうの　テストは（　　　）。
　1　やさしいでした　　　　　2　やさしかったです
　3　やさしいかったです　　　4　やさしかったでした

8 わたしは　コーヒーに　さとうを（　　　）飲みます。
　1　入れない　2　入れなく　3　入れないで　4　入れなくて

9 すぐ　かえりますから、ちょっと（　　　）ください。
　1　まち　　　2　まって　　　3　まった　　　4　またない

10 これは　先週　日本で（　　　）しゃしんです。
　1　とる　　　2　とるの　　　3　とった　　　4　とります

11 あしたは　ひまだから、（　　　）行きませんか。
　1　あそびに　2　あそび　　3　あそんて　　4　あそびて

12 木村さんは（　　　）スポーツが　好きですか。
　1　どこ　　　2　どれ　　　3　どちら　　　4　どんな

13 （　　　）レストランは　あまり　おいしく　ないです。
　1　あの　　　2　あれ　　　3　あちら　　　4　あそこ

14　A「はじめまして。どうぞ　よろしく　おねがいします。」
　　B「(　　　　)。」
　1　こちらこそ　　　　　　2　おかげさまで
　3　どういたしまして　　　4　ごめんください

15　A「おそくまで　(　　　　)。」
　　B「じゃあ、また　来て　くださいね。」
　1　すみません　　　　　　2　はじめまして
　3　しつれいします　　　　4　しつれいしました

16　A「休みの　日に　どこかへ　行きましたか。」
　　B「いいえ、(　　　　)。」
　1　どこまでも　いきませんでした
　2　どこでも　しませんでした
　3　どこへも　いきました
　4　どこにも　いきませんでした

もんだい2 ___★___ に 入る ものは どれですか。1・2・3・4から いちばん いい ものを 一つ えらんで ください。

(もんだいれい)
　　A 「_____ _____ ___★___ _____ か。」
　　B 「山田さんです。」
　1 です　　2 は　　3 あの 人　　4 だれ

(こたえかた)
1　ただしい 文を 作ります。

　　A 「_____ _____ ___★___ _____ か。」
　　　　 3 あの人　　2 は　　4 だれ　　1 です
　　B 「山田さんです。」

2　___★___ に 入る ばんごうを くろく ぬります。

(かいとうようし)　(れい) ① ② ③ ●

---

17 レポート ____ ____ ___★___ ____ かいて ください。
　1 は　　　　2 で　　　　3 ぜんぶ　　　4 日本語

18 その くすりは ____ ____ ___★___ ____ のみます。
　1 食べて　　2 ごはん　　3 から　　4 を

19 学生の 時は テニスを しましたが、＿＿ ＿＿ ★ ＿＿ して いません。
　1 は　　　2 なに　　　3 も　　　4 いま

20 これから 図書館 ＿＿ ＿＿ ★ ＿＿ 行きます。
　1 に　　　2 レポートを　　3 へ　　　4 書き

21 先生は ＿＿ ＿＿ ★ ＿＿ きょうしつを でました。
　1 なに　　2 で　　　　3 も　　　4 言わない

もんだい3　22 から 26 に 何を 入れますか。ぶんしょうの いみを かんがえて、1・2・3・4から いちばん いい ものを 一つ えらんで ください。

　私は 日本語の べんきょうを 22 とても おもしろい ことを しりました。韓国語と 日本語には からだの 名前を つかった ことばが たくさん あります。 23 、知って いる 人が 多い ことを 日本語では 「かおが ひろい」と いいますが、韓国語では 「あしが ひろい」と いいます。また 日本語の 「足を あらう」という ことばは 何か わるい ことを やめるという いみですが、韓国語では 「手を あらう」と いいます。 24 、とても かわいいと 言いたい 時は、韓国語も 日本語も 25 ことばを つかいます。それは 「目に 26 いたくない」です。

22　1　はじめた　2　はじめたので　3　はじめてから　4　はじめないで

23　1　しかし　　2　まだ　　　3　たとえば　　4　でも

24　1　それで　　2　それに　　　3　しかし　　　4　では

25　1　おなじ　　2　おなじな　　3　おなじで　　4　おなじに

26　1　入れては　2　入れても　　3　入れ　　　　4　入れに

もんだい4 つぎの (1)から (3)の ぶんしょうを 読んで、しつもんに こたえて ください。こたえは 1・2・3・4から いちばん いい ものを 一つ えらんで ください。

(1)

> ミンホ：あの ねこの 人形 かわいいね。
> けん ：あれは「まねきねこ」と 言うんだよ。右手を あげて いるのは「お金」を 呼んで、左手を あげて いるのは「人や客」を 呼ぶという 意味が あるの。

[27] ぶんに ついて ただしいのは どれですか。
1 まねきねこは 手を あげて いる。
2 けんは はじめて まねきねこを 見た。
3 けんは まねきねこに ついて おしえて もらった。
4 ミンホは 左手を あげている まねきねこを 見た。

(2)

テレビを 売って ください。

古くても いいですから 安い ねだんで 売って ください。5000円 ぐらいで おねがいします。テレビは わたしが じてんしゃで 取りに 行きます。午前中は じゅぎょうが あるので、電話に 出る ことが できません。メールでも いいですから れんらくして ください。

メール：nihongo@shiken.com
電話　：090-1234-5678

28 テレビを 売る 人は どうしますか。

1　午後 メールを おくる。
2　じてんしゃで 持って いく。
3　午前中 電話を かける。
4　午後 電話に 出る。

(3)

> わたしは あまい ものが 大好きです。きょうも スーパーで チョコレートを むっつ 買いました。おとうとが 食べたいと 言って ひとつ あげました。 わたしは ダイエット中なのに、夜 本を 読みながら ふたつも 食べました。

29 チョコレートは いま いくつ ありますか。

1 いつつ
2 よっつ
3 みっつ
4 ふたつ

もんだい5　つぎの　ぶんしょうを　読んで、しつもんに　こたえて　ください。こたえは　1・2・3・4から、いちばん　いい　ものを　一つ　えらんで　ください。

　あさいくんの　家は　便利な　ところに　あります。となりに　スーパーが　あります。スーパーの　前は　パン屋で、その　となりは　本屋です。近くに　薬屋と　めがね屋も　あります。郵便局と　病院も　あります。

　きょうの　ゆうがた、あさいくんの　家に　友だちが　遊びに　来ます。あさいくんは　友だちと　いっしょに　食べる　ために　サラダと　魚の　料理を　作ります。れいぞうこの　中に　魚が　ありませんから、あさいくんは　これから　買い物に　出かけます。それから、本屋に　行って、ざっしも　買います。

30　ぶんに　ついて　ただしいのは　どれですか。
1　本屋は　スーパーの　となりに　あります。
2　あさいくんの　家は　駅から　近くて　便利です。
3　友だちと　いっしょに　料理を　作ります。
4　あさいくんは　魚を　買いに　行きます。

31　あさいくんは　家を　出た　あと、何を　しますか。
1　友だちの　家に　遊びに　行く。
2　雑誌を　買う　ために　本屋に　行く。
3　魚の　料理を　作る。
4　友だちと　いっしょに　料理を　食べる。

もんだい6 右の ページを 見て、下の しつもんに こたえて ください。こたえは 1・2・3・4から いちばん いい ものを 一つ えらんで ください。

8月 みっかから 月末まで 夏休みです。ミンホと ひろしくんは いっしょに 学校での むりょう プログラムに さんかしたいと 思って います。二人は 外国語の 勉強も 運動も 好きです。でも ミンホは 毎日 午後 6時から アルバイトを して いて いそがしいです。

---

[32] 二人は どの プログラムを 何回ずつ さんかしますか。

1 水泳 Bクラス 8回と 英会話 Bクラス 12回
2 水泳 Aクラス 7回と 英会話 Bクラス 10回
3 茶道 Aクラス 8回と 水泳 Cクラス 12回
4 生け花 Aクラス 7回と 英会話 Bクラス 10回

夏休(なつやす)みのプログラム

8月(がつ)の　スケジュール		
プログラム	ようび	時間(じかん)
茶道(さどう)	月・水	Aクラス．13:00～15:00 Bクラス．16:00～18:00
生(い)け花(ばな)	水・土	Aクラス．10:00～11:30 Bクラス．13:00～14:30
水泳(すいえい)	火・金	Aクラス．09:00～10:30 Bクラス．19:00～20:30
英会話(えいかいわ)	月・水・金	Aクラス．10:00～11:30 Bクラス．14:00～15:30 Cクラス．19:00～20:30

8月(がつ)

日	月	火	水	木	金	土
				1	2	3
4	5	6	7	8	9	10
11	12	13	14	15	16	17
18	19	20	21	22	23	24
25	26	27	28	29	30	31

＊さいごの　月曜日(げつようび)から　水曜日(すいようび)までは　すべての　プログラムが　休(やす)みとなります。

Listening　　　　　　　　　　　　　　　　もんだいようし

N5

ちょうかい
（30ぷん）

注意 Notes

1. しけんが はじまるまで、この もんだいようしを あけないでください。
   Do not open this question booklet until the test begins.

2. この もんだいようしを もって かえる ことは できません。
   Do not take this question booklet with you after the test.

3. じゅけんばんごうと なまえを したの らんに、じゅけんひょうを おなじように かいて ください。
   Write your examinee registration number and name clearly in each box below as written on your test voucher.

4. この もんだいようしは、ぜんぶで14ページあります。
   This question booklet has 14 pages.

5. このもんだいようしにメーモをとってもいいです。
   You may make notes in this question booklet

じゅけんばんごう Examinee Registration Number

なまえ Name

もんだい１

もんだい１では、はじめに しつもんを きいて ください。それから はなしを きいて、もんだいようしの １から４の なかから、いちばん いい ものを ひとつ えらんで ください。

れい

1ばん

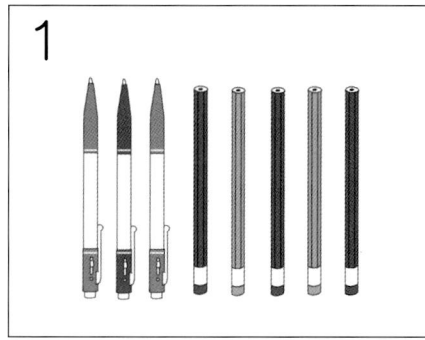
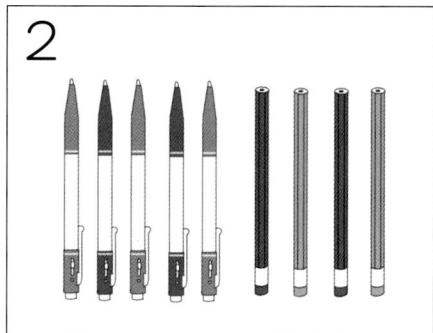
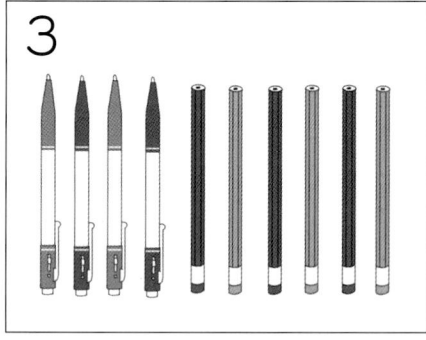
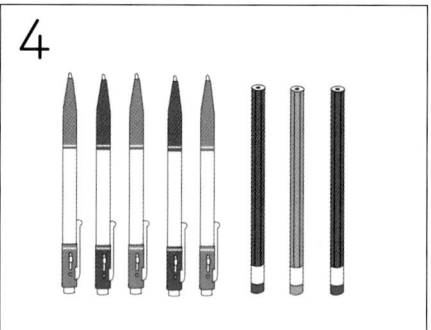

2ばん

1 日よう日
2 月よう日
3 火よう日
4 水よう日

3ばん

1 ゆうびんきょくへ 行く

2 スーパーへ 行く

3 コンビニへ 行く

4 しゅくだいを する

4ばん

5ばん

6ばん

1 10:00

2 10:30

3 11:00

4 11:30

7 ばん

1 プレゼントを 買いに 行く
2 はなを 買いに 行く
3 パーティーに 行く
4 みきちゃんの 家に 行く

もんだい2

もんだい2では、はじめに しつもんを きいて ください。それから はなしを きいて、もんだいようしの 1から4の なかから、いちばん いい ものを ひとつ えらんで ください。

れい

1 郵便局へ 行く
2 新宿へ 行く
3 病院へ 行く
4 図書館へ 行く

1ばん

2ばん

1 ぼうし

2 とけい

3 セーター

4 ガンダムの プラモデル

3 ばん

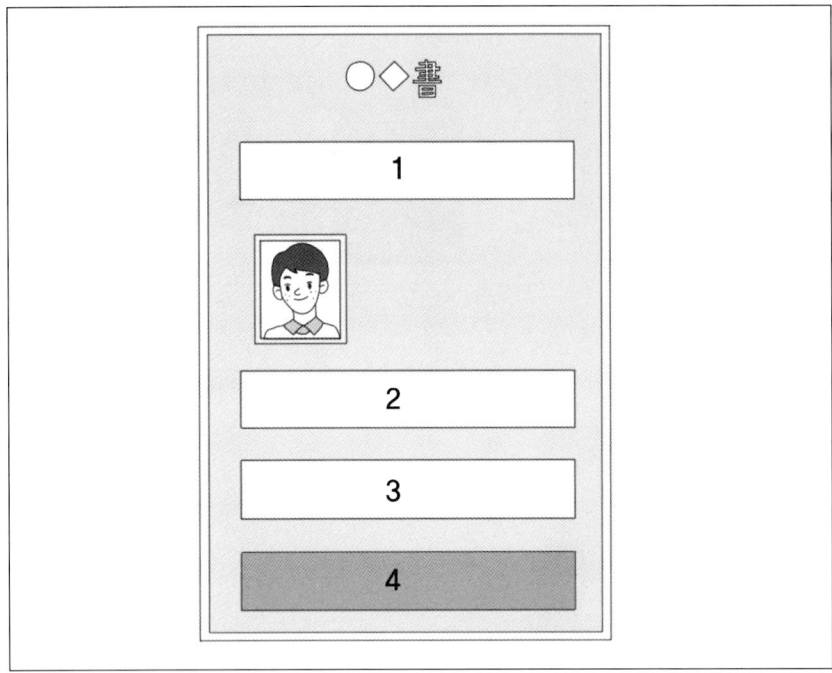

4 ばん

5ばん

1 シャーペン
2 あおい　ボールペン
3 あかい　ボールペン
4 くろい　ボールペン

6ばん

1 なにも　食べる　ことが　できないから
2 つめたい　ものを　食べたから
3 せんしゅうの　牛乳を　のんだから
4 病院に　行かないから

もんだい3

もんだい3では、えを みながら しつもんを きいて ください。➡（やじるし）の ひとは なんと いいますか。1から3の なかから いちばん いい ものを ひとつ えらんで ください。

れい

1 ばん

2 ばん

3 ばん

4 ばん

5ばん

もんだい4

もんだい4は、えなどが ありません。ぶんを きいて、1から3の なかから、いちばん いい ものを ひとつ えらんで ください。

― メモ ―

실전 모의고사

Language knowledge (Vocabulary)　　　もんだいようし

N5

げんごちしき（もじ・ごい）
（25ふん）

ちゅうい
Notes

1. しけんが はじまるまで、この もんだいようしを あけないでください。
   Do not open this question booklet until the test begins.

2. この もんだいようしを もって かえる ことは できません。
   Do not take this question booklet with you after the test.

3. じゅけんばんごうと なまえを したの らんに、じゅけんひょうと おなじように かいて ください。
   Write your examinee registration number and name clearly in each box below as written on your test voucher.

4. この もんだいようしは ぜんぶで 8ページ あります。
   This question booklet has 8 pages.

5. もんだいには かいとうばんごうの 1 、2 、3 … があります。
   かいとうは、かいとうようしに ある おなじ ばんごうの ところに マークして ください。
   One of the row numbers 1, 2, 3 … is given for each question. Mark your answer in the same row of the answer sheet.

じゅけんばんごう Examinee Registration Number	

なまえ　Name	

もんだい1 ＿＿＿の ことばは ひらがなで どう かきますか。1・2・3・4から いちばん いい ものを ひとつ えらんで ください。

(れい)　大きな えが あります。
　　　　1　おおきな　2　おきな　3　だいきな　4　たいきな

　　　　(かいとうようし)　｜(れい)｜● ② ③ ④｜

1 この 車は とても ふるいです。
　1　ちゃ　　　2　しゃ　　　3　くるま　　　4　ぐるま

2 わたしの 学校は いえから ちかいです。
　1　かっこ　　2　がっこ　　3　かっこう　　4　がっこう

3 まいあさ ジュースを 飲んで います。
　1　のって　　2　のんで　　3　よんで　　　4　のぼって

4 けさ、かわいい いぬが 生まれました。
　1　ふまれました　　　　2　よまれました
　3　うまれました　　　　4　いまれました

5 くろの ペンで 書いて ください。
　1　きいて　　2　かいて　　3　おいて　　4　さいて

6 きょうは 一日 ずっと いそがしかったです。
　1　ついたち　　2　ふつか　　3　ひとつ　　4　いちにち

7 あさいさんの たんじょうびは くがつ 九日です。
　1　くにち　　2　きゅうにち　　3　ここのつ　　4　ここのか

8 ことし いもうとは 二十歳に なります。
　1　にじゅうさい　　　　2　にじゅっさい
　3　はつか　　　　　　　4　はたち

9 がいこくじんの ともだちが 多いですね。
　1　おおきい　　2　おきい　　3　おおい　　4　あおい

10 きのう デパートで 上着と ズボンを かいました。
　1　うわぎ　　2　うえぎ　　3　うわき　　4　うえき

11 きれいな はなを 三本 かって きました。
　1　さんかい　　2　さんだい　　3　さんぼん　　4　さんまい

12 としょかんは ゆうびんきょくの 左に あります。
　1　ひだり　　2　みぎ　　3　ひがし　　4　みなみ

もんだい2 ＿＿＿の ことばは どう かきますか。1・2・3・4か
ら いちばん いい ものを ひとつ えらんで ください。

(れい)　　わたしの こどもは はなが すきです。
　　　　1　了ども　　2　子ども　　3　干ども　　4　予ども

(かいとうようし)　| (れい) | ① ● ③ ④ |

13　こうえんへ さんぽに でかけます。
　1　行かけます　　2　外かけます　　3　出かけます　　4　来かけます

14　ちちは いつも めがねを かけて しんぶんを よみます。
　1　親聞　　　2　親問　　　3　新聞　　　4　新文

15　たなかさんが スミスさんに にほんごを おしえて います。
　1　日木話　　2　日木語　　3　日本話　　4　日本語

16　おそい じかんですから、かえりましょう。
　1　掃りましょう　　　　　2　侵りましょう
　3　帰りましょう　　　　　4　帘りましょう

17　この ないふで きって ください。
　1　ナイワ　　2　ナイフ　　3　メイワ　　4　メイフ

18 わたしの たんじょうびは せんしゅうの すいようびでした。
　1　尖週　　　2　尖周　　　3　先週　　　4　先周

19 この しょくどうの りょうりは ねだんも やすくて おいしいですね。
　1　究くて　　2　穹くて　　3　牢くて　　4　安くて

20 えきの みなみぐちを でて まっすぐ いって ください。
　1　東　　　　2　南　　　　3　西　　　　4　北

もんだい3 （　　　）に なにを いれますか。1・2・3・4から いちばん いい ものを ひとつ えらんで ください。

（れい）　　あそこで バスに （　　　）。
　　1　のりました　　　　2　あがりました
　　3　つきました　　　　4　はいりました

　　　　（かいとうようし）　（れい）　● ② ③ ④

---

21 （　　　）に さとうは どのくらい いれましょうか。
　1　コピー　　2　コーヒー　　3　コート　　4　コード

22 A：おちゃ、もう すこし どうですか。
　　B：いいえ、（　　　）。
　1　けっこうです　　　　2　ただいま
　3　こんにちは　　　　　4　どういたしまして

23 A：たなかさんは なんにん （　　　）ですか。
　　B：ちちと はは、そして わたしです。
　1　きょうだい　2　かぞく　　3　あに　　4　いもうと

24 （　　　）は ゆうびんきょくで うって います。
　1　きっぷ　　2　きって　　3　ざっし　　4　しんぶん

25 さむいですね。ドアを（　　　）ください。
　1 しめて　　2 しまって　　3 あけて　　4 あいて

26 かぜを（　　　）がっこうを やすみました。
　1 かけて　　2 かかって　　3 ひきて　　4 ひいて

27 としょかんで ざっしを（　　　）かりました。
　1 さんまい　2 さんさい　　3 さんさつ　4 さんぼん

28 いもうとは 2さいで、（　　　）うまれました。
　1 おととし　2 おととい　　3 きのう　　4 らいねん

29 いっしょに つくえの うえに ほんを ＿＿＿＿＿＿。
　1 ならいましょう　　　　2 あらいましょう
　3 ならべましょう　　　　4 ならびましょう

30 まいにち ねる まえに シャワーを ＿＿＿＿＿＿。
　1 あらいます　2 あそびます　3 あびます　4 かいます

もんだい4 ＿＿＿＿の ぶんと だいたい おなじ いみの ぶんが あります。1・2・3・4から いちばん いい ものを ひとつ えらんで ください。

(れい)　ここは でぐちです。いりぐちは あちらです。
　1　あちらから でて ください。
　2　あちらから おりて ください。
　3　あちらから はいって ください。
　4　あちらから わたって ください。

(かいとうようし)　(れい)　① ② ● ④

[31] わたしは あの おとこの ひとの いもうとです。
　1　あの おとこの ひとは わたしの あねです。
　2　あの おとこの ひとは わたしの おとうとです。
　3　あの おとこの ひとは わたしの あにです。
　4　あの おとこの ひとは わたしの いもうとです。

[32] ひとりで ひこうきに のる のは はじめてです。
　1　ひとりで ひこうきに のった ことが ありません。
　2　ひとりで よく ひこうきに のります。
　3　いっかい ひとりで ひこうきに のった ことが あります。
　4　ときどき ひとりで ひこうきに のります。

33 いもうとは 「いってきます」と いいました。
  1 いもうとは いえに かえりました。
  2 いもうとは これから でかけます。
  3 いもうとは これから ねます。
  4 いもうとは ごはんを たべました。

34 へやの そうじを しました。
  1 へやが あかるく なりました。
  2 へやが じょうずに なりました。
  3 へやが きらいに なりました。
  4 へやが きれいに なりました。

35 せんせい、この もんだいは ぜんぜん わかりません。
  1 この もんだいは やさしく ありません。
  2 この もんだいは やすいです。
  3 この もんだいは むずかしく ありません。
  4 この もんだいは かんたんです。

Language knowledge (Grammar)・Reading もんだいようし

N5

げんごちしき(ぶんぽう)・どっかい
(50ぷん)

ちゅうい
Notes

1. しけんが はじまるまで、この もんだいようしを あけないでください。
   Do not open this question booklet until the test begins.

2. この もんだいようしを もって かえる ことは できません。
   Do not take this question booklet with you after the test.

3. じゅけんばんごうと なまえを したの らんに、じゅけんひょうと おなじように かいて ください。
   Write your examinee registration number and name clearly in each box below as written on your test voucher.

4. この もんだいようしは ぜんぶで 14ページ あります。
   This question booklet has 14 pages.

5. もんだいには かいとうばんごうの 1 、2 、3 … が あります。
   かいとうは、かいとうようしに ある おなじ ばんごうの ところに マークして ください。
   One of the row numbers 1, 2, 3 … is given for each question. Mark your answer in the same row of the answer sheet.

じゅけんばんごう Examinee Registration Number

なまえ Name

もんだい1　（　　）に　何を　入れますか。1・2・3・4から　いちばん　いい　ものを　一つ　えらんで　ください。

（れい）　これ（　）えんぴつです。

　　　　1　に　　2　を　　3　は　　4　や

　　（かいとうようし）　｜（れい）　①　②　●　④　｜

---

1 きょう　つよい　かぜ（　　）電車が　とまりました。

　　1　が　　　　2　に　　　　3　から　　　　4　で

2 きょうしつの　中に　つくえや　いす（　　）が　あります。

　　1　や　　　　2　も　　　　3　など　　　　4　から

3 この　りんごは　みっつ（　　）いくらですか。

　　1　を　　　　2　の　　　　3　で　　　　4　に

4 いもうとは　医者（　　）なりました。

　　1　を　　　　2　に　　　　3　で　　　　4　の

5 これから　日本語（　　）話して　ください。

　　1　へ　　　　2　で　　　　3　と　　　　4　に

6 毎日、6時に（　　　）、ごはんを つくります。

1　かえる　　2　かえった　　3　かえって　　4　かえったり

7 まえは トマトが きらいでしたが、いまは（　　　）なりました。

1　すきく　　2　すきに　　3　すきには　　4　すきでは

8 きょうしつの ドアが（　　　）。

1　しめて います　　　　2　しまって います
3　しめて おきます　　　4　しまって あります

9 たぶん、山田は きのう、うちに（　　　）でしょう。

1　いた　　2　いて　　3　いる　　4　います

10 わたしは いつも ごはんを（　　　）から おふろに はいります。

1　食べて　　2　食べた　　3　食べに　　4　食べ

11 友だちと（　　　）ながら、ビールを 飲みました。

1　話す　　2　話し　　3　話して　　4　話した

12 わたしは まいあさ、7時（　　　）起きます。

1　ごろ　　2　など　　3　まで　　4　へ

13 この カメラは（　　　）国の ものですか。

1　どの　　2　どこの　　3　どれ　　4　どう

14 A「だれか おさらを もって きて くださいませんか。」
　B「（　　　）。」
1　だれも もって きませんでした。
2　山田さんが もって きました。
3　わたしが もって きます。
4　だれか もって きました。

15 A「もしもし、鈴木です。ユナさん いますか。」
　B「はい、＿＿＿＿。」
1　こちらは ユナです。
2　ちょっと まって ください。
3　そちらに います。
4　わたしは ユナじゃ ありません。

16 A「鈴木さんは はを みがいてから かおを あらいますか。」
　B「いいえ、わたしは＿＿＿＿＿。」
1　はを みがいた あとで かおを あらいます。
2　かおを あらう まえに はを みがきます。
3　はを みがく まえに かおを あらいます。
4　かおを あらいながら はを みがきます。

もんだい2 ＿★＿ に 入る ものは どれですか。1・2・3・4から いちばん いい ものを 一つ えらんで ください。

（もんだいれい）

  A 「＿＿＿＿ ＿＿＿＿ ＿★＿ ＿＿＿＿ か。」
  B 「山田さんです。」
 1 です　　2 は　　3 あの 人　　4 だれ

（こたえかた）

1 ただしい 文を 作ります。

  A 「＿＿＿＿ ＿＿＿＿ ＿★＿ ＿＿＿＿ か。」
    3 あの人　　2 は　　4 だれ　　1 です
  B 「山田さんです。」

2 ＿★＿に 入る ばんごうを くろく ぬります。

  （かいとうようし）　(れい) ① ② ③ ●

---

[17] この はこの ＿＿＿＿ ＿＿＿＿ ＿★＿ ＿＿＿＿ 入って いますか。
 1 か　　　　2 なか　　　　3 なに　　　　4 に

[18] あさから あたまが ＿＿＿＿ ＿＿＿＿ ＿★＿ ＿＿＿＿ で ねました。
 1 一日　　　2 いえ　　　　3 いたくて　　4 じゅう

19 デパート ＿＿ ＿＿ ★ ＿＿ プレゼントを 買いました。
　1　に　　　　2　で　　　　3　友だち　　4　あげる

20 わたしの へやには つくえ ＿＿ ＿＿ ★ ＿＿ あります。
　1　や　　　　2　ほんだな　　3　が　　　　4　など

21 いしゃ：今日は ＿＿ ＿＿ ★ ＿＿ ゆっくり 休んで ください。
　わたし：はい、わかりました。
　1　ないで　　2　なに　　　3　たべ　　　4　も

もんだい3　22 から 26 に 何（なに）を 入（い）れますか。ぶんしょうの いみを かんがえて、1・2・3・4から いちばん いい ものを 一（ひと）つ えらんで ください。

日（に）本（ほん）で べんきょうして いる 学（がく）生（せい）の ぶんしょうです。

日（に）本（ほん）語（ご）には 「どうも」と いう ことばが あります。そして、この ことばを つかう 日（に）本（ほん）人（じん）を よく 見（み）ます。 22 、じしょを ひいて みました。「どうも」は 「きのうは どうも」や 「どうも すみません」など、ほかの ことばと いっしょに つかったり、「どうも」だけで 「ありがとう」や 「すみません」の いみに なったり します。そして、人（ひと） 23 会（あ）った とき、あいさつ 24 「どうも」と 言（い）います。 25 、「あまい ものは どうも……」は 「好（す）きでは ない」と いうのが むずかしい ときにも つかいます。「どうも」は いろいろな いみを もって いるから とても 26 ことばです。

22

　1　しかし　　　2　これから　　　3　それでは　　　4　それで

23

　1　を　　　　2　から　　　　3　に　　　　4　へ

24

　1　に　　　　2　で　　　　3　を　　　　4　だけ

25

1　また　　　2　まだ　　　3　まで　　　4　までに

26

1　べんり　　　2　べんりに　　　3　べんりな　　　4　べんりで

もんだい４　つぎの　(1)から　(3)の　ぶんしょうを　読んで、しつもんに　こたえて　ください。こたえは　１・２・３・４から　いちばん　いい　ものを　一つ　えらんで　ください。

(1)

　日本人は　夜、ねる　前に　おふろに　入るのが　好きです。おゆは　家族　みんなが　使うから、先に　入った　人は　おふろから　出る　時、その　おゆを　すてては　いけません。家族の　なかで　年上の　人から　はいりますが、お客さんが　いる　時は　お客さんから　入ります。

　＊おゆ：あたたかい水

27　先に　おふろに　入った　人は　どう　しますか。

1　夜、ねる　前に　入る。
2　はやく　おふろから　出る。
3　おゆを　すてない。
4　みんなが　使うから、おゆを　使わない。

(2)

　日本で はじめて 「だるま」と いう 人形を 見た。まるくて かわいい 人形だった。
　でも、目が 入って いなかったから、おかしいと 思った。それで 友だちに 聞いた。友だちは 「なにか おねがいを する 時に、左の 目を 入れて、ねがいどおりに なったら 右の 目を 入れるんだよ」と 教えて くれた。

28 「だるま」に ついて ただしいのは どれですか。

1 目が 入って いなくて、かわいく ない。
2 まるくて おかしい。
3 ねがいを する とき 右の 目を 入れる。
4 左の 目から 入れて、右の 目を 入れる。

(3)

　日本語の「いい」は あいまいな ことばだと 思う。たとえば「コーヒー、おかわり どうですか」と 聞いて「あ、いいですね」と こたえたら、これは「飲みたい」という 意味だ。しかし、「もう いいよ」と 答えると、これは「飲みたく ない」という 意味に なる。この ように 一つの ことばが ちがう 意味で 使われる のが 多い。

29 ぶんに ついて ただしいのは どれですか。

1 「yes」と 答えたい ときは 「もう いいよ」と 言う。
2 「おかわり どうですか」と 聞いて「いいですね」と 言うと しつれいだ。
3 一つの ことばが ちがう 意味に なる のが 少なく ない。
4 「いい」は 何か 「したい」という 意味しか ない。

もんだい5 つぎの ぶんしょうを 読んで、しつもんに こたえて ください。こたえは 1・2・3・4から、いちばん いい ものを 一つ えらんで ください。

わたしの 夢は、外国で 働く ことです。

ある 日、電車の 中で 外国人が となりの 人に 道を たずねて いる のを 見ました。その 人は「No English」と 言って 遠くに 行って しまいました。それから その 外国人は 何回も 人々に 声を かけましたが、だれも 答えませんでした。わたしも 英語が あまり 上手では ないですが、困って いる その 人を 見て、ゆうきを 出しました。下手な 英語で、道を 説明しました。その 人は 何回も「Thank you」と 言いました。その 時から、なぜか 英語の 勉強が おもしろく なって きました。これからも いっしょうけんめい 勉強して、いつか 外国へ 行って、いろいろ 経験しながら 生活したいと 思って います。

---

[30] ぶんに ついて ただしいのは どれですか。
1 電車の 中で 外国人が 日本語で 声を かけた。
2 わたしは 前から 英語の 勉強が 好きだった。
3 英語で 道を あんないした。
4 外国で 日本語を 教える のが 夢だ。

[31] その 時と あるが、それは いつですか。
1 外国人が 困って いた 時
2 となりの 人が 遠くに 行った 時
3 外国人が わたしに 道を 説明した 時
4 ゆうきを 出して 英語で 道を あんないした 時

もんだい6 右の ページを 見て、下の しつもんに こたえて ください。こたえは 1・2・3・4から いちばん いい ものを 一つ えらんで ください。

> スジは きのう スケジュールを 書きました。しかし あさ、きゅうに 山下くんから 電話が かかって きました。きゅうに かぜを ひいて ぐあいが わるく なった そうです。それで いっしょに 本屋へ 行く 約束は キャンセルに なりました。それで スジは スケジュールより はやく 家に 帰って あさ できなかった 宿題を しました。

[32] きょう スジが した こととして ただしいのは どれですか。
1 ボランティアに 行く 前に 宿題を 終えた。
2 ボランティアが 終わってから、友だちと 本を 買いに 行った。
3 お茶を 飲みながら メールを チェックして おふろに 入った。
4 テレビを 見る 前に 宿題を した。

	あしたの スケジュール
7:00	起きる
7:30~9:00	運動を してから 新聞を 読む
9:30~12:00	宿題や 英語の べんきょうを する
13:00~15:30	ボランティアに 行く
16:00~18:00	山下くんと 本を 買いに 行く
19:00~21:00	テレビを 見る
21:00~22:00	おふろに 入って メールを チェックする
22:00~23:00	お茶を 飲みながら 日記を 書く

Listening　　　　　　　　　　もんだいようし

N5

ちょうかい

（30ぷん）

注意 Notes

1. しけんが はじまるまで、この もんだいようしを あけないでください。
   Do not open this question booklet until the test begins.

2. この もんだいようしを もって かえる ことは できません。
   Do not take this question booklet with you after the test.

3. じゅけんばんごうと なまえを したの らんに、じゅけんひょうと おなじように かいて ください。
   Write your examinee registration number and name clearly in each box below as written on your test voucher.

4. この もんだいようしは、ぜんぶで14ページあります。
   This question booklet has 14 pages.

5. この もんだいようしにメモをとってもいいです。
   You may make notes in this question booklet

じゅけんばんごう Examinee Registration Number

なまえ Name

もんだい１

もんだい１では、はじめに しつもんを きいて ください。それから はなしを きいて、もんだいようしの １から４の なかから、いちばん いい ものを ひとつ えらんで ください。

れい

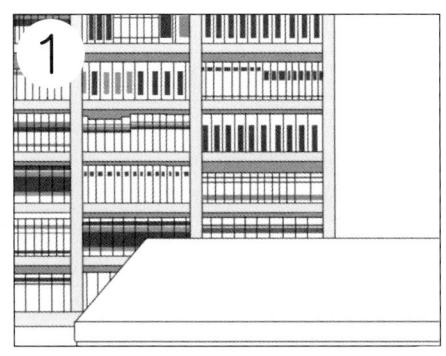

1ばん

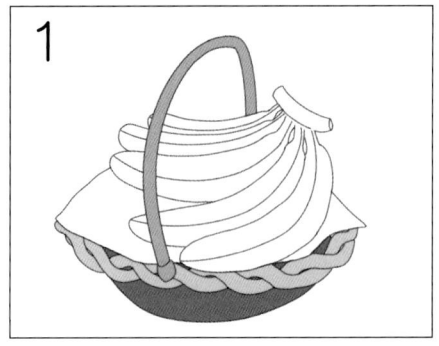
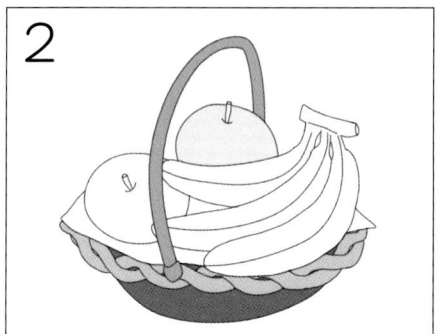
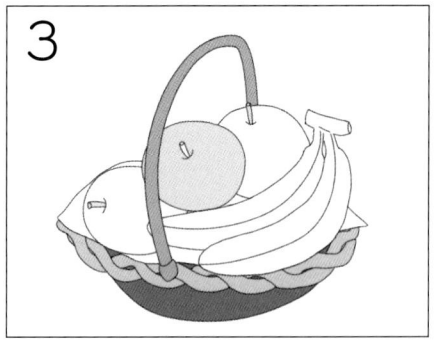
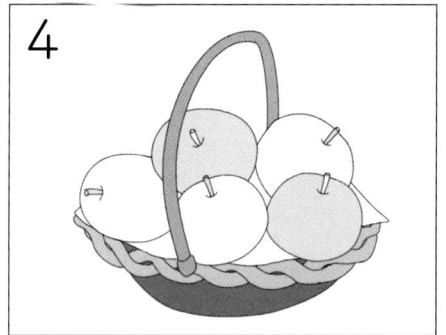

2ばん

3 ばん

1　おべんとう

2　のみもの

3　かさ

4　おかし

4 ばん

1　8時

2　9時

3　10時

4　11時

5ばん

1 一人で いえに かえる
2 一人で コンサートに いく
3 女の人と いえに かえる
4 女の人と コンサートに いく

6ばん

1 たこやき
2 たまご
3 パン
4 ぎゅうにゅう

7 ばん

1　1900円
2　3000円
3　3700円
4　3900円

もんだい2

もんだい2では、はじめに　しつもんを　きいて　ください。それから　はなしを　きいて、もんだいようしの　1から4の　なかから、いちばん　いい　ものを　ひとつ　えらんで　ください。

れい

1　郵便局へ　行く
2　新宿へ　行く
3　病院へ　行く
4　図書館へ　行く

1ばん

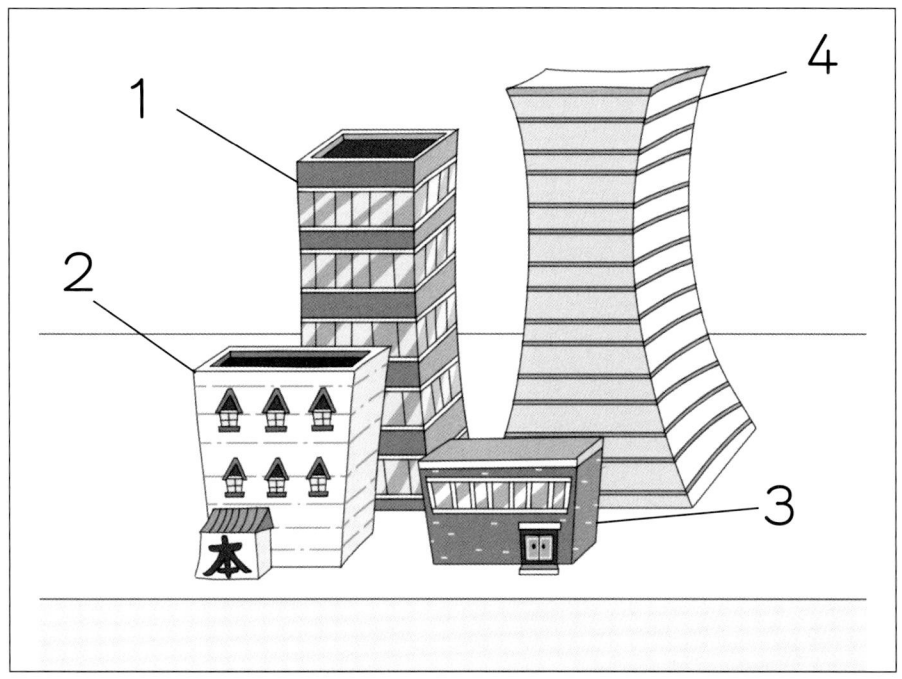

2ばん

3ばん

1 べんきょうを して いる。
2 やきゅうの れんしゅうを して いる。
3 学校に いる。
4 ねて いる。

4ばん

5ばん

1 図書館に 行く。
2 男の学生と いっしょに レポートを 書く。
3 野球を 見に 行きたいと 思って いる。
4 男の学生と いっしょに 野球を 見に 行く。

6ばん

1 キムチチゲが きらいだから。
2 キムチチゲは 辛いから。
3 あさ、キムチチゲを 食べたから。
4 メニューが 多いから。

もんだい3

　もんだい3では、えを　みながら　しつもんを　きいて　ください。➡（やじるし）の　ひとは　なんと　いいますか。1から3の　なかから、いちばん　いい　ものを　ひとつ　えらんで　ください。

れい

1ばん

2ばん

3 ばん

4 ばん

5ばん

もんだい4

もんだい4は えなどが ありません。ぶんを きいて、1から3の なかから、いちばん いい ものを ひとつ えらんで ください。

― メモ ―

〈제1회 실전 모의고사 답안용지〉

にほんごのうりょくしけん かいとうようし

N5
げんごちしき (もじ・ごい)

じゅけんばんごう
Examinee Registration Number

なまえ
Name

〈ちゅうい Notes〉
1. くろい えんぴつ (HB、No.2) で かいて ください。
   (ペンや ボールペンでは かかないで ください。)
   Use a black medium soft (HB or No.2) pencil.
   (Do not use any kind of pen.)
2. かきなおす ときは、けしゴムで きれいに けして ください。
   Erase any unintended marks completely.
3. きたなく したり、おったり しないで ください。
   Do not soil or bend this sheet.
4. マークれい Marking examples

よい れい Correct Example	わるい れい Incorrect Examples
●	⊘ ⊖ ◯ ◐ ◑ ①

もんだい 1

1	①	②	③	④
2	①	②	③	④
3	①	②	③	④
4	①	②	③	④
5	①	②	③	④
6	①	②	③	④
7	①	②	③	④
8	①	②	③	④
9	①	②	③	④
10	①	②	③	④
11	①	②	③	④
12	①	②	③	④

もんだい 2

13	①	②	③	④
14	①	②	③	④
15	①	②	③	④
16	①	②	③	④
17	①	②	③	④
18	①	②	③	④
19	①	②	③	④
20	①	②	③	④

もんだい 3

21	①	②	③	④
22	①	②	③	④
23	①	②	③	④
24	①	②	③	④
25	①	②	③	④
26	①	②	③	④
27	①	②	③	④
28	①	②	③	④
29	①	②	③	④
30	①	②	③	④

もんだい 4

31	①	②	③	④
32	①	②	③	④
33	①	②	③	④
34	①	②	③	④
35	①	②	③	④

にほんごのうりょくしけん かいとうようし

N5
げんごちしき (ぶんぽう) ・ どっかい

〈제1회 실전 모의고사 답안용지〉

じゅけんばんごう
Examinee Registration Number

なまえ
Name

〈ちゅうい Notes〉
1. くろい えんぴつ(HB、No.2)で かいて ください。
   (ペンや ボールペンでは かかないで ください。)
   Use a black medium soft (HB or No.2) pencil.
   (Do not use any kind of pen.)
2. かきなおす ときは、けしゴムで きれいに けして ください。
   Erase any unintended marks completely.
3. きたなく したり、おったり しないで ください。
   Do not soil or bend this sheet.
4. マークれい Marking examples

よい れい Correct Example	わるい れい Incorrect Examples
●	⊘ ◌ ◉ ◍ ◑ ①

もんだい 1

1	①	②	③	④
2	①	②	③	④
3	①	②	③	④
4	①	②	③	④
5	①	②	③	④
6	①	②	③	④
7	①	②	③	④
8	①	②	③	④
9	①	②	③	④
10	①	②	③	④
11	①	②	③	④
12	①	②	③	④
13	①	②	③	④
14	①	②	③	④
15	①	②	③	④
16	①	②	③	④

もんだい 2

17	①	②	③	④
18	①	②	③	④
19	①	②	③	④
20	①	②	③	④
21	①	②	③	④

もんだい 3

22	①	②	③	④
23	①	②	③	④
24	①	②	③	④
25	①	②	③	④
26	①	②	③	④

もんだい 4

27	①	②	③	④
28	①	②	③	④
29	①	②	③	④

もんだい 5

30	①	②	③	④
31	①	②	③	④

もんだい 6

32	①	②	③	④

〈제1회 실전 모의고사 답안용지〉

にほんごのうりょくしけん かいとうようし

N5
ちょうかい

じゅけんばんごう
Examinee Registration Number

なまえ
Name

〈ちゅうい Notes〉
1. くろい えんぴつ (HB、No.2) で かいて ください。
   (ペンや ボールペンでは かかないで ください。)
   Use a black medium soft (HB or No.2) pencil.
   (Do not use any kind of pen.)
2. かきなおす ときは、けしゴムで きれいに けして ください。
   Erase any unintended marks completely.
3. きたなく したり、おったり しないで ください。
   Do not soil or bend this sheet.
4. マークれい Marking examples

よい れい Correct Example	わるい れい Incorrect Examples
●	⊘ ⊖ ◌ ◍ ◐ ◑

もんだい 1

れい	①	②	●	④
1	①	②	③	④
2	①	②	③	④
3	①	②	③	④
4	①	②	③	④
5	①	②	③	④
6	①	②	③	④
7	①	②	③	④

もんだい 2

れい	①	②	●	④
1	①	②	③	④
2	①	②	③	④
3	①	②	③	④
4	①	②	③	④
5	①	②	③	④
6	①	②	③	④

もんだい 3

れい	①	●	③
1	①	②	③
2	①	②	③
3	①	②	③
4	①	②	③
5	①	②	③

もんだい 4

れい	①	②	③
1	①	②	③
2	①	②	③
3	①	②	③
4	①	②	③
5	①	②	③
6	①	②	③

〈제2회 실전 모의고사 답안용지〉

にほんごのうりょくしけん かいとうようし

N5
げんごちしき (もじ・ごい)

じゅけんばんごう
Examinee Registration Number

なまえ
Name

〈ちゅうい Notes〉
1. くろい えんぴつ (HB、No.2) で かいて ください。
   (ペンや ボールペンでは かかないで ください。)
   Use a black medium soft (HB or No.2) pencil.
   (Do not use any kind of pen.)
2. かきなおす ときは、けしゴムで きれいに けして ください。
   Erase any unintended marks completely.
3. きたなく したり、おったり しないで ください。
   Do not soil or bend this sheet.
4. マークれい Marking examples

よい れい Correct Example	わるい れい Incorrect Examples
●	⊗ ○ ◎ ◉ ① ○

もんだい 1

1	①	②	③	④
2	①	②	③	④
3	①	②	③	④
4	①	②	③	④
5	①	②	③	④
6	①	②	③	④
7	①	②	③	④
8	①	②	③	④
9	①	②	③	④
10	①	②	③	④
11	①	②	③	④
12	①	②	③	④

もんだい 2

13	①	②	③	④
14	①	②	③	④
15	①	②	③	④
16	①	②	③	④
17	①	②	③	④
18	①	②	③	④
19	①	②	③	④
20	①	②	③	④

もんだい 3

21	①	②	③	④
22	①	②	③	④
23	①	②	③	④
24	①	②	③	④
25	①	②	③	④
26	①	②	③	④
27	①	②	③	④
28	①	②	③	④
29	①	②	③	④
30	①	②	③	④

もんだい 4

31	①	②	③	④
32	①	②	③	④
33	①	②	③	④
34	①	②	③	④
35	①	②	③	④

〈제2회 실전 모의고사 답안용지〉

にほんごのうりょくしけん かいとうようし

N5
げんごちしき (ぶんぽう)・どっかい

にほんごのうりょくしけん かいとうようし

N5
ちょうかい

〈제2회 실전 모의고사 답안용지〉

じゅけんばんごう
Examinee Registration Number

なまえ
Name

〈ちゅうい Notes〉
1. くろい えんぴつ（HB、No.2）で かいて ください。
   （ペンや ボールペンでは かかないで ください。）
   Use a black medium soft (HB or No. 2) pencil.
   (Do not use any kind of pen.)
2. かきなおす ときは、けしゴムで きれいに けして ください。
   Erase any unintended marks completely.
3. きたなく したり、おったり しないで ください。
   Do not soil or bend this sheet.
4. マークれい Marking examples

よい れい Correct Example	わるい れい Incorrect Examples
●	⊘ ◦ ⦵ ◎ ✪ ①

もんだい 1

れい	①	②	③	●
1	①	②	③	④
2	①	②	③	④
3	①	②	③	④
4	①	②	③	④
5	①	②	③	④
6	①	②	③	④
7	①	②	③	④

もんだい 2

れい	①	●	③	④
1	①	②	③	④
2	①	②	③	④
3	①	②	③	④
4	①	②	③	④
5	①	②	③	④
6	①	②	③	④

もんだい 3

れい	①	●	③
1	①	②	③
2	①	②	③
3	①	②	③
4	①	②	③
5	①	②	③

もんだい 4

れい	①	②	●
1	①	②	③
2	①	②	③
3	①	②	③
4	①	②	③
5	①	②	③
6	①	②	③

일단 합격하고 오겠습니다

JLPT
일본어 능력시험

이선옥, 이재은 공저

정답 & 해설집

동양북스

일단 합격하고 오겠습니다

JLPT
일본어 능력시험

정답 & 해설집

N5

동양북스

1교시 문자·어휘 해석과 해설

PART 2 유형별 집중 공략

もんだい 1

한자 읽기 실전 연습 ❶ p.66

1	2	3	4	5
②	②	④	④	③
6	7	8	9	10
③	④	④	④	③

문제 1 ___의 단어는 히라가나로 어떻게 씁니까? 1·2·3·4에서 가장 알맞은 것을 하나 고르세요.

1 자동차 안에 사람이 몇 명 있습니까?
2 오늘은 비가 내리고 있습니다.
3 편의점은 학교 옆에 있습니다.
4 좀 더 큰 차를 갖고 싶습니다.
5 선생님에게 편지를 썼습니다.
6 이것은 엄마로부터의 선물입니다.
7 약속 시간은 4시 반입니다.
8 벌써 스무 살이 되었습니다.
9 나는 항상 전차를 타고 갑니다.
10 얼굴이 금세 빨개졌습니다.

한자 읽기 실전 연습 ❷ p.67

1	2	3	4	5
③	③	④	①	③
6	7	8	9	10
②	④	②	③	③

1 문 앞에 누군가 서 있습니다.
2 CD는 아직 반밖에 안 들었습니다.
3 도쿄 역은 어느 쪽입니까?
4 이 책은 누구의 것입니까?
5 이 길을 건너세요.
6 제 이야기를 잘 들어 주세요.
7 전화번호를 가르쳐 주지 않겠습니까?
8 항상 아침 7시에 일어납니다.
9 여기에는 맛있는 가게가 많네요.
10 이 근처에 유명한 식당이 있습니다.

한자 읽기 실전 연습 ❸ p.68

1	2	3	4	5
③	④	③	④	④
6	7	8	9	10
①	①	④	③	③

1 시험은 9시부터입니다.
2 주머니(포켓)에 돈이 들어 있었습니다.
3 봄에는 많은 사람이 꽃구경하러 갑니다.
4 오늘 정말 좋은 날씨네요.
5 다나카 선생님은 토요일에 옵니다.
6 이 길을 곧장 가면 왼쪽에 파출소가 있습니다.
7 이 상의는 얼마입니까?
8 이쪽의 스커트가 좀 더 싸고 귀여워요.
9 지난주 친구와 맥주를 마셨습니다.
10 볼펜을 세 자루 사 왔습니다.

한자 읽기 실전 연습 ❹ p.69

1	2	3	4	5
④	③	④	①	④
6	7	8	9	10
①	②	③	③	③

1 이번 달 3일이 나의 생일입니다.
2 아버지는 신문을 읽고 있습니다.
3 오늘은 혼자서 먹으러 갈 겁니다.
4 나는 매일 운동을 하고 있습니다.
5 이쪽의 책은 한 권에 백 엔입니다.
6 외국에 가는 것은 처음입니다.
7 지금 회사를 쉬고 공부하고 있습니다.
8 리포트를 제출해 주세요.
9 다음 주 고국으로 돌아갈 생각입니다.
10 이 게임은 방 밖에서 합시다.

한자 읽기 실전 연습 ❺ p.70

1	2	3	4	5
①	①	②	④	②
6	7	8	9	10
③	①	③	②	①

1 어제 나의 여동생이 태어났습니다.
2 함께 책을 사러 가지 않겠습니까?
3 저 교차로를 오른쪽으로 도세요.
4 이 가게는 싸고 맛있습니다.
5 이번 주 수요일은 바쁘지 않습니다.
6 실례합니다. 미나미은행은 어디에 있습니까?
7 좀 더 작은 것은 없습니까?
8 먼저 실례하겠습니다.
9 생선 요리를 먹고 싶네요.
10 창문으로 푸른 하늘이 보입니다.

6 매일 도서관에서 공부하고 있습니다.
7 항상 전차를 타고 학교에 갑니다.
8 음악을 들으면서 책을 읽습니다.
9 지금부터 친구와 영화를 보러 갈 겁니다.
10 어떤 스포츠를 좋아합니까?

もんだい 2

한자 표기 실전 연습 ❶ p.71

1	2	3	4	5
③	③	①	②	①
6	7	8	9	10
②	②	③	②	④

문제 2 ____의 단어는 어떻게 씁니까? 1·2·3·4에서 가장 알맞은 것을 하나 고르세요.

1 백화점에서 새 구두를 샀습니다.
2 차가운 물을 마시고 싶습니다.
3 저 호텔은 쌉니까?
4 역 앞에 편의점이 있습니다.
5 항상 버스를 타고 학교에 갑니다.
6 가족 모두 함께 외출합니다.
7 주머니(포켓)에 넣는 편이 좋을거에요.
8 비 오는 날은 항상 집에 있습니다.
9 엄마는 긴 스커트를 샀습니다.
10 책방은 역 뒤에 있습니다.

한자 표기 실전 연습 ❷ p.72

1	2	3	4	5
②	①	②	③	③
6	7	8	9	10
③	①	④	①	②

1 누군가 교실 밖에 서 있습니다.
2 미국에서 영어 공부를 했습니다.
3 이 역의 남쪽 출입구를 나가서 금방입니다.
4 왼편에 큰 호텔이 보입니다.
5 어제 신문을 읽고 싶습니다만……

한자 표기 실전 연습 ❸ p.73

1	2	3	4	5
②	②	③	②	①
6	7	8	9	10
④	②	③	③	③

1 비 오는 날은 항상 집에서 쉽니다.
2 이름은 무엇입니까?
3 오늘 생일 파티가 있습니다.
4 친구와 커피를 마시면서 이야기하고 있습니다.
5 여름방학에 바다에 가고 싶습니다.
6 내년에 고등학생이 됩니다.
7 서울대학에 들어가고 싶습니다.
8 테이블 위에 고양이가 있습니다.
9 내일 몇 시에 만납니까?
10 이 가게의 과자는 매우 맛있습니다.

한자 표기 실전 연습 ❹ p.74

1	2	3	4	5
③	②	①	④	①
6	7	8	9	10
①	①	③	①	②

1 오늘은 모두 함께 영화관에 갈 겁니다.
2 이 카메라는 얼마입니까?
3 차라도 마시지 않겠습니까?
4 오늘은 정말 좋은 날씨네요.
5 자동차 운전을 할 수 있습니까?
6 이쪽의 가방이 좀 더 비싸네요.
7 형은(오빠는) 이 대학에 들어갔습니다.
8 괜찮습니다. 혼자서 해 보겠습니다.
9 오후 다섯 시에 전화하겠습니다.
10 역까지 택시로 갑시다.

한자 표기 실전 연습 ❺ p.75

1	2	3	4	5
①	④	①	①	④
6	7	8	9	10
②	③	④	④	①

1 여기에서 학교까지 한 시간 정도 걸립니다.
2 테스트(시험)는 몇 시부터입니까?
3 벌써 밝아졌네요.
4 전기를 꺼 주세요.
5 홋카이도는 도쿄보다 북쪽입니다.
6 역 앞에 새 레스토랑이 생겼습니다.
7 이 시계는 아빠로부터의 선물입니다.
8 공원에는 꽃이 예쁘게 피어 있습니다.
9 친구와 일본어 공부를 하고 있습니다.
10 곧장 가면 왼편에 은행이 보입니다.

もんだい 3

문맥 규정 실전 연습 ❶ p.76

1	2	3	4	5
③	③	②	①	②
6	7	8	9	10
②	④	③	④	①

문제 3 (　　　)에 무엇을 넣습니까? 1·2·3·4에서 가장 알맞은 것을 하나 고르세요.

1 두 번째 모퉁이를 왼쪽으로 돕니다.
2 여름방학에는 매일 바다에 수영하러 갔습니다.
3 우체국에서 우표를 팔고 있습니다.
4 A: 처음 뵙겠습니다. 모쪼록 잘 부탁드립니다.
　B: 저야말로, 잘 부탁합니다.
5 저는 커피에 설탕을 넣어 마십니다.
6 모자를 쓰고 있는 사람이 스즈키 씨입니까?
7 처음으로 일본 드라마를 봤습니다.
8 테이블 위에 접시를 늘어놓습니다.
9 모르는 것은 선생님에게 물어보겠습니다.
10 A: 다나카 씨는 몇 형제입니까?
　B: 형(오빠)이 두 명 있습니다.

문맥 규정 실전 연습 ❷ p.77

1	2	3	4	5
④	③	④	③	④
6	7	8	9	10
③	②	③	④	③

1 다나카 씨의 휴대폰은 작아서 귀엽네요.
2 추워서 스토브를 켰습니다.
3 A: 대단히 감사합니다.
　B: 아니에요. 천만에요.
4 집 앞에 자동차가 서(정지해) 있습니다.
5 재작년의 겨울은 매우 추웠습니다.
6 나는 책을 읽을 때, 안경을 씁니다.
7 벌써 시월이네요. 이제부터 점점 추워지겠죠.
8 어제 맛있는 요리를 먹었습니다.
9 A: 케이크 좀 더 드시겠어요?
　B: 괜찮습니다. 이제 배가 부릅니다.
10 매일 아침 샤워를 합니다.
　* シャワーを あびる(샤워를 하다)

문맥 규정 실전 연습 ❸ p.78

1	2	3	4	5
④	④	③	①	③
6	7	8	9	10
②	③	②	③	①

1 나의 방(집)은 역에서 가까워 편리합니다.
2 벌써 열 시네요. 슬슬 실례하겠습니다.
3 나의 가족은 아빠와 엄마, 그리고 나 세 명입니다.
4 저 가게의 라면은 쌉니다.
5 이 방은 스토브가 켜져 있어서 따뜻합니다.
6 오늘은 4일이니까 내일은 5일이네요.
7 밥을 먹기 전에 "잘 먹겠습니다"라고 말합니다.
8 감기에 걸려서 학교를 쉬었습니다.
　* かぜを ひく(감기에 걸리다)
9 처음 뵙겠습니다. 잘 부탁합니다.
10 학교에는 항상 버스로 갑니다.

문맥 규정 실전 연습 ❹ p.79

1	2	3	4	5
②	①	②	④	②
6	7	8	9	10
①	④	①	②	④

1 어젯밤 강한 바람이 불었습니다.
2 아침 7시에 일어나 8시 정도에 집을 나섭니다.
3 오사카까지 신칸센을 타고 갔습니다.
4 한 번 더 전화 부탁합니다.
5 일본인 친구가 두 명 있습니다.
6 편의점에서 펜을 세 자루 샀습니다.

7 야마다 씨는 <u>아마도</u> 안 오겠지요.
8 학교 앞에 많은 학생이 모여 있습니다.
9 저는 자주 친구와 탁구를 합니다.
10 A: 이 가방은 당신의 것입니까?
　 B: 아니요, <u>아닙니다</u>.

もんだい 4

유의어 실전 연습 ❶ p.80

1	2	3	4	5
①	④	③	②	④
6	7	8	9	10
③	③	③	②	③

문제4 ____의 문장과 대체로 같은 뜻의 문장이 있습니다.
1·2·3·4에서 가장 알맞은 것을 하나 고르세요.

1 　나의 집에는 애완동물이 있습니다.
　1　나의 집에는 고양이가 있습니다.
　2　나의 집에는 가족이 있습니다.
　3　나의 집에는 여동생이 있습니다.
　4　나의 집에는 선생님이 있습니다.

2 　그저께 회사를 쉬었습니다.
　1　삼일 전에 회사에 갔습니다.
　2　삼일 전에 회사에 가지 않았습니다.
　3　이틀 전에 회사에 갔습니다.
　4　이틀 전에 회사에 가지 않았습니다.

3 　테이블 위에 접시를 놓아 주세요.
　1　테이블 위에 접시를 배워 주세요.
　2　테이블 위에 접시를 줄 서 주세요.
　3　테이블 위에 접시를 늘어놓아 주세요.
　4　테이블 위에 접시를 되어 주세요.

4 　그는 글씨를 잘 못 씁니다.
　1　그의 글씨는 크지 않습니다.
　2　그는 글씨가 능숙하지 않습니다.
　3　그의 글씨는 볼품없지 않습니다.
　4　그는 글씨를 싫어하지는 않습니다.

5 　방 청소를 하고 있습니다.
　1　방을 밝게 하고 있습니다.
　2　방을 능숙하게 하고 있습니다.
　3　방을 싫어하게 하고 있습니다.
　4　방을 깨끗하게 하고 있습니다.

6 　선생님, 저 이 문제는 할 수가 없습니다.
　1　이 문제는 쉽습니다.
　2　이 문제는 쌉니다.
　3　이 문제는 어렵습니다.
　4　이 문제는 간단합니다.

7 　그녀는 "다녀왔습니다"라고 말했습니다.
　1　그녀는 이제부터 잘 겁니다.
　2　그녀는 이제부터 외출할 겁니다.
　3　그녀는 지금 돌아왔습니다.
　4　그녀는 지금 일어났습니다.

8 　바지를 세탁해 주세요.
　1　바지를 입어(신어) 주세요.
　　*履(は)く : 하의와 신발 등을 신다, 입다
　2　바지를 입어 주세요.
　　*着(き)る : 상의와 원피스를 입다
　3　바지를 빨아 주세요.
　4　바지를 사 주세요.

9 　이것은 전화입니다.
　1　이것을 타고 학교에 갑니다.
　2　이것으로 사람과 이야기합니다.
　3　이것으로 손을 씻습니다.
　4　이것은 청소를 할 때 사용합니다.

10 　저기에서 우표를 살 수 있습니다.
　1　저기는 도서관입니다.
　2　저기는 백화점입니다.
　3　저기는 우체국입니다.
　4　저기는 편의점입니다.

유의어 실전 연습 ❷ p.82

1	2	3	4	5
③	④	③	③	③
6	7	8	9	10
④	②	③	④	②

1 　여기는 출구입니다. 입구는 저쪽입니다.
　1　저쪽에서 넣어 주세요.
　2　저쪽에서 꺼내 주세요.
　3　저쪽에서 들어가 주세요.
　4　저쪽에서 나가 주세요.

2 이 레스토랑은 맛없습니다.
  1 이곳의 요리는 쌉니다.
  2 이곳의 요리는 상냥하지(쉽지) 않습니다.
  3 이곳의 요리는 많습니다.
  4 이곳의 요리는 맛있지 않습니다.

3 어제 과일을 샀습니다.
  1 개와 고양이 등을 샀습니다.
  2 초밥과 우동 등을 샀습니다.
  3 사과와 오렌지 등을 샀습니다.
  4 책과 잡지 등을 샀습니다.

4 스즈키 씨는 나의 친구의 오빠(형)입니다.
  1 친구는 스즈키 씨의 언니(누나)입니다.
  2 친구는 스즈키 씨의 오빠(형)입니다.
  3 친구는 스즈키 씨의 여동생 입니다.
  4 친구는 스즈키 씨의 아빠입니다.

5 그저께 파티를 했습니다.
  1 파티는 이 년 전이었습니다.
  2 파티는 일 년 전이었습니다.
  3 파티는 이틀 전이었습니다.
  4 파티는 하루 전이었습니다.

6 이것은 스토브라는 물건입니다.
  1 방을 어둡게 할 때 사용합니다.
  2 방을 시원하게 할 때 사용합니다.
  3 방을 밝게 할 때 사용합니다.
  4 방을 따뜻하게 할 때 사용합니다.

7 그녀는 야마다 씨에게 전화를 했습니다.
  1 그녀는 야마다 씨에게 전화를 컸습니다.
  2 그녀는 야마다 씨에게 전화를 걸었습니다.
  3 그녀는 야마다 씨에게 전화를 잡았습니다.
  4 그녀는 야마다 씨에게 전화를 꺼냈습니다.

8 스즈키 씨는 항상 방 전기를 끄고 잡니다.
  1 스즈키 씨는 방을 밝게 하고 잡니다.
  2 스즈키 씨는 방을 깨끗하게 하고 잡니다.
  3 스즈키 씨는 방을 어둡게 하고 잡니다.
  4 스즈키 씨는 방을 뜨겁게(덥게) 하고 잡니다.

9 이쪽은 나의 이모입니다.
  *おば: 아주머니, 이모, 고모, 숙모 등
  1 이쪽은 오빠(형)의 엄마입니다.
  2 이쪽은 엄마의 오빠입니다.
  3 이쪽은 언니(누나)의 엄마입니다.
  4 이쪽은 엄마의 언니입니다.

10 여기는 도서관입니다.
  1 여기는 잡지를 사는 곳입니다.
  2 여기는 책을 빌리는 곳입니다.
  3 여기는 영화를 보는 곳입니다.
  4 여기는 커피를 마시는 곳입니다.

유의어 실전 연습 ❸ p.84

1	2	3	4	5
③	③	①	①	②
6	7	8	9	10
③	①	②	④	④

1 다나카 씨는 키가 큽니다.
  1 다나카 씨는 날씬합니다.
  2 다나카 씨는 귀엽습니다.
  3 다나카 씨는 큽니다.
  4 다나카 씨는 재미있습니다.

2 이 레스토랑은 매우 유명합니다.
  1 누구라도 이 레스토랑을 쓰고 있습니다.
  2 누구라도 이 레스토랑을 살고 있습니다.
  3 누구라도 이 레스토랑을 알고 있습니다.
  4 누구라도 이 레스토랑을 나오고 있습니다.

3 집 입구에 누군가 있습니다.
  1 현관에 사람이 있습니다.
  2 창문에 사람이 있습니다.
  3 부엌에 사람이 있습니다.
  4 방에 사람이 있습니다.

4 외국에 가는 것은 처음입니다.
  1 미국에는 간 적이 없습니다.
  2 미국에는 자주 가고 있습니다.
  3 미국에는 한 번 갔습니다.
  4 미국에는 그다지 가지 않습니다.

5 저곳은 식당입니다.
  1 책과 잡지 등을 살 수 있습니다.
  2 카레나 우동 등을 먹을 수 있습니다.
  3 야채나 과일 등을 팔 수 있습니다.
  4 야구나 축구 등을 볼 수 있습니다.

6 이 책은 시시했습니다.
1 이 책은 어렵지 않았습니다.
2 이 책은 나쁘지 않았습니다.
3 이 책은 좋지 않았습니다.
4 이 책은 무겁지 않았습니다.

7 오빠는(형은) 은행에 근무하고 있습니다.
1 오빠는(형은) 은행에서 일하고 있습니다.
2 오빠는(형은) 은행에서 배우고 있습니다
3 오빠는(형은) 은행에서 살고 있습니다.
4 오빠는(형은) 은행을 향하고 있습니다.

8 오전도 오후도 바빠서, 연락할 수 없었습니다.
1 밤부터 아침까지 바빴습니다.
2 아침부터 저녁까지 바빴습니다.
3 낮부터 저녁까지 바빴습니다.
4 저녁부터 아침까지 바빴습니다.

9 A: 수업은 9시부터입니까?
B: 20분 일찍 시작됩니다.
1 수업은 9시 20분에 시작됩니다.
2 수업은 9시 40분에 시작됩니다.
3 수업은 8시 20분에 시작됩니다.
4 수업은 8시 40분에 시작됩니다.

10 스즈키 씨의 방은 항상 깨끗합니다.
1 방은 항상 밝습니다.
2 방은 항상 춥지 않습니다.
3 방은 항상 넓습니다.
4 방은 항상 더럽지 않습니다.

유의어 실전 연습 ❹ p.86

1	2	3	4	5
①	②	①	②	①
6	7	8	9	10
③	①	④	③	③

1 어제 파티에 스즈키 씨는 오지 않았네요. 어째서입니까?
1 스즈키 씨는 왜 오지 않았습니까?
2 스즈키 씨는 어떻게 오지 않았습니까?
3 스즈키 씨는 어떤 오지 않았습니까?
4 스즈키 씨는 언젠가 오지 않았습니까?

2 모레 학교를 쉴 겁니다.
1 모레 학교가 시작됩니다.
2 모레 학교에 가지 않을 겁니다.
3 모레 학교에서 놀 겁니다.
4 모레 학교에 들어갈 겁니다.

3 그는 일본어를 잘합니다.
1 그는 일본어를 못하지 않습니다.
2 그는 일본어를 못합니다.
3 그는 일본어가 편리하지 않습니다.
4 그는 일본어를 싫어합니다.

4 나의 여동생은 스즈키 씨와 결혼했습니다.
1 여동생은 스즈키 씨의 누나가 되었습니다.
2 여동생은 스즈키 씨의 부인이 되었습니다.
3 여동생은 스즈키 씨의 손님이 되었습니다.
4 여동생은 스즈키 씨의 남편이 되었습니다.

5 스미스 씨가 스즈키 씨에게 영어를 가르치고 있습니다.
1 스즈키 씨는 스미스 씨에게 영어를 배우고 있습니다.
2 스미스 씨는 스즈키 씨에게 영어를 배우고 있습니다.
3 스즈키 씨는 스미스 씨에게 영어를 보이고 있습니다.
4 스미스 씨는 스즈키 씨에게 영어를 보이고 있습니다.

6 다나카 씨는 청소를 했습니다.
1 다나카 씨는 셔츠나 손수건을 깨끗하게 했습니다.
2 다나카 씨는 컵과 접시를 깨끗하게 했습니다.
3 다나카 씨는 정원과 방을 깨끗하게 했습니다.
4 다나카 씨는 얼굴과 손을 깨끗하게 했습니다.

7 그 가게는 9시부터 열려 있습니다.
1 가게는 아홉 시부터 열려져 있습니다.
2 가게는 아홉 시부터 닫혀져 있습니다.
3 가게는 아홉 시부터 열려 있지 않습니다.
4 가게는 아홉 시부터 열리지 않습니다.

8 나는 저 여자의 오빠입니다.
1 저 여자는 나의 누나입니다.
2 저 여자는 나의 남동생입니다.
3 저 여자는 나의 엄마입니다.
4 저 여자는 나의 여동생입니다.

9 사과를 세 개, 토마토를 네 개 샀습니다.
1 전부 해서 다섯 개 샀습니다.
2 전부 해서 여섯 개 샀습니다.
3 전부 해서 일곱 개 샀습니다.
4 전부 해서 여덟 개 샀습니다.

10	그저께 여동생이 태어났습니다.
	1 이 년 전에 여동생이 태어났습니다.
	2 일 년 전에 여동생이 태어났습니다.
	3 이틀 전에 여동생이 태어났습니다.
	4 하루 전에 여동생이 태어났습니다.

유의어 실전 연습 ❺ p.88

1	2	3	4	5
②	③	④	③	③
6	7	8	9	10
①	②	④	②	③

1 할아버지는 70세입니다.
　1 아빠의 엄마는 70세입니다.
　2 아빠의 아빠는 70세입니다.
　3 아빠의 형은 70세입니다.
　4 아빠의 누나는 70세입니다.

2 저, 요리는 서툽니다.
　1 저의 요리는 달지 않습니다.
　2 저의 요리는 맵지 않습니다.
　3 저의 요리는 맛없습니다.
　4 저의 요리는 맛있습니다.

3 방 전기를 켰습니다.
　1 방이 깨끗해졌습니다.
　2 방이 조용해졌습니다.
　3 방이 빨개졌습니다.
　4 방이 밝아졌습니다.

4 이 음악은 싫어합니다.
　1 이 음악은 간단하지 않습니다.
　2 이 음악은 재미있지 않습니다.
　3 이 음악은 좋아하지 않습니다.
　4 이 음악은 새롭지 않습니다.

5 그 라면집은 월요일에 쉽니다.
　1 월요일, 그곳은 붐빕니다.
　2 월요일, 그곳은 한가합니다.
　3 월요일, 그곳은 닫혀 있습니다.
　4 월요일, 그곳은 붐비고 있습니다.

6 다나카 씨는 "아내와 함께 왔습니다"라고 말했습니다.
　1 다나카 씨는 부인과 함께 왔습니다.
　2 다나카 씨는 어머니와 함께 왔습니다.
　3 다나카 씨는 여동생과 함께 왔습니다.
　4 다나카 씨는 누나와 함께 왔습니다.

7 사전을 찾아봤습니다.
　1 지금은 출구를 압니다.
　2 지금은 한자를 읽을 수 있습니다.
　3 지금은 전화번호를 압니다.
　4 지금은 외출할 수 있습니다.

8 여동생은 "잘 먹었습니다"라고 말했습니다.
　1 여동생은 집에 돌아왔습니다.
　2 여동생은 지금부터 외출합니다.
　3 여동생은 지금부터 잡니다.
　4 여동생은 밥을 먹었습니다.

9 이 가게는 항상 붐빕니다.
　1 이 가게는 항상 사람이 적습니다.
　2 이 가게는 항상 사람이 많이 있습니다.
　3 이 가게는 항상 깨끗합니다.
　4 이 가게는 항상 친절합니다.

10 스즈키 씨는 다나카 씨에게 전화를 빌렸습니다.
　1 다나카 씨는 스즈키 씨한테 전화를 주었습니다.
　2 다나카 씨는 스즈키 씨한테 전화를 되돌려 주었습니다.
　3 다나카 씨는 스즈키 씨한테 전화를 빌려주었습니다.
　4 다나카 씨는 스즈키 씨한테 전화를 받았습니다.

1교시 문법 해석과 해설

PART 1 워밍업

합격 문법 확인 문제 ❶ p.130

1	2	3	4	5	6
a	b	b	b	b	b
7	8	9	10	11	12
a	a	b	b	a	a
13	14	15	16		
b	b	b	b		

1 오늘은 친구와 도서관에서 공부를 합니다.
2 덥지만, 좋은 날씨네요.
3 나는 한국에서 왔습니다.
4 하나밖에 없어요.
5 오늘은 버스로 갈 겁니다.
6 빵이나 주스 등을 샀습니다.
7 내일 도쿄에 갑니다.
8 책은 어디에 있습니까?
9 매일 산책하러 갑니다.
10 이것은 나의 가방입니다.
11 돈이 많은 사람이 있습니다.
12 추우니까 창문을 닫아 주세요.
13 책상 위에는 아무것도 없습니다.
14 두 형제입니다. 저와 여동생입니다.
15 일본 영화를 봤습니다.
16 친구한테 편지를 썼습니다.

합격 문법 확인 문제 ❷ p.131

1	2	3	4	5	6
b	a	a	b	b	a
7	8	9	10	11	12
b	b	a	b	b	a
13	14	15	16		
b	a	a	b		

1 돈이 없어서 아무것도 사지 않았습니다.
2 언젠가 도쿄에 갈 겁니다.
3 친구한테서 선물을 받았습니다.
4 감기로 회사를 쉬었습니다.
5 친구와 일본에 갔습니다.
6 밖에서 3시간이나 기다렸습니다.
7 펜이 있을지 없을지 모릅니다.
8 누군가 가르쳐 주세요.
9 오늘은 어디에도 가지 않았습니다.
10 나는 새 가방을 갖고 싶습니다.
11 감기에 걸렸습니다.
    * かぜを ひく(감기에 걸리다) (23쪽 비법 어휘 참조)
12 학교에 갈 때는 항상 버스를 탑니다.
    * ~に のる(~을 타다)
13 도서관에서 선생님을 만났습니다.
    * ~に あう(~를 만나다)
14 자기 전에 목욕을 합니다.
    * おふろに はいる(목욕을 하다)
15 어떤 영화를 좋아합니까?
    * ~が 好(す)きだ(~을 좋아하다)
16 세 개에 500엔입니다.

합격 문법 확인 문제 ❸ p.132

1	2	3	4	5	6
b	b	a	b	b	b
7	8	9	10	11	12
a	b	b	b	b	b
13	14	15	16		
a	a	b	b		

1 이 방은 넓지 않습니다.
2 영화는 정말로 재미있었습니다.
3 좀 더 큰 것은 없습니까?
4 어제는 날씨가 좋았습니다.
5 한자를 좀 더 크게 써 주세요.
6 가격이 싸졌습니다.
7 이 가방은 작아서 귀엽네요.
8 춥네요. 따뜻한 것을 마시고 싶습니다.
9 파티는 즐거웠습니다.
10 이 빌딩은 높고 큽니다.
11 시험은 어렵지 않습니다.
12 무언가 갖고 싶은 것이 있습니까?

13 야마모토 씨는 귀엽고 상냥합니다.
14 정말로 좋았습니다(잘됐네요/다행이네요).
15 그는 머리도 좋고 잘생겼습니다.
16 전혀 춥지 않군요.

합격 문법 확인 문제 ❹ p.133

1	2	3	4	5	6
b	a	b	b	b	a
7	8	9	10	11	12
b	b	a	b	a	b
13	14	15	16		
b	a	b	a		

1 도서관은 깨끗했습니다(예뻤습니다).
2 시험은 간단했습니다.
3 이곳은 유명한 곳입니다.
4 이 자동차는 튼튼하고 쌉니다.
5 토마토를 좋아해서 매일 먹고 있습니다.
6 일본어를 잘하게 되었습니다.
7 그녀는 친절하고 귀엽습니다.
8 나는 학생이 아닙니다.
9 잠시 기다려 주세요.
10 단것은 먹지 않습니다.
11 백화점에서 스커트를 샀습니다.
12 다나카 씨에게는 말하지 않는 편이 좋겠습니다.
13 이것은 비싸니까 안 살 거야.
14 나는 항상 버스를 탑니다.
15 친구를 만나 영화를 봤습니다.
16 책을 읽을 시간이 없습니다.

합격 문법 확인 문제 ❺ p.134

1	2	3	4	5	6
a	b	a	b	b	a
7	8	9	10	11	12
a	b	a	b	b	b
13	14	15	16		
b	a	b	a		

1 친구와 도서관에 갔습니다.
2 나는 고기는 먹지 않는다.
3 케이크를 만듭시다.
4 매일 아침, 일찍 일어납니다.
5 야마모토 씨는 파티에 오지 않는다.
6 글씨를 크게 써 주세요.

7 친구와 이야기하고 있습니다.
8 책을 사서 읽습니다.
9 내가 자주 가는 가게입니다.
10 선생님은 술을 마시지 않는다.
11 그는 아무것도 말하지 않는다.
12 숙제를 하고 텔레비전을 봅니다.
13 도서관에 와서 공부를 합니다.
14 학교에 갔다 왔습니다.
15 집에 돌아와 숙제를 합니다.
16 전화를 걸어 주세요.

고득점 문법 확인 문제 ❶ p.151

1	2	3	4	5	6
a	b	b	a	b	a
7	8	9	10	11	12
b	b	a	b	b	a
13	14	15	16		
b	a	a	b		

1 집 앞에 자동차가 서 있습니다.
2 그는 손을 씻지 않고 밥을 먹습니다.
3 하루 종일 집에서 쉬었습니다.
4 새 휴대전화를 사고 싶습니다.
5 실례합니다. 사진을 찍어 주지 않겠습니까?
6 도서관에 책을 읽으러 갑시다.
7 숙제를 한 후에 친구와 놀았습니다.
8 밤에는 단것을 먹지 마세요.
9 저것은 뭐라고 하는 스포츠입니까?
10 빨리 가는 편이 좋습니다.
11 선생님을 만나러 갑니다.
12 키가 커졌습니다.
13 시험이 끝났기 때문에 놀러 갔습니다.
14 언제 일본에 갈 생각입니까?
15 매일 공원을 산책하고 있습니다.
16 가격이 비싸더라도 살 겁니다.

고득점 문법 확인 문제 ❷ p.152

1	2	3	4	5	6
b	b	a	a	a	a
7	8	9	10	11	12
a	b	b	b	b	a
13	14	15	16		
b	b	b	a		

1 어제는 학교에 가지 않고 집에 있었습니다.
2 지금부터 그와 드라이브하러 갈 겁니다.
3 청소를 해서 방이 깨끗해졌습니다.
4 수업 중이니까, 조용히 하세요.
5 저 가수는 유명해졌습니다.
6 나도 자동차를 사고 싶습니다.
7 학생들은 모두 모여 있습니다.
8 여기에 주소가 쓰여 있습니다.
9 여기에서 담배를 피워서는 안 됩니다.
10 어젯밤, 방 전기는 껐습니까?
11 책을 읽거나 요리를 만들거나 했습니다.
12 어제 만난 사람은 어땠습니까?
13 항상 학교에 갈 때, 버스를 탑니다.
14 어제보다 가격이 싸졌습니다.
15 음악을 들으면서 잡니다.
16 밖은 지금 비가 내리고 있습니다.

고득점 문법 확인 문제 ❸ p.153

1	2	3	4	5	6
b	a	a	b	b	a
7	8	9	10	11	12
b	a	a	a	b	b
13	14	15	16		
b	b	a	b		

1 나의 이름을 잊지 마세요.
2 이곳은 정말 번화해졌네요.
3 이 책, 빌려서는 안 됩니까?
4 얼른 선생님에게 말하는 편이 좋아요.
5 친구와 노래방에 노래를 부르러 갑니다.
6 점심밥은 돈가스로 하겠습니다.
7 여행을 가기 전에 카메라를 샀습니다.
8 역에서 한 시간이나 걸어서 왔습니다.
9 텔레비전을 보면서 운동을 합니다.
10 가게 앞에 사람이 줄 서 있습니다.
11 나의 방에 들어오지 마세요.
12 피아노가 능숙해졌습니다.
13 방 창문이 열려 있습니다.
14 함께 운동하러 가지 않을래요?
15 내일, 혼다 씨를 만나지 않는 편이 좋겠습니다.
16 숙제도 하지 않고 학교에 갔습니다.

고득점 문법 확인 문제 ❹ p.154

1	2	3	4	5	6
b	a	b	b	b	a
7	8	9	10	11	12
a	b	a	b	a	a
13	14	15	16		
b	a	b	b		

1 가방은 여기에 놓아 주세요.
2 야마모토 씨는 어떤 사람입니까?
3 당신의 책은 어느 것입니까?
4 여기에서 역까지 어떻게 갑니까?
5 세 개에 얼마입니까?
6 지금 마침 딱(정각) 3시입니다.
7 어제는 매우 즐거웠습니다.
8 이 사과 비싸네요. 하지만 사고 싶습니다.
9 그는 아직 학생입니다.
10 잠시 기다려 주세요. 곧 가지고 오겠습니다.
11 감기는 이제 좋아졌어.
12 매운 것은 그다지 먹지 않습니다.
13 시간이 있으니까 천천히 갑시다.
14 당신은 어째서 이 학교에 왔습니까?
15 그녀는 키가 크다. 게다가 얼굴도 귀엽다.
16 자, 많이 드세요.

고득점 문법 확인 문제 ❺ p.155

1	2	3	4	5	6
b	b	a	a	a	a
7	8	9	10	11	12
a	a	b	a	a	a
13	14	15	16		
b	a	a	b		

1 시험(테스트)은 오늘부터 금요일까지입니다.
2 여기에서 택시로 2000엔 정도입니다.
3 내일 추워도 운동하러 갈 겁니다.
4 그는 친절하기 때문에 인기가 있습니다.
5 나는 선생님이 되고 싶습니다.
6 여기에 이름을 쓰고 있습니다.
7 나의 케이크를 먹지 마세요.
8 회사에 늦어 버렸습니다.
9 마실 것은 콜라로 하겠습니다.
10 드라마는 그다지 보지 않습니다.
11 아침 일찍 학교에 갔기 때문에, 집에 없습니다.
12 지금, 펜이 두 자루밖에 없습니다.

13 우체국에서 우표를 20장 샀습니다.
14 집 앞에 자동차가 두 대 있습니다.
15 이 바나나 다섯 개 주세요.
16 티셔츠를 세 장이나 사 왔습니다.

PART 2 유형별 집중 공략

もんだい 1

문법 형식 판단 실전 연습 ❶ p.158

1	2	3	4
④	①	②	③
5	6	7	8
①	③	④	②

문제 1 ( )에 무엇을 넣습니까? 1·2·3·4에서 가장 알맞은 것을 하나 고르세요.

1 나는 항상 역까지 버스로 갑니다.
2 A: 당신의 책은 어느 것입니까?
   B: 나의 책은 저 검은 것입니다.
3 나는 내일 여행하러 갑니다.
4 우체국은 어디입니까?
5 A: 파티는 어땠습니까?
   B: 매우 즐거웠습니다.
6 A: 어째서 아르바이트를 쉬었습니까?
   B: 감기였기 때문입니다.
7 A: 저, 이 가방은 누구의 것입니까?
   B: 누구의 것인지 모릅니다.
8 A: 추우니까 창문을 닫아 주세요.
   B: 네, 알았습니다.

문법 형식 판단 실전 연습 ❷ p.159

1	2	3	4
③	①	③	①
5	6	7	8
④	③	③	④

1 오늘은 바쁘니까, 어디에도 가지 않을 겁니다.
2 A: 다카키 씨, 오늘 어딘가에 갑니까?
   B: 네, 도서관에 갑니다.
3 저 가게는 어떤 요리가 맛있는지 가르쳐 주세요.
4 그는 항상 개와 산책을 합니다.
5 A: 그것은 어느 나라의 차입니까?
   B: 중국의 것입니다.
6 A: 저 가게에서는 어떤 것을 팔고 있습니까?
   B: 주스나 콜라를 팔고 있습니다.
7 A: 실례합니다. 이 사과를 세 개 주세요. 얼마입니까?
   B: 네, 3000엔입니다.
8 A: 여기에서 잠시 쉽시다.
   B: 그렇게 합시다.

문법 형식 판단 실전 연습 ❸ p.160

1	2	3	4
④	③	④	④
5	6	7	8
④	②	①	③

1 나는 어제 집에서 돈가스를 만들었습니다.
2 처음 뵙겠습니다. 저는 한국에서 왔습니다.
3 어젯밤 비가 강하게 내렸습니다.
4 교실에는 아무도 없습니다.
5 바빠서 오늘은 아무것도 먹지 않았습니다.
6 실례합니다. 바나나를 두 개 주세요.
7 A: 함께 산책을 하지 않겠습니까?
   B: 네, 합시다.
8 A: 기무라 씨, 그 시계 좋네요.
   B: 아, 어제 샀습니다.

문법 형식 판단 실전 연습 ❹ p.161

1	2	3	4
①	②	①	②
5	6	7	8
③	④	③	①

1 남동생은 나의 방에 들어왔습니다.
2 이 숙제는 한 시간 정도 걸리겠네요.
3 교실에 학생이 세 명밖에 없어요.
4 매일 12시쯤 잡니다.
5 어제 시험은 어렵지 않았습니다.
6 기무라 씨의 방은 매우 조용하고 넓습니다.
7 A: 실례합니다만, 잠시 창문을 열어 주지 않으시겠습니까?
   B: 네, 알겠습니다.
8 A: 어제 비가 와서 소풍을 못 갔습니다.
   B: 그렇습니까. 유감이네요.

문법 형식 판단 실전 연습 ❺ p.162

1	2	3	4
④	②	①	④
5	6	7	8
③	②	④	①

1 여기에는 커피도 주스도 없습니다.
2 A: 이것은 누구의 가방입니까?
  B: 아, 그것은 제 것입니다.
3 나와 함께 산책하지 않겠습니까?
4 어떤 디자인이 좋을지 말해 주세요.
5 저 아이는 피아노를 능숙하게 칩니다.
6 좀 더 크게 써 주세요.
7 A: 아 벌써 파티 시간이네요.
  B: 하지만 나카무라 씨가 아직입니다만……. 조금만 더 기다리지 않겠습니까?
8 A: 남동생분은 잘 지내시나요?
  B: 네, 덕분에요.

문법 형식 판단 실전 연습 ❻ p.163

1	2	3	4
③	②	②	④
5	6	7	8
③	③	②	②

1 시험은 9시부터 12시까지입니다.
2 내일은 휴일이네요. 어딘가에 갑니까?
3 어제 파티에는 전부(다 해서) 몇 명 정도 왔습니까?
4 역까지 내 차로 가겠습니까?
5 오랜만에 다나카 선생님을 만났습니다만, 선생님은 건강하지 않았습니다.
6 백화점에 쇼핑을 하러 갈 겁니다.
7 A: 사토 씨는 벌써 왔습니까?
  B: 아니요, 아직입니다.
  * まだ 뒤에는 과거형이 쓰일 수 없으므로, 선택지 4번은 まだ 来て いません이라고 고쳐야 옳은 문장이 된다.
8 A: 집에서 역까지는 멉니까?
  B: 아니요, 가깝습니다.

문법 형식 판단 실전 연습 ❼ p.164

1	2	3	4
①	②	①	③
5	6	7	8
①	④	③	③

1 어제는 12시경 돌아왔습니다.
2 주에 한 번은 모두 함께 영어 공부를 합니다.
3 매일 아침 몇 시쯤 집을 나갑니까?
4 오사카까지 버스를 타고 갔습니다.
5 어제 텔레비전을 보고 나서 숙제를 했습니다.
6 언젠가 스스로 샤부샤부를 만들고 싶습니다.
7 A: 시험 전에 먼저 이름을 써 주세요.
  B: 선생님 어디에 씁니까?
8 A: 저 사람이 일본어 선생님입니까?
  B: 아니요, 아닙니다.

문법 형식 판단 실전 연습 ❽ p.165

1	2	3	4
④	③	②	③
5	6	7	8
④	④	②	①

1 여행 갈지 어떨지 가르쳐 주세요.
2 어제 1시간 정도 공원에서 달렸습니다.
3 A: 방 전기를 전부 껐습니까?
  B: 아니요, 내 방만 껐습니다.
4 학교는 역에서 30분 정도 걸립니다.
5 여기에서 담배를 피워서는 안 됩니다.
6 그 뉴스는 어제 친구를 만났을 때 들었습니다.
7 A: 늦어 버려서 죄송합니다.
  B: 괜찮습니다.
8 A: 그럼 내일 또 봐.
  B: 자, 그럼.

문법 형식 판단 실전 연습 ❾ p.166

1	2	3	4
③	④	②	②
5	6	7	8
③	③	④	②

1 오늘은 춥지도 덥지도 않습니다.
2 다음 주 가족 모두 함께 여행을 갑니다.
3 야마모토 씨는 매일 한국어 공부를 합니다.
4 A: 책상 위에 무엇이 있습니까?
  B: 책이랑 노트 등이 있습니다.

5 나의 여동생은 음악을 들으면서 이를 닦습니다.
6 냉장고 안에 과일이 많이 넣어져 있습니다.
7 A: 내일까지 리포트를 제출해 주세요.
B: 네, 알았습니다.
8 A: 다카키 씨를 압니까?
B: 네, 알고 있습니다.

문법 형식 판단 실전 연습 ⑩ p.167

1	2	3	4
③	③	②	④
5	6	7	8
④	③	④	①

1 리포트는 일본어로 써 주세요.
2 나는 3형제입니다. 형(오빠)과 누나(언니)가 있습니다.
3 매일 집에서 회사까지 자전거로 갑니다.
4 이 버스는 우체국 앞을 지납니다.
5 우선 밥을 먹고 나서 약을 먹습니다.
6 어제는 추웠습니다.
7 A: 된장국을 좀 더 주지 않으시겠습니까?
B: 네, 그럼요(좋아요).
8 A: 파티는 벌써 시작되었습니까?
B: 아니요, 아직입니다.

もんだい 2

문장 완성 실전 연습 ❶ p.168

1	2	3	4
④	③	②	③
5	6	7	8
④	③	③	③

문제 2 ★ 에 들어갈 것은 어느 것입니까? 1・2・3・4에서 가장 알맞은 것을 하나 고르세요.

1 이번 리포트는 일본어로 써 주세요.(3-1-4-2)
2 쉬는 날은 친구를 만나거나 요리를 만들기도 합니다.(1-4-2-3)
3 버스를 타고 가는 편이 좋습니다.(1-4-2-3)
4 우선 약을 먹고 나서 밥을 먹습니다.(2-1-3-4)
5 오늘은 밤 9시경 귀가합니다.(2-4-1-3)
6 실례합니다. 조금 조용히 해 주지 않겠습니까?(4-2-3-1)
7 나의 집에서 학교까지 30분 정도 걸립니다.(2-4-3-1)
8 테이블 위에 접시를 늘어놓아 주세요.(1-3-2-4)

문장 완성 실전 연습 ❷ p.169

1	2	3	4
②	①	③	③
5	6	7	8
③	②	①	②

1 내일 비가 내릴지 내리지 않을지 모르겠습니다.(3-1-2-4)
2 친구와 맥주를 마시면서 이야기하고 있습니다.(4-2-1-3)
3 책상 위에 메모가 쓰여 있습니다.(2-3-1-4)
4 나는 매일 밤 아이가 잔 후에 일을 합니다.(4-1-3-2)
5 기무라 씨의 새 카메라는 작고(작아서) 귀엽네요.(2-1-4-3)
6 눈이 많이 내려서 한 명밖에 오지 않았습니다.(4-1-2-3)
7 선생님, 짐 많네요. 제가 조금 들어 드릴까요?(2-4-1-3)
8 선생님의 주소를 알고 있나요?(3-4-2-1)

문장 완성 실전 연습 ❸ p.170

1	2	3	4
①	②	①	①
5	6	7	8
④	②	③	④

1 토마토를 싫어했습니다만, 지금은 좋아하게 되었습니다.(3-4-1-2)
2 숙제가 끝난 후에 방 청소를 합니다.(1-3-4-2)
3 전기를 켜서 방을 밝게 했습니다.(4-3-2-1)
4 어제는 숙제를 하거나 리포트를 쓰기도 했습니다.(4-3-1-2)
5 손님이 오기 전에 청소를 하세요.(2-1-4-3)
6 더 작은 카메라를 갖고 싶습니다.(4-3-2-1)
7 내일 함께 스커트를 사러 가지 않겠습니까?(4-2-1-3)
8 위험하니까 이곳에서 놀지 말아 주세요.(3-2-4-1)

문장 완성 실전 연습 ❹ p.171

1	2	3	4
②	②	④	①
5	6	7	8
②	①	④	③

1 어제 청소를 해서 방이 깨끗해졌습니다.(1-3-2-4)
2 이쪽의 사과를 7개 주세요.(1-4-2-3)
3 바빠서 밤 12시까지 일을 했습니다.(3-2-4-1)
4 회사까지 어느 정도 걸립니까?(2-1-3-4)
5 피곤해서 어제는 하루 종일 잤습니다.(1-4-3-2)
6 지난주 어딘가에 갔었습니까?(2-3-1-4)
7 저 가게는 그다지 깨끗하지 않아서 가고 싶지 않습니다.(2-1-4-3)

8 그는 신문을 읽으면서 커피를 마시고 있습니다.(4-1-3-2)

문장 완성 실전 연습 ❺ p.172

1	2	3	4
①	①	③	③
5	6	7	8
④	②	②	④

1 그는 매일 아침 6시경 일어나 산책을 합니다.(3-2-1-4)
2 벌써 가을이네요. 바람이 차가워졌습니다.(3-2-1-4)
3 어제는 감기로 결석해 버렸습니다.(2-4-1-3)
4 나는 의사가 되고 싶습니다.(4-1-3-2)
5 레스토랑에 가기 전에 전화를 걸어 봅시다.(3-2-4-1)
6 거기까지 전차로 갈까요 버스를 탈까요?(3-1-4-2)
7 책상 위에 책이 놓여 있습니다.(4-1-3-2)
8 방 전기는 꺼져 있습니다.(2-1-4-3)

문장 완성 실전 연습 ❻ p.173

1	2	3	4
②	①	①	②
5	6	7	8
①	①	④	④

1 비가 많이 내리고 있었기 때문에 친구에게 우산을 빌렸습니다.(4-1-3-2)
2 지금 수업 중이니까 조용히 해 주지 않겠습니까?(3-2-1-4)
3 형(오빠)은 지금 30살이고 나보다 세 살 위입니다.(3-2-1-4)
4 매일 아침 청소를 하고 나서 집을 나옵니다.(4-1-3-2)
5 이 사전은 나의 것이 아닙니다.(2-3-1-4)
6 학교 앞에 학생들이 많이 모여 있습니다.(4-2-1-3)
7 내년은 일본에 갈 생각입니다.(3-1-4-2)
8 남동생은 아침에 아무것도 먹지 않고 집을 나갔습니다.(2-1-4-3)

もんだい 3

문맥 이해 실전 연습 ❶ p.174

1	2	3	4	5
①	④	④	③	③

문제3 1 에서 5 에 무엇을 넣습니까? 문장의 의미를 생각하여, 1·2·3·4에서 가장 좋은 것을 하나 고르세요.

일본에서 공부하고 있는 학생의 글입니다.

저는 대학생입니다. 학비가 매우 비싸기 때문에 아르바이트를 몇 개나 하고 있습니다 그래서 휴일은 화요일밖에 없습니다. 화요일은 할 일이 많이 있습니다. 아침 일찍 일어나 청소와 세탁을 하고 나서 장 보러 갑니다. 장보기는 시간이 걸립니다. 집에서 슈퍼마켓까지 멀어서 항상 자전거를 타고 갑니다. 제가 자주 가는 슈퍼마켓은 커서 물건이 여러 가지 있습니다. 그곳에서 야채와 우유 등 먹을 것을 사 옵니다. 그리고 저녁은 사 온 것으로 식사 준비를 합니다.

문맥 이해 실전 연습 ❷ p.175

1	2	3	4	5
③	②	①	③	③

여러분, 이 책을 읽어 보세요. 조금 어렵습니다만, 매우 재미있는 책입니다. 모르는 말이 많이 있겠죠. 하지만 처음에는 사전을 찾지 말고 전부 읽으세요. 다음번에는 사전을 찾으면서 한 번 더 읽으세요. 그때는 모르는 말을 노트에 메모를 하면서 읽으세요. 좋은 공부가 될 겁니다.

문맥 이해 실전 연습 ❸ p.176

1	2	3	4	5
③	②	③	③	③

일요일은 일본 친구와 둘이서 영화를 보러 갔습니다. 영화는 2시간 정도 길었습니다. 그리고 나서 점심을 먹으러 갔습니다. 가게가 많이 있어서 무엇을 먹을지 친구와 이야기했습니다. 추우니까 우동이나 라면 등 따뜻한 것을 먹고 싶었습니다만, 친구는 한국 요리를 먹고 싶다고 말했습니다. 그래서 우리는 삼계탕을 먹었습니다. 삼계탕은 조금 비쌌습니다만, 매우 맛있었습니다. 점심밥을 먹은 후, 집으로 돌아왔습니다.

문맥 이해 실전 연습 ❹ p.177

1	2	3	4	5
③	②	②	④	④

내일은 클래스 모두 함께 피크닉을 갑니다. 다음은 선생님의 말씀입니다.

피크닉 스케줄은 메일에 쓰여 있습니다. 버스 출발 시간은 10시입니다. 그러니까 아침 9시까지 학교 앞에 모여 주세요. 도시락과 마실 것을 가지고 오세요. 아침에 비가 강하게 내리고 있을 때는, 8시까지 집에서 기다려 주세요.

그리고 나에게 전화를 해 주세요. 8시 날씨를 보고, 갈지 어떨지 정하겠습니다.

문맥 이해 실전 연습 ❺ p.178

1	2	3	4	5
③	③	③	②	③

나의 회사는 컴퓨터 회사로, 사람은 전부 10명입니다. 이 회사는 직고 일도 힘듭니다만, 함께 일하고 있는 사람들은 모두 상냥하고 밝습니다. 오늘은 회식이 있습니다. 일이 끝나고 나서 근처 가게에서 술을 마시거나 즐겁게 이야기하기도 하는 시간이 기대됩니다.

오늘 회식은 '친구'라고 하는 가게에서 합니다. 신주쿠역에서 가까운 곳입니다. 그 가게는 가격도 싸고 요리도 맛있습니다. 때문에, 우리는 자주 그 가게에 갑니다. 가게 사람도 친절하고, 가게의 분위기도 좋습니다. 언젠가 저와 함께 가 보지 않겠습니까?

문맥 이해 실전 연습 ❻ p.179

1	2	3	4	5
②	②	③	④	③

일본에서 공부하고 있는 학생의 글입니다.

할머니께.

할머니, 건강하세요? 도쿄는 조금 따뜻해졌어요. 벌써 봄이 가까워요. 하지만 아직 아침과 밤은 추우니까 학교에 갈 때는 코트를 입습니다. 친구 중에서 감기 걸린 사람도 많이 있습니다. 지금 학교는 시험 기간 중이에요. 공부로 바빠서 힘들지만, 그럴 때는 좋아하는 음악을 들으면서 산책을 하고 있어요.

1교시 독해 해석과 해설

PART 2 유형별 집중 공략

もんだい 4

내용 이해(단문) 실전 연습 ❶ p.208 해석과 문제 해설

1	2	3
④	③	①

つぎの (1)から(3)の ぶんしょうを 読んで、しつもんに こたえて ください。こたえは、1・2・3・4から いちばん いい ものを 一つ えらんで ください。

(1)

> きょう わたしは 山本くんの 家へ 行きました。きょうは かれの たんじょうびだからです。山本くんの おかあさんが 作った 日本料理を 食べました。とても おいしくて たくさん 食べました。それから、わたしたちは、テレビを 見ながら お茶を 飲みました。とても 楽しい 一日でした。

[1] ぶんに ついて ただしいのは どれですか。
1 山本くんは 料理を つくりました。
2 山本くんは 料理が じょうずです。
3 山本くんが わたしの 家に きました。
4 **山本くんは お茶を 飲みました。**

다음의 (1)에서 (3)의 문장을 읽고, 질문에 답하세요. 답은 1·2·3·4에서 가장 알맞은 것을 하나 고르세요.

> 오늘 나는 야마모토 군의 집에 갔습니다. 오늘은 그의 생일이기 때문입니다. 야마모토 군의 어머니가 만든 일본 요리를 먹었습니다. 매우 맛있어서 많이 먹었습니다. 그러고 나서 우리는 텔레비전을 보면서 차를 마셨습니다. 매우 즐거운 하루였습니다.

[1] 글에 대해 옳은 것은 어느 것입니까?
1 야마모토 군은 요리를 만들었습니다.
2 야마모토 군은 요리를 잘합니다.
3 야마모토 군이 나의 집에 왔습니다.
4 **야먀모토 군은 차를 마셨습니다.**

[풀이]
요리를 만든 것은 야마모토의 어머니이고, 야마모토가 요리를 만든 것이 아니며, 내가 야마모토의 집에 간 것이기 때문에 선택지 1, 2, 3번은 정답이 아니다. 우리(나와 야마모토)는 TV를 보면서 차를 마셨으므로 정답은 선택지 4번이다.

[단어]

きょう 오늘 | わたし 나 | 家(いえ) 집 | 行(い)く 가다 | かれ 그 | たんじょうび 생일 | ～からです ～때문입니다 | おかあさん 어머니 | 作(つく)る 만들다 | 日本料理(にほんりょうり) 일본 요리 | 食(た)べる 먹다 | とても 굉장히, 매우 | おいしい 맛있다 | たくさん 많이 | それから 그러고 나서 | ～たち ～들(복수) | テレビ 텔레비전 | 見(み)る 보다 | お茶(ちゃ) 차 | 飲(の)む 마시다 | 楽(たの)しい 즐겁다 | 一日(いちにち) 하루

(2)

トーマスさんへ
　きのうは　どうも　ありがとう。おとといかぜで　韓国語(かんこくご)の　じゅぎょうを　けっせきして　しまって、こまって　いましたが、トーマスさんに　ノートを　かりて　よかったです。かりた　ノートは　あしたの　あさ、つくえの　上(うえ)に　おきます。それから　わたしが　作(つく)った　おかしも　いっしょに　おきます。どうぞ　食(た)べて　ください。
　では　また。

１０月(がつ)　３日(みっか)　木村(きむら)より

2 ぶんに　ついて　ただしいのは　どれですか。

1　木村(きむら)さんは　10月(がつ)　3日(みっか)　けっせき　しました。
2　木村(きむら)さんは　おととい　ノートを　かりました。
3　**木村(きむら)さんは　10月(がつ)　4日(よっか)　ノートを　かえします。**
4　木村(きむら)さんは　トーマスさんに　おかしを　もらいました。

토마스 씨에게
　어제는 정말 고마웠어요. 그저께 감기로 한국어 수업을 결석을 해 버려서 곤란했습니다만, 토마스 씨한테 노트를 빌려서 다행이었습니다. 빌린 노트는 내일 아침, 책상 위에 놓겠습니다. 그리고 내가 만든 과자도 함께 놓을게요. 부디 먹어 주세요.
　그럼 또.

10월 3일 기무라로부터

2 글에 관해 옳은 것은 어느 것입니까?

1　기무라 씨는 10월 3일 결석했습니다.
2　기무라 씨는 그저께 노트를 빌렸습니다.
3　**기무라 씨는 10월 4일 노트를 돌려줍니다.**
4　기무라 씨는 토마스 씨에게 과자를 받았습니다.

[풀이]

오늘은 10월 3일이고 그저께는 1일이다. 결석은 그저께 한 것이고 노트를 빌린 것은 오늘이므로 선택지 1, 2번은 정답이 아니다. 내일(10월 4일) 아침에 노트를 돌려준다고 했으므로, 정답은 선택지 3번이다. 과자는 기무라가 토마스에게 주는 것이다.

[단어]

トーマス 토마스 | ～さん ～씨 | ～へ ～에게 | きのう 어제 | どうも 대단히, 매우 | おととい 그저께 | かぜで 감기로 (인해) | 韓国語(かんこくご) 한국어 | じゅぎょう 수업 | けっせき 결석 | ～て しまう ～해 버리다 | こまる 곤란하다 | ノート 노트 | かりる 빌리다 | よかった 다행이다 | あした 내일 | あさ 아침 | つくえ 책상 | 上(うえ) 위 | おく 놓다, 두다 | それから 그리고, 그러고 나서

作る 만들다 | おかし 과자 | いっしょに 함께, 같이 | どうぞ 모쪼록, 부디 | 食べる 먹다 | ～て ください ～해 주세요 | では また 그럼 또 | ～より ～로부터 | かえす 되돌려주다, 갚다 | もらう 받다

(3)

日本では、家に お客さんを しょうたいする とき、へやの 中で どこが 一番 いい せきか、二番目は どの せきか という ことが きまって います。年が 上の 人や お客さんは へやの ドアから とおい ところに すわって ドアから ちかい ところには その 家の 人が すわります。お茶や 食べ物などを お客さんに 持って きたり する とき、ドアから ちかい ほうが 便利だからです。

3 みほちゃんは 家に 先生を しょうたいしました。みほちゃんは どの せきに すわるのが いいですか。

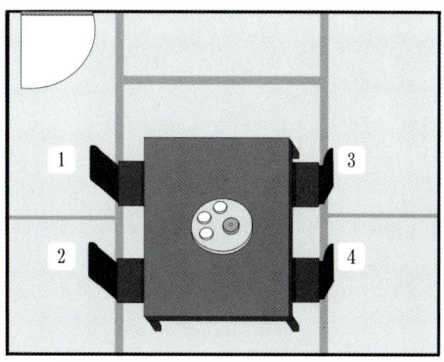

일본에서는 집에 손님을 초대할 때, 방 안에서 어디가 제일 좋은 자리인지, 두 번째는 어느 자리인지라는 것이 정해져 있습니다. 나이가 위인 사람이나 손님은 방 문에서 먼 곳에 앉고, 문에서 가까운 곳에는 그 집 사람이 앉습니다. 차나 음식 등을 손님에게 가지고 오거나 할 때, 문에서 가까운 쪽이 편리하기 때문입니다.

3 미호는 집에 선생님을 초대했습니다. 미호는 어느 자리에 앉는 것이 좋습니까?

[풀이]
문에서 가까운 쪽에 그 집 사람이 앉는다고 했으므로, 미호가 앉을 자리는 1번 자리이다.

[단어]
日本 일본 | ～では ～에서는 | 家 집 | お客さん 손님 | しょうたいする 초대하다 | とき 때 | へや 방 | 中 안 | どこ 어디 | 一番 제일, 가장 | いい 좋다 | せき 자리 | ～か ～인지 | 二番目 두 번째 | ～という ～라고 하는, ～라는 | きまって いる 정해져 있다 | 年 나이 | 上 위 | 人 사람 | ～や ～(이)나, ～와(과), ～라든가 | ドア 문 | ～から ～로부터 | とおい 멀다 | ところ 곳 | すわる 앉다 | ちかい 가깝다 | ～には ～에는 | お茶 (마시는) 차 | 食べ物 음식 | ～など ～등 | 持って くる 가지고 오다 | ～たり する 하기도 하다 | ～ほう ～편, ～쪽 | 便利だ 편리하다 | ～からです ～때문입니다

내용 이해(단문) 실전 연습 ❷ p.211 해석과 문제 해설

1	2	3
④	④	③

(1)

鈴木さんは 五人家族です。けっこんして いて、こどもが 二人 います。女の子と 男の子です。女の子は 大学生で、男の子は まだ 中学生です。鈴木さんの おくさんは 銀行で はたらいて います。その おくさんの いもうとさんも いっしょに すんで います。かのじょは 学校の 先生で いつも いそがしいです。

1 ぶんに ついて ただしいのは どれですか。
1 鈴木さんは 銀行員で いつも いそがしいです。
2 鈴木さんの むすめさんは 中学生です。
3 おくさんは 鈴木さんと 同じ 銀行で はたらいて います。
4 おくさんの いもうとさんは 学校で おしえて います。

스즈키 씨는 다섯 식구입니다. 결혼해 있고, 아이가 두 명 있습니다. 여자아이와 남자아이입니다. 여자아이는 대학생이고, 남자아이는 아직 중학생입니다. 스즈키 씨의 부인은 은행에서 일하고 있습니다. 그 부인의 여동생 분도 함께 살고 있습니다. 그녀는 학교 선생님이고 항상 바쁩니다.

1 글에 관해 옳은 것은 어느 것입니까?
1 스즈키 씨는 은행원이고 항상 바쁩니다.
2 스즈키 씨의 따님은 중학생입니다.
3 부인은 스즈키 씨와 같은 은행에서 일하고 있습니다.
4 부인의 여동생은 학교에서 가르치고 있습니다.

[풀이]
항상 바쁜 사람은 부인의 여동생이고, 딸은 대학생이므로, 선택지 1, 2는 정답이 아니다. 또한 스즈키 씨의 직업에 대한 언급은 없었으므로 선택지 3번도 답이 아니다. 스즈키 씨 부인의 여동생이 학교 선생님이라고 했으므로 정답은 선택지 4번이다.

[단어]
五人家族 다섯 식구 | けっこん 결혼 | こども 아이 | 二人 두 명 | 女の子 여자아이 | 男の子 남자아이 | 大学生 대학생 | ～で ~이고 | まだ 아직 | 中学生 중학생 | おくさん (남의) 부인 | 銀行 은행 | ～で ~에서 | はたらく 일하다 | いもうとさん (남의) 여동생 | ～も ~도 | いっしょに 함께, 같이 | すむ 살다 | かのじょ 그녀 | 学校 학교 | 先生 선생님 | いつも 항상 | いそがしい 바쁘다

(2)

こんにちは。高木です。あしたの パーティーですが、6時半から はじめます。6時に 駅の 前で 待って います。ぜんぶで 10人 来ます。駅の 前に 大きい 店が あります。そこで ケーキと ビールを 買いましょう。しゃぶしゃぶに つかう にくや やさいは わたしが 持って いきます。木村さんにも つたえて ください。

2 ぶんに ついて ただしいのは どれですか。
1 木村さんは きょうの 6時に 駅の 前で 待って いる。
2 しゃぶしゃぶは 買わないで 高木さんが つくる。
3 店で ケーキや やさいなどを 買う。
4 **駅の 前の 店では ビールを うって いる。**

안녕하세요. 다카키입니다. 내일 파티 말입니다만, 6시 반부터 시작합니다. 6시에 역 앞에서 기다리고 있겠습니다. 전부 10명 올 겁니다. 역 앞에 큰 가게가 있어요. 거기에서 케이크와 맥주를 삽시다. 샤부샤부에 사용할 고기와 야채는 제가 가지고 가겠습니다. 기무라 씨에게도 전해 주세요.

2 글에 관해 옳은 것은 어느 것입니까?
1 기무라 씨는 오늘 6시에 역 앞에서 기다리고 있다.
2 샤부샤부는 사지 않고 다카키 씨가 만든다.
3 가게에서 케이크나 야채 등을 산다.
4 **역 앞의 가게에서는 맥주를 팔고 있다.**

[풀이]
6시에 역에서 기다리는 것은 다카키이고, 다카키는 샤부샤부 재료를 가지고 가는 것이지 만든다고 하지는 않았다. 또 역 앞 가게에서는 케이크와 맥주를 사겠다고 했고, 야채는 가지고 가겠다고 했으므로 선택지 1, 2, 3번은 정답이 아니다. 역 앞 가게에서 맥주를 사겠다고 했으니 그 가게에서 맥주를 팔고 있음을 알 수 있으므로 정답은 선택지 4번이다.

[단어]
こんにちは 안녕하세요 | あした 내일 | パーティー 파티 | 6時半 여섯 시 반 | はじめる 시작하다 | 駅 역 | 前で 앞에서 | 待つ 기다리다 | ぜんぶで 전부, 다 해서 | 10人 10명 | 来る 오다 | 大きい 크다 | 店 가게 | そこで 거기에서 | ケーキ 케이크 | ビール 맥주 | 買う 사다 | しゃぶしゃぶ 샤부샤부 | つかう 사용하다 | にく 고기 | やさい 야채 | 持つ 가지다, 들다 | つたえる 전하다 | ~て ください ~해 주세요

(3)

わたしは 毎朝 6時に 起きる。そして、いつも ごはんを 食べる まえに シャワーを あびる。でも、きのう かぜを ひいて しまって、きょうは シャワーを あびないで かおだけ あらった。それから、新聞を 読みながら コーヒーを 飲んだ 後で、会社に 行った。

3 うえの ぶんの 人は きょう コーヒーを 飲む 前に 何を しましたか。
1 シャワーを あびた。
2 新聞を 読んだ。
3 **かおを あらった。**
4 会社に 行った。

나는 매일 아침 6시에 일어난다. 그리고 늘 밥을 먹기 전에 샤워를 한다. 하지만 어제 감기에 걸리고 말아서, 오늘은 샤워를 하지 않고 얼굴만 씻었다. 그러고 나서 신문을 읽으면서 커피를 마신 후에, 회사에 갔다.

3 위 글의 사람은 오늘 커피를 마시기 전에 무엇을 했습니까?
1 샤워를 했다.
2 신문을 읽었다.
3 **세수를 했다.**
4 회사에 갔다.

[풀이]
샤워는 하지 않았고, 신문은 커피 마시기와 동시에 한 것이며, 회사에 간 것은 커피를 마신 후이므로, 선택지 1, 2, 4번은 정답이 아닙니다. 커피를 마시기 전에는 얼굴 씻기(세수)와 밥 먹기(식사)이므로 정답은 선택지 3번이다.

[단어]
毎朝 매일 아침 | 起きる 일어나다 | そして 그리고 | いつも 늘, 항상 | ごはんを 食べる 밥을 먹다 | ~まえに ~(하기) 전에 | シャワーを あびる 샤워를 하다 | でも 하지만 | きのう 어제 | かぜを ひく 감기 걸리다 | ~て しまう 해 버리다 | きょう 오늘 | ~ないで ~하지 않고 | かおを あらう 얼굴을 씻다, 세수하다 | ~だけ ~만 | それから 그러고 나서 | 新聞を 読む 신문을 읽다 | ~ながら ~하면서 | コーヒーを 飲む 커피를 마시다 | ~た後で ~한 후에 | 会社 회사 | 行く 가다

내용 이해(단문) 실전 연습 ❸ p.214 해석과 문제 해설

1	2	3
③	②	①

(1)
わたしは 3年前、日本に りゅうがくに 来ました。いま 東京の アパートに ひとりで 住んで います。へやは 広いですが、駅から とおくて 便利じゃないです。もっと 駅から ちかい ところに 住みたいですが、そんな へやは とても 高いです。

1 そんな へやは どんな へやですか。
1 東京の アパート
2 もっと 広い へや
3 **駅から ちかい へや**
4 駅から とおくて 便利じゃない へや

나는 3년 전, 일본에 유학 왔습니다. 지금 도쿄의 아파트에 혼자 살고 있습니다. 방은 넓습니다만, 역에서 멀어서 편리하지 않습니다. 좀 더 역에서 가까운 곳에 살고 싶습니다만, <u>그런 방</u>은 매우 비쌉니다.

1 그런 방은 어떤 방입니까?
1. 도쿄의 아파트
2. 좀 더 넓은 방
3. **역에서 가까운 방**
4. 역에서 멀어서 편리하지 않은 방

[풀이]
밑줄 친 '그런 방'은 바로 앞 절에 나타나 있는 '역에서 가까운 곳'이므로 정답은 선택지 3번이다.
[Tip] 밑줄 친 부분과 관련된 문제의 힌트는 대부분 밑줄 친 부분의 바로 앞이나 바로 뒤에 있는 경우가 많다.

[단어]
わたし 나 | 3年前(ねんまえ) 3년 전 | 日本(にほん) 일본 | りゅうがく 유학 | ~に 来(く)る ~하러 오다 | いま 지금 | アパート 아파트 | ひとりで 혼자서 | 住(す)む 살다, 거주하다 | へや 방, 집 | 広(ひろ)い 넓다 | 駅(えき) 역 | ~から ~로부터 | とおい 멀다 | 便利(べんり)だ 편리하다 | もっと 좀 더 | ちかい 가깝다 | ところ 곳, 장소 | ~たいです ~하고 싶습니다 | そんな 그런 | とても 매우 | 高(たか)い 비싸다

(2)

お知(し)らせ

クラスの みなさんへ。
来月(らいげつ)、サッカーの しあいが あります。しあいに 出(で)たい 人(ひと)は きょう 木村(きむら)さんに 名前(なまえ)を 言(い)って ください。電話(でんわ)でも メールでも いいです。そして サッカーの れんしゅうは 来週(らいしゅう)から はじまります。

—山下(やました)—

2 しあいに 出(で)たい 人(ひと)は どうしますか。
1. 来月(らいげつ) 電話(でんわ)で 名前(なまえ)を 言(い)う。
2. **きょう 木村(きむら)さんに メールを おくる。**
3. 山下(やました)さんに 電話(でんわ)を かける。
4. 来月(らいげつ)から れんしゅうを はじめる。

알림

학급 여러분에게

다음 달 축구 시합이 있습니다. 시합에 나가고 싶은 사람은 오늘 기무라 씨에게 이름을 말해 주세요. 전화라도 메일(문자)이라도 좋습니다. 그리고 축구 연습은 다음 주부터 시작됩니다.

– 야마시타 –

[2] 시합에 나가고 싶은 사람은 어떻게 합니까?

  1 다음 달 전화로 이름을 말한다.
  2 오늘 기무라 씨에게 메일을 보낸다.
  3 야마시타 씨에게 전화를 건다.
  4 다음 달부터 연습을 시작한다.

[풀이]

이름은 오늘 말해야 하고, 기무라에게 연락해야 하며, 연습은 다음 주부터이므로 선택지 1, 3, 4는 정답이 아니다. 참가 희망자는 오늘 기무라에게 전화 또는 메일(문자)로 이름을 알리면 되므로 정답은 선택지 2번이다.

[단어]

お知らせ 알림, 공지 | クラス 클래스, 학급 | みなさん 여러분 | ～へ ～에게 | 来月 다음 달 | サッカー 축구 | しあい 시합 | 出る 나가다 | ～たい ～하고 싶다 | 人 사람 | きょう 오늘 | 名前 이름 | 言う 말하다, 언급하다 | ～て ください ～해 주세요 | 電話 전화 | ～でも ～라도, ～이어도 | メール 메일, 문자 | いいです 좋습니다 | そして 그리고 | れんしゅう 연습 | 来週 다음 주 | ～から ～부터 | はじまる 시작되다

(3)

おはようございます。きょうの お天気です。
きょうも つよい 風が ふくでしょう。きおんが 2度まで さがって、この 冬に 入って 一番 さむい 日に なるでしょう。午後からは だんだん くもって 雨が ふるでしょう。この 雨は 夜まで ずっと ふって あしたは もっと きおんが さがるでしょう。

[3] ぶんに ついて ただしいのは どれですか。

  1 きょうは 一日中 さむい。
  2 午後から つよい かぜが ふく。
  3 きょうより きのうの ほうが さむかった。
  4 あしたは きょうより さむくない。

안녕하십니까. 오늘의 날씨입니다.
오늘도 강한 바람이 불겠습니다. 기온이 2도까지 내려가 올 겨울 들어 가장 추운 날이 되겠습니다. 오후부터는 점점 흐려져 비가 내리겠습니다. 이 비는 밤까지 계속 내려 내일은 좀 더 기온이 내려가겠습니다.

[3] 글에 관해 옳은 것은 어느 것입니까?

  1 오늘은 하루 종일 춥다.
  2 오후부터 강한 바람이 분다.
  3 오늘보다 어제 쪽이 추웠다.
  4 내일은 오늘보다 춥지 않다.

[풀이]

오후부터는 흐려져 비가 오고, 어제에 관한 언급은 없었으며, 내일은 오늘보다 기온이 더 내려간다고 했으므로, 선택지 2, 3, 4번은 정답이 아니다. 오늘은 올 들어 가장 춥고 기온이 오른다는 말은 없으므로 정답은 선택지 1번이다.

[단어]

おはようございます 안녕하세요(아침 인사) | きょう 오늘 | お天気(てんき) 날씨 | ～も ～도 | つよい 강하다 | 風(かぜ)が ふく 바람이 불다 | ～でしょう ～이겠습니다 | きおん 기온 | 2度(ど) 2도 | ～まで 까지 | さがる 내려가다 | この～ 이~ | 冬(ふゆ) 겨울 | ～に 入(はい)る ～에 들다 | 一番(いちばん) 가장, 제일 | さむい 춥다 | 日(ひ) 날 | ～に なる ～이 되다 | 午後(ごご) 오후 | ～から ～부터 | だんだん 점점 | くもる 흐리다 | 雨(あめ)が ふる 비가 내리다 | 夜(よる) 밤 | ずっと 쭉, 계속 | あした 내일 | もっと 좀 더

내용 이해(단문) 실전 연습 ❹ p.216 해석과 문제 해설

1	2	3
③	②	③

(1)

日本人(にほんじん)は お弁当(べんとう)が 大好(だいす)きです。大(おお)きい 駅(えき)には、ほとんど お弁当(べんとう)を 売(う)っている 店(みせ)が あります。お弁当(べんとう)には その まちにしか ない おいしい ものが はいって います。これを「駅弁(えきべん)」と いいます。あまり 安(やす)く ないですが、とても おいしくて きれいです。わたしは 日本(にほん)に 旅行(りょこう)に 行(い)く 時(とき)、駅弁(えきべん)を 食(た)べるのが たのしみです。

1 ぶんに ついて ただしいのは どれですか。
1　えきべんは 駅(えき)で 食(た)べては いけない。
2　えきべんは その まちでしか 売(う)って いない。
3　えきべんには その まちの おいしい ものが 入(はい)って いる。
4　えきべんは りょこうに 行(い)く 時(とき) 売(う)る。

일본인은 도시락을 매우 좋아합니다. 큰 역에는 대부분 도시락을 팔고 있는 가게가 있습니다. 도시락에는 그 마을(지방)에 밖에 없는 맛있는 것이 들어 있습니다. 이것을 '에키벤'이라고 합니다. 그다지 싸지 않습니다만, 매우 맛있고 예쁩니다. 나는 일본에 여행 갈 때, 에키벤을 먹는 것이 기대됩니다.

1 글에 관해 옳은 것은 어느 것입니까?
1　에키벤은 역에서 먹어서는 안 된다.
2　에키벤은 그 마을에서밖에 팔고 있지 않다.
3　에키벤에는 그 마을의 맛있는 것이 들어 있다.
4　에키벤은 여행에 갈 때 판다.

[풀이]
에키벤을 역에서 먹으면 안 된다는 내용은 없고, 그 마을에서 파는 것이 아니라 역에서 파는 것이며, 여행 갈 때면 에키벤 먹는 것이 기대된다는 뜻이지, 여행 갈 때만 파는 것이 아니므로 선택지 1, 2, 4번은 정답이 아니다. 에키벤에는 그 지방에만 있는 맛있는 것이 들어 있다고 했으므로 정답은 선택지 3번이다.

[단어]
日本人(にほんじん) 일본인 | お弁当(べんとう) 도시락 | ～が 大好(だいす)きだ ～을 매우 좋아하다 | 大(おお)きい 크다 | 駅(えき) 역 | ～には ～에는 | ほとんど 거의, 대부분 | 売(う)る 팔다 | それには 그것에는 | まち 마을, 지방 | ～しか ない ～밖에 없다 | おいしい 맛있다 | もの 것 | はいって

いる 들어 있다 | ～と いいます ～라고 합니다 | あまり 그다지 | 安い 싸다 | とても 매우 | きれいだ 예쁘다 | 旅行 여행 | ～に 行く ～하러 가다 | ～時 ～때 | ～が たのしみです ～이 기대됩니다

(2)

> ミナ：あしたは　お正月ですね。あけまして　おめでとうございます。
> ゆき：えっ、ミナちゃん、それは　お正月に　なってから　する　あいさつですよ。
> 　　　その　前は「よい　お年を　おむかえ　ください」と　言います。
> ミナ：あ、そうですか。じゃ、よい　お年を　おむかえ　ください！
> ゆき：はい、ミナちゃんも　よい　お年を……。

2 ぶんに　ついて　ただしいのは　どれですか。
1　ゆきは　お正月の　あいさつを　知らなかった。
2　きょうは　12月　31日だ。
3　ミナは　ゆきに　あいさつを　おしえた。
4　ゆきは　はじめて　お正月の　あいさつを　聞いた。

> 미나 : 내일은 설날이네요. 새해 복 많이 받으세요.
> 유키 : 앗, 미나, 그것은 설날이 되고 나서부터 하는 인사예요.
> 　　　그 전에는 '좋은 한 해를 맞이하세요'라고 말해요.
> 미나 : 아, 그렇습니까. 그럼 좋은 한 해를 맞이하세요!
> 유키 : 네, 미나도 좋은 한 해 맞이하세요.

2 글에 관해 옳은 것은 어느 것입니까?
1　유키는 새해 인사를 몰랐다.
2　오늘은 12월 31일이다.
3　미나는 유키에게 인사를 가르쳤다.
4　유키는 처음으로 새해 인사를 들었다.

[풀이]
유키가 가르쳐 주고 미나가 배운 것이므로 선택지 1, 3번은 정답이 아니다. 또한 유키가 새해 인사를 미나에게 처음 들은 것인지에 대한 정보가 없으므로 선택지 4번도 정답이 아니다. '새해 복 많이 받으세요'는 새해가 되고 나서부터 하는 말이라고 한 것으로 미루어 오늘은 새해 전날임을 알 수 있으므로 정답은 선택지 2번이다.

[단어]
あした 내일 | お正月 설, 정월 | あけまして おめでとうございます 새해 복 많이 받으세요(새해 인사) | えっ 앗(놀람) | ～に なる ～이 되다 | ～てから ～하고 나서 | あいさつ 인사 | その 前 그 전 | よい お年を おむかえください 좋은 한 해 맞이하세요 | ～と 言う 라고 말하다 | そうですか 그렇습니까 | じゃ 그럼 | 知る 알다 | おしえる 가르치다 | はじめて 처음으로

(3)

わたしの 家は 会社から とおいです。まず、家から 駅まで バスが ないので、自転車で 行きます。自転車では 5分で 行く ことが できますが、歩くと 30分も かかるからです。それから、駅で 電車に のって 40分ぐらい 行くと 会社に つきます。

3 上の 人は 会社に 行く 時、どのくらい かかりますか。

1　30分

2　35分

3　45分

4　60分

저의 집은 회사에서 멉니다. 우선, 집에서 역까지 버스가 없기 때문에, 자전거로 갑니다. 자전거로는 5분으로 갈 수 있습니다만, 걸으면 30분이나 걸리기 때문입니다. 그리고 나서 역에서 전차를 타고 40분 정도 가면 회사에 도착합니다.

3 위의 사람은 회사에 갈 때, 어느 정도 걸립니까?

1　30분

2　35분

3　45분

4　60분

[풀이]

집에서 역까지 자전거로 5분, 전철을 타고 40분 걸리므로, 출근 시간은 약 45분이다. 따라서 선택지 3번이 정답이다.

[단어]

わたし 나 | 家 집 | 会社 회사 | ~から ~로부터 | とおい 멀다 | まず 우선 | 駅 역 | ~まで ~까지 | バス 버스 | ~ので ~이므로 | 自転車 자전거 | ~で 으로(수단) | 行く 가다 | 5分で 5분으로 | できる 할 수 있다 | 歩く 걷다 | ~と ~하면 | ~も ~이나 | かかる 걸리다, 소요되다 | ~からです ~때문입니다 | それから 그리고 나서 | 電車 전차 | ~に のる ~을 타다 | ~ぐらい ~정도 | ~に つく ~에 도착하다

もんだい 5

내용 이해(중문) 실전 연습 ❶ p.218 해석과 문제 해설

1	2
③	④

つぎの ぶんしょうを 読んで、しつもんに こたえて ください。こたえは、1・2・3・4から いちばん いい ものを 一つ えらんで ください。

おばあさん。
　お元気ですか。さっぽろは まだ さむいでしょう。いま おきなわは あたたかく なって、もう さくらが さいて います。きのうは 学校で スピーチコンテストが ありました。もちろん わたしも 出ました。タイトルは 「日本の おまつり」でしたので、着物を 着て 出ました。着物は 友だちの りえちゃんのを かりました。ここの 着物は おばあさんが 持っている ものとは ちょっと ちがいます。りえちゃんの おかあさんが 着物を 着るのを 手伝って くださいました。とても きれいで、わたしは 着物が 好きに なりました。みんな 「きれいだね。」と 言って うれしかったです。着物は むずかしくて 一人では 上手に 着ることが できませんが、いつか 着物の 着かたを 習いたいと 思います。スピーチは ぜんぜん だめでしたが、でも 着物の おかげで たのしい 一日でした。
　あ、そろそろ じゅぎょうが 始まる 時間です。
　また、れんらくしますね。

　　　　　　　　　　　　　　　　　　　　　　　　　　　　　ようこより

---

1 ぶんに ついて ただしいのは どれですか。
　1　りえは 着物を 着て スピーチコンテストに 出た。
　2　りえの おかあさんが 着物を かして くれた。
　3　ようこは いま おきなわで 学校に かよって いる。
　4　ようこの おかあさんは さっぽろに 住んで いる。

2 たのしい 一日と 言った 理由は なぜですか。
　1　スピーチコンテストで うまく できたから。
　2　着物の 着かたを 習いたいから。
　3　りえの おかあさんが 着物を 着るのを 手伝って くれたから。
　4　みんなが きれいだと 言って くれたから。

다음의 문장을 읽고, 질문에 답하세요. 답은 1·2·3·4에서 가장 좋은 것을 하나 고르세요.

할머니

잘 지내세요? 삿포로는 아직 춥죠? 지금 오키나와는 따뜻해져서, 벌써 벚꽃이 피어 있어요. 어제는 학교에서 스피치 콘테스트가 있었어요. 물론 저도 나갔어요. 주제는 '일본의 축제'였기 때문에, 기모노를 입고 나갔어요. 기모노는 친구인 리에의 것을 빌렸어요. 이곳의 기모노는 할머니가 가지고 계신 것과는 조금 달라요. 리에의 어머니가 기모노 입는 것을 도와주셨어요. 정말 예뻐서 저는 기모노를 좋아하게 되었어요. 모두들 "예쁘네."라고 말해서 기뻤어요. 기모노는 어려워서 혼자서는 능숙하게 입을 수 없지만, 언젠가 기모노 입는 법을 배우고 싶다고 생각해요. 스피치는 전혀 잘하지 못했지만, 기모노 덕분에 즐거운 하루였어요.

아, 이제 곧 수업이 시작될 시간이에요.

또 연락할게요.

요코로부터

1 글에 관해 옳은 것은 어느 것입니까?
1. 리에는 기모노를 입고 스피치 콘테스트에 나갔다.
2. 리에의 엄마가 기모노를 빌려주었다.
3. **요코는 지금 오키나와에서 학교에 다니고 있다.**
4. 요코의 엄마는 삿포로에 살고 있다.

2 즐거운 하루라고 말한 이유는 어째서입니까?
1. 스피치콘테스트에서 잘 해냈기 때문에
2. 기모노 입는 법을 배우고 싶기 때문에
3. 리에의 엄마가 기모노 입는 것을 도와주었기 때문에
4. **모두가 예쁘다고 말해 주었기 때문에**

[풀이]

1 스피치 콘테스트에 나간 것은 요코이고, 기모노는 리에가 빌려주었으며, 삿포로에는 요코의 할머니가 살고 있는 것이므로 선택지 1, 2, 4번은 정답이 아니다. 이 글을 쓰고 있는 요코는 오키나와에 위치한 학교에서 주최한 스피치 콘테스트에 나간 것이므로 정답은 선택지 3번이다.

2 스피치 콘테스트는 전혀 잘하지 못했지만, 기모노 입은 모습을 모두가 예쁘다고 말해 주어 즐거운 하루였다고 했으므로 정답은 선택지 4번이다.

[단어]

お元気ですか 잘 지내세요?(안부 인사) | まだ 아직 | ~でしょう ~이겠지요 | あたたかい 따뜻하다 | ~くなる ~해지다 | もう 이미, 벌써 | さくらがさく 벚꽃이 피다 | スピーチコンテスト 스피치 콘테스트 | もちろん 물론 | 出る 나가다 | タイトル 타이틀 | おまつり 축제 | 着物 기모노 | 着る 입다 | かりる 빌리다 | 持っている 가지고 있다 | もの 것, 물건 | ~とは ~와(과)는 | ちょっと 조금, 약간 | ちがう 다르다 | 手伝う 돕다 | ~てくださいました ~해 주셨습니다 | とても 매우 | きれいだ 예쁘다 | ~が好きだ 을 좋아하다 | ~になる ~해지다 | みんな 모두 | ~と言う ~라고 말하다 | うれしい 기쁘다 | むずかしい 어렵다 | 一人では 혼자서는 | 上手に 능숙하게 | いつか 언젠가 | 着かた 입는 법 | 習う 배우다 | ~たい ~하고 싶다 | ぜんぜん 전혀 | だめだ 안 되다, 못하다 | でも 하지만 | ~のおかげで ~의 덕분에 | たのしい 즐겁다 | 一日 하루 | そろそろ 이제, 슬슬 | じゅぎょう 수업 | 始まる 시작되다 | れんらく 연락 | ~より ~로부터 | かす 빌려주다 | ~てくれる (나에게)~해 주다 | ~にかよっている ~에 다니고 있다 | ~に住んでいる ~에 거주하고 있다

내용 이해(중문) 실전 연습 ❷ p.220 해석과 문제 해설

1	2
④	③

先月、わたしの 家の 近くに 新しい たこやきの 店が できました。わたしは このごろ、この 店に よく 行って います。「たこやきばんざい」と いう 店ですが、とても おいしいです。たこやきと いうのは 小さくて まるい 食べ物です。中には たこが 入って います。
この 店は 小さいですが、駅から 近くて いつも 人が 多いです。元気な おじさんと おばさんが 二人で 作って 売って います。この 店の 前を 通ると とても いい においが します。店は 午前 11時から 午後 11時まで 開いて います。わたしは 学校が 終わってから、よく 行きます。水曜日は 30円 安くなるので、人が もっと 多く なります。この 店の たこやきは とても おいしいので、みなさんも ぜひ 行って みて ください。

1 ぶんに ついて ただしいのは どれですか。
1 たこやきは 30円で 安い。
2 おじさんが たこやきを 作って おばさんが 売って いる。
3 たこやきの 中には おこのみやきが 入って いる。
4 この 店は 駅の 近くに ある。

2 水曜日は どうして 人が 多く なりますか。
1 この 店の たこやきは とても おいしいから。
2 駅から 近いから。
3 ねだんが 安く なるから。
4 この 店の 前を 通ると いい においが するから。

지난달, 나의 집 근처에 새로운 다코야키 가게가 생겼습니다. 나는 요즘 이 가게에 자주 가고 있습니다. '다코야키 만세'라는 가게입니다만, 매우 맛있습니다. 다코야키라는 것은 작고 둥근 음식입니다. 안에는 문어가 들어 있습니다.

이 가게는 작습니다만, 역에서 가까워서 항상 사람이 많습니다. 활기찬 아저씨와 아주머니가 둘이서 만들어 팔고 있습니다. 이 가게의 앞을 지나면 매우 좋은 냄새가 납니다. 가게는 오전 11시부터 오후 11시까지 열려 있습니다. 나는 학교가 끝나고 나서 자주 갑니다. 수요일은 30엔 싸지기 때문에 사람이 더 많아집니다. 이 가게의 다코야키는 매우 맛있으므로, 여러분도 꼭 가 보세요.

1 글에 관해 옳은 것은 어느 것입니까?
1 다코야키는 30엔으로 싸다.
2 아저씨가 다코야키를 만들고 아주머니가 팔고 있다.
3 다코야키 안에는 오코노미야키가 들어 있다.
4 이 가게는 역 근처에 있다.

2 수요일은 왜 사람이 많아집니까?

   1 이 가게의 다코야키는 매우 맛있기 때문에
   2 역에서 가깝기 때문에
   3 가격이 싸지기 때문에
   4 이 가게의 앞을 지나면 좋은 냄새가 나기 때문에

[풀이]

1 수요일만 30엔 저렴해지고, 아저씨와 아주머니가 함께 만들고 파는 것이지 분업을 한다는 말이 없으며, 다코야키 안에는 문어가 들어 있다고 했으므로, 선택지 1, 2, 3번은 정답이 아니다. 이 가게가 역에서 가까워 항상 사람이 많다고 했으므로 정답은 선택지 4번이다.

2 수요일에는 30엔이 저렴해진다고 했으므로, 정답은 선택지 3번이다.

[단어]

先月 지난달 | わたし 나 | 家 집 | 近く 근처 | 新しい 새롭다 | たこやき 다코야키 | できる 생기다. 할 수 있다. 완성되다 | このごろ 요즘 | 店 가게 | よく 자주 | 行く 가다 | ～という～ ～라는, ～라고 하는～ | とても 매우 | おいしい 맛있다 | 小さい 작다 | まるい 둥글다 | 食べ物 음식 | 中 안, 가운데 | たこ 문어 | 入る 들어가다 | 味 맛 | おこのみやき 오코노미야키 | 駅 역 | ～から ～로부터 | 近い 가깝다 | いつも 늘, 항상 | 人 사람 | 多い 많다 | 元気だ 건강하다. 활기차다 | おじさん 아저씨 | おばさん 아주머니 | 二人で 둘이서 | 作る 만들다 | 売る 팔다 | 前 앞 | ～を通る ～을 지나치다 | ～と ～면 | いい 좋다 | においがする 냄새가 나다 | 午前 오전 | ～から ～まで ～부터 ～까지 | 開いている 열려 있다 | 学校 학교 | 終わる 끝나다 | ～てから ～하고 나서 | 水曜日 수요일 | 安くなる 싸지다 | ～ので ～이므로 | もっと 좀 더 | みなさんも 여러분도 | ぜひ 꼭, 부디 | ～てみてください ～해 보세요

내용 이해(중문) 실전 연습 ❸ p.222 해석과 문제 해설

1	2
④	④

9月 3日 日曜日

わたしは きょう、ちえちゃんと いっしょに デパートへ 行った。あしたは けんくんの 誕生日だから、かれに あげる プレゼントを 買いに 行った。あさ 10時に 家を 出て、地下鉄に のって 行った。家から デパートまで 1時間ぐらい かかった。デパートの 前で 待って いたら、ちえちゃんから すこし おくれると 電話が あって、わたしは 先に デパートの 中に 入った。

なかには いろいろな ものが たくさん あった。一人で プレゼントを えらぶのは ほんとうに むずかしかった。すぐ ちえちゃんが 来て、ふたりで さいふと かわいい ぼうしを 買った。それから わたしたちは デパートを 出て、近くの ラーメン屋で 食事を した。

1 ぶんに ついて ただしいのは どれですか。

   1 ちえちゃんは ひとりで さいふと ぼうしを 買った。
   2 けんくんは 1時間ぐらい おくれた。
   3 きょうは けんくんの 誕生日だ。
   4 ラーメンを 食べる 前に デパートへ 行った。

2 どうして 先に デパートの 中に 入ったと 言って いますか。
1 デパートの 前で 待って いたから
2 あした けんくんの 誕生日だから
3 ひとりで えらぶのは むずかしいから
4 ちえちゃんが おくれると いったから

9월 3일 일요일

나는 오늘 지에와 함께 백화점에 갔다. 내일은 겐의 생일이기 때문에, 그에게 줄 선물을 사러 갔다. 아침 10시에 집을 나와서 지하철을 타고 갔다. 집에서 백화점까지 1시간 정도 걸렸다. 백화점 앞에서 기다리고 있었더니, 지에로부터 조금 늦을 거라고 전화가 있어서, 나는 먼저 백화점 안으로 들어갔다.

안에는 여러 가지 물건이 많이 있었다. 혼자서 선물을 고르는 것은 정말로 어려웠다. 곧 지에가 와서, 둘이서 지갑과 예쁜 모자를 샀다. 그러고 나서 우리는 백화점을 나와, 근처의 라면집에서 식사를 했다.

---

1 글에 관해 옳은 것은 어느 것입니까?
1 지에는 혼자서 지갑과 모자를 샀다.
2 겐은 1시간 정도 늦었다.
3 오늘은 겐의 생일이다.
4 라면을 먹기 전에 백화점에 갔다.

2 왜 먼저 백화점 안으로 들어갔다고 말하고 있습니까?
1 백화점 앞에서 기다리고 있었기 때문에
2 내일 겐의 생일이기 때문에
3 혼자서 고르는 것은 어렵기 때문에
4 지에가 늦는다고 했기 때문에

[풀이]

1 둘이서 지갑과 모자를 샀고, 조금 늦을 것이라는 전화는 지에로부터 온 것이며, 겐의 생일은 내일이므로 선택지 1, 2, 3번은 정답이 아니다. 백화점에서 나와 라면집에 간 것이므로, 라면을 먹기 전에 백화점에 간 것이 맞다. 따라서 선택지 4번이 정답이다.

2 지에로부터 조금 늦을 거라는 전화가 있어서 먼저 백화점에 들어갔다고 했으므로 선택지 4번이 정답이다.

[단어]

日曜日 일요일 | わたし 나 | きょう 오늘 | ~と いっしょに ~와 함께 | デパート 백화점 | ~へ ~에, ~으로 | 行く 가다 | あした 내일 | 誕生日 생일 | ~だから ~이기 때문에 | かれ 그 | ~に あげる ~에게 주다 | プレゼント 선물 | 買う 사다 | ~に 行った ~하러 갔다 | あさ 아침 | 家 집 | 出る 나가(오)다 | 地下鉄 지하철 | ~に のる ~을 타다 | ~から ~まで ~에서 ~까지 | ~ぐらい ~정도 | かかる 걸리다, 소요되다 | 前で 앞에서 | 待つ 기다리다 | ~たら ~했더니 | すこし 조금 | おくれる 늦다 | 電話 전화 | 先に 먼저 | 中 안 | 入る 들어가다 | もの 물건 | たくさん 많이 | 一人で 혼자서 | えらぶ 고르다 | ほんとうに 정말로 | むずかしい 어렵다 | すぐ 곧 | 来る 오다 | ふたりで 둘이서 | さいふ 지갑 | ~と ~와(과) | かわいい 귀엽다, 예쁘다 | ぼうし 모자 | それから 그러고 나서 | ~たち ~들(복수) | 近く 근처 | ラーメン屋 라면집 | 食事を する 식사를 하다

내용 이해(중문) 실전 연습 ❹ p.224 해석과 문제 해설

1	2
③	④

　ぼくは 高校を 卒業して スーパーと レストランで アルバイトを して います。友だちは みんな 大学へ 行きましたが、ぼくは 勉強したい ことが なにか わかりませんでした。それで、大学に 入っても 意味が ないと 思いました。
　でも、さいきん 英語と 韓国語の 勉強を して います。高校生の ときは 英語が にがてでしたが、いまは 英語の 勉強を している 時間が とても 楽しいです。
　ぼくは はたらいた お金で 外国へ 行って、いろいろな ことを 経験⁽注⁾したいです。そうすると ほんとうに 自分が したいことが わかるように なると 思います。その時、大学に 行って 勉強するつもりです。
　(注)経験 : 경험. 직접 보거나 듣거나 행하거나 한 것

1 この 人に ついて ただしいのは どれですか。
1　外国で アルバイトを して いる。
2　大学で 英語と 韓国語を べんきょうして いる。
3　いまは 何を べんきょうしたいか わからない。
4　いつか 外国の 大学に 行きたいと 思って いる。

2 その時と あるが それは いつですか。
1　外国に 行った 時。
2　いろいろ 経験した 時。
3　英語の べんきょうを して いる 時。
4　大学で べんきょうしたい ことが わかった 時。

　나는 고등학교를 졸업하고 슈퍼마켓과 레스토랑에서 아르바이트를 하고 있습니다. 친구들은 모두 대학에 갔습니다만, 나는 공부하고 싶은 것이 무엇인지 알 수 없었습니다. 그래서 대학에 들어가도 의미가 없다고 생각했습니다.
　하지만 요즘 영어와 한국어 공부를 하고 있습니다. 고등학교 시절은 영어를 잘 못했습니다만, 지금은 영어 공부를 하고 있는 시간이 매우 즐겁습니다.
　나는 일한 돈으로 외국에 가서 다양한 것들을 경험하고 싶습니다. 그렇게 하면 정말로 내 자신이 하고 싶은 것을 알 수 있게 될 거라고 생각합니다. 그때 대학에 가서 공부할 생각입니다.

1 이 사람에 관해 옳은 것은 어느 것입니까?
1　외국에서 아르바이트를 하고 있다.
2　대학에서 영어와 한국어를 공부하고 있다.
3　**지금은 무엇을 공부하고 싶은지 모른다.**
4　언젠가 외국 대학에 가고 싶다고 생각하고 있다.

2 그때라고 있는데, 그것은 언제입니까?

1 　외국에 갔을 때
2 　여러 가지 경험을 했을 때
3 　영어 공부를 하고 있을 때
4 　**대학에서 공부하고 싶은 것을 알았을 때**

[풀이]

1 외국에서 공부한다거나 아르바이트를 한다는 내용은 없고, 아직 대학은 가지 않았기 때문에 선택지 1, 2, 4번은 정답이 아니다. 글쓴이가 대학에 가지 않은 것은 무엇을 공부해야 할지 모르기 때문이라고 했으므로 정답은 선택지 3번이다.

2 바로 앞 문장에서 정말루 자신이 하고 싶은 것을 알 수 있게 된다고 했으므로, 선택지 4번이 정답이다.

[단어]

ぼく 나(남성어) | 高校 고등학교 | 卒業して 졸업하고 | スーパー 슈퍼마켓 | レストラン 레스토랑 | ~で ~에서 | アルバイト 아르바이트 | 友だち 친구 | みんな 모두 | 大学 대학 | 行く 가다 | 勉強 공부 | ~たい ~하고 싶다 | なにか 무엇인지 | わかる 알다, 이해하다 | それで 그래서 | 入る 들어가다 | ~ても ~해도 | 意味 의미 | ない 없다 | 思う 생각하다 | でも 하지만 | さいきん 최근 | 英語 영어 | 韓国語 한국어 | 高校生 고등학생 | にがてだ 못하다 | いまは 지금은 | 時間 시간 | とても 매우 | 楽しい 즐겁다 | はたらく 일하다 | お金 돈 | 外国 외국 | いろいろな 다양한 | 経験 경험 | そうすると 그렇게 하면 | ほんとうに 정말로 | 自分 스스로 | ~ようになる ~하게 되다 | ~つもりです ~(할) 생각입니다

もんだい 6

정보 검색 실전 연습 ❶ p.226 해석과 문제 해설

정답
④

右の　ページを　見て、下の　しつもんに　こたえて　ください。こたえは　1・2・3・4から　いちばん　いい　ものを　一つ　えらんで　ください。

わたしは　大学生で、いま　日本で　勉強して　います。毎日　5時に　じゅぎょうが　おわって　家に　かえります。土曜日は　いつも　ボランティアに　行きます。それは　3時に　はじまって　6時に　おわります。
　ある　日、学校の　前の　ラーメン屋に　書いて　ある　のを　読んで、アルバイトが　したくて、行って　みましたが、この　アルバイトは　わたしには　できませんでした。

しつもん どうして　アルバイトが　できませんでしたか。
1 　外国人で　大学生だから。
2 　ラーメンを　つくる　人を　さがして　いるから。
3 　じゅぎょうが　5時に　おわるから。
4 　**週末も　はたらく　ことが　できる　人を　さがして　いるから。**

오른쪽 페이지를 보고, 아래의 질문에 답하세요. 답은 1·2·3·4에서 가장 옳은 것을 하나 고르세요.

나는 대학생이고, 지금 일본에서 공부하고 있습니다. 매일 5시에 수업이 끝나 집으로 돌아옵니다. 토요일은 항상 자원봉사 활동 하러 갑니다. 그것은 3시에 시작하여 6시에 끝납니다.

어느 날, 학교 앞의 라면집에 쓰여 있는 것을 읽고, 아르바이트를 하고 싶어서 가 보았습니다만, 이 아르바이트는 나에게는 불가능했습니다.

질문 어째서 아르바이트를 할 수 없었습니까?

1   외국인이고 대학생이기 때문에
2   라면을 만들 사람을 찾고 있기 때문에
3   수업이 5시에 끝나기 때문에
4   **주말도 일할 수 있는 사람을 찾고 있기 때문에**

[풀이]

토요일은 자원봉사활동을 해야 하는데, 이 라면집은 주말에도 가능한 사람을 원하고 있으므로, 정답은 선택지 4번이다.

[단어]

わたし 나 | 大学生 대학생 | いま 지금 | 日本で 일본에서 | 勉強する 공부하다 | 毎日 매일 | じゅぎょう 수업 | おわる 끝나다 | 家 집 | かえる 귀가하다, 돌아오다 | 土曜日 토요일 | いつも 늘, 항상 | ボランティア 자원봉사활동 | ～に 行きます ～하러 갑니다 | はじまる 시작되다 | ある 日 어느 날 | 学校 학교 | ラーメン屋 라면집 | 書いて ある 쓰여 있다 | 読む 읽다 | ～て みましたが ～해 보았습니다만 | アルバイト 아르바이트 | できる 가능하다, 할 수 있다 | いっしょに 함께, 같이 | はたらく 일하다 | 長く 오랫동안 | ～ことが できる ～할 수 있다 | 人 사람 | 週末 주말 | 外人 외국인 | ～でも ～이어도 | 高校生 고등학생 | 仕事 일, 업무, 직업 | はこぶ 옮기다, 나르다 | さらを 洗う 접시를 닦다 | 時間 시간 | 午後 오후 | 円 엔 | ～から ～まで ～부터 ～까지

정보 검색 **실전 연습 ❷** p.228 해석과 문제 해설

정답
④

右の ページは さくら図書館の お知らせです。それを 見て、下の しつもんに こたえて ください。こたえは 1・2・3・4から、いちばん いい ものを 一つ えらんで ください。

しつもん きょう 田中さんが さくら図書館に 行って した ことで ただしいのは どれですか。
1 午前 10時に 行って 本 二冊と ざっしを 借りて きた。
2 午後 3時に 行って お金を はらって ざっしを コピーして きた。
3 午後 1時に 行って コピーする 時、カウンターの 人に 読書カードを 見せた。
4 午前 11時に 行って コピーカードで 本を 二冊 コピーして きた。

さくら図書館

さくら図書館の おしらせ！

● 時間
午前9時～午後11時

● 本を 借りる 時
▲ 2冊まで 二週間 借りる ことが できます。
▲ ざっしと 辞書は 借りる ことが できません。
▲ カウンターの 人に 図書カードを 見せて ください。

● コピーする 時
午前10時から 午後4時まで できます。

＊コピーの 時は コピーカードを 使って ください。
＊コピーカードは カウンターで 買う ことが できます。

오른쪽 페이지는 사쿠라도서관의 공지입니다. 그것을 읽고 아래의 질문에 대답하세요. 답은 1・2・3・4에서 가장 옳은 것을 하나 고르세요.

질문 오늘 다나카 씨가 사쿠라도서관에 가서 한 일로 옳은 것은 어느 것입니까?
1 오전 10시에 가서 책 두 권과 잡지를 빌려 왔다.
2 오후 3시에 가서 돈을 지불하고 잡지를 복사해 왔다.
3 오후 1시에 가서 복사할 때, 카운터 사람에게 독서카드를 보여 주었다.
4 오전 11시에 가서 복사카드로 책을 2권 복사해 왔다.

사쿠라도서관

사쿠라 도서관의 알림!

● **시간**
   오전 9시~ 오후 11시

● **책을 빌릴 때**
   ▲ 2권까지 2주간 빌릴 수 있습니다.
   ▲ 잡지와 사전은 빌릴 수 없습니다.
   ▲ 카운터 사람에게 독서카드를 보여 주세요.

● **복사할 때**
   오전 10시부터 오후 4시까지 가능합니다.

   * 복사 시에는 복사카드를 사용해 주세요.
   * 복사카드는 카운터에서 살 수 있습니다.

[풀이]

잡지는 빌릴 수 없고, 복사할 때는 돈을 주는 것이 아니라 복사카드를 이용해야 하므로, 선택지 1, 2, 3번은 정답이 아니다. 복사카드로 책 두 권을 복사했다는 선택지 4번이 정답이다.

[단어]

おしらせ 알림, 공지 | 借りる 빌리다 | 冊 권 | 二週間 2주간 | ざっし 잡지 | 辞書 사전 | カウンター 카운터 | 図書カード 도서카드 | 見せる 보여 주다 | コピーする 복사하다 | コピーカード 복사카드 | 使う 사용하다 | 買う 사다

정보 검색 실전 연습 ❸ p.230 해석과 문제 해설

정답
②

家の 近くの 公園で 「こども テニス きょうしつ」の 案内を 見ました。うちの むすめと むすこ、二人とも 夏休みの あいだ、あさ はやく 起きて テニス きょうしつに 行きたいと 言って います。でも いま 3年生の むすめは 週末は いつも おばあさんの 家に 行って いて、5年生の むすこは 毎週 火曜日の あさ 英語の 学校に 通って います。

しつもん 二人が いっしょに 行く ことが できる クラスは どれですか。そして 授業料は ぜんぶで いくらに なりますか。

1　月・水・金の　午後(1)　/ 14,500円
2　月・水・金の　午前　　/ 29,000円
3　火・木の　午前　　　 / 17,000円
4　土・日の　午前　　　 / 20,000円

```
┌─────────────────────────────────────────────────┐
│          こども　テニス　きょうしつ              │
│                                                  │
│            小学生なら　だれでも　どうぞ。       │
│ 〔1カ月の　授業料〕                             │
│              │  午前      │ 午後(1)    │ 午後(2)   │
│              │(9:00~11:00)│(13:00~14:30)│(15:00~16:30)│
│   月・水・金 │ 14,500円   │ 12,500円   │ 12,500円  │
│   火・木     │  8,500円   │  7,500円   │  7,500円  │
│                                                  │
│              │  午前       │ 午後(1)    │   ×      │
│              │(9:00~11:30) │(13:00~15:30)│          │
│   土・日     │ 10,000円    │ 10,000円   │   ×      │
│                                                  │
│         ところ：みなみ公園の　テニスコート      │
└─────────────────────────────────────────────────┘
```

집 근처 공원에서 '어린이 테니스 교실' 안내를 봤습니다. 우리집 딸과 아들 둘 다 여름방학 동안 아침 일찍 일어나 테니스 교실에 가고 싶다고 말하고 있습니다. 하지만 지금 3학년인 딸은 주말은 항상 할머니 집에 가 있고, 5학년인 아들은 매주 화요일 아침 영어 학원에 다니고 있습니다.

질문 둘이 함께 갈 수 있는 반은 어느 것입니까? 그리고 수업료는 전부 얼마가 됩니까?

1 월・수・금　오후(1) / 14,500엔
2 **월・수・금　오전　 / 29,000엔**
3 화・목　오전　　　 / 17,000엔
4 토・일　오전　　　 / 20,000엔

어린이 테니스 교실

초등학생이라면 누구라도 오세요.

〔1개월 수업료〕

	오전 (9:00~11:00)	오후(1) (13:00~14:30)	오후(2) (15:00~16:30)
월・수・금	14,500엔	12,500엔	12,500엔
화・목	8,500엔	7,500엔	7,500엔

	오전 (9:00~11:30)	오후 (13:00~15:30)	×
토・일	10,000엔	10,000엔	×

장소: 미나미공원 테니스 코트

[풀이]

딸이 주말에는 항상 할머니 집에 가므로 토, 일은 안 되고, 아들이 영어 학원에 가는 화요일도 안 된다. 따라서 월・수・금 반에 등록해야 하고, 아침 일찍 일어나 테니스 교실에 가고 싶다고 했으므로 정답은 선택지 2번이다.

[단어]

| 家 집 | 近く 근처 | 公園 공원 | こども 어린이 | テニス 테니스 | きょうしつ 교실 | 案内 안내 | 見る 보다 | うちの~ 우리~ | むすめ 딸 | むすこ 아들 | 二人とも 두 명 모두 | 夏休み 여름방학 | ~あいだ ~동안 | あさ はやく 아침 일찍 | 起きる 일어나다 | 行く 가다 | ~たい ~하고 싶다 | ~と 言っている ~라고 말하고 있다 | でも 하지만 | いま 지금 | ~年生 ~학년 | 週末 주말 | いつも 늘, 항상 | おばあさん 할머니 | 行って いる 가 있다 | 毎週 매주 | 英語 영어 | 学校 학교 | ~に 通う ~에 다니다 | 小学生 초등학생 | ~なら ~이라면 | だれでも 누구라도 | どうぞ 오세요 | ところ 곳, 장소 | テニスコート 테니스코트 | ~カ月 ~개월 | 授業料 수업료 |

정보 검색 실전 연습 ❹ p.232 해석과 문제 해설

정답
①

友だちと 二人で もり温泉に 行きます。あした 東京駅で 8時に 会います。できるだけ はやく 温泉に 着きたいです。

しつもん どうやって 行くのが いちばん 安いですか。

1 さくら1
2 ほたる1
3 さくら2
4 ほたる2

電車の時間

	東京駅 ➡	みたけ駅
ほたる1	08:10	08:40
さくら1	08:20	09:10
ほたる2	08:50	09:20
さくら2	09:20	10:10
ほたる3	09:50	10:20

(お金:さくら 1500円/ほたる 2000円)

バスの時間

みたけ駅 ➡	もり温泉
09:30	09:40
09:50	10:00
10:30	10:40
10:50	11:00

친구와 둘이서 모리온천에 갈 것입니다. 내일 도쿄역에서 8시에 만납니다. 가급적 빨리 온천에 도착하고 싶습니다.

질문 어떻게 가는 것이 가장 쌉니까?

1 사쿠라1
2 호타루1
3 사쿠라2
4 호타루2

전차 시간

	「도쿄역」 → 「미타케역」	
호타루1	08:10	08:40
사쿠라1	08:20	09:10
호타루2	08:50	09:20
사쿠라2	09:20	10:10
호타루3	09:50	10:20

(금액 : 사쿠라 1500엔 · 호타루 2000엔)

버스 시간

「미타케역」 → 「모리온천」	
09:30	09:40
09:50	10:00
10:30	10:40
10:50	11:00

[풀이]

전차 시간은 호타루1로 가는 것이 제일 빠르지만, 버스 첫차가 9시 30분이므로, 사쿠라1이 도착하는 시간이라도 버스 첫차에 댈 수 있으므로, 빠르고 싸게 가는 것은 사쿠라1이다. 따라서 정답은 선택지 1번이다.

[단어]

友だち 친구 | 二人で 둘이서 | 温泉 온천 | 行く 가다 | あした 내일 | 東京駅 도쿄역 | ~で ~에서 | 会う 만나다 | できるだけ 가능한 한, 가급적 | はやく 빨리 | ~に 着く ~에 도착하다 | ~たい ~하고 싶다 | どうやって 어떻게 (해서) | いちばん 가장, 제일 | 安い 싸다 | 電車 전차 | 時間 시간 | お金 돈, 금액 | ~円 ~엔 | バス 버스

2교시 청해 해석과 해설

청해 유형 확인 문제 ❶ – 과제 이해 p.260 스크립트와 문제 해설

男の人と女の人が話しています。男の人は何を飲みますか。

F いらっしゃい。こちらへどうぞ。
M おじゃまします。
F 今日、しゃぶしゃぶを作りましたよ。飲み物はやっぱりビールがいいですね。
M すみません。このごろ風邪で薬を飲んでいるからお酒はちょっと……。お茶はありませんか。
F 今、お茶がないんです。ジュースはありますが……。
M じゃ、私はそれにします。

男の人は何を飲みますか。

1 ビール
2 おちゃ
3 おさけ
4 ジュース

남자와 여자가 이야기하고 있습니다. 남자는 무엇을 마십니까?

F 어서 오세요. 이쪽으로 오세요.
M 실례하겠습니다.
F 오늘, 샤부샤부를 만들었어요. 음료는 역시 맥주가 좋겠죠.
M 죄송해요. 요즘 감기로 약을 먹고 있기 때문에 술은 좀……. 차는 없나요?
F 지금, 차가 없어요. 주스는 있습니다만…….
M 그럼, 저는 그걸로 할게요.

남자는 무엇을 마십니까?

1 맥주
2 (마시는) 차
3 술
4 주스

[풀이]
여자는 마실 것으로 맥주를 권했지만, 남자는 감기 때문에 약을 먹고 있어서 술은 마시기 어렵다고 하면서 차를 요구했다. 그러나 차가 없다며 주스를 권했으므로 정답은 4번이다.

[단어]
飲む 마시다 | いらっしゃい 어서 오세요 | こちらへ どうぞ 이쪽으로 오세요 | おじゃまします 실례하겠습니다(방문 인사) | 今日 오늘 | 作る 만들다 | 飲み物 마실 것 | やっぱり 역시 | ビール 맥주 | すみません 죄송합니다 | このごろ 요즘 | 風邪 감기 | ~で ~으로 인해 | 薬を飲む 약을 먹다 | ~から ~(이)기 때문에 | お酒 술 | ~はちょっと ~은 좀(곤란해요) | お茶 (마시는) 차 | ジュース 주스 | ~にします ~(으)로 하겠습니다

청해 유형 확인 문제 ❷ – 포인트 이해 p.260 스크립트와 문제 해설

男の人と女の人が話しています。二人が見ている写真はどれですか。

M これは弟さんですか。
F それは、子どもの時の私ですよ。
M えっ、髪が短かったですね。
F はい、今はスカートが好きですが、その時はいつもズボンをはいていました。
M そうですか。男の子だと思いました。

二人が見ている写真はどれですか。

남자와 여자가 이야기하고 있습니다. 두 사람이 보고 있는 사진은 어느 것입니까?

M 이것은 남동생분인가요?
F 그건 어렸을 적의 저입니다.
M 앗, 머리가 짧았네요.
F 네, 지금은 스커트를 좋아하지만, 그때는 늘 바지를 입고 있었어요.
M 그렇습니까. 남자아이라고 생각했습니다.

두 사람이 보고 있는 사진은 어느 것입니까?

[정답] 3

[풀이]
머리가 짧고 바지를 입고 있었다고 했으므로 정답은 3번이다.

[단어]
~ている ~하고 있다 | 写真 사진 | どれ 어느 것 | これ 이것 | 弟さん (남의) 남동생 | 子どもの時 어릴 적 | 髪 머리(카락) | 短い 짧다 | 今 지금 | スカート 스커트 | ~が 好きだ ~을 좋아하다 | その時 그때 | いつも 늘, 항상 | ズボン 바지 | はく (하의를) 입다, (신발, 양말을) 신다 | 男の子 남자아이 | ~と 思う ~라고 생각하다

청해 유형 확인 문제 ❸ – 발화 표현 p.261 스크립트와 문제 해설

約束の時間より20分おそく着きました。待っている友だちに何と言いますか。

F 1 ごめんください。
2 ごめんなさい。
3 ごゆっくり。

약속 시간보다 20분 늦게 도착했습니다. 기다리고 있는 친구에게 뭐라고 말합니까?

F 1 계세요?(방문 시 불러내는 인사말)
2 미안해요.
3 천천히(느긋하게) 하세요.

[풀이]
ごめんなさい와 ごめんください의 차이를 구별할 수 있어야 한다. ごめんなさい는 사과하는 표현이고, ごめんください는 어디를 방문했을 때 안에 있는 사람을 부르는 표현이다.

[단어]
約束 약속 | 時間 시간 | おそい 늦다, 느리다 | 着く 도착하다 | 待つ 기다리다 | ~と 言う ~라고 말하다 | ごめんください 계세요? 실례합니다(방문 시 불러내는 표현)

청해 유형 확인 문제 ❹ – 즉시 응답 p.261 스크립트와 문제 해설

F 今日は何日ですか。

M 1 ここのかです。
　2 私の一日です。
　3 日曜日です。

F 오늘은 며칠입니까?

M 1 **9일입니다.**
　2 나의 하루입니다.
　3 일요일입니다.

[단어]
今日 오늘 | 何日 며칠 | ここのか 9일 | 一日 하루 | 日曜日 일요일

PART 2 유형별 집중 공략

もんだい 1

과제 이해 실전 연습 ❶ p.264~266 스크립트와 문제 해설

1ばん

店で、女の人と店の人が話しています。女の人は、どのTシャツを買いますか。 F 女の子のTシャツを探していますが。 M はい。どんな いろがいいですか。 F 白のTシャツを見せてください。 M はい。うさぎの絵とねこの絵があります。どちらがいいですか。 F そうですね、ねこのをください。 女の人は、どのTシャツを買いますか。	가게에서 여자와 점원이 이야기하고 있습니다. 여자는 어느 티셔츠를 삽니까? F 여자아이 티셔츠를 찾고 있습니다만. M 네, 어떤 색깔이 좋겠습니까? F 흰 티셔츠를 보여 주세요. M 네. 토끼 그림과 고양이 그림이 있어요. 어느 쪽이 좋으세요? F 글쎄요. 고양이 그림으로 주세요. 여자는 어느 티셔츠를 삽니까?

[정답] 2

[풀이] 흰 티셔츠에 고양이 그림이라고 했으므로 정답은 2번 그림이다.

[단어]
店 가게 | 女の人 여자 | 話す 이야기하다 | Tシャツ 티셔츠 | 買う 사다 | 探す 찾다 | どんな 어떤 | いろ 색깔 | 白 하양 | 見せる 보여 주다 | うさぎ 토끼 | 絵 그림 | ねこ 고양이 | どちら 어느 쪽

2ばん

女の人と店の人が話しています。女の人は いくらはらいますか。 F すみません。りんごをください。 M はい。 F こちらの大きいりんごはいくらですか? M あれは 1つ70円で、3つで200円です。 F じゃ、この小さいのはいくらですか。 M 1つ 50円です。5つで230円ですが。 F では、小さいのを5つと大きいのを1つください。	여자와 가게 점원이 이야기하고 있습니다. 여자는 얼마를 냅니까? F 실례합니다. 사과 주세요. M 네. F 이쪽의 큰 사과는 얼마입니까? M 그건 1개 70엔이고, 3개에 200엔입니다. F 그럼, 이 작은 것은 얼마입니까? M 1개 50엔입니다. 5개에 230엔입니다만. F 그럼 작은 것 5개와 큰 것을 1개 주세요.

M はい。小さいのを5つと、大きいの1つですね。 女の人は いくら はらいますか。 1　230円 2　250円 3　280円 **4　300円**	M 네. 작은 것 5개와 큰 것 1개네요. 여자는 얼마를 냅니까? 1　230엔 2　250엔 3　280엔 **4　300엔**

[풀이]

작은 사과 5개에 230엔, 큰 사과 하나에 70엔은 300엔이므로, 정답은 4번이다.

[단어]

いくら 얼마 | はらう 지불하다 | りんご 사과 | 大きい 크다 | 1つ 한 개 | ～円 ～엔 | 3つ 3개 | 小さい 작다

3ばん

お母さんと男の子がカレンダーを見ながら話しています。この家族はいつ出発しますか。 M お母さん、お父さんの休みは、いつからいつまでなの？ F 16日から23日までなの。今回は沖縄に行くつもりだけど、せっかくだから、やっぱり、3日ぐらいは泊まりたいとおもってるの。 M わあ、いいね。でも、休みの日が入ると、人が多くなるから……。ねえ、お母さん、土曜日と日曜日はやめたほうがいいんじゃない？ F そうね。そういえば、20日も休みだわ。 M へえ、ほんとう！　じゃ、その日も入れないようにしよう。 この家族はいつ出発しますか。 1　18日 2　20日 **3　21日** 4　23日	엄마와 남자아이가 달력을 보면서 이야기하고 있습니다. 이 가족은 언제 출발합니까? M 엄마, 아빠 휴가 말인데, 언제부터 언제까지야? F 16일부터 23일까지야. 이번에는 오키나와에 갈 생각인데, 모처럼 만이니까 역시 3일 정도는 묵고 싶다고 생각하고 있어. M 와, 신난다. 하지만 휴일이 끼면 사람이 많아지니까……. 있잖아 엄마, 토요일이랑 일요일은 그만두는 쪽이 좋지 않아? F 그렇겠네. 그러고 보니 20일도 휴일이네. M 앗, 정말이네! 그럼 그 날도 넣지 않도록 해요. 이 가족은 언제 출발합니까? 1　18일 2　20일 **3　21일** 4　23일

[풀이]

토요일과 일요일 그리고 휴일인 20일을 출발일에서 제외하면 21일이 제일 좋다. 휴가가 23일까지이므로, 23일 출발은 안 된다.

[단어]

お母さん 엄마 | 男の子 남자아이 | カレンダー 달력 | ～ながら ~하면서 | 家族 가족 | 出発 출발 | 休み 휴일 | 今回 이번 | 沖縄 오키나와 | ～つもりだ ~할 생각이다 | せっかく 모처럼 | やっぱり 역시 | ～ぐらいは ~정도는 | 泊まる 묵다 | 入る 들어가다 | 人 사람 | 多い 많다 | 土曜日 토요일 | 日曜日 일요일 | やめる 그만두다

4ばん

男の人と女の人が話しています。部屋を何度にしますか。

M この部屋、ちょっと暑くないですか。
F そうですね。今、何度ですか。
M えっと……、28度ですよ。
F 28度だったら、クーラーをつけたほうがいいんじゃないですかね。
M そうですね。それじゃ 3度ぐらい低くしましょうか。
F はい、おねがいします。

部屋を何度にしますか。

1　31ど
2　28ど
3　25ど
4　22ど

남자와 여자가 이야기하고 있습니다. 방을 몇 도로 합니까?

M 이 방 좀 덥지 않나요?
F 그렇네요. 지금 몇 도입니까?
M 음. 28도예요.
F 28도라면, 에어컨을 켜는 게 좋지 않을까요?
M 그렇겠어요. 그럼 3도 정도 낮게 할까요?
F 네, 부탁해요.

방을 몇 도로 합니까?

1　31도
2　28도
3　25도
4　22도

[풀이]

28도에서 3도 정도 낮게 하면 25도이다.

[단어]

部屋 방 | 何度 몇 도 | ちょっと 조금 약간 | 暑い 덥다 | 今 지금 | クーラーをつける 에어컨을 켜다 | 低い 낮다 | おねがいします 부탁합니다

5ばん

男の人と女の人が話しています。二人は何をもって行きますか。	남자와 여자가 이야기하고 있습니다. 두 사람은 무엇을 가지고 갑니까?

F いっしょに吉田さんのお見舞いに行かない？
M そうだね。行く時に何か持っていこうか。
F 昨日、お菓子、作ったの。私はこれ持っていこうっと。
M じゃ、私は本でも買おうかな。
F 本は、疲れるんじゃない？
M そうかな。じゃ、本はやめて、このCDだけでいいかな。このCDに吉田さんの好きそうな音楽を入れたんだ。
F それはいいかもね。
M ふつう、果物も持っていったりするけど、きっとほかの人からもらっただろうからね。

二人は何をもって行きますか。

1 お菓子とCD
2 お菓子と本
3 くだもの
4 よみもの

F 같이 요시다 씨 병문안 하러 가지 않을래?
M 그래. 갈 때 뭔가 가지고 갈까?
F 어제 과자 만들었어. 나는 이거 가지고 가려고.
M 그럼, 나는 책이라도 살까?
F 책은 피곤해지지 않을까?
M 그런가, 그럼 책은 그만두고, 이 CD만으로 괜찮을까? 이 CD에 요시다 씨가 좋아할 만한 음악을 넣었거든.
F 그것 참 좋을 것 같네.
M 보통은 과일도 가지고 가기도 하지만, 분명 다른 사람들로부터 받았을 테니까.

두 사람은 무엇을 가지고 갑니까?

1 과자와 CD
2 과자와 책
3 과일
4 읽을거리

[풀이]
여자는 어제 만들어 놓은 과자를, 남자는 책을 그만두고, CD만 가져가기로 했으므로 정답은 1번이다.

[단어]
二人 두 명 | お見舞いに 行く 병문안 가다 | 持つ 들다, 가지다 | 昨日 어제 | お菓子 과자 | 作る 만들다 | 本 책 | 買う 사다 | 読み物 읽을거리 | 疲れる 지치다, 피곤하다 | 音楽 음악 | 入れる 넣다 | ふつう 보통 | 果物 과일 | きっと 분명 | もらう 받다 | ～だろう ～겠지

6ばん

男の人と女の人が明日の会議の準備をしています。女の人は今から何をしますか。	남자와 여자가 내일의 회의 준비를 하고 있습니다. 여자는 지금부터 무엇을 합니까?

F 明日の会議の準備、あと、何をしましょうか。
M ええと、つくえは ぜんぶ そろえた？
F はい。

F 내일 회의 준비, 이 이후로 무엇을 할까요?
M 음, 책상은 모두 갖추었나?
F 네.

M あ、そうだ。この資料を20枚コピーしてくれる？ F はい、わかりました。パンフレットはどうしましょうか。 M それは田中くんが持ってくるといってたから、大丈夫。 F あとは……、飲み物の準備もしておきましょうか。 M それは明日でもいいからね。 F はい。わかりました。	M 아 맞다. 이 자료를 20매 복사해 주겠나? F 네 알겠습니다. 팸플릿은 어떻게 할까요? M 그건, 다나카 군이 가져오겠다고 말했으니까 괜찮아. F 그리고……, 음료도 준비해 둘까요? M 그건 내일이라도 괜찮으니까. F 네 알겠습니다.
女の人は今から何をしますか。	여자는 지금부터 무엇을 합니까?
1 つくえを そろえる 2 しりょうを コピーする 3 パンフレットを もって くる 4 のみものを じゅんびする	1 책상을 가지런히 한다 2 자료를 복사한다 3 팸플릿을 가지고 온다 4 음료를 준비한다.

[풀이]

책상은 이미 갖추어졌고, 팸플릿은 다나카가 가지고 오기로 되어 있으며, 음료 준비는 내일 해도 된다고 했으므로, 지금 당장 할 것은 자료 복사이다. 따라서 정답은 2번이다.

[단어]

明日 내일 | 会議 회의 | 準備 준비 | 今から 지금부터 | つくえ 책상 | そろえる 갖추다. 준비하다 | 資料 자료 | ~枚 ~장 | コピー 복사 | パンフレット 팸플릿 | 飲み物 음료

7ばん

男の人と女の人が日曜日にどこへ行くか話しています。二人はどこへ行きますか。	남자와 여자가 일요일에 어디에 갈지 이야기하고 있습니다. 두 사람은 어디에 갑니까?
F 今度の日曜日、デパートへ買い物に行かない？ M えっ？ でも、やっぱり外だよ！ 海とか川とか……。そうだ！ 山にのぼるのもいいな。 F でも、買い物しないとね。野菜や肉も買わなければいけないし。 M えー、やっぱり外がいいよ！ お弁当を持って海へ行くのはどう？ F お弁当を作りたくても作れないんじゃない！だって、材料、何もないんだもん。	F 이번 일요일, 백화점에 쇼핑하러 가지 않을래? M 뭐? 그래도 역시 외부로 가야지! 바다라든가 강이라든가……. 아 맞다! 산에 오르는 것도 좋겠네. F 하지만, 쇼핑하지 않으면 안 돼. 채소랑 고기도 사야 하고. M 뭐야. 역시 외부가 좋아! 도시락 들고 바다에 가는 건 어때? F 도시락을 만들고 싶어도 못 만들잖아! 재료 아무것도 없잖아.

M そっか、そういう ことか……。しかたないな。
じゃ、わかった。

二人はどこへ行きますか?

1 海
2 山
3 デパート
4 川

M 그런가, 그렇게 되나……, 할 수 없지. 그럼, 알았어.

두 사람은 어디에 갑니까?

1 바다
2 산
3 백화점
4 강

[풀이]

여자는 백화점에 쇼핑하러 가야 한다고 하지만, 남자는 도시락을 가지고 밖으로 놀러 가자고 한다. 그런데 재료가 없어 도시락을 만들 수 없다는 말에 어쩔 수 없음을 인정하므로, 정답은 3번이다.

[단어]

日曜日 일요일 | 今度 이번 | デパート 백화점 | 買い物 장보기 | 外 외부, 바깥 | 海 바다 | 川 강 | 山にのぼる 산에 오르다 | 野菜 채소 | 肉 고기 | 買う 사다 | お弁当 도시락 | 作る 만들다 | 材料 재료 | 何もない 아무것도 없다 | しかたない 어쩔 수 없다

과제 이해 실전 연습 ❷ p.267~269 스크립트와 문제 해설

1ばん

男の人と女の人が話しています。二人はどこに家族の写真をかけますか。

M ほら、この前とった家族の写真、持ってきたよ。
F ああ! いいね。
M これ、どこに かけようか。
F そうねぇ、テレビの上のほうは?
M うーん、あの窓のところがいいんじゃない?
F えーっ? やっぱりテレビの上にかけましょうよ。
M じゃ、ドアのところは?
F おちたら あぶないんじゃない?
M わかったよ。そうしよう。

二人はどこに家族の写真をかけますか。

남자와 여자가 이야기하고 있습니다. 두 사람은 어디에 가족사진을 겁니까?

M 봐! 요전에 찍은 가족사진 가져 왔어.
F 와! 좋네.
M 이거 어디에 걸까?
F 글쎄, 텔레비전 위쪽은?
M 음, 저 창문 쪽이 좋지 않아?
F 뭐? 역시 텔레비전 위에 걸자.
M 그럼, 문은?
F 떨어지기라도 하면 위험하지 않겠어?
M 알았어! 그렇게 하자.

두 사람은 어디에 가족사진을 겁니까?

1 テレビの 上
2 窓の ところ
3 ドア
4 ドアの 上

1 TV 위
2 창문
3 문
4 문 위

[풀이]
TV 위에 걸자는 여자의 주장에 창문 위와 방문에 걸자고 한 남자의 주장은 끝내 받아들여지지 않았고, 남자가 그렇게 하자며 여자의 주장에 동의했으므로 정답은 1번이다.

[단어]
家族 가족 | 写真 사진 | かける 걸다 | ほら 봐 | この前 요전 | とる 찍다 | おちる 떨어지다 | あぶない 위험하다

2ばん

女の人がデパートで時計を見ています。女の人はどの時計を買いますか。

F すみません。その時計いくらですか。
M こちらですか。
F いいえ、その大きいののとなりです。
M こちらの丸いのですか。
F はい。
M 15,000円です。
F へぇ、高いですね。じゃ、その大きいのの右は？
M こちらは8,000円です。
F じゃ、それください。

女の人はどの時計を買いますか。

여자가 백화점에서 시계를 보고 있습니다. 여자는 어느 시계를 삽니까?

F 실례합니다. 그 시계 얼마예요?
M 이거 말인가요?
F 아니요, 그 큰 것의 옆이요.
M 이쪽의 둥근 것 말인가요?
F 네.
M 15,000엔입니다.
F 어머, 비싸네요. 그럼 그 큰 것의 오른쪽은요?
M 이쪽은 8,000엔입니다.
F 그럼 그거 주세요.

여자는 어느 시계를 삽니까?

[정답] 4

[풀이]
최종적으로 큰 것의 오른쪽이라고 했으므로 사각형 시계인 4번이 정답이다.

[단어]
時計 시계 | 買う 사다 | いくら 얼마 | 大きい 크다 | となり 옆 | 丸い 둥글다 | 高い 비싸다 | 右 오른쪽

3ばん

男の人と女の人が会社で話しています。会議は何曜日にしますか。

남자와 여자가 회사에서 이야기하고 있습니다. 회의는 무슨 요일에 합니까?

M 来週の会議は何曜日がいいですかね。 F 私、金曜日なら一日あいています。午後だったら木曜日も大丈夫です。 M そうですか。実は私、火曜日から出張に行くんです。 F いつまでですか。 M 木曜日の夜かえります。 F では、この日しかないですね。 会議は何曜日にしますか。 1 火よう日 2 水よう日 3 木よう日 4 金よう日	M 다음 주 회의는 무슨 요일이 좋을까요? F 저는 금요일이라면 하루 종일 비어 있어요. 오후라면 목요일도 괜찮아요. M 그래요? 실은 저는 화요일부터 출장 가거든요. F 언제까지인가요? M 목요일 밤에 돌아와요. F 그럼, 이날밖에 없네요. 회의는 무슨 요일에 합니까? 1 화요일 2 수요일 3 목요일 4 금요일

[풀이]

여자는 금요일은 하루 종일 괜찮고, 남자는 화요일부터 목요일 밤까지 출장이므로, 회의는 금요일밖에 없다. 따라서 정답은 4번이다.

[단어]

会社 회사 | 会議 회의 | 何曜日 무슨 요일 | 来週 다음 주 | 一日 하루 | 午後 오후 | 実は 실은 | 出張に 行く 출장 가다 | 夜 밤 | ～しかない ～밖에 없다

4ばん

男の人と女の人がカフェで話しています。二人は何を注文しますか。 F コーヒーでも飲みましょうか。 M うん、いいですね。私はあたたかいのにします。 F 私は……、アイスにします。 M さとうは？ F いいえ、甘いのはあまり……。さとうはいいです。 M そうですか。私は甘いものが大好きなんです。う～ん、コーヒーといっしょにチーズケーキでも食べようかな。 F へぇー、私はいいです。いまダイエット中だから。	남자와 여자가 카페에서 이야기하고 있습니다. 두 사람은 어느 것을 주문합니까? F 커피라도 마실까요? M 네, 좋아요. 저는 따뜻한 걸로 할게요. F 저는……, 아이스로 할게요. M 설탕은요? F 아니요, 단것은 그다지……. 설탕은 괜찮습니다. M 그렇습니까. 저는 단것을 굉장히 좋아하거든요. 음, 커피와 함께 치즈 케이크라도 먹을까? F 어머, 저는 괜찮아요. 지금 다이어트 중이라서.

M じゃ、私は食べたいから、一つだけ注文しますね。すみません。	M 그럼 저는 먹고 싶으니, 하나만 주문할게요. 실례합니다.
二人は何を注文しますか。	두 사람은 무엇을 주문합니까?

[정답] 2

[풀이]

남자는 따뜻한 커피, 여자는 아이스 커피, 치즈 케이크는 남자만 주문하고 여자는 다이어트 중이라서 먹지 않겠다고 했으므로, 정답은 2번이다.

[단어]

カフェ 카페 | 注文 주문 | コーヒー 커피 | 飲む 마시다 | あたたかい 따뜻하다 | アイス 아이스 | 甘い 달다 | さとう 설탕 | チーズケーキ 치즈 케이크 | ダイエット中 다이어트 중 | 一つだけ 하나만

5ばん

女の人が美容院で店の人と話しています。女の人はかみをどのようにしますか。	여자가 미용실에서 점원과 이야기하고 있습니다. 여자는 머리를 어떻게 합니까?
M かみが長くなりましたね。今日はどうしますか。 F 短く切ってください。 M えっ、短く切るんですか。 F はい、そして耳を出してください。 M はい、わかりました。前のほうはどうしますか。 F 前はまゆげが見えないようにしてください。	M 머리가 길어졌네요. 오늘은 어떻게 하시나요? F 짧게 잘라 주세요. M 네? 짧게 자르신다구요? F 네, 그리고 귀를 내어 주세요. M 네 알겠습니다. 앞쪽은 어떻게 할까요? F 앞은 눈썹이 보이지 않도록 해 주세요.
女の人はかみをどのようにしますか。	여자는 머리를 어떻게 합니까?

[정답] 1

[풀이]

머리를 짧게 자르고 귀가 드러나며 앞머리는 눈썹이 안 보이게 해 달라고 했으므로 1번이 정답이다.

[단어]

美容院 미용실 | かみ 머리카락 | どのように 어떻게 | 長い 길다 | 短い 짧다 | 切る 자르다 | 耳 귀 | 出す (꺼)내다 | まゆげ 눈썹 | 見える 보이다

6ばん

男の人と女の人がパーティーについて話しています。女の人はパーティーで何をしますか。

M 山下さん！ 今度のパーティーでピアノをひいてくれませんか。
F えっ、ピアノですか。私ピアノはちょっと自信がなくて……。
M あ、どうしよう。ぼくは 歌を歌うことにしたんですよ。
F そうですか。木村さんには聞いてみましたか。
M 木村さんはもうギターをひくことになっていて……。ああ、どうしよう。あと、だれかにダンスをたのまなければならないんです。
F 私はダンスはぜんぜんだめだから、うーん、じゃ、しょうがないわね。
M あっ、山下さんいいですか。たすかりました。

女の人はパーティーで何をしますか。

1 ピアノを ひく
2 うたを うたう
3 ギターを ひく
4 ダンスを する

남자와 여자가 파티에 대해 이야기하고 있습니다. 여자는 파티에서 무엇을 합니까?

M 야마시타 씨, 이번 파티에서 피아노를 쳐 주실 수 있으세요?
F 네? 피아노요? 저 피아노는 좀 자신이 없어서…….
M 아 어쩌지. 저는 노래를 부르기로 했거든요.
F 그렇습니까. 기무라 씨에게는 물어봤나요?
M 기무라 씨는 이미 기타를 치기로 되어 있어서……. 아, 어떻게 하지. 또 누군가에게 댄스를 부탁하지 않으면 안 되거든요.
F 전 댄스는 전혀 못 추니까, 으음, 그럼 어쩔 수 없네요.
M 앗, 야마시타 씨 괜찮아요? 살았네요!

여자는 파티에서 무엇을 합니까?

1 피아노를 친다
2 노래를 부른다
3 기타를 친다
3 댄스를 춘다

[풀이]

여자는 피아노를 쳐 달라는 부탁을 받았지만, 자신이 없다고 거절한다. 그러자 댄스도 부탁해야 한다는 말에, 댄스는 전혀 할 수 없다며 어쩔 수 없이 (자신은 없지만) 피아노를 치겠다는 뜻을 내비치는 장면이므로 정답은 1번이다.

[단어]

パーティー 파티 | ~について 에 관해 | 今度 이번, 다음 | ピアノを ひく 피아노를 치다 | 自信が ない 자신이 없다 | 歌を 歌う 노래를 부르다 | ギターを ひく 기타를 치다 | どうしよう 어쩌지? | ダンス 댄스 | たのむ 부탁하다 | ぜんぜん 전혀

7ばん

男の人と女の人が電話で話しています。男の人は何番に電話をかけますか。

M もしもし、鈴木ですが、山田くんおねがいしますね。

남자와 여자가 전화로 이야기하고 있습니다. 남자는 몇 번으로 전화를 겁니까?

M 여보세요. 스즈키인데요. 야마다 군 부탁해요.

F あ、鈴木さん、山田くんはいま会議室にいますよ。
M そうですか。会議室の番号は何番ですか。
F 会議室の番号は……、4957です。
M はい、ありがとう。
F あ、あ、すみません。まちがえました。最後は7じゃなくて、8です。

男の人は何番に電話をかけますか。

1 4957
2 **4958**
3 8957
4 8958

F 아, 스즈키 씨, 야마다 군은 지금 회의실에 있어요.
M 그래요? 회의실 번호는 몇 번이에요?
F 회의실 번호는…… 4957이에요.
M 네, 고마워요.
F 아, 아, 죄송해요. 틀렸어요. 마지막은 7이 아니고 8이에요.

남자는 몇 번으로 전화를 겁니까?

1 4957
2 **4958**
3 8957
4 8958

[풀이]

회의실 전화번호가 4957이라고 했지만, 마지막 번호가 7이 아니라 8이라고 했으므로, 정답은 2번이다.

[단어]

電話 전화 | ～で 으로 | 会議室 회의실 | 番号 번호 | 何番 몇 번

もんだい 2

포인트 이해 실전 연습 ❶ p.270~272 스크립트와 문제 해설

1ばん

男の人と女の人が話しています。男の人は昨日、何をしましたか。

M 田中さん、昨日、何をしましたか。
F 図書館で勉強をしました。
M 駅のまえの図書館ですか。
F はい。
M 僕は銀座へ行って、友だちとビールを飲みました。
F え、私も昨日の夜、銀座でゆうごはんを食べましたよ。
M そうですか。

男の人は昨日、何をしましたか。

남자와 여자가 이야기하고 있습니다. 남자는 어제 무엇을 했습니까?

M 다나카 씨 어제 무엇을 했나요?
F 도서관에 가서 공부를 했어요.
M 역 앞의 도서관이요?
F 네.
M 저는 긴자에 가서, 친구와 맥주를 마셨어요.
F 앗, 저도 어제 저녁(밤), 긴자에서 저녁밥을 먹었어요.
M 그렇습니까?

남자는 어제 무엇을 했습니까?

1 ゆうごはんを 食べた。	1 저녁밥을 먹었다.
2 図書館に 行った。	2 도서관에 갔다.
3 友だちに 会った。	**3 친구를 만났다.**
4 勉強を した。	4 공부를 했다.

[풀이]

여자는 어제 도서관에서 공부한 후 긴자에서 저녁 식사를 했고, 남자는 친구를 만나 맥주를 마셨다. 따라서 정답은 3번이다.

[단어]

昨日 어제 | 図書館 도서관 | 勉強を する 공부를 하다 | 駅 역 | ビール 맥주 | 飲む 마시다 | 銀座 긴자 | ゆうごはん 저녁밥

2ばん

男の人と女の人が電話で話しています。本はどこにありますか。	남자와 여자가 전화로 이야기하고 있습니다. 책은 어디에 있습니까?
F 英語の本、どこにおいたの？ M えっ、英語の本？ 窓の近くの机の上になかった？ F ううん、ないわよ。本だなにもないし……。 M じゃあ、テレビの上かな。 F あっ、あった！ **テレビの前のテーブルの上にあったよ。** M そう？ おかしいな。昨日の夜、つくえの上においたのに……。	F 영어 책 어디에 뒀어? M 어? 영어 책? 창문 근처 책상 위에 없었어? F 아니, 없어. 책장에도 없고……. M 그럼, 텔레비전 위인가? F 앗, 있다. **텔레비전 앞 테이블 위에 있었어.** M 그래? 이상하네. 어젯밤 책상 위에 놓았는데…….
本はどこにありますか。	책은 어디에 있습니까?

[정답] 4

[풀이]

여러 장소가 언급되고 있지만, 텔레비전 앞 테이블에 있다고 했으므로 정답은 4번이다. 나머지 여기저기 말하는 것은 헷갈리게 하기 위한 장치이다.

[단어]

英語 영어 | おく 두다, 놓다 | 窓 창문 | 近く 근처 | 机 책상 | 本だな 책장

3ばん

男の人と女の人がカレンダーを見ながら話しています。二人はいつ山登りに行きますか。	남자와 여자가 달력을 보면서 이야기하고 있습니다. 두 사람은 언제 등산을 갑니까?

F 来週、いっしょに山登りに行きませんか。 M いいですね。いつにしましょうか。 F 私、2日と4日と10日は大丈夫ですが……。 M あ、そうですか。私は1日から5日まで出張なんです。 F じゃ、この日しかないですね。 二人はいつ山登りに行きますか。	F 다음 주 함께 등산 가지 않을래요? M 좋아요. 언제로 할까요? F 저는 2일과 4일과 10일은 괜찮습니다만……. M 아 그래요? 저는 1일부터 5일까지 출장입니다. F 그럼, 이날밖에 없겠네요. 두 사람은 언제 등산을 갑니까?
1 1日 2 6日 3 8日 4 10日	1 1일 2 6일 3 8일 4 10일

[풀이]

여자는 2일, 4일, 10일이 괜찮고, 남자는 1일부터 5일까지 출장이므로, 10일만 함께 등산을 갈 수 있다. 따라서 정답은 4번이다.

[단어]

カレンダー 달력 | 山登り 등산 | 来週 다음 주 | 2日 2일 | 4日 4일 | 10日 10일 | 1日 1일 | 5日 5일 | 出張 출장 | 日 날 | ～しかない ～밖에 없다

4ばん

男の人と女の人が話しています。男の人はテーブルの上をどのようにしますか。 M 何か手伝いましょうか。 F あ、ありがとう。では、お皿を出してテーブルの上においてくれませんか。 M はい、いくつですか。 F お客さん二人と、あと、私と木村さんの。 M はい、わかりました。この皿でいいですか。 F あ、あちらの小さくて丸いのでおねがいします。 男の人はテーブルの上をどのようにしますか。	남자와 여자가 이야기하고 있습니다. 남자는 테이블 위를 어떻게 합니까? M 무언가 도와 드릴까요? F 아, 고마워요. 그럼, 접시를 꺼내서 테이블 위에 놓아 주지 않을래요? M 네, 몇 개입니까? F 손님 두 명과, 그리고 저와 기무라 씨 것이요. M 네, 알겠습니다. 이 접시로 괜찮나요? F 아, 저쪽의 작고 둥근 것으로 부탁해요. 남자는 테이블 위를 어떻게 합니까?

[정답] 1

[풀이]

손님 두 명과 자신 그리고 기무라 것이므로 모두 네 개의 접시를 테이블 위에 배치해야 한다. 접시는 작고 둥근 것이므로 정답은 1번이다.

[단어]

テーブル 테이블 | どのように 어떻게 | 手伝う 돕다 | お皿 접시 | おく 두다, 놓다 | いくつ 몇 개 | お客さん 손님 | 小さい 작다 | 丸い 둥글다

5ばん

女の子二人が話しています。誕生日に何をもらいましたか。

F1 へぇ、ようこちゃんの部屋って、きれいだね。何かかわいいものもたくさんあるし……。
F2 ほんとう？ ありがとう。
F1 あの時計、かわいい！
F2 あれは母が誕生日の日にくれたの。
F1 この鳥のえは？
F2 それは母が誰かからプレゼントにもらったもの。
F1 へぇっ、これもすてきだね。
F2 ああ、その人形はね、去年、旅行に行った時、買ったよ。かわいいでしょう。
F1 そっか、じゃ、あのカレンダーも買ったの？どこで？ 私も買いたいな。
F2 あれは妹に買ってもらったの。入学の時にね。
F1 あ、そっか。

女の子は誕生日に何をもらいましたか。

여자아이 두 명이 이야기하고 있습니다. 생일에 무엇을 받았습니까?

F1 와, 요코 방 예쁘다! 뭔가 예쁜 물건도 많이 있고…….
F2 정말? 고마워.
F1 저 시계 예쁘다!
F2 저건 엄마가 생일날에 줬어.
F1 이 새 그림은?
F2 그건 엄마가 누군가한테서 선물로 받은 거.
F1 와, 이것도 멋지다.
F2 아, 그 인형은 작년에 여행 갔을 때, 산 거야. 귀엽지?
F1 그렇구나, 그럼 저 달력도 산 거야? 어디서? 나도 사고 싶다.
F2 아, 저건 여동생이 사 줬어. 입학 때.
F1 아, 그렇구나.

생일에 무엇을 받았습니까?

1 とけい
2 とりのえ
3 にんぎょう
4 カレンダー

1 시계
2 새 그림
3 인형
4 달력

[풀이]

시계가 예쁘다고 하자, 엄마가 생일날 주었다고 했으므로, 이것이 바로 정답이다. 새 그림, 인형, 달력 등은 정답을 헷갈리게 하는 장치이므로 주의.

[단어]

誕生日 생일 | もらう 받다 | 部屋 방 | かわいい 귀엽다 | 時計 시계 | 鳥 새 | え 그림 | 誰か 누군가 | プレゼント 선물 | すてきだ 근사하다 | 人形 인형 | 去年 작년 | 旅行 여행 | カレンダー 달력 | 妹 여동생 | 入学 입학

6ばん

男の人と女の人が話しています。男の人は今朝、何で会社に来ましたか。

M おはようございます。
F おはようございます。きょうは 早いですね。
M はい、いつも自転車ですが、今日は雨が降っていますから……。
F じゃ、バスで来たんですか。それで早かったですね。
M あ、いいえ、電車に乗ってきました。
F そうですか。家から駅までは近いですか。
M はい、歩いて５分です。

男の人は今朝、何で会社に来ましたか。

1 でんしゃで きた。
2 じてんしゃで きた。
3 バスで きた。
4 あるいて きた。

남자와 여자가 이야기하고 있습니다. 남자는 오늘 아침 무엇으로 회사에 왔습니까?

M 안녕하세요.
F 안녕하세요. 오늘은 일찍 왔네요.
M 네, 늘 자전거인데, 오늘은 비가 내리고 있어서요…….
F 그럼 버스로 왔나요? 그래서 일찍 왔군요.
M 아, 아니요. 전철을 타고 왔어요.
F 그렇군요. 집에서 역까지는 가까운가요?
M 네, 걸어서 5분이에요.

남자는 오늘 아침 무엇으로 회사에 왔습니까?

1 전철로 왔다.
2 자전거로 왔다.
3 버스로 왔다.
4 걸어서 왔다.

[풀이]
버스를 타고 왔느냐고 묻는 말에 전철을 타고 왔다고 했으므로 정답은 1번이다.

[단어]
今朝 오늘아침 | 会社 회사 | 早い 이르다, 빠르다 | 自転車 자전거 | 雨が 降る 비가 내리다 | 電車 전차 | ～に 乗る ～을 타다 | 駅 역 | 近い 가깝다 | 歩く 걷다

포인트 이해 실전 연습 ❷ p.273~275 스크립트와 문제 해설

1ばん

男の人と女の人が写真を見ながら話しています。まりこさんはどの人ですか。

F これ、高校の時の写真なんだ。
M ようこちゃんは、どれ？
F これだよ。
M お～、けっこう、かみ長かったね。

남자와 여자가 사진을 보면서 이야기하고 있습니다. 마리코 씨는 어느 사람입니까?

F 이거, 고등학교 때 사진이야.
M 요코는 어느 거야?
F 이거.
M 와, 꽤 머리 길었네.

F うん、あのときはね。あ、そういえばまりこちゃんも同じクラスだったの。 M そう？ じゃ、探してみよう。これかな。 F ううん、ちがう。私の後ろの左から２番目。 M ああ～、後ろね。へぇー、このめがねかけてる人なの？ 男の子だとおもった。 F 今とはぜんぜんちがうでしょう。 まりこさんはどの人ですか。	F 응, 그때는 그랬지. 아 그러고 보니 마리코도 같은 반이었어. M 그래? 그럼 찾아보자. 이건가? F 아니, 아니야. 내 뒤의 왼쪽에서 두 번째. M 아~, 뒤구나. 어라! 이 안경을 쓰고 있는 사람? 남자라고 생각했어. F 지금이랑은 전혀 다르지? 마리코 씨는 어느 사람입니까?

[정답] 1

[풀이]

대화 중인 여자는 머리가 긴 여자이고, 이 여자의 뒷줄 왼쪽에서 두 번째 사람이 마리코, 즉 안경을 쓰고 머리가 짧아 남자 같다고 했으므로 정답은 1번이다.

[단어]

写真 사진 | 高校の時 고등학교 때 | けっこう 꽤 | かみ 머리카락 | 長い 길다 | 同じクラス 같은 반 | 探す 찾다 | 後ろ 뒤 | 左 왼쪽 | ～番目 ～번 째 | めがねを かける 안경을 끼다 | ぜんぜん 전혀

2ばん

男の人と女の人が運動について話しています。女の人がしている運動はどれですか。 M 木村さんは運動をしていますか。 F はい、健康のために毎日しているんですよ。 M すごいですね！ ジョギングとか水泳？ F いえ、私、一人でする運動はきらいなんです。 M じゃ、二人でするものなら、テニスかな。 F ボールを使うのもあまり……。 M じゃ、なんですか。 女の人がしている運動はどれですか。	남자와 여자가 운동에 관해 이야기하고 있습니다. 여자가 하고 있는 운동은 어느 것입니까? M 기무라 씨는 운동을 하고 있나요? F 네, 건강을 위해서 매일 하고 있어요. M 대단하네요. 조깅이나 수영? F 아니요, 저는 혼자서 하는 운동은 싫어해요. M 그럼, 둘이서 하는 운동이라면, 테니스인가? F 공을 사용하는 운동도 그다지(별로)……. M 그럼, 뭐예요? 여자가 하고 있는 운동은 어느 것입니까?
1 すいえい 2 バスケットボール 3 けんどう 4 ジョギング	1 수영 2 농구 3 검도 4 조깅

[풀이]

조깅이나 수영이냐고 묻자 아니라고 답했으므로, 1번과 4번은 정답이 아니다. 그럼 테니스냐고 묻자, 공을 사용하는 운동은 좀 아니라고 했으므로, 정답은 3번이다. 이 문제처럼 오답을 제거해 가며 정답을 고르는 방법도 시험에서 유용하므로 적극 활용해 보자. 대화 내용 중에서 **あまり**……라는 표현은 잘 못하거나 안 한다는 부정의 내용이 생략된 것이므로, 잘 기억해 두자.

[단어]

運動 운동 | 健康 건강 | ために 위해서 | 毎日 매일 | ジョギング 조깅 | 水泳 수영 | テニス 테니스 | ボール 공 | 使う 사용하다 | けんどう 검도

3ばん

女の人がさくら銀行を探しています。銀行はどこにありますか。

F あの、すみません。さくら銀行を探していますが、どう行けばいいですか。
M さくら銀行ですか。
F はい。
M この道をまっすぐ行くと、交差点があります。そこを左に曲がると右がわに花屋があります。
F 左に曲がって右がわの花屋ですね。
M はい、その花屋を右に曲がるとすぐ左がわに銀行が見えます。
F あ、花屋を左に曲がるんですね。
M いいえ、右に曲がるんです。

銀行はどこにありますか。

여자가 사쿠라은행을 찾고 있습니다. 은행은 어디에 있습니까?

F 저, 실례합니다. 사쿠라은행을 찾고 있습니다만, 어떻게 가면 되나요?
M 사쿠라은행이요?
F 네.
M 이 길을 쭉 가면 교차로가 있습니다. 그곳을 왼쪽으로 돌면 오른쪽에 꽃집이 있어요.
F 왼쪽으로 돌아 오른편의 꽃집이요.
M 네. 그 꽃집을 오른쪽으로 돌면 금방 왼편에 은행이 보입니다.
F 아, 꽃집을 왼쪽으로 도는군요.
M 아니요, 오른쪽으로 도는 겁니다.

은행은 어디에 있습니까?

[정답] 1

[풀이]

교차로를 왼쪽으로 돌면 오른쪽에 꽃집이 있다고 했으므로, 꽃집은 2번 건물이다. 그 꽃집 모퉁이를 오른쪽으로 돌면 바로 왼쪽에 은행이 보인다고 했으므로 정답은 1번이다.

[단어]

銀行 은행 | 探す 찾다 | どう 어떻게 | 道 길 | まっすぐ 곧장 | 交差点 교차로 | 曲がる 돌다 | 右がわ 오른편 | 花屋 꽃집 | 左がわ 왼편 | 見える 보이다

4ばん

女の人と男の人が話しています。男の人はどうして眠いのですか。 M はあ、眠いなあ。 F どうして？ きのうも遅くまで残業してたの？ M いや、そうじゃなくて、実は、先週から姉の家族が家に来てるんだ。 F そっか。それで？ M 姉には先週生まれた赤ちゃんがいて、すごくかわいいけどさ……。 F あ、そうだ。赤ちゃんといっしょに遊んであげたりして、いまこんなに疲れてるんだね。 M いや、その赤ちゃんがよく泣くんだよ。それで眠れなくて……。 男の人はどうして眠いのですか。	남자와 여자가 이야기하고 있습니다. 남자는 왜 졸립니까? M 하아, 졸립다. F 왜? 어제도 늦게까지 야근했어? M 아니, 그런 게 아니라, 실은 지난주부터 누나네 가족이 집에 와 있거든. F 그렇구나, 그래서? M 누나에게 지난주 태어난 아기가 있는데, 굉장히 귀엽지만 말이야……. F 아, 그렇구나. 아기랑 같이 놀아 주거나 해서, 지금 이렇게 지쳐 있구나. M 아냐, 그 아기가 자주 운단 말이야. 그래서 잠을 못 자서……. 남자는 왜 졸립니까?

1 体の ぐあいが わるいから
2 きのう ざんぎょうしたから
3 こどもと いっしょに あそんだから
4 **こどもが ないて ねむれなかったから**

1 몸 상태가 좋지 않기 때문에
2 어제 야근을 했기 때문에
3 아이와 함께 놀았기 때문에
4 **아이가 울어서 잘 수 없었기 때문에**

[풀이]

이 문제의 정답은 대사 하나만 잘 들어도 금방 알 수 있다. 즉 아기가 자주 울어서 잠을 못 자서 졸음이 온다고 한 것이므로 정답은 4번이다.

[단어]

話す 이야기하다 | 眠い 졸리다 | 遅くまで 늦게까지 | 残業 야근 | 実は 실은 | 先週 지난주 | 姉 누나, 언니 | 家族 가족 | 家 집 | それで 그래서 | 生まれる 태어나다 | 赤ちゃん 아기 | すごく 굉장히 | 遊ぶ 놀다 | 疲れる 지치다 | よく 자주 | 泣く 울다 | 眠る 잠자다

5ばん

お父さんと女の子が絵を見ながら話しています。女の子はどんな絵をかきましたか。 M わあ、この絵の果物、みんなおいしそうだね。 F これはりんごで、これはぶどうジュース。それからこれは私の大好きなバナナだよ。	아빠와 여자아이가 그림을 보면서 이야기하고 있습니다. 여자아이는 어떤 그림을 그렸습니까? M 와, 이 그림의 과일 모두 다 맛있어 보이네. F 이건 사과이고, 이건 포도 주스, 그리고 이건 내가 정말 좋아하는 바나나.

M そうだね。みきはバナナ好きだから、大きくかいたの？ F うん。 M じゃ、バナナの前の小さくてまるいのは何かな？ F それはトマトだよ。 M うーん、小さいトマトだね。どうして一つだけかいたの？ F トマトはあまり好きじゃないから、一つだけ。 M あはは、そうか。 女の子はどんな絵をかきましたか。	M 그렇구나, 미키는 바나나를 좋아하니까 크게 그린 거니? F 응. M 그럼, 바나나 앞의 작고 둥근 것은 뭘까? F 그건 토마토야. M 음, 작은 토마토구나. 왜 하나만 그렸니? F 토마토는 별로 좋아하지 않으니까, 하나만. M 아하하, 그렇구나. 여자아이는 어떤 그림을 그렸습니까?

[정답] 1

[풀이]

여자아이는 바나나를 좋아하니까 제일 크게 그렸다고 했고, 바나나 앞의 작고 둥근 것은 토마토이며, 자기는 토마토를 싫어하니까 작은 것 하나만 그렸다고 했다. 따라서 정답은 1번이다.

[단어]

絵を かく 그림을 그리다 | 果物 과일 | りんご 사과 | ぶどう 포도 | ジュース 주스 | バナナ 바나나 | 小さい 작다 | まるい 둥글다 | トマト 토마토 | どうして 왜, 어째서

6ばん

男の人と女の人が話しています。男の人は、どうして今スマホを買わない方がいいと言っていますか。 F 田中さんの新しいスマホ見た？ M うん。見た見た！ とてもいいもの！ 機能もいろいろあるし、デザインもいいしね。 F それに写真もとてもきれいに映るんだって。私も買おうかな。 M えっ、買うの？ 今のもまだ使えるでしょ？ F でも、いいじゃない。新製品って。 M うーん、でも買うのはもう少し待ったほうがいいかもよ。 F えっ、どうして？ M 来月ねだんがもっと安くなるらしいよ。 F ほんとう？ じゃ、いっしょに買いに行く？	남자와 여자가 이야기하고 있습니다. 남자는 왜 지금 스마트폰을 사지 않는 편이 좋다고 말하고 있습니까? F 다나카 씨의 새 스마트폰 봤어? M 응. 봤어 봤어! 정말 좋은 물건이지! 기능도 여러 가지 있는 데다, 디자인도 멋지고. F 게다가 사진도 정말 예쁘게 찍힌대. 나도 살까? M 뭐? 살 거야? 지금 것도 아직 쓸 수 있잖아. F 어때 좋잖아. 신제품! M 음, 하지만 사는 건 좀 기다리는 게 좋을지도 몰라. F 앗, 왜? M 다음 달에 가격이 좀 더 싸진다더라. F 정말? 그럼 같이 사러 갈래?

M いっしょに行くけど、ぼくは買わないよ。安くなっても高いんだから。

男の人は、どうして今スマホを買わない方がいいと言っていますか。

1 まだ つかえるから
2 しゃしんが きれいに うつるから
3 ねだんが 高いから
4 ねだんが 安くなるから

M 같이 가겠지만, 난 안 살래. 싸져도 비싸니까.

남자는 왜 지금 스마트폰을 사지 않는 편이 좋다고 말하고 있습니까?

1 아직 사용할 수 있으니까
2 사진이 예쁘게 찍히니까
3 가격이 비싸니까
4 가격이 싸지니까

[풀이]
다음 달에 가격이 더 싸진다고 하더라. 이 말만 정확하게 들어도 답을 쉽게 찾을 수 있다. 4번이 정답.

[단어]
スマホ 스마트폰 | 買う 사다 | ～方 ～쪽, ～편 | 新しい 새롭다 | 機能 기능 | デザイン 디자인 | 写真 사진 | 映る 비치다, 찍히다 | 使える 사용할 수 있다 | 新製品 신제품 | ねだん 가격 | 安く なる 싸지다

もんだい 3

발화 표현 실전 연습 ❶ p.276 스크립트와 문제 해설

1ばん

友だちの家に入ります。何と言いますか。

F 1 いらっしゃい。
  2 失礼します。
  3 ただいま。

친구네 집에 들어갈 겁니다. 뭐라고 말합니까?

F 1 어서 오세요.
  2 실례하겠습니다.
  3 다녀왔습니다.

[단어] 友だち 친구 | 家 집 | 入る 들어가다

2ばん

友だちのお見舞いに行って、もう帰ります。何と言いますか。

M 1 ごちそうさまでした。
  2 お元気ですか。
  3 お大事に。

친구의 병문안에 가서, 이제 귀가합니다. 뭐라고 말합니까?

M 1 잘 먹었습니다.
  2 건강하시죠?
  3 몸조리 잘 하세요.

[단어] 友だち 친구 | お見舞いに 行く 병문안 가다 | 帰る 귀가하다

3ばん

友だちの家に来ました。ドアの前で、何と言いますか。

F 1 ごめんください。
　 2 お元気ですか。
　 3 いってきます。

친구의 집에 왔습니다. 문 앞에서 뭐라고 말합니까?

F 1 계세요?
　 2 건강하시죠?
　 3 다녀오겠습니다.

[단어] 家 집 | ドア 문(door)

4ばん

友だちの家でごはんを食べました。食べたあと、何と言いますか。

M 1 あけましておめでとうございます。
　 2 おつかれさまでした。
　 3 ごちそうさまでした。

친구의 집에서 밥을 먹었습니다. 먹은 후, 뭐라고 말합니까?

M 1 새해 복 많이 받으세요.
　 2 수고하셨습니다.
　 3 잘 먹었습니다.

[단어] ごはん 밥 | 食べる 먹다 | ~たあと ~한 후

5ばん

今日は友だちの誕生日です。友だちに何と言いますか。

F 1 おかげさまで。
　 2 おめでとう。
　 3 おひさしぶり。

오늘은 친구의 생일입니다. 친구에게 뭐라고 말합니까?

F 1 덕분에요.
　 2 축하해.
　 3 오랜만이야.

[단어] 今日 오늘 | 誕生日 생일

발화 표현 실전 연습 ❷ p.278 스크립트와 문제 해설

1ばん

友だちのノートを借りたいです。何と言いますか。

M 1 そのノート貸してくれない？
　 2 そのノート貸したい？
　 3 そのノート貸してもいい？

친구의 노트를 빌리고 싶습니다. 뭐라고 말합니까?

M 1 그 노트 빌려주지 않을래?
　 2 그 노트 빌려주고 싶니?
　 3 그 노트 빌려줘도 되니?

[단어] ノート 노트 | 借りる 빌리다 | 貸す 빌려주다

2ばん

今日はお正月です。何と言いますか。 M 1 おつかれさまでした。 　 2 おせわになりました。 　 **3 あけましておめでとうございます。**	오늘은 설날입니다. 뭐라고 말합니까? M 1 수고하셨습니다. 　 2 신세 많았습니다. 　 **3 새해 복 많이 받으세요.**

[단어] お正月 설날

3ばん

友だちから誕生日のプレゼントをもらいました。何と言いますか。 F **1 うれしい！** 　 2 おもしろい！ 　 3 すずしい！	친구로부터 생일 선물을 받았습니다. 뭐라고 말합니까? F **1 기쁘다!** 　 2 재미있다! 　 3 시원하다!

[단어] 誕生日 생일 | プレゼント 선물 | もらう 받다

4ばん

家にお客さんが来ました。玄関で何と言いますか。 F 1 おかえりなさい。 　 **2 どうぞ、こちらへ。** 　 3 また どうぞ。	집에 손님이 왔습니다. 현관에서 뭐라고 말합니까? F 1 이제 오세요! 　 **2 자, 이쪽으로.** 　 3 또 오세요.

[단어] お客さん 손님 | 玄関 현관

5ばん

バスの中で、となりの人の足をふんでしまいました。何と言いますか。 M 1 ごめんください。 　 **2 もうしわけありません。** 　 3 お先にどうぞ。	버스 안에서 옆 사람의 발을 밟고 말았습니다. 뭐라고 말합니까? M 1 계세요? 　 **2 죄송합니다.** 　 3 먼저 가세요.

[단어] バス 버스 | となり 옆 | 足 발 | ふむ 밟다

もんだい 4

즉시 응답 실전 연습 ❶ p.280 스크립트와 문제 해설

1ばん

M 田中さん、その荷物を持ちましょうか。 F 1 どういたしまして。 　 2 持ちませんでした。 　 **3 ありがとうございます。**	M 다나카 씨, 그 짐 들어 드릴까요? F 1 천만에요. 　 2 들지 않았습니다. 　 **3 감사합니다.**

[단어] 荷物 짐 | 持つ 들다

2ばん

F 今日は何日ですか。 M 1 4日間です。 　 2 日曜日です。 　 **3 20日です。**	F 오늘은 며칠입니까? M 1 4일 간입니다. 　 2 일요일입니다. 　 **3 20일입니다.**

3ばん

M すみません。本屋はどこですか。 F **1 デパートのとなりです。** 　 2 ここから近いです。 　 3 本を買いました。	M 실례합니다. 서점은 어디입니까? F **1 백화점 옆입니다.** 　 2 여기에서 가깝습니다. 　 3 책을 샀습니다.

[단어] 本屋 책방, 서점 | 近い 가깝다

4ばん

F きょうは本当にいい天気ですね。 M **1 そうですね。あたたかいですね。** 　 2 そうですね。ざんねんですね。 　 3 そうですね。まだまだですね。	F 오늘은 정말 좋은 날씨네요. M **1 그렇네요. 따뜻하네요.** 　 2 그렇네요. 유감이네요. 　 3 그렇네요. 아직 멀었네요.

[단어] 本当に 정말로 | 天気 날씨 | あたたかい 따뜻하다

5ばん

M あした、何時に会社に来ますか。 F 1 30分 かかります。 　 2 電車で 来ます。 　 **3 8時まえに来ます。**	M 내일 몇 시에 회사에 올 겁니까? F 1 30분 걸립니다. 　 2 전차로 올 겁니다. 　 **3 8시 전에 올 겁니다.**

[단어] 会社 회사 | かかる 걸리다 | 電車 전차

6ばん

F このノート、ちょっと見てもいいですか。 M 1 はい、見たいです。 　 2 はい、見てあげます。 　 **3 はい、かまいません。**	F 이 노트 잠깐 봐도 될까요? M 1 네, 보고 싶어요. 　 2 네, 봐 줄게요. 　 **3 네, 상관없어요.**

즉시 응답 실전 연습 ❷ p.281 스크립트와 문제 해설

1ばん

M あした、田中さんのお見舞いにいっしょに行きませんか。 F 1 はい、行ってもいいです。 　 2 はい、田中さんといっしょに行きましょう。 　 **3 はい、そうしましょう。**	M 내일 다나카 씨 병문안 하러 같이 가지 않을래요? F 1 네, 가도 좋습니다. 　 2 네, 다나카 씨와 함께 갑시다. 　 **3 네, 그렇게 합시다.**

[단어] お見舞いに 行く 병문안 가다 | ~てもいい ~해도 좋다

2ばん

F お先にどうぞ。 M 1 はい、どうぞ。 　 2 もちろんです。 　 **3 どうも、ありがとう。**	F 먼저 하세요. M 1 네, 하세요. 　 2 물론입니다. 　 **3 정말, 고마워요.**

3ばん

M お母さん、いってきます。 F 1 おかえりなさい。 　 2 おじゃまします。 　 **3 いっていらっしゃい。**	M 엄마 다녀오겠습니다. F 1 어서 오렴. 　 2 실례하겠습니다. 　 **3 다녀오렴.**

4ばん

F あしたのパーティーには、何時に来ますか。 M 1 1時間かかります。 　 2 はい、あした来ます。 　 **3 7時に来ます。**	F 내일 파티에는 몇 시에 올 겁니까? M 1 1시간 걸립니다. 　 2 네, 내일 올 겁니다. 　 **3 7시에 올 겁니다.**

5ばん

F トーマスさん、日本語、上手ですね！ M 1 いいえ、どういたしまして。 　 2 いいえ、だいじょうぶです。 　 **3 いいえ、まだまだです。**	M 토마스 씨, 일본어 잘하시네요! F 1 아니에요, 천만에요. 　 2 아니에요, 괜찮아요. 　 **3 아니에요, 아직 멀었어요.**

[단어] 日本語 일본어 | 上手だ 잘하다, 능숙하다

6ばん

F 先生、これはボールペンで書いてもいいですか。 M 1 いいえ、だいじょうぶです。 　 **2 はい、かまいません。** 　 3 はい、書きました。	F 선생님, 이거 볼펜으로 써도 되나요? M 1 아니요 괜찮아요. 　 **2 네, 상관없어요.** 　 3 네, 썼어요.

[단어] ボールペン 볼펜 | ～で ～으로 | 書く 쓰다 | ～ても いい ～해도 좋다

제1회 실전 모의고사
정답 및 해석

문자·어휘

문제 1 1 ④ 2 ③ 3 ③ 4 ② 5 ① 6 ② 7 ③ 8 ② 9 ② 10 ① 11 ① 12 ①

문제 2 13 ③ 14 ② 15 ② 16 ② 17 ② 18 ② 19 ④ 20 ④

문제 3 21 ④ 22 ③ 23 ③ 24 ① 25 ③ 26 ④ 27 ② 28 ② 29 ③ 30 ①

문제 4 31 ③ 32 ④ 33 ③ 34 ② 35 ③

문법

문제 1 1 ② 2 ② 3 ③ 4 ② 5 ③ 6 ② 7 ② 8 ③
       9 ② 10 ③ 11 ① 12 ④ 13 ① 14 ① 15 ④ 16 ④

문제 2 17 ④ 18 ① 19 ② 20 ④ 21 ④

문제 3 22 ③ 23 ③ 24 ② 25 ① 26 ②

독해

문제 4 27 ① 28 ① 29 ③

문제 5 30 ④ 31 ②

문제 6 32 ②

청해

문제 1 1 ④ 2 ③ 3 ④ 4 ③ 5 ② 6 ④ 7 ①

문제 2 1 ② 2 ③ 3 ② 4 ② 5 ④ 6 ③

문제 3 1 ③ 2 ① 3 ① 4 ③ 5 ②

문제 4 1 ② 2 ③ 3 ② 4 ① 5 ② 6 ②

1교시 언어지식 (문자 · 어휘)

もんだい 1

_____의 단어는 히라가나로 어떻게 씁니까? 1·2·3·4에서 가장 알맞은 것을 하나 고르세요.

1 거기까지 버스와 전차와 어느 쪽이 빠릅니까?
2 이 길을 건너 곧장 가면 우체국입니다.
3 수업은 아홉 시 반부터입니다.
4 스즈키 씨의 아버지는 일본어 선생님입니다.
5 시험(테스트)이 끝날 때까지 밖에서 기다리고 있겠습니다.
6 함께 선물을 사러 가지 않겠습니까?
7 그것은 세 개에 육천 엔입니다.
8 그녀는 외국인입니다.
9 아침부터 비가 내리고 있습니다.
10 여기에서 회사까지 어느 정도 걸립니까?
11 하늘을 날아 보고 싶습니다.
12 자동차는 작은 편이 편리합니다.

もんだい 2

_____의 단어는 어떻게 씁니까? 1·2·3·4에서 가장 알맞은 것을 하나 고르세요.

13 오늘은 친구와 도서관에서 공부를 할 겁니다.
14 긴 시간 버스를 타고 있었습니다.
15 주머니(포켓) 안에 무언가 들어 있습니다.
16 내일 아홉 시에 역 앞에서 만납시다.
17 스포츠 중에서 무엇을 가장 좋아합니까?
18 역 앞에 새 책방이 생겼습니다.
19 오늘은 좋은 날씨네요.
20 학교는 이 길을 곧장 가면 왼편에 있습니다.

もんだい 3

(_____)에 무엇을 넣습니까? 1·2·3·4에서 가장 알맞은 것을 하나 고르세요.

21 모르는 것은 선생님에게 질문해 주세요.
22 처음 뵙겠습니다. 잘 부탁드립니다. 저는 스즈키라고 합니다.
23 A : 다녀오겠습니다.
   B : 다녀오세요.
24 지금 정각(딱, 마침) 세 시 반입니다.
25 엄마는 부엌에서 요리를 하고 있습니다.
26 감기에 걸려 학교를 쉬었습니다.
   * '감기에 걸리다, 감기 들다'는 관용적으로 かぜを ひく라고 표현한다.
27 책방은 이 빌딩의 2층입니다.
28 A : 이 셔츠는 한 장(에) 얼마입니까?
   B : 삼천오백 엔입니다.
29 화장실은 어느 쪽입니까?
30 왜 어제 회사를 쉬었습니까?

もんだい 4

_____의 문장과 거의 같은 의미의 문장이 있습니다. 1·2·3·4에서 가장 알맞은 것을 하나 고르세요.

31 이마이 씨는 스즈키 씨에게 노트를 빌려주었습니다.
   3 스즈키 씨는 이마이 씨에게 노트를 빌렸습니다.
32 다나카 씨는 "형(오빠)과 함께 가겠습니다"라고 말했습니다.
   4 다나카 씨는 형(오빠)과 함께 갑니다
33 오늘은 월요일입니다. 그제 파티를 했습니다.
   3 토요일에 파티를 했습니다.
34 친구 집에는 애완동물이 있습니다.
   2 새나 개가 있습니다.
35 저기는 우체국입니다.
   3 저곳에서는 우표를 살 수 있습니다.

1교시 언어지식 (문법) · 독해

もんだい 1
( )에 무엇을 넣습니까? 1·2·3·4에서 가장 알맞은 것을 하나 고르세요.

1. 일요일은 항상 근처의 도서관에서 공부를 합니다.
2. 어제 친구와 함께 영화를 봤습니다.
3. 엄마는 주에 한 번은 슈퍼마켓에 갑니다.
4. 외국어는 일본어밖에 못합니다.
5. 교실에는 아무도 없습니다.
6. 야마모토 씨는 건강하고 재미있는 사람이군요.
7. 어제 시험은 쉬웠습니다.
8. 나는 커피에 설탕을 넣지 않고 마십니다.
9. 곧 돌아올 테니까, 잠시만 기다려 주세요.
10. 이것은 지난주 일본에서 찍은 사진입니다.
11. 내일은 한가하니까, 놀러 가지 않겠습니까?
12. 기무라 씨는 어떤 스포츠를 좋아합니까?
13. 그 레스토랑은 그다지 맛있지 않습니다.
14. A: 처음 뵙겠습니다. 잘 부탁드립니다.
    B: 저야말로.
15. A: 늦게까지 실례 많았습니다.
    B: 그럼, 또 와 주세요.
16. A: 쉬는 날에 어딘가에 갔습니까?
    B: 아니요, 어디에도 가지 않았습니다.

もんだい 2
★ 에 들어갈 것은 어느 것입니까? 1·2·3·4에서 가장 알맞은 것을 하나 고르세요.

17. 리포트는 전부 일본어로 써 주세요. (1-3-4-2)
18. 그 약은 밥을 먹고 나서 마십니다(먹습니다). (2-4-1-3)
19. 학생 때는 테니스를 했습니다만, 지금은 무엇도 하고 있지 않습니다. (4-1-2-3)
20. 지금부터 도서관에 리포트를 쓰러 갑니다. (3-2-4-1)
21. 선생님은 아무것도 말하지 않고 교실을 나갔습니다. (1-3-4-2)

もんだい3

22 から 26 に 何を 入れますか。ぶんしょうの いみを かんがえて、1・2・3・4から いちばん いい ものを 一つ えらんで ください。

私は 日本語の べんきょうを はじめてから とても おもしろい ことを しりました。韓国語と 日本語には からだの 名前を つかった ことばが たくさん あります。たとえば、知って いる 人が 多い ことを 日本語では 「かおが ひろい」と いいますが、韓国語では 「あしが ひろい」と いいます。また 日本語の 「足を あらう」という ことばは 何か わるい ことを やめるという いみですが、韓国語では 「手を あらう」と いいます。しかし、とても かわいいと 言いたい 時は、韓国語も 日本語も おなじ ことばを つかいます。それは 「目に 入れても いたくない」です。

22 에서 26 에 무엇을 넣습니까? 문장의 의미를 생각하여 1·2·3·4에서 가장 알맞은 것을 하나 고르세요.

나는 일본어 공부를 시작하고 나서 매우 재미있는 것을 알게 되었습니다. 한국어와 일본어에는 몸의 이름을 사용한 말이 많이 있습니다. 예를 들면 아는 사람이 많은 것을 일본어로는 '얼굴이 넓다'라고 말합니다만, 한국어로는 '발이 넓다'라고 말합니다. 또 일본어의 '발을 씻다'라고 하는 말은 무언가 나쁜 것을 그만두다라는 의미입니다만, 한국어로는 '손을 씻다'라고 말합니다. 하지만 매우 귀엽다고 말하고 싶을 때는 한국어도 일본어도 같은 말을 사용합니다. 그것은 '눈에 넣어도 아프지 않다'입니다.

[단어]

べんきょう 공부 | はじめる 시작하다 | しる 알다 | からだ 몸, 신체 | 名前 이름 | つかう 사용하다 | あらう 씻다 | やめる 그만두다 | いみ 의미 | かわいい 귀엽다 | 入れる 넣다 | いたい 아프다

もんだい4

つぎの (1)から (3)の ぶんしょうを 読んで、しつもんに こたえて ください。こたえは 1・2・3・4から いちばん いい ものを 一つ えらんで ください。

(1)

ミンホ：あの ねこの 人形 かわいいね。
けん ：あれは 「まねきねこ」と 言うんだよ。右手を あげて いる のは 「お金」を 呼んで、左手を あげて いる のは 「人や 客」を 呼ぶと いう 意味が あるの。

27 ぶんに ついて ただしいのは どれですか。
　1　まねきねこは 手を あげて いる。
　2　けんは はじめて まねきねこを 見た。
　3　けんは まねきねこに ついて おしえて もらった。
　4　ミンホは 左手を あげている まねきねこを 見た。

다음의 (1)부터 (3)의 문장을 읽고 질문에 답하세요. 답은 1·2·3·4에서 가장 알맞은 것을 하나 고르세요.

민호: 저 고양이 인형 귀엽네.
겐: 저건 '마네키네코'라고 하는 거야. 오른손을 올리고 있는 것은 '돈'을 부르고, 왼손을 들고 있는 것은 '사람이나 손님'을 부른다고 하는 의미가 있거든.

[27] 글에 관해 옳은 것은 어느 것입니까?
1 마네키네코는 손을 올리고 있다.
2 겐은 처음으로 마네키네코를 봤다.
3 겐은 마네키네코에 관해 설명을 들었다(가르침을 받았다.)
4 민호는 왼손을 올리고 있는 마네키네코를 봤다.

[풀이]
겐이 마네키네코에 대해 설명을 하고 있으므로 2번과 3번은 정답이 아니다. 왼손을 들고 있는 마네키네코와 오른손을 들고 있는 마네키네코에 대한 설명이 모두 있으므로, 민호가 본 것은 양쪽 모두이므로 4번도 정답이 아니다. 따라서 정답은 1번이다.

[단어]
あの 저 | ねこ 고양이 | 人形(にんぎょう) 인형 | かわいい 귀엽다 | ~ね ~네! | ~군(감탄) | あれ 저것 | まねきねこ 마네키네코 | ~と言(い)う ~라고 하다 | ~んだよ ~인 거야. | ~이거든 | 右手(みぎて) 오른손 | あげる 올리다 | お金(かね) 돈 | 呼(よ)ぶ 부르다 | 左手(ひだりて) 왼손 | 人(ひと) 사람 | ~や ~랑. ~과. ~라든가 | 客(きゃく) 손님 | 意味(いみ) 의미

(2)

テレビを 売って ください。

古(ふる)くても いいですから 安(やす)い ねだんで 売(う)って ください。5000円(えん)ぐらいで おねがいします。テレビ は わたしが じてんしゃで 取(と)りに 行(い)きます。午前中(ごぜんちゅう)は じゅぎょうが あるので、電話(でんわ)に 出(で)る こと が できません。メールでも いいですから れんらくして ください。

メール：nihongo@shiken.com
電話(でんわ)　：090-1234-5678

[28] テレビを 売(う)る 人(ひと)は どうしますか。
1 午後(ごご) メールを おくる。
2 じてんしゃで 持(も)って いく。
3 午前中(ごぜんちゅう) 電話(でんわ)を かける。
4 午後(ごご) 電話(でんわ)に 出(で)る。

テレビ 売ります。

古くても いいので 安い 値段で 売って ください。5000円ぐらいで お願いします。テレビは わたしが 自転車で 取りに 行きます。午前中は 授業が あるので 電話に 出る ことが できません。メール(文字)でも いいので 連絡 おくって ください。

メール: nihongo@shiken.com

電話: 090-1234-5678

28 텔레비전을 팔 사람은 어떻게 합니까?

1 **오후에 메일(문자)을 보낸다.**
2 자전거로 가지고 간다.
3 오전 중에 전화를 건다.
4 오후에 전화를 받는다.

[풀이]

텔레비전을 팔 사람이 할 수 있는 행동을 고르는 것이므로, 선택지 2번과 4번은 정답이 아니다. 오전에는 수업 때문에 전화를 받을 수 없으므로, 오전에는 문자만 가능하고, 오후에 전화 또는 문자가 가능함을 짐작할 수 있다. 따라서 정답은 선택지 1번이다.

[단어]

売る 팔다 | ～て ください ～해 주세요 | 古い 낡다, 오래되다 | ～ても いい ～해도 좋다 | ～から ～이니까 | 安い 싸다 | ねだん 가격 | ～で ～으로 | ～ぐらいで ～정도로 | じてんしゃ 자전거 | 取る 가지다 | ～に 行く ～하러 가다 | ～ので ～이므로 | 電話に 出る 전화받다 | ～ことが できません ～할 수 없습니다 | ～でも いい ～이어도 좋다 | れんらく 연락 | おくる 보내다 | 持つ 들다, 가지다

(3)

わたしは あまい ものが 大好きです。きょうも スーパーで チョコレートを むっつ 買いました。おとうとが 食べたいと 言って ひとつ あげました。わたしは ダイエット中なのに、夜 本を 読みながら ふたつも 食べました。

29 チョコレートは いま いくつ ありますか。

1 いつつ
2 よっつ
3 **みっつ**
4 ふたつ

나는 단것을 매우 좋아합니다. 오늘도 슈퍼마켓에서 초콜릿을 6개 샀습니다. 남동생이 먹고 싶다고 말해서 한 개 주었습니다. 나는 다이어트 중인데도, 밤에 책을 읽으면서 두 개나 먹었습니다.

29 초콜릿은 지금 몇 개 있습니까?

1 다섯 개
2 네 개
3 **세 개**
4 두 개

[풀이]
초콜릿을 여섯 개 샀다. 한 개를 남동생에게 주고, 두 개를 자기가 먹었으므로, 세 개가 남았다. 이 문제의 핵심은 개수를 아라비아 숫자가 아니라 히라가나로 표기한 점에 있다. 하나에서 열까지의 숫자 세기에 주의하자.

[단어]
あまい 달다 | もの 것 | ～が 大好きだ ～을 매우 좋아하다 | むっつ 여섯 개 | 買う 사다 | 食べたい 먹고 싶다 | ～と 言って ～라고 해서 | ひとつ 한 개 | あげる 주다 | ダイエット中 다이어트 중 | ～(な)のに ～인데도 | 読む 읽다 | ～ながら ～하면서 | ふたつ 두 개 | ～も ～이나 | いくつ 몇 개 | いつつ 다섯 개 | よっつ 네 개 | みっつ 세 개

もんだい 5

つぎの ぶんしょうを 読んで、しつもんに こたえて ください。こたえは 1・2・3・4から、いちばん いい ものを 一つ えらんで ください。

> あさいくんの 家は 便利な ところに あります。となりに スーパーが あります。スーパーの 前は パン屋で、その となりは 本屋です。近くに 薬屋と めがね屋も あります。郵便局と 病院も あります。
> きょうの ゆうがた、あさいくんの 家に 友だちが 遊びに 来ます。あさいくんは 友だちと いっしょに 食べる ために サラダと 魚の 料理を 作ります。れいぞうこの 中に 魚が ありませんから、あさいくんは これから 買い物に 出かけます。それから、本屋に 行って、ざっしも 買います。

30 ぶんに ついて ただしいのは どれですか。
1 本屋は スーパーの となりに あります。
2 あさいくんの 家は 駅から 近くて 便利です。
3 友だちと いっしょに 料理を 作ります。
4 あさいくんは 魚を 買いに 行きます。

31 あさいくんは 家を 出た あと、何を しますか。
1 友だちの 家に 遊びに 行く。
2 雑誌を 買う ために 本屋に 行く。
3 魚の 料理を 作る。
4 友だちと いっしょに 料理を 食べる。

다음 문장을 읽고 질문에 답하세요. 답은 1・2・3・4에서 가장 알맞은 것을 하나 고르세요.

> 아사이 군의 집은 편리한 곳에 있습니다. 옆에 슈퍼마켓이 있습니다. 슈퍼마켓 앞은 빵집이고, 그 옆은 서점입니다. 근처에 약국과 안경점도 있습니다. 우체국과 병원도 있습니다.
> 오늘 저녁, 아사이 군의 집에 친구가 놀러 옵니다. 아사이 군은 친구와 함께 먹기 위해 샐러드와 생선 요리를 만들 겁니다. 냉장고 안에 생선이 없어서 아사이 군은 지금부터 물건을 사러 나갈 겁니다. 그리고 나서 서점에 가서 잡지도 살 겁니다.

[30] 글에 관해 옳은 것은 어느 것입니까?
1 서점은 슈퍼마켓 옆에 있습니다.
2 아사이 군의 집은 역에서 가까워 편리합니다.
3 친구와 함께 요리를 만듭니다.
4 아사이 군은 생선을 사러 갑니다.

[31] 아사이 군은 집을 나선 후에 무엇을 합니까?
1 친구의 집에 놀러 간다.
2 잡지를 사기 위해 서점에 간다.
3 생선 요리를 만든다.
4 친구와 함께 요리를 먹는다.

[풀이]
[30] 슈퍼마켓은 아사이 군의 집 옆에 있고, 역에 관한 정보는 없으며, 요리는 아사이 군이 한다고 했으므로, 1, 2, 3번은 정답이 아니다. 친구와 함께 먹으려고 생선 요리를 만들려고 하지만 생선이 없어서 사러 간다고 했으므로, 정답은 4번이다.
[31] 집을 나서는 이유는 생선을 사기 위해서인데, 가는 김에 잡지도 산다고 했으므로 정답은 2번이다. 요리는 만드는 것은 집에서 할 일이기 때문에 3번과 4번은 정답이 아니고, 친구가 아사이 군의 집으로 놀러 오는 것이므로 1번도 정답이 아니다.

[단어]
となり 이웃, 옆 | 本屋 서점, 책방 | 近く 가까이, 근처 | 薬屋 약국 | めがね屋 안경점 | ゆうがた 저녁 | 遊びに 놀러 | ～ために ～(하기) 위해서 | サラダ 샐러드 | 魚 생선, 물고기 | 料理 요리 | 作る 만들다 | れいぞうこ 냉장고 | 買い物 쇼핑, 물건 사기 | 出かける 나가다, 외출하다 | ざっし 잡지 | 買う 사다

もんだい6

右の ページを 見て、下の しつもんに こたえて ください。こたえは 1・2・3・4から、いちばん いい ものを 一つ えらんで ください。

8月 みっかから 月末まで 夏休みです。ミンホと ひろしくんは いっしょに 学校での むりょう プログラムに さんかしたいと 思って います。二人は 外国語の 勉強も 運動も 好きです。でも ミンホは 毎日 午後 6時から アルバイトを して いて いそがしいです。

[32] 二人は どの プログラムに 何回ずつ さんかしますか。
1 水泳 Bクラス 8回と 英会話 Bクラス 12回
2 水泳 Aクラス 7回と 英会話 Bクラス 10回
3 茶道 Aクラス 8回と 水泳 Cクラス 12回
4 生け花 Aクラス 7回と 英会話 Bクラス 10回

오른쪽 페이지를 보고 아래의 질문에 답하세요. 답은 1・2・3・4에서 가장 알맞은 것을 하나 고르세요.

8월 3일부터 월말까지 여름방학입니다. 민호와 히로시 군은 함께 학교에서의 무료 프로그램에 참가하고 싶다고 생각하고 있습니다. 둘은 외국어 공부도 운동도 좋아합니다. 하지만 민호는 매일 오후 6시부터 아르바이트를 하고 있어서 바쁩니다.

32 둘은 어느 프로그램을 몇 회씩 참가합니까?

1　수영 B반 8회와 영어회화 B반 12회
2　수영 A반 7회와 영어회화 B반 10회
3　다도 A반 8회와 수영 C반 12회
4　꽃꽂이 A반 7회와 영어회화 B반 10회

夏休みのプログラム

8月の　スケジュール		
プログラム	ようび	時間
茶道	月・水	Aクラス．13:00～15:00 Bクラス．16:00～18:00
生け花	水・土	Aクラス．10:00～11:30 Bクラス．13:00～14:30
水泳	火・金	Aクラス．09:00～10:30 Bクラス．19:00～20:30
英会話	月・水・金	Aクラス．10:00～11:30 Bクラス．14:00～15:30 Cクラス．19:00～20:30

8月

日	月	火	水	木	金	土
				1	2	3
4	5	6	7	8	9	10
11	12	13	14	15	16	17
18	19	20	21	22	23	24
25	26	27	28	29	30	31

＊　さいごの　月曜日から　水曜日までは　すべての　プログラムが　休みと　なります。

여름방학 프로그램

8월의 스케줄		
프로그램	요일	시간
다도	월·수	A반. 13:00~15:00 B반. 16:00~18:00
꽃꽂이	수·토	A반. 10:00~11:30 B반. 13:00~14:30
수영	화·금	A반. 09:00~10:30 B반. 19:00~20:30
영어회화	월·수·금	A반. 10:00~11:30 B반. 14:00~15:30 C반. 19:00~20:30

8월

日	月	火	水	木	金	土
				1	2	3
4	5	6	7	8	9	10
11	12	13	14	15	16	17
18	19	20	21	22	23	24
25	26	27	28	29	30	31

* 마지막의 월요일부터 수요일까지는 모든 프로그램이 쉽니다.

[풀이]

운동과 외국어 공부를 원한다고 했으므로 다도와 꽃꽂이가 포함된 선택지 3번과 4번은 정답이 아니다. 수영은 민호가 18시부터 아르바이트를 하기 때문에 A반의 수강만 가능하다. 따라서 영어회화는 수영과 시간이 안 겹치는 B반만 수강할 수 있다. 따라서 정답은 2번이다.

[단어]

~月 ~월 | みっか 3일 | ~から ~부터 | 月末 월말 | ~まで ~까지 | 夏休み 여름방학 | ~と ~와(과) | いっしょに 함께 | 学校 학교 | ~での ~에서의 | むりょう 무료 | プログラム 프로그램 | さんか 참가 | ~たい ~하고 싶다 | ~と思っています ~라고 생각합니다 | 二人 두 명 | 外国語 외국어 | 勉強 공부 | 運動 운동 | 好きだ 좋아하다 | でも 하지만 | 毎日 매일 | 午後 오후 | アルバイト 아르바이트 | いそがしい 바쁘다 | どの~ 어느~ | 何回 몇 회 | ~ずつ ~씩 | さいご 마지막 | すべての~ 모든~ | 休み 휴일, 쉼 | ~となります ~이 됩니다 | スケジュール 스케줄 | ようび 요일 | 茶道 다도 | 生け花 꽃꽂이 | 水泳 수영 | 英会話 영어회화

2교시 청해

もんだい 1

もんだい1では、はじめに しつもんを きいて ください。それから はなしを きいて、もんだいようしの 1から 4の なかから、いちばん いい ものを ひとつ えらんで ください。では、れんしゅうしましょう。
문제1에서는 먼저 질문을 들어 주세요. 그러고 나서 이야기를 듣고, 문제용지의 1부터 4 중에서 가장 알맞은 것을 하나 고르세요. 그럼, 연습합시다.

れい

男の人と女の人が話しています。二人はどこに行くことにしましたか。

F 明日、土曜日だけど、どこか行かない？
M でも、あした雨だって。
F そう？ 映画は先週も見たから、バレーボールはどう？
M 中でするから、いいかも。でもスポーツはちょっと……。
F じゃあ、図書館は？
M 図書館？ 本読むよりは、スポーツのほうがいいな。

二人はどこに行くことにしましたか。

남자와 여자가 이야기하고 있습니다. 두 사람은 어디에 가기로 했습니까?

F 내일 토요일인데, 어디 안 갈래?
M 그런데 내일 비가 온대.
F 그래? 영화는 지난주에도 봤으니까, 배구는 어때?
M 안에서 하니까 괜찮을지도. 하지만 스포츠는 좀…….
F 그럼, 도서관은?
M 도서관? 책 읽는 것보다는 스포츠가 낫겠어.

두 사람은 어디에 가기로 했습니까?

[정답] 4

[풀이]
내일은 비가 올 거니까 실내에서 즐길 수 있는 것을 찾아야 한다. 영화는 지난주에도 봤다고 했으므로, 정답에서 제외. 책을 읽는 것보다는 스포츠가 차라리 낫겠다고 했으므로, 도서관도 정답이 아니다. 실내 운동인 배구가 정답. 농구(バスケットボール)로 착각하지 않도록 주의!

[단어]
明日 내일 | ～けど ～인데, ～이지만 | どこか 어딘가 | でも 하지만 | ～って ～라고 한대 | バレーボール 배구 | ～かも ～일지도 (모르겠다) | スポーツ 스포츠 | 図書館 도서관

1ばん

男の人と女の人が話しています。男の人は、どれを買いますか。 F 田中さん、ボールペンを買ってきてください。 M はい。どんないろですか。 F 黒いボールペンを5本です。あ、そうだ！えんぴつも3本おねがいします。 M はい。黒いボールペンが5本、そしてえんぴつが3本ですね。 F はい。 男の人は、どれを買いますか。	남자와 여자가 이야기하고 있습니다. 남자는 어느 것을 삽니까? F 다나카 씨 볼펜을 사다 주세요. M 네, 어떤 색깔이요? F 검은색 볼펜 5자루입니다. 아, 참! 연필도 3자루 부탁해요. M 검은색 볼펜 5자루, 그리고 연필 3자루죠? F 네. 남자는 어느 것을 삽니까?

[정답] 4

[단어]
男の人 남자 | 女の人 여자 | 話す 이야기하다 | どれ 어느 것 | 買う 사다 | ボールペン 볼펜 | ～て ください ～해 주세요 | どんな 어떤 | いろ 색깔 | 黒い 검다 | ～本 ～자루 | えんぴつ 연필 | おねがいします 부탁합니다 | そして 그리고

2ばん

男の人と女の人が話しています。女の人は、いつまで休みますか。 F きょう、何曜日？ M 月曜日だよ。 F そっか……。もう休みもそろそろ終わりだね。 M 休みはいつまでなの？ F あしたまで。あさってからは、また会社だね。 女の人は、いつまで休みますか。	남자와 여자가 이야기하고 있습니다. 여자는 언제까지 쉽니까? F 오늘 무슨 요일이지? M 월요일이야. F 그렇구나……. 이제 휴가도 슬슬 끝이구나. M 휴가는 언제까지인데? F 내일까지. 모레부터는 다시 회사야. 여자는 언제까지 쉽니까?
1 日よう日 2 月よう日 3 火よう日 4 水よう日	1 일요일 2 월요일 3 화요일 4 수요일

[풀이]
오늘은 월요일이고 모레부터는 출근해야 하므로, 휴가는 내일, 즉 화요일까지이다.

[단어]

いつ 언제 | ~まで ~까지 | 休む 쉬다 | 何曜日 무슨 요일 | 月曜日 월요일 | 休み 휴가 | そろそろ 슬슬 | 終わり 끝 | また 또 | 会社 회사 | 日曜日 일요일 | 火曜日 화요일 | 水曜日 수요일

3ばん

お母さんと男の子が話しています。この子はまず何をしますか。	엄마와 남자아이가 이야기하고 있습니다. 이 아이는 우선 무엇을 합니까?
F 宿題は終わった？ M ううん、まだだよ。 F じゃ、宿題をしてから、マヨネーズ買ってきてくれる？ M うん、わかった。 F あ、行く前に郵便局で切手も1枚おねがいね。 M スーパーは遠いから、マヨネーズはコンビニで買ってもいい？ F うん、いいよ。	F 숙제 끝났니? M 아니, 아직이야. F 그럼, 숙제 하고 나서, 마요네즈 사다 줄래? M 응 알았어. F 아, 가기 전에 우체국에서 우표도 한 장 부탁할게. M 슈퍼마켓은 머니까, 마요네즈는 편의점에서 사도 돼? F 응. 괜찮아.
この子はまず、何をしますか。	이 아이는 우선 무엇을 합니까?

1 ゆうびんきょくへ 行く
2 スーパーへ 行く
3 コンビニへ 行く
4 しゅくだいを する

1 우체국에 간다
2 슈퍼마켓에 간다
3 편의점에 간다
4 숙제를 한다

[풀이]

숙제를 하고 나서 마요네즈를 사 달라고 했다가, 마요네즈를 사러 가기 전에 우체국에서 우표를 사 달라고 했으므로, 숙제 → 우표 → 마요네즈 순으로 진행된다. 따라서 정답은 4번이다. 숙제 관련 이야기가 그 뒤의 대화에 묻히게 되므로 주의해야 한다.

[단어]

お母さん 엄마 | 男の子 남자아이 | まず 우선, 먼저 | 宿題 숙제 | 終わる 끝나다 | ううん 아니 | まだ 아직 | マヨネーズ 마요네즈 | 買う 사다 | ~て くれる？ 해 줄래？ | わかる 알다, 이해하다 | 行く 가다 | ~前に ~(하기) 전에 | 郵便局 우체국 | 切手 우표 | ~枚 ~장 | スーパー 슈퍼마켓 | 遠い 멀다 | コンビニ 편의점 | ~ても いい ~해도 좋다

4ばん

男の人と女の人が電話で話しています。女の人は部屋をどうしますか。	남자와 여자가 전화로 이야기하고 있습니다. 여자는 방을 어떻게 합니까?
F 私、もう帰ります。	F 저는 이만 귀가하겠습니다.

M はい、きょうもお疲れさまでした。 F ドアを閉めましょうか。 M いいえ、私はすぐ会社に着きますから、ドアは閉めないでください。 F はい、わかりました。 M あ、そして電気は消してください。 女の人は部屋をどうしますか。	M 네, 오늘도 수고하셨습니다. F 문을 닫을까요? M 아니요, 저는 곧 회사에 도착하니까, 문은 닫지 마세요. F 네, 알겠습니다. M 아, 그리고 전기는 꺼 주세요. 여자는 방을 어떻게 합니까?

[정답] 3

[풀이]
문이 열려 있고 전기는 꺼진 상태의 사무실을 찾으면 정답이다.

[단어]
電話 전화 | どう 어떻게 | もう 이미, 벌써 | 帰る 귀가하다 | お疲れさまでした 수고하셨습니다 | ドア 문 | 閉める 닫다 | すぐ 곧 | 会社 회사 | ～に 着く ～에 도착하다 | ～ないで ください ～하지 마세요 | そして 그리고 | 電気 전기 | 消す 끄다 | ～て ください ～해 주세요

5ばん

男の人と女の人が自転車を買いに来ました。二人はどれを買いますか。 F どれがいい? M ゆうたは白いのがほしいって言ってたから、あれがいいんじゃない? F そうね。 M そして、もう中学生だから、大きいほうがいいと思うんだけど……。 F じゃ、これにしようか。 二人はどれを買いますか。	남자와 여자가 자전거를 사러 왔습니다. 두 사람은 어느 것을 삽니까? F 어느 것이 좋을까? M 유타는 흰색을 갖고 싶다고 말했으니까, 저게 좋지 않아? F 그렇지. M 그리고, 이제 중학생이니까 큰 쪽이 좋을 것 같은데……. F 그럼 이걸로 할까? 두 사람은 어느 것을 삽니까?

[정답] 2

[풀이]
흰색의 큰 자전거를 고르면, 그것이 바로 정답이다.

[단어]
自転車 자전거 | 買う 사다 | ～に 来る ～하러 오다 | 二人 두 명 | 白い 희다 | ～が ほしい ～을 갖고 싶다 | 言う 말하다 | 中学生 중학생 | 大きい 크다 | ほう 쪽, 편 | 思う 생각하다 | ～に する ～으로 하다

6ばん

男の人と女の人が話しています。二人は明日、何時に会いますか。

F 明日、いっしょにひるごはん食べない？
M いいね。じゃ、何時がいい？
F 駅の前で、12時はどう？
M うーん、その前に本屋へ行きたいから、30分、はやくしない？
F いいよ。じゃ、あした駅のまえで待ってるね。

二人は明日、何時に会いますか。

1　10:00
2　10:30
3　11:00
4　11:30

남자와 여자가 이야기하고 있습니다. 두 사람은 내일 몇 시에 만납니까?

F 내일, 같이 점심 먹지 않을래?
M 좋아. 그럼 몇 시가 좋겠어?
F 역 앞에서 12시는 어때?
M 음, 그 전에 서점에 가고 싶으니까, 30분 일찍 하지 않을래?
F 좋아. 그럼 내일 역 앞에서 기다릴게.

두 사람은 내일 몇 시에 만납니까?

1　10:00
2　10:30
3　11:00
4　11:30

[풀이]
12시에 만나자고 하지만, 30분 일찍 만나자고 제안했으므로 11시 30분이 정답이다.

[단어]
何時 몇 시 | 会う 만나다 | いっしょに 함께, 같이 | ひるごはん 점심밥 | 食べる 먹다 | 駅 역 | 前 앞, 전 | 本屋 서점 | 行く 가다 | はやく 일찍 | 待つ 기다리다

7ばん

男の子が話しています。この子は今から何をしますか。

M あしたは、みきちゃんの誕生日です。それで明日、誕生日パーティーに行きます。きょうは友だちといっしょにプレゼントを買いに行きます。そして、花とケーキは明日、みきちゃんの家に行く前に買うつもりです。

この子は今から何をしますか。

남자아이가 이야기하고 있습니다. 이 아이는 지금부터 무엇을 합니까?

M 내일은 미키의 생일입니다. 그래서 내일 생일 파티에 갈 겁니다. 오늘은 친구들과 함께 선물을 사러 갈 겁니다. 그리고 꽃과 케이크는 내일, 미키의 집에 가기 전에 살 생각입니다.

이 아이는 지금부터 무엇을 합니까?

1 プレゼントを 買いに 行く
2 はなを 買いに 行く
3 パーティーに 行く
4 みきちゃんの 家に 行く

1 선물을 사러 간다
2 꽃을 사러 간다
3 파티에 간다
4 미키의 집에 간다

[풀이]
생일은 내일이고, 오늘은 선물을 사러 갈 예정이다. 내일은 미키의 집에 가기 전에 꽃과 케이크를 사면 된다. 따라서 지금부터 할 일은 선물을 사러 가는 것이다.

[단어]
誕生日 생일 | それで 그래서 | ～と いっしょに ～와 함께 | 買う 사다 | ～前に ～전에 | ～つもりだ ～할 생각이다.

もんだい2

もんだい2では、はじめに しつもんを きいて ください。それから はなしを きいて、もんだいようしの 1から 4の なかから、いちばん いい ものを ひとつ えらんで ください。では、れんしゅうしましょう。

문제2에서는 먼저 질문을 들어 주세요. 그러고 나서 이야기를 듣고, 문제용지의 1부터 4 중에서 가장 알맞은 것을 하나 고르세요. 그럼, 연습합시다.

れい

女の人と男の人が話しています。男の人はこれから何をしますか。

F 吉田さん、どこに行くんですか。
M はい。ちょっと約束があって、新宿へ行きます。
F あ、そうですか。私も約束があって、新宿まで行くんですが、一緒に行きましょうか。
M でも、その前に手紙をださなければならないんで。
F あ、いいですよ。時間はありますから。
M ええと、それから病院にも行かなければならないんです。
F とても忙しそうですね。じゃ、先に行きますね。
M どうも、すみません。では、また。

男の人はこれから何をしますか。

여자와 남자가 이야기하고 있습니다. 남자는 이후 무엇을 합니까?

F 요시다 씨, 어디 가세요?
M 네. 약속이 좀 있어서 신주쿠에 갑니다.
F 어머, 그래요? 저도 약속이 있어서 신주쿠까지 갑니다만, 같이 갈까요?
M 그런데, 그 전에 편지를 부쳐야 해서요.
F 아, 괜찮아요. 시간은 있으니까요.
M 그게, 그러고 나서 병원에도 가야 해서요.
F 아주 바쁜 모양이네요. 그럼, 먼저 갈게요.
M 정말 죄송합니다. 그럼, 또 (뵙겠습니다).

남자는 이후 무엇을 합니까?

1 郵便局へ 行く	1 우체국에 간다
2 新宿へ 行く	2 신주쿠에 간다
3 病院へ 行く	3 병원에 간다
4 図書館へ 行く	4 도서관에 간다

[풀이]

남자는 처음에 신주쿠에 간다고 했지만, 그 전에 편지를 부쳐야 하고 그 다음에 병원에도 들러야 한다고 했다. 따라서 남자가 할 일은 편지 부치기(우체국), 병원 들르기, 신주쿠에 가기 순으로 이어지는 것은 알 수 있으므로 정답은 1번이다.

[단어]

約束 약속 | 新宿 신주쿠(도쿄의 번화가) | 一緒に 함께, 같이 | でも 하지만 | 手紙をだす 편지를 부치다 | ~なければならない ~하지 않으면 안 된다 | それから 그러고 나서 | 病院 병원 | とても 매우, 아주 | 忙しい 바쁘다 | ~そうだ ~한 것 같다 | 失礼します 실례합니다 | どうも 정말, 참으로 | すみません 미안합니다 | また 또

1ばん

道で男の人と女の人が話しています。本屋はどこにありますか。	길에서 남자와 여자가 이야기하고 있습니다. 책방은 어디에 있습니까?
F すみません。この近くに本屋がありますか。	F 실례합니다. 이 근처에 책방이 있나요?
M ああ、ありますよ。この道をまっすぐ行くと交差点があります。	M 아! 있어요. 이 길을 쭉 가면 교차로가 있어요.
F はい、交差点ですね。	F 네, 교차로요.
M はい、その交差点を左に曲がるとデパートがあります。そのデパートの2階にあります。	M 네, 그 교차로를 왼쪽으로 돌면 백화점이 보입니다. 그 백화점 2층에 있어요.
F 左に曲がってデパートの2階ですね。	F 왼쪽으로 돌아, 백화점 2층이군요.
M はい。	M 네.
本屋はどこにありますか。	책방은 어디에 있습니까?

[정답] 2

[풀이]

교차로에서 왼쪽으로 돌면 백화점이 있고, 그 백화점 2층에 책방이 있다. 따라서 정답은 2번이다.

[단어]

道 길 | 本屋 책방 | 近く 근처 | まっすぐ 쭉, 곧장 | 行く 가다 | ~と ~하면 | 交差点 교차로 | 左に 왼쪽으로 | 曲がる 돌다 | デパート 백화점 | ~階 ~층

2ばん

男の子と女の子が話しています。男の子はお母さんから何をもらいましたか。

F わあ、このぼうし、かわいい。
M それは、姉からの誕生日プレゼント。かわいいでしょ。
F えっ、その時計ももらったの?
M そうだよ。父が買ってくれたんだ。
F いいな～。お母さんからは? 何もらったの?
M 母からはね、今着ているこのセーター! そして、兄は私にこれくれたの。ガンダムのプラモデル。へへへ。

男の子はお母さんから何をもらいましたか。

남자아이와 여자아이가 이야기하고 있습니다. 남자아이는 엄마로부터 무엇을 받았습니까?

F 와, 이 모자 귀엽다.
M 그건, 누나한테서 받은 생일 선물. 귀엽지!
F 어, 그 시계도 받은 거야?
M 응. 아빠가 사 줬어.
F 좋겠다. 엄마한테서는? 뭐 받았어?
M 엄마한테서는 말이야, 지금 입고 있는 이 스웨터. 그리고 형은 나한테 이거 줬어. 간담 프라모델. 헤헤헤.

남자아이는 엄마로부터 무엇을 받았습니까?

1 ぼうし
2 とけい
3 セーター
4 ガンダムの プラモデル

1 모자
2 시계
3 스웨터
4 간담의 프라모델

[풀이]
엄마한테서는 스웨터를 받았다고 했으므로 정답은 3번이다. 모자, 시계, 간담 프라모델 등은 혼동을 주기 위한 장치이다.

[단어]
もらう 받다 | ぼうし 모자 | かわいい 귀엽다 | 誕生日プレゼント 생일 선물 | 時計 시계 | 父 아빠 | 買う 사다 | ～てくれる (나에게) ～해 주다 | 今 지금 | 着る 입다 | セーター 스웨터 | 兄 오빠, 형 | ガンダム 간담 | プラモデル 프라모델

3ばん

先生と学生が話しています。学生はどこに名前を書きますか。

F この紙に自分の名前をひらがなで書いてください。
M 先生、どこに書きますか。
F 写真のすぐ下に書けばいいです。
M 電話番号も書きますか。
F 電話番号は一番下の黒いところに書いてください。

学生はどこに名前を書きますか。

선생님과 학생이 이야기하고 있습니다. 학생은 어디에 이름을 씁니까?

F 이 종이에 자신의 이름을 히라가나로 써 주세요.
M 선생님, 어디에 쓰나요?
F 사진 바로 밑에 쓰면 됩니다.
M 전화번호도 씁니까?
F 전화번호는 제일 아래의 검은 부분에 써 주세요.

학생은 어디에 이름을 씁니까?

[정답] 2

[풀이]
이름을 쓰는 곳은 사진 바로 밑이므로, 정답은 2번이다. 전화번호 쓰는 부분과 관련한 내용은 헷갈리게 하는 장치이므로, 문제의 핵심(이름 쓰는 곳)만 정확하게 듣고 불필요한 내용은 걸러내는 연습도 중요하다.

[단어]
先生 선생님 | 学生 학생 | 名前 이름 | 書く 쓰다 | 紙 종이 | 自分 스스로, 자기 자신 | ひらがな 히라가나 | 写真 사진 | 下 아래 | ~ば いいです ~하면 됩니다. | 電話番号 전화번호 | 一番 제일, 가장 | 黒い 검다 | ところ 곳, 장소

4ばん

男の人と女の人が話しています。田中くんはどの人ですか。	남자와 여자가 이야기하고 있습니다. 다나카 군은 어느 사람입니까?
F あっ、あの人、田中くんだよね。 M 田中くん？ F 知らないの？ あそこにいる人。 M あのめがねかけている人？ F ちがう！ あのパン屋の中にいる人。 M あ！ 分かった。あの黒いTシャツ着ている人？ F ううん、ちがうよ！ そのとなりのぼうしかぶっているハンサムな人！ M えっ、あの人？ ハンサムって？ 私よりもちょっと……。	F 아, 저 사람 다나카 군이지? M 다나카 군? F 몰라? 저기 있는 사람. M 저 안경 낀 사람? F 아니! 저 빵집 안에 있는 사람. M 아! 알았다. 저 검은 색 티셔츠 입은 사람? F 아니, 아니라니까! 그 옆의 모자 쓴 잘생긴 사람! M 뭐, 저 사람? 잘생겼다고? 나보다도 좀…….
田中くんはどの人ですか。	다나카 군은 어느 사람입니까?

[정답] 2

[풀이]
다나카라는 사람은 빵집 안에 있으며, 모자를 쓰고 있다. 따라서 정답은 2번이다.

[단어]
人 사람 | 知る 알다 | あそこ 저기 | めがねを かける 안경을 끼다 | ちがう 아니다, 다르다 | パン屋 빵집 | ~の中 ~의 안 | 分かる 이해하다 | 黒い 검다 | Tシャツ 티셔츠 | 着る 입다 | となり 옆 | ぼうしを かぶる 모자를 쓰다 | ハンサムだ 잘생겼다 | ~より ~보다

5ばん

学校で先生と学生たちが話しています。学生たちは何で答えを書きますか。

F 皆さん、明日の試験で、答えは必ずボールペンで書いてください。
M 先生、青色のボールペンはだめですか。
F 青も赤もだめです。黒いボールペンで書いてください。
M じゃ、シャーペンも使ってはいけませんか。
F そうですよ。

学生たちは何で答えを書きますか。

1 シャーペン
2 あおい ボールペン
3 あかい ボールペン
4 くろい ボールペン

학교에서 선생님과 학생들이 이야기하고 있습니다. 학생들은 무엇으로 답을 적습니까?

F 여러분, 내일 시험에서 답은 반드시 볼펜으로 적어 주세요.
M 선생님, 파랑 볼펜은 안 되나요?
F 파랑도 빨강도 안 됩니다. 검은 볼펜으로 적어 주세요.
M 그럼, 샤프도 사용해서는 안 됩니까?
F 그럼요.

학생들은 무엇으로 답을 적습니까?

1 샤프 펜
2 파란 볼펜
3 빨간 볼펜
4 검은 볼펜

[풀이]

답은 반드시 볼펜으로 적어야 하고, 검정색이어야 한다는 조건만 제대로 듣는다면 정답 4번을 무난하게 맞힐 수 있다.

[단어]

学校 학교 | 先生 선생님 | 学生たち 학생들 | 答え 대답 | 書く 쓰다 | 皆さん 여러분 | 試験 시험 | 必ず 반드시 | ボールペン 볼펜 | ~て ください ~해 주세요 | 青色 파랑 | だめだ 안 된다 | 赤 빨강 | 黒い 검다 | シャーペン 샤프 펜슬 | 使う 사용하다 | ~ては いけません ~해서는 안 됩니다 | そうです 그렇습니다

6ばん

男の人と女の人が話しています。女の人はどうしてお腹がいたいですか。

F いたたた……。
M どうしたの?
F お腹がいたくてね。何も食べることができないの。
M 何かつめたいものでも食べた?
F ううん、昨日牛乳だけ飲んだんだけど。それがね、先週の物だった。
M だからだね。早く病院に行った方がいいよ。

남자와 여자가 이야기하고 있습니다. 여자는 왜 배가 아픕니까?

F 아야야…….
M 왜 그래?
F 배가 아파서 말야. 아무것도 못 먹겠어.
M 뭔가 차가운 거라도 먹었어?
F 아니, 어제 우유만 마셨는데. 그게, 지난주 거였어.
M 그래서야! 얼른 병원에 가는 게 좋겠어.

女の人はどうしてお腹がいたいですか。	여자는 왜 배가 아픕니까?
1 なにも 食べる ことが できないから	1 아무것도 먹을 수 없기 때문에
2 つめたい ものを 食べたから	2 찬 것을 먹었기 때문에
3 せんしゅうの 牛乳を のんだから	**3 지난주 우유를 마셨기 때문에**
4 病院に 行かないから	4 병원에 가지 않기 때문에

[풀이]

배가 아프다는 말에 찬 것을 먹었느냐고 묻지만, 아니(ううん)라고 대답한다. 이때 청해에서는 ううん이라는 표현에 주의해야 한다. 음성으로 들었을 때의 뉘앙스를 잘 확인해 두자. 이어서 마신 우유가 지난주 것, 즉 오래된 우유를 마셨기 때문이라고 했으므로 정답은 3번이다.

[단어]

どうして 왜, 어째서 | お腹 배 | いたい 아프다 | 何も 아무것도 | ~ことが できない ~할 수 없다 | 何か 무언가 | つめたい 차갑다 | ~でも ~라도 | 牛乳 우유 | ~だけ ~만 | 飲む 마시다, 삼키다 | 物 것, 물건 | 早く 빨리 | 病院 병원 | ~た 方が いい ~하는 편이 좋다

もんだい3

もんだい3では、えを みながら しつもんを きいて ください。➡(やじるし)の ひとは なんと いいますか。1から3の なかから、いちばん いい ものを ひとつ えらんで ください。では、れんしゅうしましょう。

문제3에서는 그림을 보면서 질문을 들어 주세요. 화살표의 사람은 뭐라고 말합니까? 1부터 3 중에서 가장 알맞은 것을 하나 고르세요. 그럼, 연습합시다.

れい

にもつをたくさん持っていましたが、知らない人がドアを開けてくれました。何と言いますか。	짐을 많이 가지고 있었는데, 모르는 사람이 문을 열어 주었습니다. 뭐라고 말합니까?
F 1 どうぞ、入ってください。	F 1 어서 들어오세요.
2 どうも、すみません。	**2 정말 감사합니다.**
3 もうしわけございません。	3 죄송합니다.

[해설]

すみません은 일차적으로 미안하다는 뜻을 가지지만, 위 상황처럼 자신을 위해 남이 희생해 주었을 때는 미안한 마음도 함께 담아 감사하다는 뜻으로 쓸 수 있다.

[단어]

にもつ 짐 | たくさん 많이 | 持つ 가지다, 들다 | 知らない 모르다 | ドア 문(door) | 開ける 열다 | ~てくれる ~해 주다

1ばん

F お腹がいっぱいになって、これ以上食べたくないです。何と言いますか。
M 1 いただきます。
　 2 失礼します。
　 3 もうけっこうです。

F 배가 불러서 더 이상은 먹고 싶지 않습니다. 뭐라고 말합니까?
M 1 잘 먹겠습니다.
　 2 실례하겠습니다.
　 3 이제 됐습니다.

[단어]
お腹 배 | いっぱい 가득 | 〜に なる 〜해지다 | これ以上 이 이상 | 食べる 먹다 | 〜たくない 〜하고 싶지 않다

2ばん

M 後ろの人が急いでいます。何と言いますか。
F **1 お先にどうぞ。**
　 2 どうぞよろしく。
　 3 お先に失礼します。

M 뒷사람이 서두르고 있습니다. 뭐라고 말합니까?
F **1 먼저 타세요.**
　 2 잘 부탁드립니다.
　 3 먼저 실례하겠습니다.

[단어]
後ろ 뒤 | 人 사람 | 急ぐ 서두르다

3ばん

F 病院に患者が来ています。医者は何と言いますか。
M **1 どうしたんですか。**
　 2 どうやって来ましたか。
　 3 どうしてしましたか。

F 병원에 환자가 왔습니다. 의사는 뭐라고 말합니까?
M **1 무슨 일인가요?**
　 2 어떻게 해서 왔습니까?
　 3 왜 했습니까?

[단어]
病院 병원 | 患者 환자 | 医者 의사

4ばん

M 友だちが重い荷物を持っています。何と言いますか。
F 1 手伝いなさい。
　 2 手伝ってくれますか。
　 3 手伝ってあげましょうか。

M 친구가 무거운 짐을 들고 있습니다. 뭐라고 말합니까?
F 1 도우세요.
　 2 도와줄 겁니까?
　 3 도와줄까요?

[단어]
友だち 친구 | 重い 무겁다 | 荷物 짐 | 持つ 가지다, 들다 | 手伝う 거들다, 돕다

5ばん

M 先生が私のピアノを聞いてほめています。先生に何と言いますか。 F 1 まだです。 　2 まだまだです。 　3 だいじょうぶです。	M 선생님이 나의 피아노를 듣고 칭찬하고 있습니다. 선생님에게 뭐라고 말합니까? F 1 아직입니다. 　2 아직도 멀었습니다. 　3 괜찮습니다.

[단어]
先生 선생님 | ピアノ 피아노 | 聞く 듣다 | ほめる 칭찬하다

もんだい 4

もんだい４は、えなどが　ありません。ぶんを　きいて、１から３の　なかから、いちばん　いい　ものを　ひとつ　えらんで　ください。では、れんしゅうしましょう。

문제4에서는 그림 등이 없습니다. 문장을 듣고 1부터 3 중에서 가장 알맞은 것을 하나 고르세요.
그럼 연습합시다.

れい

吉田さん、昨日はどうして学校を休んだんですか。 M 1 休みではなかったでしょう。 　2 学校を休んでよかったですね。 　3 かぜをひいてしまいましたので。	요시다 씨, 어제는 왜 학교를 쉬었습니까? M 1 휴일이 아니었죠? 　2 학교를 쉬어서 좋았군요. 　3 감기에 걸리고 말아서요.

[단어]
昨日 어제 | どうして 왜, 어째서 | 休む 쉬다 | 休み 휴일, 휴식 | かぜをひく 감기 걸리다, 감기에 들다 | ~てしまう ~해 버리다, ~하고 말다

1ばん

F おちゃ、もっといかがですか。 M 1 はい、もういいです。 　2 はい、いただきます。 　3 はい、けっこうです。	F 차 더 어떠세요?(드시겠어요?) M 1 네, 이제 됐습니다. 　2 네, 잘 마시겠습니다. 　3 네, 이젠 충분합니다.

[단어]
おちゃ 차 | もっと 좀 더

2ばん

M これ、ちょっと見てもいいですか。	M 이거 잠시 봐도 되나요?
F 1 はい、みせてください。	F 1 네, 보여 주세요.
2 はい、みてあげます。	2 네, 봐 드릴게요.
3 はい、どうぞ。	**3 네, 보세요.**

3ばん

M お国はどちらですか。	M (출신)나라는 어디입니까?
F 1 こちらです。	F 1 이쪽입니다.
2 イギリスです。	**2 영국이에요.**
3 どちらもいいです。	3 어느 쪽도 좋습니다.

4ばん

F それでは、また。	F 그럼, 또 봐요.
M 1 では、しつれいします。	**M 1 그럼, 실례하겠습니다.**
2 では、すみません。	2 그럼, 미안합니다.
3 では、おひさしぶりです。	3 그럼, 오랜만이네요.

5ばん

F 昨日、デパートでかわいいスカート買ったの。	F 어제, 백화점에서 예쁜 스커트 샀어.
M 1 へぇー、見てください。	M 1 와, 봐 주세요.
2 へぇー、見せてください。	**2 와, 보여 주세요.**
3 へぇー、見せてあげます。	3 와, 보여 줄게요.

6ばん

M あのう、これ、落としましたよ。	M 저, 이거 떨어뜨리셨어요.
F 1 あ、おつかれさま。	F 1 아, 수고했어.
2 あ、すみません。	**2 아, 고마워요.**
3 あ、どういたしまして。	3 아, 천만에요.

JLPT N5 제2회 실전 모의고사 정답 및 해석

문자·어휘

문제 1 1 ③ 2 ④ 3 ② 4 ③ 5 ② 6 ④ 7 ④ 8 ④ 9 ③ 10 ① 11 ③ 12 ①

문제 2 13 ③ 14 ③ 15 ④ 16 ③ 17 ② 18 ② 19 ④ 20 ②

문제 3 21 ② 22 ① 23 ② 24 ② 25 ① 26 ④ 27 ② 28 ① 29 ③ 30 ③

문제 4 31 ③ 32 ① 33 ③ 34 ④ 35 ①

문법

문제 1 1 ④ 2 ③ 3 ③ 4 ② 5 ② 6 ③ 7 ② 8 ②
        9 ① 10 ① 11 ② 12 ① 13 ② 14 ③ 15 ② 16 ③

문제 2 17 ③ 18 ④ 19 ① 20 ④ 21 ③

문제 3 22 ④ 23 ③ 24 ② 25 ① 26 ①

독해

문제 4 27 ③ 28 ④ 29 ③

문제 5 30 ③ 31 ④

문제 6 32 ④

청해

문제 1 1 ④ 2 ② 3 ③ 4 ② 5 ② 6 ② 7 ③

문제 2 1 ④ 2 ④ 3 ④ 4 ② 5 ① 6 ③

문제 3 1 ② 2 ① 3 ② 4 ② 5 ②

문제 4 1 ③ 2 ③ 3 ① 4 ③ 5 ① 6 ①

1교시   언어지식 (문자 · 어휘)

もんだい 1

_____의 단어는 히라가나로 어떻게 씁니까? 1·2·3·4에서 가장 알맞은 것을 하나 고르세요.

1　이 자동차는 매우 낡았습니다.
2　나의 학교는 집에서 가깝습니다.
3　매일 아침 주스를 마시고 있습니다.
4　오늘 아침 귀여운 개가 태어났습니다.
5　검은색 펜으로 써 주세요.
6　오늘은 하루 쭉 바빴습니다.
7　아사이 씨의 생일은 9월 9일입니다.
8　올해 여동생은 스무 살이 됩니다.
9　한국인 친구가 많네요.
10　어제 백화점에서 상의와 바지를 샀습니다.
11　예쁜 꽃을 세 송이 사 왔습니다.
12　도서관은 우체국 왼쪽에 있습니다.

もんだい 2

_____의 단어는 어떻게 씁니까? 1·2·3·4에서 가장 알맞은 것을 하나 고르세요.

13　공원에 산책하러 나갑니다.
14　아빠는 언제나 안경을 쓰고 신문을 읽습니다.
15　다나카 씨가 스미스 씨에게 일본어를 가르치고 있습니다.
16　늦은 시간이니까 돌아갑시다.
17　이 나이프로 잘라 주세요.
18　내 생일은 지난주 수요일이었습니다.
19　이 식당의 요리는 가격도 싸고 맛있네요.
20　역 남쪽 출입구를 나가서 곧장 가세요.

もんだい 3

(_____)에 무엇을 넣습니까? 1·2·3·4에서 가장 알맞은 것을 하나 고르세요.

21　커피에 설탕은 어느 정도 넣을까요?
22　A: 차, 좀 더 어떠세요?(드시겠어요?)
　　B: 아니요, 괜찮습니다(사양하겠습니다).
23　A: 다나카 씨는 몇 명 가족입니까?(가족이 몇 명입니까?)
　　B: 아빠와 엄마, 그리고 저입니다.
24　우표는 우체국에서 팔고 있어요.
25　춥네요. 문을 닫아 주세요.
26　감기에 걸려 학교를 쉬었습니다.
27　도서관에서 잡지를 세 권 빌렸습니다.
28　여동생은 두 살이고, 재작년에 태어났습니다.
29　함께 책상 위에 책을 늘어놓읍시다.
30　매일 자기 전에 샤워를 합니다.
　　* '샤워하다'는 シャワーを浴びる라고 한다.

もんだい 4

_____의 문장과 거의 같은 의미의 문장이 있습니다. 1·2·3·4에서 가장 알맞은 것을 하나 고르세요.

31　나는 저 남자의 여동생입니다.
　　3　저 남자는 나의 오빠입니다.
32　혼자서 비행기를 타는 것은 처음입니다.
　　1　혼자서 비행기를 탄 적이 없습니다.
33　여동생은 "다녀오겠습니다."라고 말했습니다.
　　2　여동생은 이제 외출할 겁니다.
34　방 청소를 했습니다.
　　4　방이 깨끗해졌습니다.
35　선생님, 이 문제는 전혀 모르겠습니다.
　　1　이 문제는 쉽지 않습니다.

1교시 언어지식 (문법) · 독해

もんだい 1
( )에 무엇을 넣습니까? 1·2·3·4에서 가장 알맞은 것을 하나 고르세요.

1. 오늘 강한 바람으로 전차가 정지했습니다.
2. 교실 안에 책상이나 의자 등이 있습니다.
3. 이 사과는 세 개에 얼마입니까?
4. 여동생은 의사가 되었습니다.
5. 앞으로 일본어로 말해 주세요.
6. 매일 6시에 돌아와 밥을 만듭니다.
7. 전에는 토마토를 싫어했습니다만, 지금은 좋아하게 되었습니다.
8. 교실 문이 닫혀 있습니다.
9. 아마도 야마다는 어제 집에 있었겠죠.
10. 나는 항상 밥을 먹고 나서 목욕을 합니다.
11. 친구와 이야기하면서 맥주를 마셨습니다
12. 나는 매일 아침, 7시경 일어납니다.
13. 이 카메라는 어느 나라의 물건입니까?
14. A: 누군가 접시를 가지고 와 주지 않겠습니까?
    B: 제가 가지고 오겠습니다.
15. A: 여보세요, 스즈키입니다. 유나 씨 있습니까?
    B: 네, 잠시 기다려 주세요.
16. A: 스즈키 씨는 이를 닦고 나서 얼굴을 씻습니까?
    B: 아니요, 저는 이를 닦기 전에 얼굴을 씻습니다.

もんだい 2
★ 에 들어갈 것은 어느 것입니까? 1·2·3·4에서 가장 알맞은 것을 하나 고르세요.

17. 이 상자 안에 무언가 들어 있습니까?(2-4-3-1)
18. 아침부터 머리가 아파서 하루 종일 집에서 잤습니다.(3-1-4-2)
19. 백화점에서 친구에게 줄 선물을 샀습니다.(2-3-1-4)
20. 나의 방에는 책상이나 책장 등이 있습니다.(1-2-4-3)
21. 의사: 오늘은 아무것도 먹지 말고 푹 쉬세요.(2-4-3-1)
    나 : 네, 알겠습니다.

もんだい3

もんだい3 22 から 26 に 何を 入れますか。ぶんしょうの いみを かんがえて、1・2・3・4から いちばん いい ものを 一つ えらんで ください。

日本で べんきょうして いる 学生の ぶんしょうです。

　日本語には 「どうも」と いう ことばが あります。そして、この ことばを つかう 日本人を よく 見ます。 22 、じしょを ひいて みました。「どうも」は 「きのうは どうも」や 「どうも すみません」 など、ほかの ことばと いっしょに つかったり、「どうも」だけで 「ありがとう」や 「すみません」の いみ に なったり します。そして、人 23 会った とき、あいさつ 24 「どうも」と 言います。 25 、「あま い ものは どうも……」は 「好きでは ない」と いうのが むずかしい ときにも つかいます。「どうも」は いろいろな いみを もって いるから とても 26 ことばです。

22	1 しかし	2 これから	3 それでは	**4 それで**
23	1 を	2 から	**3 に**	4 へ
24	1 に	**2 で**	3 を	4 だけ
25	**1 また**	2 まだ	3 まで	4 までに
26	1 べんり	2 べんりに	**3 べんりな**	4 べんりで

22 에서 26 에 무엇을 넣습니까? 문장의 의미를 생각하여 1・2・3・4에서 가장 알맞은 것을 하나 고르세요

일본에서 공부하고 있는 학생의 글입니다.

　일본어에는 どうも라고 하는 말이 있습니다. 그리고 이 말을 사용하는 일본인을 자주 봅니다. 그래서 사전을 찾아보았습니다. どうも는 '어제는 감사했습니다'와 '대단히 죄송합니다' 등 다른 말과 함께 사용하거나, どうも만으로 '감사합니다'와 '미안합니다'의 의미가 되기도 합니다. 그리고 사람을 만났을 때 인사로 どうも라고 말합니다 또 '단것은 아무래도……'는 '좋아하지 않는다'라고 말하는 것이 어려울 때에도 사용합니다. どうも는 다양한 의미를 가지고 있기 때문에 매우 편리한 말입니다.

もんだい4

つぎの (1)から (3)の ぶんしょうを 読んで、しつもんに こたえて ください。こたえは 1・2・3・4から いちばん いい ものを 一つ えらんで ください。

(1)

> 日本人は 夜、ねる 前に おふろに 入るのが 好きです。おゆは 家族 みんなが 使うから、先に 入った 人は おふろから 出る 時、その おゆを すてては いけません。家族の なかで 年上の 人から はいりますが、お客さんが いる 時は お客さんから 入ります。
>
> * おゆ: 따뜻한 물. 온수

27 先に おふろに 入った 人は どう しますか。
1 夜、ねる 前に 入る。
2 はやく おふろから 出る。
3 **おゆを すてない。**
4 みんなが 使うから、おゆを 使わない。

다음의 (1)부터 (3)의 문장을 읽고 질문에 답하세요. 답은 1・2・3・4에서 가장 알맞은 것을 하나 고르세요.

> 일본인은 밤에 자기 전에 목욕하는 것을 좋아합니다. 온수는 가족 모두가 사용하기 때문에 먼저 들어간 사람은 목욕을 마치고 나올 때 그 온수를 버려서는 안 됩니다. 가족 중에서 나이가 위인 사람부터 목욕합니다만, 손님이 있을 때는 손님부터 목욕을 합니다.

27 먼저 목욕한 사람은 어떻게 합니까?
1 밤에 자기 전에 목욕한다.
2 빨리 목욕을 마친다.
3 **온수를 버리지 않는다.**
4 모두가 사용하기 때문에, 온수를 사용하지 않는다.

[풀이]
욕조에 데워 놓은 온수를 가족 모두 사용하는 것이기 때문에 먼저 들어간 사람은 온수를 버려서는 안 된다고 했으므로, 정답은 선택지 3번이다.

[단어]
日本人 일본인 | 夜 밤 | ねる 자다 | ~前に ~(하기) 전에 | おふろに 入る 목욕하다 | 好きだ 좋아하다 | おゆ 온수 | 家族 가족 | みんな 모두 | 使う 사용하다 | 先に 먼저 | 人 사람 | おふろから 出る 목욕 마치다 | すてる 버리다 | ~ては いけない ~해서는 안 된다 | ~の なかで ~의 중에서 | 年上の 人 나이가 위인 사람 | お客さん 손님

(2)

日本で はじめて 「だるま」という 人形を 見た。まるくて かわいい 人形だった。
でも、目が 入って いなかったから、おかしいと 思った。それで 友だちに 聞いた。友だちは 「なにか おねがいを する 時に、左の 目を 入れて、ねがいどおりに なったら 右の 目を 入れるんだよ」と 教えて くれた。

28 「だるま」に ついて ただしいのは どれですか。
1 目が 入って いなくて、かわいく ない。
2 まるくて おかしい。
3 ねがいを する とき 右の 目を 入れる。
4 **左の 目から 入れて、右の 目を 入れる。**

일본에서 처음으로 '다루마'라고 하는 인형을 보았다. 둥글고 귀여운 인형이었다.
하지만 눈이 그려 넣어져 있지 않기 때문에 이상하다고 생각했다. 그래서 친구에게 물어보았다. 친구는 "무언가 소원을 빌 때 왼쪽 눈을 그려 넣고, 그 소원대로 되면 오른쪽 눈을 그려 넣는 거야."라고 가르쳐 주었다.

28 '다루마'에 관해 옳은 것은 어느 것입니까?
1 눈이 그려 넣어져 있지 않아서 귀엽지 않다.
2 둥글고 이상하다.
3 소원을 빌 때 오른 쪽 눈을 그려 넣는다.
4 **왼쪽 눈부터 그려 넣고, 오른쪽 눈을 그려 넣는다.**

[풀이]
둥글고 귀여운 인형이라고 했으므로 선택지 1번과 2번은 정답이 아니다. 소원을 빌 때는 왼쪽 눈을 그려 넣는다고 했으므로 선택지 3번도 정답이 아니다. 소원을 빌 때 왼쪽 눈을, 소원이 이루어지면 오른쪽 눈을 그려 넣는다고 했으므로 정답은 선택지 4번이다.

[단어]
日本 일본 | はじめて 처음으로 | だるま 다루마 | ～という ～라고 하는 | 人形 인형 | 見る 보다 | まるい 둥글다 | かわいい 귀엽다 | でも 하지만 | 目 눈 | 入って いない (그려져) 들어 있지 않다 | おかしい 이상하다 | それで 그래서 | ～に 聞く ～에게 묻다 | 友だち 친구 | なにか 무언가 | おねがいを する 소원을 빌다 | 時に 때에 | 左 왼쪽 | ～どおりに なる ～대로 되다 | 右 오른쪽 | 教える 가르치다 | ～て くれる (나에게) ～해 주다

(3)

日本語の 「いい」は あいまいな ことばだと 思う。たとえば 「コーヒー、おかわり どうですか」と 聞いて 「あ、いいですね」と こたえたら、これは 「飲みたい」という 意味だ。しかし、「もう いいよ」と 答えると、これは 「飲みたく ない」という 意味に なる。この ように 一つの ことばが ちがう 意味で 使われる のが 多い。

29 ぶんに ついて ただしいのは どれですか。
1 「yes」と 答えたい ときは 「もう いいよ」と 言う。
2 「おかわり どうですか」と 聞いて「いいですね」と 言うと しつれいだ。
3 一つの ことばが ちがう 意味に なる のが 少なく ない。
4 「いい」は 何か「したい」という 意味しか ない。

일본어의 いい는 애매한 말이라고 생각한다. 예를 들면 '커피, 더 드릴까요?'라고 듣고서 あ、いいですね(아, 좋네요)라고 대답하면 이것은 '마시고 싶다'라는 의미이다. 하지만 もう いいよ(이제 됐어)라고 대답하면 이것은 '마시고 싶지 않다'라는 의미가 된다. 이렇게 하나의 단어가 다른 의미로 쓰이는 경우가 많다.

29 문장에 관해 옳은 것은 어느 것입니까?
1 yes라고 대답하고 싶을 때는 "もう いいよ"라고 말한다.
2 "더 드릴까요?"라고 듣고 "いいですね"라고 말하면 실례가 된다.
3 **하나의 말이 다른 의미가 되는 경우가 적지 않다.**
4 いい는 무언가 하고 싶다의 의미밖에 없다.

[풀이]
'마시고 싶다(yes)'라고 답할 때는 あ、いいですね이므로 선택지 1번은 정답이 아니다. '실례가 된다'는 말은 없으므로 2번도 정답이 아니다. 하나의 말이 다른 의미로 쓰이는 경우가 많다고 했으므로 정답은 3번이다.

[단어]
日本語 일본어 | いい 좋다 | あいまいだ 애매하다 | ことば 말, 언어, 단어 | たとえば 예를 들면 | コーヒー 커피 | おかわり どうですか 더 드릴까요? | 聞く 듣다 | こたえる 대답하다 | 飲みたい 마시고 싶다 | 意味 의미 | しかし 그러나 | もう 이제, 이미 | 答える 대답하다 | 飲みたく ない 마시고 싶지 않다 | この ように 이렇게 | 一つ 한 개 | ちがう 다르다 | 多い 많다 | しつれい 실례 | 少ない 적다

もんだい 5

つぎの ぶんしょうを 読んで、 しつもんに こたえて ください。こたえは 1・2・3・4から、いちばん いい ものを 一つ えらんで ください。

わたしの 夢は、外国で 働く ことです。
ある 日、電車の 中で 外国人が となりの 人に 道を たずねて いる のを 見ました。その 人は 「No English」と 言って 遠くに 行って しまいました。それから その 外国人は 何回も 人々に 声を かけましたが、だれも 答えませんでした。わたしも 英語が あまり 上手では ないですが、困って いる その 人を 見て、ゆうきを 出しました。下手な 英語で、道を 説明しました。その 人は 何回も 「Thank you」と 言いました。その 時から、なぜか 英語の 勉強が おもしろく なって きました。これからも いっしょうけんめい 勉強して、いつか 外国へ 行って、いろいろ 経験しながら 生活したいと 思って います。

[30] ぶんに ついて ただしいのは どれですか。
1 電車の 中で 外国人が 日本語で 声を かけた。
2 わたしは 前から 英語の 勉強が 好きだった。
3 英語で 道を あんないした。
4 外国で 日本語を 教える のが 夢だ。

[31] その 時と あるが、それは いつですか。
1 外国人が 困って いた 時
2 となりの 人が 遠くに 行った 時
3 外国人が わたしに 道を 説明した 時
4 ゆうきを 出して 英語で 道を あんないした 時

다음 문장을 읽고 질문에 답하세요. 답은 1·2·3·4에서 가장 알맞은 것을 하나 고르세요.

> 나의 꿈은 외국에서 일하는 것입니다.
> 어느 날, 전차 안에서 외국인이 옆 사람에게 길을 묻고 있는 것을 보았습니다. 그 사람은 'No English'라고 말하고 멀리 가 버렸습니다. 그러고 나서 그 외국인은 몇 번이나 사람들에게 말을 걸었습니다만, 누구도 대답하지 않았습니다. 나도 영어를 그다지 잘하지는 않습니다만, 곤란해하고 있는 그 사람을 보고 용기를 냈습니다. 서툰 영어로 길을 설명했습니다. 그 사람은 몇 번이나 'Thank you'라고 말했습니다. 그때부터 왠지 영어 공부가 재미있어졌습니다. 앞으로도 열심히 공부해서 언젠가 외국에 가서 여러 가지 경험을 하면서 생활하고 싶다고 생각하고 있습니다.

[30] 글에 관해 옳은 것은 어느 것입니까?
1 전차 안에서 외국인이 일본어로 말을 걸었다.
2 나는 예전부터 영어 공부를 좋아했다.
3 영어로 길을 안내했다.
4 외국에서 일본어를 가르치는 것이 꿈이다.

[31] 그때라고 있는데, 그것은 언제입니까?
1 외국인이 곤란해하고 있던 때
2 옆 사람이 멀리 갔을 때
3 외국인이 나에게 길을 설명했을 때
4 용기를 내어 영어로 길을 안내했을 때

[풀이]

[30] 외국인이 옆 사람에게 길을 묻고 있었다고 했으므로, 선택지 1번은 정답이 아니다. 영어가 서툴다고 했으므로 전부터 영어를 좋아했던 것이 아님을 알 수 있으므로 2번도 정답이 아니다. 서툰 영어로 길을 설명했다고 했으므로 정답은 3번이다. 외국에서 다양한 경험을 하겠다고 했지 일본어를 가르치겠다고 한 것은 아니므로 4번도 정답이 아니다.

[31] 용기를 내어 서툰 영어로 길을 설명했고 고맙다는 말을 들었으며, 그때부터 영어 공부가 재미있어졌다고 했으므로 정답은 선택지 4번이다.

[단어]

夢 꿈 | 外国 외국 | ～で ～에서 | 働く 일하다 | こと 것 | ある 日 어느 날 | 電車 전차 | ～の 中で ～의 안에서 | 外国人 외국

인 となり 옆 | 道を たずねる 길을 묻다 | 遠く 먼 곳 | 行く 가다 | ～て しまう ～해 버리다 | それから 그러고 나서 | 何回も 몇 번이나 | 人々 사람들 | 声を かける 말을 걸다 | だれも 그 누구도 | 答える 대답하다 | あまり 그다지 | 上手だ 능숙하다 | 困る 곤란하다 | ゆうきを 出す 용기를 내다 | 下手だ 서툴다 | 説明 설명 | なぜか 왠지 | ～く なって くる ～해져 오다 | これからも 앞으로도 | いっしょうけんめい 열심히 | いつか 언젠가 | いろいろ 여러 가지 | 経験 경험 | ～ながら ～하면서 | 生活 생활 | ～たい ～하고 싶다 | ～と 思って いる 라고 생각하고 있다 | あんない 안내 | 教える 가르치다

もんだい6

右の ページを 見て、下の しつもんに こたえて ください。こたえは 1・2・3・4から いちばん いい ものを 一つ えらんで ください。

スジは きのう スケジュールを 書きました。しかし あさ、きゅうに 山下くんから 電話が かかって きました。きゅうに かぜを ひいて ぐあいが わるく なった そうです。それで いっしょに 本屋へ 行く 約束は キャンセルに なりました。それで スジは スケジュールより はやく 家に 帰って あさ できなかった 宿題を しました。

32 きょう スジが した こととして ただしいのは どれですか。
1 ボランティアに 行く 前に 宿題を 終えた。
2 ボランティアが 終わってから、友だちと 本を 買いに 行った。
3 お茶を 飲みながら メールを チェックして おふろに 入った。
4 テレビを 見る 前に 宿題を した。

	あしたの スケジュール
7:00	起きる
7:30～9:00	運動を してから 新聞を 読む
9:30～12:00	宿題や 英語の べんきょうを する
13:00～15:30	ボランティアに 行く
16:00～18:00	山下くんと 本を 買いに 行く
19:00～21:00	テレビを 見る
21:00～22:00	おふろに 入って メールを チェックする
22:00～23:00	お茶を 飲みながら 日記を 書く

오른쪽 페이지를 보고 아래의 질문에 답하세요. 답은 1·2·3·4에서 가장 알맞은 것을 하나 고르세요.

수지는 어제 스케줄을 적었습니다. 하지만 아침에 갑자기 야마시타 군으로부터 전화가 걸려 왔습니다. 갑자기 감기에 걸려 몸 상태가 나빠졌다고 합니다. 그래서 함께 서점에 갈 약속은 취소되었습니다. 그래서 수지는 스케줄보다 일찍 집으로 돌아와 아침에 하지 못했던 숙제를 했습니다.

32 오늘 수지가 한 일로서 옳은 것은 어느 것입니까?

1. 봉사활동 하러 가기 전에 숙제를 끝냈다.
2. 봉사활동이 끝나고 나서 친구와 책을 사러 갔다.
3. 차를 마시면서 메일을 체크하고 목욕을 했다.
4. **텔레비전을 보기 전에 숙제를 했다.**

내일의 스케줄	
7:00	일어난다
7:30~9:00	운동을 하고 나서 신문을 읽는다
9:30~12:00	숙제나 영어 공부를 한다
13:00~15:30	봉사활동 하러 간다
16:00~18:00	야마시타 군과 책을 사러 간다
19:00~21:00	텔레비전을 본다
21:00~22:00	목욕을 하고 메일 체크를 한다
22:00~23:00	차를 마시면서 일기를 쓴다

[풀이]

아침에 숙제를 하지 못했다고 했으므로, 봉사활동 가기(13시) 전에 숙제를 끝내지 못했기 때문에 1번은 정답이 아니다. 서점에 갈 약속은 취소되었으므로 2번도 정답이 아니다. 목욕을 먼저 하고 나서 차를 마시는 스케줄이므로 3번도 정답이 아니다. 서점에 가지 않아 일찍 돌아와 숙제를 했다고 했다. 즉 책을 사러 갈 시간(16시~18시)에 숙제를 했으므로 텔레비전을 보기(19시) 전에 숙제를 한 것이 맞으므로 정답은 4번이다.

[단어]

きのう 어제 | スケジュール 스케줄 | 書く 쓰다 | しかし 그러나 | あさ 아침 | きゅうに 갑자기 | ~から ~으로부터 | 電話が かかって くる 전화가 걸려오다 | かぜを ひく 감기 걸리다 | ぐあいが わるい 몸이 안 좋다 | ~そうです ~라고 합니다 | それで 그래서 | いっしょに 함께 | 本屋 책방 | 行く 가다 | 約束 약속 | キャンセルに なる 취소되다 | それで 그래서 | ~より ~보다 | はやく 일찍 | 家 집 | 帰る 귀가하다 | できなかった 할 수 없었다 | 宿題 숙제 | 起きる 일어나다 | 運動 운동 | ~てから ~하고 나서 | 新聞 신문 | 読む 읽다 | ~や ~랑(와/과) | 英語 영어 | べんきょう 공부 | ボランティア 봉사활동 | ~に 行く ~하러 가다 | 本 책 | 買う 사다 | テレビ 텔레비전 | 見る 보다 | おふろに 入る 목욕하다 | メール 메일, 문자 | チェックする 체크하다 | お茶 차 | 飲む 마시다 | ~ながら ~하면서 | 日記 일기 | ~前に ~(하기) 전에 | 終える 끝내다

2교시 청해

もんだい 1

もんだい1では、はじめに しつもんを きいて ください。それから はなしを きいて、もんだいようしの 1から 4の なかから、いちばん いい ものを ひとつ えらんで ください。では、れんしゅうしましょう。
문제1에서는 먼저 질문을 들어 주세요. 그러고 나서 이야기를 듣고, 문제용지의 1부터 4 중에서 가장 알맞은 것을 하나 고르세요. 그럼, 연습합시다.

れい

男の人と女の人が話しています。二人はどこに行くことにしましたか。

F 明日、土曜日だけど、どこか行かない？
M でも、あした雨だって。
F そう？ 映画は先週も見たから、バレーボールはどう？
M 中でするから、いいかも。でもスポーツはちょっと……。
F じゃあ、図書館は？
M 図書館？ 本読むよりは、スポーツのほうがいいな。

二人はどこに行くことにしましたか。

남자와 여자가 이야기하고 있습니다. 두 사람은 어디에 가기로 했습니까?

F 내일 토요일인데, 어디 안 갈래?
M 그런데 내일 비가 온대.
F 그래? 영화는 지난주에도 봤으니까, 배구는 어때?
M 안에서 하니까 괜찮을지도. 하지만 스포츠는 좀…….
F 그럼, 도서관은?
M 도서관? 책 읽는 것보다는 스포츠가 낫겠어.

두 사람은 어디에 가기로 했습니까?

[정답] 4

[풀이]
내일은 비가 올 거니까 실내에서 즐길 수 있는 것을 찾아야 한다. 영화는 지난주에도 봤다고 했으므로, 정답에서 제외. 책을 읽는 것보다는 스포츠가 차라리 낫겠다고 했으므로, 도서관도 정답이 아니다. 실내 운동인 배구가 정답. 농구(バスケットボール)로 착각하지 않도록 주의!

[단어]
明日 내일 | ～けど ～인데, ～이지만 | どこか 어딘가 | でも 하지만 | ～って ～라고 한대 | バレーボール 배구 | ～かも ～일지도 (모르겠다) | スポーツ 스포츠 | 図書館 도서관

1ばん

男の人と店の人が話しています。男の人は、どれを買いますか。

F いらっしゃいませ。
M りんご、いつつください。
F はい、わかりました。
M このバナナはいくらですか。
F 3本で、5百円です。
M 高いですね。じゃ、りんごだけおねがいします。

男の人は、どれを買いますか。

남자와 점원에 이야기 하고 있습니다. 남자는 어느 것을 삽니까?

F 어서 오세요.
M 사과 다섯 개 주세요.
F 네, 알겠습니다.
M 이 바나나 맛있어 보이네요. 얼마입니까?
F 3개에 5백 엔입니다.
M 비싸네요. 그럼 사과만 주세요.

남자는 어느 것을 삽니까?

[정답] 4

[풀이]
우선 사과 다섯 개를 샀다. 그리고 바나나를 사려 했으나, 가격이 너무 비싸니 사과만 달라고 했으므로, 정답은 4번이다.

[단어]
男の人 남자 | 店 가게 | 話す 이야기하다 | 買う 사다 | いらっしゃいませ 어서 오세요 | りんご 사과 | ください 주세요 | バナナ 바나나 | いくら 얼마 | ～本 ～자루 | ～で ～(합산)해서 | 高い 비싸다 | ～だけ ～만 | おねがいします 부탁합니다

2ばん

男の人と女の人が話しています。女の人はどのケーキを作りますか。

F ケーキを作るつもりですが、どんなケーキがいいでしょうか。
M 山田さんへの誕生日プレゼント？
F はい。そうです。
M 山田さんは甘いものが好きだから、チョコレートケーキはどうですか。
F いいですね。
M そして、ケーキのうえに「おめでとう」と書くのもいいかもしれませんね。
F へぇー、ケーキの上には、やっぱり、いちごだと思いますが……。
M お～！ それもいいですね。

남자와 여자가 이야기하고 있습니다. 여자는 어느 케이크를 만듭니까?

F 케이크를 만들 생각입니다만, 어떤 케이크가 좋을까요?
M 야마다 씨에게 줄 생일 선물?
F 네, 맞아요.
M 야마다 씨는 단것을 좋아하니까, 초콜릿 케이크는 어때요?
F 괜찮겠네요.
M 그리고 케이크 위에 '축하해'라고 쓰는 것도 좋을지도 모르겠네요.
F 네? 케이크 위에는 역시 딸기라고 생각하는데…….
M 오! 그것도 좋겠네요.

| 女の人はどのケーキを作りますか。 | 여자는 어느 케이크를 만듭니까? |

[정답] 2

[풀이]
초콜릿 케이크가 어떻겠냐는 말에 괜찮겠다고 답했으므로, 케이크는 초콜릿 케이크(그림의 짙은 색 케이크)로 정해졌다. 다음은 장식을 어떻게 할 것인가인데, おめでとう 라고 쓰기보다는 딸기가 제격이라고 했으므로 정답은 2번 케이크이다.

[단어]
ケーキ 케이크 | 作る 만들다 | つもり 작정, 결심 | どんな 어떤 | 誕生日 생일 | プレゼント 선물 | 甘いもの 단것 | ～が好きだ ～을 좋아하다 | ～から ～이니까 | チョコレートケーキ 초콜릿 케이크 | おめでとう 축하해 | 書く 쓰다 | ～かもしれません ～지도 모릅니다 | ～の上に ～의 위에 | やっぱり 역시 | いちご 딸기 | ～と思います ～라고 생각합니다

3ばん

| 先生が学生たちに話しています。学生たちは明日、何を持ってこなければいけませんか。 | 선생님이 학생들에게 이야기하고 있습니다. 학생들은 내일 무엇을 가지고 오지 않으면 안 됩니까? |

M 皆さん、明日はピクニックですね。おべんとうと飲み物は持ってこなくてもいいです。でも、雨が降るかもしれませんから、傘を忘れないでください。お菓子は好きな物を持ってきてもいいです。

M 여러분, 내일은 피크닉이죠!. 도시락과 음료수는 가지고 오지 않아도 좋습니다. 하지만 비가 내릴지도 모르니까 우산을 잊지 마세요. 과자는 좋아하는 것을 가지고 와도 좋습니다.

学生たちは明日、何を持ってこなければいけませんか。

학생들은 내일 무엇을 가지고 오지 않으면 안 됩니까?

1 おべんとう
2 のみもの
3 かさ
4 おかし

1 도시락
2 음료수
3 우산
4 과자

[풀이]
도시락과 음료수는 가지고 오지 않아도 된다고 했으므로 선택지 1번과 2번은 정답이 아니다. 비가 올지도 모르니까 우산을 잊지 말라고 했으므로 정답은 3번이다. 과자는 의무가 아니므로 정답에서 제외. なければいけません(～지 않으면 안 됩니다)에 주의!

[단어]
先生 선생님 | 学生たち 학생들 | 持つ 가지다, 들다 | 皆さん 여러분 | 明日 내일 | ピクニック 피크닉 | おべんとう 도시락 | 飲み物 음료수 | ～なくてもいいです ～하지 않아도 됩니다 | でも 하지만 | 雨が降る 비가 내리다 | ～かもしれません ～지도 모릅니다 | ～から ～이니까 | 傘 우산 | 忘れる 잊다, 깜박하다 | ～ないでください ～하지 마세요 | お菓子 과자 | 好きな物 좋아하는 것 | ～てもいいです ～해도 좋습니다

4ばん

男の人と女の人が話しています。女の人はいつ電話をしますか。

F 私、あした韓国に帰ります。空港に到着したら電話しますね。
M はい、何時の飛行機ですか。
F 11時ですから、2時間前には空港に到着したいと思います。
M そうですか。では、お気をつけて。

女の人はいつ電話をしますか。

1　8時
2　9時
3　10時
4　11時

남자와 여자가 이야기하고 있습니다. 여자는 언제 전화를 합니까?

F 저 내일 한국으로 돌아갑니다. 공항에 도착하면 전화할게요.
M 네, 몇 시 비행기인가요?
F 11시니까, 2시간 전에는 공항에 도착하고 싶다고 생각합니다.
M 그렇습니까. 그럼, 조심해서 (가세요).

여자는 언제 전화를 합니까?

1　8시
2　9시
3　10시
4　11시

[풀이]
공항에 도착하면 전화한다고 했는데, 비행기 시간이 11시이고 2시간 전에 도착한다고 했으므로 공항에 도착하는 시간은 9시이다.

[단어]
電話 전화 | 韓国 한국 | ～に 帰る ～로 돌아가다 | 空港 공항 | 到着 도착 | 何時 몇 시 | 飛行機 비행기 | 時間 시간 | 前には 전에는 | ～たい ～하고 싶다 | ～と 思います ～라고 생각합니다 | では 또 | 気をつける 조심하다

5ばん

男の人と女の人が話しています。男の人はどうしますか。

M 吉田さん、仕事、終わりましたか。
F いいえ、まだです。でも、遅いから、もう帰ります。
M あのう、コンサートのチケット2枚ありますが、いっしょにどうですか。
F すみません。今日はちょっと……。
M そうですか。今日までなので……。しかたないですね。一人で行くしかないですね。

男の人はどうしますか。

남자와 여자가 이야기하고 있습니다. 남자는 어떻게 합니까?

M 요시다 씨, 일 끝났습니까?
F 아니요, 아직입니다. 하지만, 늦었으니까 이만 귀가하려고요.
M 저어, 콘서트 티켓이 2장 있습니다만, 함께 어떠세요?
F 미안해요. 오늘은 좀…….
M 그렇습니까. 오늘까지라서……. 어쩔 수 없네요. 혼자서 갈 수밖에 없네요.

남자는 어떻게 합니까?

1 一人で いえに かえる
2 一人で コンサートに いく
3 女の人と いえに かえる
4 女の人と コンサートに いく

1 혼자서 귀가한다
2 혼자서 콘서트에 간다
3 여자와 함께 귀가한다
4 여자와 함께 콘서트에 간다

[풀이]

콘서트 티켓이 두 장 있으니 함께 가자고 하지만, 여자의 대답은 부정적이다. 이때 今日はちょっと……처럼 부정적인 대답을 할 때의 표현에 주의하자. 그러자 남자는 혼자 갈 수밖에 없다고 했으므로 정답은 선택지 2번이다.

[단어]

仕事 일, 직업, 업무 | 終わる 끝나다 | まだです 아직입니다 | でも 하지만 | 遅い 늦다 | もう 이제 | 帰る 귀가하다 | コンサート 콘서트 | チケット 티켓 | ～枚 ～장 | ～まで ～까지 | しかたない 어쩔 수 없다 | 一人で 혼자서 | 行く 가다 | ～しか ない ～할 수밖에 없다

6ばん

スーパーで男の人と女の人が話しています。二人は何を買いますか。

F 家に牛乳とパンはあるから、たまごだけ買えばいいよね。
M たまご？ 昨日私が買ったよ。
F あれね、わたしがオムライスに全部使ってしまったの。
M そっか。あ、あのたこやきおいしそう！
F たこやきは私が作るね。もう家に帰ろうよ。

二人は何を買いますか。

슈퍼마켓에서 남자와 여자가 이야기하고 있습니다. 두 사람은 무엇을 삽니까?

F 집에 우유랑 빵은 있으니까, 달걀만 사면 되지?
M 달걀? 어제 내가 샀어.
F 그거 말이야, 내가 오므라이스에 전부 써 버렸어.
M 그렇구나. 아, 저 다코야키 맛있어 보인다.
F 다코야키는 내가 만들게. 이제 집에 가자.

두 사람은 무엇을 삽니까?

1 たこやき
2 たまご
3 パン
4 ぎゅうにゅう

1 다코야키
2 달걀
3 빵
4 우유

[풀이]

달걀만 사면 되겠다는 여자의 말에 남자가 달걀은 어제 자신이 샀다고 말한다. 하지만 그 달걀은 여자가 이미 오므라이스 만드는 데에 모두 썼기 때문에 사야 하므로 정답은 2번이다. 우유, 빵, 다코야키 등은 정답을 헷갈리게 하기 위한 장치이므로 주의하자.

[단어]

スーパー 슈퍼마켓 | 買う 사다 | 牛乳 우유 | パン 빵 | たまご 달걀 | ～だけ ～만 | ～ば いい ～하면 된다 | 全部 전부 | 使う 사용하다 | ～て しまった ～해버렸다 | たこやき 다코야키 | おいしそう 맛있어 보인다 | 作る 만들다 | もう 이제 | 帰ろう 돌아가자

7ばん

本屋で男の人と女の人が話しています。男の人はいくらはらいますか。

M この本はいくらですか。
F 1500円です。
M じゃ、これ2冊ください。それから、この雑誌も1冊おねがいします。
F はい、わかりました。この雑誌は900円ですが、いま、200円安くなっています。
M あ、そうですか。じゃ、全部で　いくらですか。

男の人はいくらはらいますか。

1　1900円
2　3000円
3　**3700円**
4　3900円

서점에서 남자와 여자가 이야기하고 있습니다. 남자는 얼마 지불합니까?

M 이 책은 얼마인가요?
F 1500엔입니다.
M 그럼, 이거 두 권 주세요. 그리고, 이 잡지도 한 권 주세요.
F 네 알겠습니다. 이 잡지는 900엔입니다만, 지금 200엔 쌉니다.
M 그렇습니까. 그럼 전부 해서 얼마입니까?

남자는 얼마 지불합니까?

1　1900엔
2　3000엔
3　**3700엔**
4　3900엔

[풀이]

책은 한 권에 1500엔이므로 두 권이면 3000엔이다. 잡지는 900엔이지만 지금은 200엔 싸다고 했으므로 700엔이 된다. 따라서 두 금액을 합하면 3700엔이므로 정답은 3번이다. 들으면서 다음과 같은 메모가 가능하면 좋다. 1500, 두 권, 900, 200엔 싸게.

[단어]

本屋 서점 | いくら 얼마 | はらう 지불하다 | 本 책 | ～円 ～엔 | ～冊 ～권 | それから 그리고 | 雑誌 잡지 | 安く 싸게 | ～くなる ～해지다 | 全部で 전부 해서

もんだい 2

もんだい2では、はじめに　しつもんを　きいて　ください。それから　はなしを　きいて、もんだいようしの　1から4の　なかから、いちばん　いい　ものを　ひとつ　えらんで　ください。では、れんしゅうしましょう。
문제2에서는 먼저 질문을 들어 주세요. 그리고 나서 이야기를 듣고, 문제용지의 1부터 4 중에서 가장 알맞은 것을 하나 고르세요. 그럼, 연습합시다.

れい

女の人と男の人が話しています。男の人はこれから何をしますか。

F 吉田さん、どこに行くんですか。

여자와 남자가 이야기하고 있습니다. 남자는 이후 무엇을 합니까?

F 요시다 씨, 어디 가세요?

M はい。ちょっと約束があって、新宿へ行きます。
F あ、そうですか。私も約束があって、新宿まで行くんですが、一緒に行きましょうか。
M でも、その前に手紙をださなければならないんで。
F あ、いいですよ。時間はありますから。
M ええと、それから病院にも行かなければならないんです。
F とても忙しそうですね。じゃ、先に行きますね。
M どうも、すみません。では、また。

男の人はこれから何をしますか。

1 郵便局へ 行く
2 新宿へ 行く
3 病院へ 行く
4 図書館へ 行く

M 네. 약속이 좀 있어서 신주쿠에 갑니다.
F 어머, 그래요? 저도 약속이 있어서 신주쿠까지 갑니다만, 같이 갈까요?
M 그런데, 그 전에 편지를 부쳐야 해서요.
F 아, 괜찮아요. 시간은 있으니까요.
M 그게, 그러고 나서 병원에도 가야 해서요.
F 아주 바쁜 모양이네요. 그럼, 먼저 갈게요.
M 정말 죄송합니다. 그럼, 또 (뵙겠습니다).

남자는 이후 무엇을 합니까?

1 **우체국에 간다**
2 신주쿠에 간다
3 병원에 간다
4 도서관에 간다

[풀이]
남자는 처음에 신주쿠에 간다고 했지만, 그 전에 편지를 부쳐야 하고 그 다음에 병원에도 들러야 한다고 했다. 따라서 남자가 할 일은 편지 부치기(우체국), 병원 들르기, 신주쿠에 가기 순으로 이어지는 것은 알 수 있으므로 정답은 1번이다.

[단어]
約束 약속 | 新宿 신주쿠(도쿄의 번화가) | 一緒に 함께, 같이 | でも 하지만 | 手紙をだす 편지를 부치다 | ～なければならない ～하지 않으면 안 된다 | それから 그러고 나서 | 病院 병원 | とても 매우, 아주 | 忙しい 바쁘다 | ～そうだ ～한 것 같다 | 失礼します 실례합니다 | どうも 정말, 참으로 | すみません 미안합니다 | また 또

1ばん

男の人と女の人が電話で話しています。男の人の会社はどのビルですか。

F もしもし、いま駅の前にいますけど……。
M あ、そうですか。そこから本屋が見えますよね。
F はい、その本屋がある白いビルですか。
M いいえ、私の会社はそのビルの後ろにあります。
F じゃ、高くて黒いビルですか。
M いいえ、そのとなりです。一番高いビルです。

男の人の会社はどのビルですか。

남자와 여자가 전화로 이야기하고 있습니다. 남자의 회사는 어느 빌딩입니까?

F 여보세요, 지금 역 앞에 있는데요…….
M 아, 그래요? 거기에서 서점이 보이죠?
F 네, 그 서점이 있는 하얀 빌딩인가요?
M 아니요, 저의 회사는 그 빌딩 뒤에 있습니다.
F 그럼 높고 검은 빌딩인가요?
M 아니요, 그 옆입니다. 제일 높은 빌딩이에요.

남자의 회사는 어느 빌딩입니까?

[정답] 4

[풀이]
남자의 회사를 찾아온 여자가 역 앞에서 전화를 했다. 역에서 바로 보이는 서점 건물 뒤에 있다고 하자, 검은 건물이냐고 물으니 그 옆 건물이라고 한다. 따라서 정답은 4번 건물이다.

[단어]
電話 전화 | ～で ～(으)로 | 会社 회사 | どの 어느 | ビル 빌딩 | もしもし 여보세요(전화) | いま 지금 | 駅 역 | 前 앞 | いる 있다 | ～けど ～지만, ～인데 | ～から ～로부터 | 本屋 서점, 책방 | 見える 보이다 | 白い 하얗다 | 後ろ 뒤 | じゃ 그럼 | 高い 높다, 비싸다 | 黒い 검다 | となり 옆, 이웃 | 一番 가장, 제일

2ばん

教室で先生が話しています。学生たちはどのページをあけますか。

F じゃ、授業を始めましょう。
M はい。
F みんな！本の187ページを開けてください。
M ここですか。
F いいえ、178ページではなくて、187ページです。犬の写真があるページです。

学生たちは どのページをあけますか。

교실에서 선생님이 이야기하고 있습니다. 학생들은 어느 페이지를 펩니까?

F 그럼, 수업을 시작합시다.
M 네.
F 여러분! 책의 187페이지를 펼쳐 주세요.
M 여기입니까?
F 아니요, 178페이지가 아니라, 187페이지입니다. 개 사진이 있는 페이지예요.

학생들은 어느 페이지를 펩니까?

[정답] 4

[풀이]
학생들이 펼쳐야 할 페이지는 187쪽이고, 그 페이지에는 개 그림이 그려져 있다고 했으므로 정답은 4번이다.

[단어]
教室 교실 | 先生 선생님 | ページ 페이지 | あける 열다 | 授業 수업 | 始める 시작하다 | みんな 모두, 여러분 | 本 책 | ～ではなくて ～이 아니라 | 犬 개 | 写真 사진

3ばん

お父さんとお母さんが話しています。ひろは今、何をしていますか。

M ひろは？ 学校からまだか？
F いま、寝てるの。
M 早いね。どうした？ いつもなら、野球の練習の時間なのに。

아빠와 엄마가 이야기하고 있습니다. 히로는 지금 무엇을 하고 있습니까?

M 히로는? 학교에서 아직인가?
F 지금 자고 있어.
M 이르네. 무슨 일이야? 평소라면 야구 연습 시간인데.

F 明日、テストがあるから、よる10時に起きて勉強するっていってたわ。 M そっか。 ひろは今、何をしていますか。 1　べんきょうを して いる。 2　やきゅうの れんしゅうを して いる。 3　学校に いる。 4　ねて いる。	F 내일, 시험이 있으니까, 밤 10시에 일어나서 공부할 거라고 말했거든. M 그랬구나. 히로는 지금 무엇을 하고 있습니까? 1　공부를 하고 있다. 2　야구 연습을 하고 있다. 3　학교에 있다. 4　자고 있다.

[풀이]

지금 자고 있다는 말만 제대로 들어도 금방 정답이 4임을 알 수 있는 문제이다. 그러나 시험에서는 야구 연습, 공부, 학교 같은 단어를 등장시켜 답을 헷갈리게 하고 있으므로 주의하자.

[단어]

まだ 아직 | 寝る 자다 | 早い 이르다 | 練習 연습 | ～のに ～인데 | テスト 테스트, 시험 | 起きる 일어나다 | 勉強 공부

4ばん

男の人と女の人がプレゼントを買いに来ました。二人が買ったのはどれですか。 M みきのプレゼントってさ、何がいいかな。 F そうね。あ、かばんはどう？ M うーん、いいかも。いろいろあるね。これはどう？ F ちょっと小さくない？ M そうだね。じゃ、こっちの大きくて白いのは？ F 白だとすぐ汚くなるから、こっちがいいと思うんだけど……。ウサギの絵もかわいいし。どう？ M うん、これにしよう。あの、すみません。 二人が買ったのはどれですか。	남자와 여자가 선물을 사러 왔습니다. 두 사람이 산 것은 어느 것입니까? M 미키 선물 말이야, 뭐가 좋을까? F 글쎄. 아, 가방은 어때? M 으음, 좋을지도 모르겠네. 여러 가지 있네. 이건 어때? F 좀 작지 않아? M 그러네. 그럼 이쪽의 크고 하얀 것은? F 하양이라면 금방 더러워지니까, 이쪽이 좋을 것 같은데……. 토끼 그림도 귀엽고. 어때? M 그래, 이것으로 하자. 저, 여기요. 두 사람이 산 것은 어느 것입니까?

[정답] 4

[풀이]

아이의 가방을 사러 온 것임을 알 수 있다. 처음에는 크고 흰 것을 골랐으나, 흰색은 금방 더러워지니까 안 사기로 했음을 알 수 있다. 그리고 토끼 그림까지 나온 것을 확인했다면 정답은 4번임을 알 수 있다.

[단어]

プレゼント 선물 | 買う 사다 | ～に 来る ～하러 오다 | 二人 두 사람 | ～さ ～말이야 | かばん 가방 | ～かも ～일지도 (몰라)

| いろいろ 여러 가지 | 小(ちい)さい 작다 | こっち 이쪽 | 大(おお)きい 크다 | 白(しろ)い 희다, 하얗다 | すぐ 금세 | 汚(きたな)い 더럽다 | ウサギ 토끼 | 絵(え) 그림 | かわいい 귀엽다

5ばん

男(おとこ)の学(がく)生(せい)と女(おんな)の学(がく)生(せい)が話(はな)しています。女(おんな)の学(がく)生(せい)は水(すい)曜(よう)日(び)に何(なに)をしますか。

M ゆきちゃん、木(もく)曜(よう)日(び)何(なに)か予(よ)定(てい)ある？
F 木(もく)曜(よう)日(び)は図(と)書(しょ)館(かん)へ行(い)ってレポート書(か)こうと思(おも)っているけど、どうして？
M そうか。野(や)球(きゅう)の試(し)合(あい)のチケットが2枚(まい)あるから、いっしょに行(い)きたいと思(おも)って。
F 野(や)球(きゅう)？ 見(み)たいな。うーん……。決(き)めた！じゃ、図(と)書(しょ)館(かん)は水(すい)曜(よう)日(び)にして、野(や)球(きゅう)に行(い)く。

女(おんな)の学(がく)生(せい)は水(すい)曜(よう)日(び)に何(なに)をしますか。

1 図(と)書(しょ)館(かん)に 行(い)く。
2 男(おとこ)の学(がく)生(せい)と いっしょに レポートを 書(か)く。
3 野(や)球(きゅう)を 見(み)に 行(い)きたいと 思(おも)って いる。
4 男(おとこ)の学(がく)生(せい)と いっしょに 野(や)球(きゅう)を 見(み)に 行(い)く。

남학생과 여학생이 이야기하고 있습니다. 여학생은 수요일에 무엇을 합니까?

M 유키, 목요일 뭔가 예정 있니?
F 목요일은 도서관에 가서 리포트 쓰려고 생각 중인데, 왜?
M 그래? 야구 시합 티켓이 2장 있어서, 함께 가고 싶어서.
F 야구? 보고 싶다. 음……. 결정했다. 그럼 도서관은 수요일로 하고 야구 보러 갈래.

여학생은 수요일에 무엇을 합니까?

1 도서관에 간다.
2 남학생과 함께 리포트를 쓴다.
3 야구를 보러 가고 싶다고 생각하고 있다.
4 남학생과 함께 야구를 보러 간다.

[풀이]
남자가 목요일에 야구 시합을 보러 가자고 하자. 여자는 목요일에 도서관에 갈 예정이었지만, 도서관 가는 것을 수요일로 변경하고 야구를 보러 가겠다고 했으므로 정답은 선택지 1번이다.

[단어]
学(がく)生(せい) 학생 | 水(すい)曜(よう)日(び) 수요일 | 何(なに)か 무언가 | 予(よ)定(てい) 예정, 일정 | 木(もく)曜(よう)日(び) 목요일 | 図(と)書(しょ)館(かん) 도서관 | レポート 리포트 | 書(か)く 쓰다 | どうして 왜, 어째서 | 野(や)球(きゅう) 야구 | 試(し)合(あい) 시합 | チケット 티켓 | 〜枚(まい) 〜장 | 〜たい 〜하고 싶다 | 決(き)める 정하다

6ばん

男(おとこ)の人(ひと)と女(おんな)の人(ひと)が話(はな)しています。女(おんな)の人(ひと)はどうしてキムチチゲを食(た)べませんか。

M 韓(かん)国(こく)料(りょう)理(り)、好(す)きですか。この店(みせ)おいしいですよ。
F そうですか。もちろん好(す)きです。
M メニューもいろいろありますよね。うーん、キムチチゲはどうですか。

남자와 여자가 이야기하고 있습니다. 여자는 왜 김치찌개를 먹지 않습니까?

M 한국 요리, 좋아하세요? 이 가게 맛있거든요.
F 그렇습니까. 물론 좋아합니다.
M 메뉴도 여러 가지 있네요. 음……, 김치찌개는 어떠세요?

F あ、キムチチゲですか……。 M 辛くておいしいですよ。きらいですか。 F いいえ、好きですが、じつは今朝もキムチチゲでしたから。 M ああ、そうですか。 女の人はどうしてキムチチゲを食べませんか。 1 キムチチゲが きらいだから。 2 キムチチゲは 辛いから。 3 あさ、キムチチゲを 食べたから。 4 メニューが 多いから。	F 아, 김치찌개요……. M 매콤하고 맛있어요. 싫어하세요? F 아니요, 좋아합니다. 실은 오늘 아침도 김치찌개였거든요. M 아, 그러세요. 여자는 왜 김치찌개를 먹지 않습니까? 1 김치찌개를 싫어하니까 2 김치찌개는 매우니까 3 아침에 김치찌개를 먹었으니까 4 메뉴가 많기 때문에

[풀이]
김치찌개를 권하지만, 여자가 머뭇거린다. 싫어하느냐고 물으니, 오늘 아침에도 김치찌개를 먹었기 때문이라고 대답한다.

[단어]
どうして 왜, 어째서 | もちろん 물론 | メニュー 메뉴 | いろいろ 여러 가지 | 辛い 맵다 | じつは 실은 | 今朝 오늘 아침

もんだい 3

もんだい3では、えを みながら しつもんを きいて ください。➡(やじるし)の ひとは なんと いいますか。1から3の なかから いちばん いい ものを ひとつ えらんで ください。では、れんしゅうしましょう。

문제3에서는 그림을 보면서 질문을 들어 주세요. 화살표의 사람은 뭐라고 말합니까? 1부터 3 중에서 가장 알맞은 것을 하나 고르세요. 그럼, 연습합시다.

れい

にもつをたくさん持っていましたが、知らない人がドアを開けてくれました。何と言いますか。 F 1 どうぞ、入ってください。 2 どうも、すみません。 3 もうしわけございません。	짐을 많이 가지고 있었는데, 모르는 사람이 문을 열어 주었습니다. 뭐라고 말합니까? F 1 어서 들어오세요. 2 정말 감사합니다. 3 죄송합니다.

[풀이]
すみません은 일차적으로 미안하다는 뜻을 가지지만, 위 상황처럼 자신을 위해 남이 희생해 주었을 때는 미안한 마음도 함께 담아 감사하다는 뜻으로 쓸 수 있다.

[단어]
にもつ 짐 | たくさん 많이 | 持つ 가지다, 들다 | 知らない 모르다 | ドア 문(door) | 開ける 열다 | ~てくれる ~해 주다

1ばん

M 学校から家に帰りました。お母さんは何と言いますか。

F 1 いらっしゃいませ。
2 お帰りなさい。
3 おじゃましました。

M 학교에서 집으로 귀가하였습니다. 엄마는 뭐라고 말합니까?

F 1 어서 오십시오.
2 어서 오렴.
3 실례했습니다.

2ばん

F 二人は久しぶりに会ってあいさつをします。何と言いますか。

M 1 おかわりありませんか。
2 たのしみですね。
3 どうしたんですか。

F 두 사람은 오랜만에 만나 인사를 합니다. 뭐라고 말합니까?

M 1 별고 없으시죠?
2 기대되네요.
3 무슨 일이세요?

3ばん

M 仕事が終わって、もう帰ります。みんなに何と言いますか。

F 1 おだいじに。
2 お先に失礼します。
3 お先に、どうぞ。

F 일이 끝나서, 이제 귀가합니다. 모두에게 뭐라고 말합니까?

M 1 몸조리 잘 해.
2 먼저 실례하겠습니다.
3 먼저 가세요.

4ばん

F 図書館の中にせきが一つしかありません。このせきにすわりたいですが、となりの人に何と言いますか。

M 1 ここにすわってくれませんか。
2 ここにすわってもいいですか。
3 ここにすわってほしいんだけど……。

F 도서관 안에 자리가 하나밖에 없습니다. 이 자리에 앉고 싶습니다만, 옆 사람에게 뭐라고 말합니까?

M 1 여기에 앉아 주지 않겠습니까?
2 여기에 앉아도 됩니까?
3 여기에 앉아 주었으면 좋겠는데…….

5ばん

M お客さんにお茶をもっとあげたいです。何と言いますか。	M 손님에게 차를 더 드리고 싶습니다. 뭐라고 말합니까?
F 1 おかわりありませんか。 **2 おかわりどうですか。** 3 おかえりください。	F 1 별고 없으시죠? **2 조금 더 어떠세요?** 3 이만 돌아가 주십시오.

[단어]
お客さん 손님 | お茶 차 | もっと 좀 더 | あげる 주다 | ～たい ～하고 싶다

もんだい 4

もんだい４は、えなどが あ りません。ぶんを きいて、１から３の なかから、いちばん いい ものを ひとつ えらんで ください。では、れんしゅうしましょう。

문제4에서는 그림 등이 없습니다. 문장을 듣고 1부터 3 중에서 가장 알맞은 것을 하나 고르세요. 그럼 연습합시다.

れい

吉田さん、昨日はどうして学校を休んだんですか。	요시다 씨, 어제는 왜 학교를 쉬었습니까?
M 1 休みではなかったでしょう。 2 学校を休んでよかったですね。 **3 かぜをひいてしまいましたので。**	M 1 휴일이 아니었죠? 2 학교를 쉬어서 좋았군요. **3 감기에 걸리고 말아서요.**

[단어]
どうして 왜, 어째서 | 休む 쉬다 | 休み 휴일, 휴식 | かぜを ひく 감기 걸리다 | ～てしまう ～해 버리다, ～하고 말다

1ばん

M いま、ジュース買いに行くけど、何か買ってきましょうか。	M 지금 주스 사러 가는데, 뭔가 사가지고 올까요?
F 1 そうですか。何を買いますか。 2 どうぞ、よろしくおねがいします。 **3 じゃ、私も同じものをおねがいします。**	F 1 그렇습니까? 무엇을 살 겁니까? 2 잘 부탁드립니다. **3 그럼, 나도 같은 것을 부탁해요.**

2ばん

F あけましておめでとうございます。

M 1 へぇ、おめでとう。
　 2 いいえ、まだまだです。
　 3 今年もよろしく。

F 새해 복 많이 받으세요.

M 1 어머, 축하합니다.
　 2 아니에요. 아직 멀었습니다.
　 3 올해도 잘 부탁드려요.

3ばん

M 木村さん、ピアノ本当に上手ですね。

F 1 いいえ、そんなことないです。
　 2 いいえ、だいじょうぶです。
　 3 いいえ、けっこうです。

M 기무라 씨, 피아노 정말 잘 치네요.

F 1 아니에요, 그렇지 않아요.
　 2 아니에요, 괜찮아요.
　 3 아니에요, 됐어요.(더 이상은 괜찮아요)

4ばん

F 私、新しい車が買いたいんですよ。

M 1 この車にしました。
　 2 そうですね。よかったですね。
　 3 えっ、また買うんですか。

F 저는 새로운 자동차를 사고 싶어요.

M 1 이 자동차로 했습니다.
　 2 그렇군요. 다행이에요.
　 3 뭐요! 또 삽니까?

5ばん

F 新しいお店はうまくいっていますか。

M 1 はい、おかげさまで。
　 2 はい、おだいじに。
　 3 はい、いらっしゃいませ。

F 새 가게는 잘되고 있나요?

M 1 네, 덕분에요.
　 2 네, 몸조리 잘하세요.
　 3 네, 어서 오세요.

6ばん

M ケーキ、もっといかがですか。

F 1 もういいです。
　 2 お先にどうぞ。
　 3 とんでもないです。

M 케이크, 좀 더 어떠세요?

F 1 이제 됐습니다.
　 2 먼저 드세요.
　 3 가당치도 않습니다.

일단 합격하고 오겠습니다
JLPT N5
일본어 능력시험

가장 최신의 일본어 능력시험 종합서!
철저한 경향 분석과 꼼꼼한 해설 &
무료 비법 동영상 강의로 JLPT 완전 정복!

- 최신 출제 경향 분석으로 영역별 출제 유형 총망라!
- 오랜 시간 축적된 데이터 베이스를 바탕으로 한 높은 적중률!
- 유형 분석 – 확인 문제 – 실전 연습 – 실전 테스트로 구성된 완전 학습!
- 자신의 실력을 점검할 수 있는 최신 경향 실전 모의고사 2회분 제공!
- 기출 어휘와 문법 체크와 더불어 오답까지 정리하는 마무리 체크북 제공!

동양북스 채널에서 더 많은 도서
더 많은 이야기를 만나보세요!

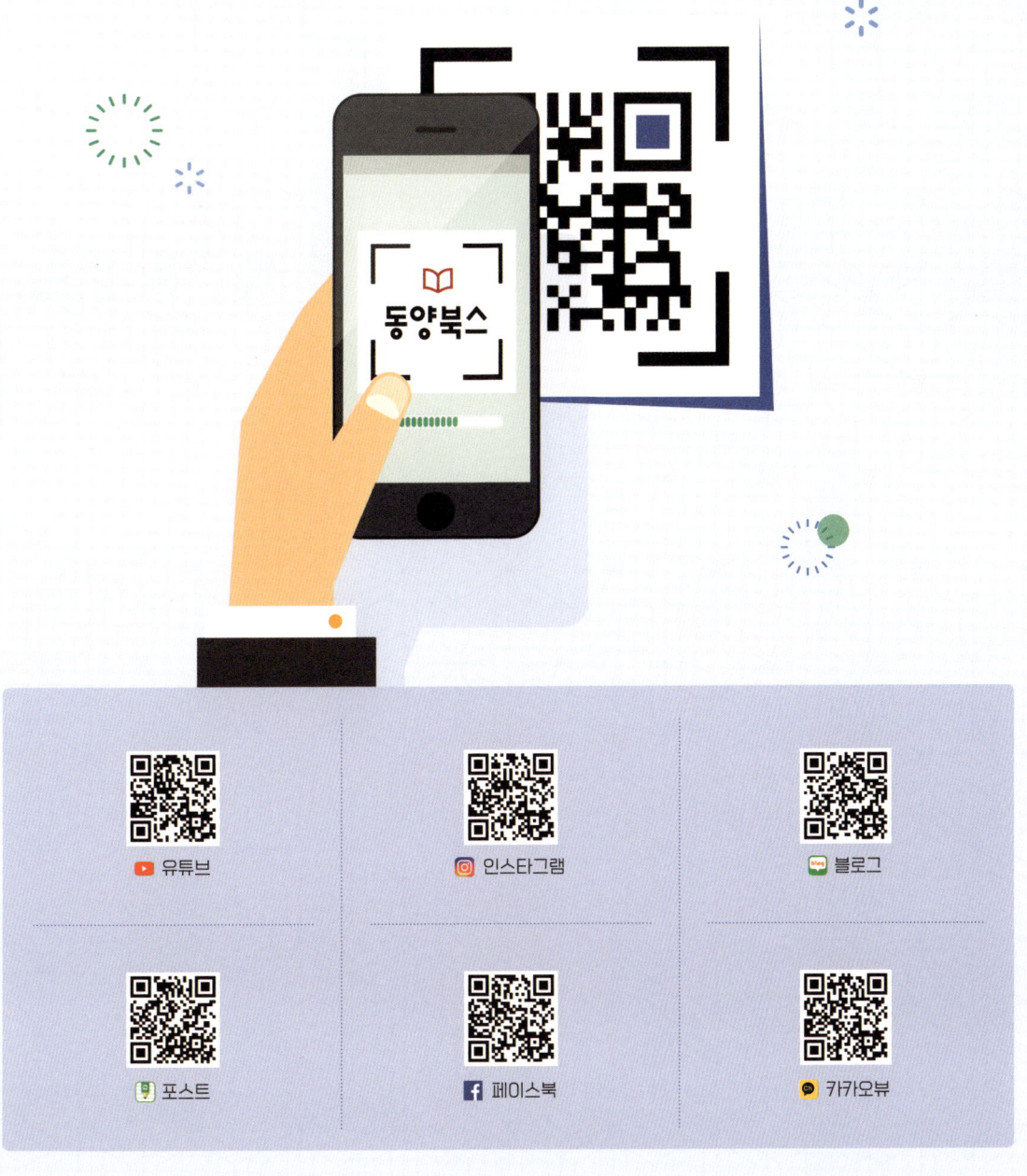

외국어 출판 45년의 신뢰
외국어 전문 출판 그룹
동양북스가 만드는 책은 다릅니다.

45년의 쉼 없는 노력과 도전으로 책 만들기에 최선을 다해온
동양북스는 오늘도 미래의 가치에 투자하고 있습니다.
대한민국의 내일을 생각하는 도전 정신과 믿음으로 최선을 다하겠습니다.

동양북스